1. Auflage

Herstellung und Verlag:
BoD- Books on Demand, Norderstedt

ISBN 978-3-7528-9551-3

Geschichte der Philosophie

Von der Ur-Idee zum Welt-All

von Marco Hirt

Dies ist eine Darstellung der gesamten Philosophiegeschichte, von den Urzeiten bis zur Aktualität, aus meiner Sicht und meinem Erleben der Philosophie (als philosophische Betrachtung der Menschheits-, Kultur- und Ideengeschichte [mit Einbezug der Religion (und der Wissenschaft)]).

Autor: Marco Hirt, geb. 4.3.1965. Publizist und Philosoph. Weitere Publikationen: "Postmoderne Ontologie" (2003), "Politika 2000+" (2016), "Vom Sein, vom Wahren und vom Guten" (2017).

Hirt Verlag + Publikation

INHALT

Vorwort

In der Ur-Idee ist der Mensch Seele, und der Geist ist etwas, was in der äusseren Natur liegt. Die Religion entspricht der Verbindung von Natur und Kultur, Gott und Mensch. Die Weisheit in der Religion ist das (Da-) Sein im lebendigen Glauben (siehe: Jesus Christus).

Unter dem Titel von einer 'Philosophischen Betrachtung der Menschheits-, Kultur- und Ideengeschichte (mit Einbezug der Religion [und der Wissenschaft])' habe ich diese philosophiegeschichtliche Abhandlung auf meiner Website (schepart.ch) publiziert bzw. geschrieben und bearbeitet. Das Format von einer Webseite über die Philosophiegeschichte wurde im Lauf der Jahre ständig erweitert und ausgebaut, und ich beschloss eine weitere Erweiterung im Winter/Frühling 2017-2018 mit diesem Buch zu kombinieren, d.h. ich habe dieses Buch eigentlich im Internet verfasst (eben als Erweiterung der Webseite zur Philosophiegeschichte). Es dürfte somit – dies als Detail am Rande – das erste philosophische Buch sein, welches direkt im Internet geschrieben und bearbeitet wurde. Dies gehört also – wie einige andere Webprojekte zur Philosophie (z.B. meine ausführliche Liste mit Philosophen aus aller Welt und aus allen Zeiten) – zu meinen Pionierleistungen im Bereich der Webphilosophie. Mein Verhältnis zum Internet ist/war immer ein besonderer, da ich zur letzten Generation der (reinen) Bücherphilosophen ebenso gehöre wie zur ersten Generation der Internetphilosophen.

Sicher ist mein Beitrag zur Philosophiegeschichte ein spezieller – und hoffentlich auch speziell interessanter – Beitrag. Ich wich in verschiedenen Punkten von den gängigen Standardwerken der Philosophiegeschichte ab. Einerseits liess ich – wenn auch gut dosiert – auch eigene Standpunkte in den Text einfliessen (eine Zusammenfassung meiner Philosophie ist zudem am Ende des Textes, in Kapitel 7, gegeben [ebenso auf einer anderen Seite meiner Website – auch dieser Text ist hier 1:1 von der Website übernommen]). Andererseits äusserte ich mich auch zur aktuellsten Gegenwart der Philosophie, was üblicherweise eher vermieden wird, weil die aktuelle Philosophie in ihrer ganzen Vielfalt immer äusserst schwierig zu bewerten ist. Ich habe diese Bewertung nicht gescheut, denn es ist mir wichtig, zu zeigen, in welchem ganz konkreten Umfeld und Zusammenhang meine eigene Philosophie steht – historisch wie aktuell.

Anmerkung. Die gestalterischen und unterhaltenden Elemente auf der Website sind in diesem Buch nicht gegeben, in welchem ich mich auf den reinen Text konzentriert habe (dies betrifft v.a. Links auf Webseiten, Webvideos und andere Webinhalte).

Zum Hauptthema der Philosophiegeschichte habe ich – wie erwähnt – eine Kurzdarstellung meiner eigenen Philosophie angeführt. In jedem neuen Buch habe ich bisher meine Gesamtphilosophie zusammengefasst und ergänzt, so auch in diesem. Die neuste Zusammenfassung ist daher auch bis hierhin die bedeutendste Darstellung meiner Philosophie überhaupt.

Verweisen möchte ich hier auch bereits auf das Nachwort, in welchem der zweite Teil der Erklärung des Untertitels ('Von der Ur-Idee zum Welt-All') gegeben ist.

1. Kapitel

ANTIKE

Vom Polytheismus zur Philosophie, oder: vom Mythos zum Logos * * * Solon: die Frage nach der guten/gerechten Ordnung * * * Die Philosophen und der verborgene Urgrund der Dinge * * * Buddha, Laotse und Konfuzius in Ostasien * * * Protagoras: Der Mensch als das Mass aller Dinge * * * Sokrates, der heilige Fragensteller der Philosophen * * * Platon, Hüter der Ideen und Gründer der Akademie * * * Aristoteles, der Begründer der systematischen Wissenschaft * * * Vom Ende der grossen Klassik * * * Hellenismus: drei Schulen und der Untergang * * * Die Stoa in der römischen Philosophie.

Der Beginn der Geschichte des bewussten Menschen soll etwa in einer Urzeit vor rund 300'000 Jahren liegen, wo sich in Afrika ein archaischer Homo sapiens aus dem Homo erectus entwickelt haben soll. Ob es ein paar Jahre früher oder später gewesen ist, das ist hier weniger von Belang (wir haben bereits gelernt, etwa in Jahrtausenden und sogar mehreren Jahrtausenden zu denken, was aber darüber hinausgeht, ist für uns ganz einfach unvorstellbar lange her). Für die Philosophie fängt die (philosophische) Menschheitsgeschichte sehr viel später an, nämlich mit der Entwicklung von fixen Ideen. Mit 'fix' ist hier nicht unveränderlich gemeint, sondern festgeschrieben und nachvollziehbar. So verstanden, ist die Philosophie natürlich sehr schrift- und textbezogen (**vermutlich aber gibt es so etwas wie Philosophie – im Sinn vom Ergründen der Welt, in der wir leben – schon so lange, wie es so etwas wie Menschen gibt**). Die Schrift ist vermutlich 6600 v. Chr. (in China [Jiahu-Schrift]), 5500 v. Chr. (in Rumänien [Vinca-Schrift]) oder im 4. Jahrtausend v. Chr. (in Mesopotamien) entstanden; die Forscher streiten sich darüber, welche frühe Zeichen bereits als Schrift gedeutet werden können. Noch später setzt die Geschichte der Philosophie ein –

entweder in der Mitte des 3. Jahrtausends v. Chr. im ägyptischen Altertum, wo es schon Weisheitsdichtungen gab, oder aber im 7./6. Jahrhundert v. Chr. im antiken Griechenland, wo wir von einer schulmässigen Entwicklung der Philosophie sprechen können. Auch darüber können sich die Forscher streiten.

Wo hat die Philosophie eigentlich angefangen? Normalerweise (bzw. schulmässig) sagen wir, dass die Philosophiegeschichte in Griechenland im 7./6. Jahrhundert vor Christus begann, und dass der erste Philosoph **Thales von Milet** (um 624-546 v. Chr.) gewesen ist. Das ist aber eben eine ziemlich ungenaue Ansicht. Drei Dinge könnte man gegen diese Ansicht anführen. Erstens begann die Philosophie nicht im heutigen Griechenland, sondern in Kleinasien (d.h. in der heutigen Türkei, und zwar im sogenannt asiatischen Teil der heutigen Türkei, wobei dieses Gebiet zum damaligen antiken Grossreich Griechenland gehörte). Zweitens begann sie auch nicht wirklich dort, sondern: wir stossen bei der Suche nach dem ersten Weisheitssucher und/oder -begründer etwa auf **die 37 Lebensmaximen von Ptahhotep [um 2400 v. Chr.] im altertümlichen Ägypten, was als älteste vollständig erhaltene Weisheitslehre gilt** (im selben Jahrtausend sind auch etwa die noch früheren ersten Weisheitssprüche von Imhotep sowie auch die Anfänge des chinesischen I Ging zu erwähnen). Der bekannteste vorgriechische Weise ist vermutlich der altisraelitische König Salomo (wobei dessen Weisheitsbuch in der Bibel aber sehr viel später, erst im 1. Jahrhundert vor dem Erscheinen Christi, geschrieben wurde). Drittens gibt es sogar innerhalb der altgriechischen Kultur frühere Weise (als diejenigen, die heute als Philosophen bezeichnet werden): die sogenannten Sieben Weisen von Griechenland: Pittakos von Mytilene, Solon von Athen, Thales von Milet, Bias von Priene, Kleobulos von Lindos, Chilon von Sparta, Myson von Chenai. Thales, unser erster (Schul-) Philosoph, gehört also auch dazu, aber er ist nicht der Älteste dieser frühen Weisen im antiken Griechenland (das ist Pittakos, welcher in einer politischen Auseinandersetzung zwischen der Aristokratie und dem Volk als Schiedsrichter [grch. Aisymnet] auftrat). **Sehr bedeutend ist für uns auch etwa Solon (um 640-560 v. Chr.) als Wegbereiter der attischen Demokratie** (und damit auch als Vertreter einer frühen politischen Philosophie [Solon scheiterte mit seinen Reformen zwar mehrheitlich, gilt aber als Wegbereiter der Demokratie, welche von Perikles (um 495-429 v. Chr.) eingeführt wurde]). Viele der frühen Weisen in den älteren Kulturen waren entweder Herrscher oder Dichter (oder auch mythologische und/oder religiöse Figuren, die teils ebenfalls als philosophische Figuren verstanden werden können: in der Frühzeit war die Vermittlung von Weisheit über den Mythos sehr bedeutend [wobei es hierbei Figuren gibt, deren weises, gutes und/oder starkes Handeln (Herakles), und wiederum andere, deren unweises, schlechtes und/oder schwaches Handeln (Ikarus – immerhin offenbar aber ebenso interessant und mutig) betrachtet wurde (beides in einem [religiös motivierten] moralphilosophischen Mythologismus [der Mythos blieb aber auch bedeutend in der antiken Philosophie, etwa bis und mit Platon, während die Wissenschaftlichkeit von Aristoteles dann endgültig vom Mythologischen (in der alten klassischen Form) wegzuweisen schien]). Die Herausstellung der Sieben Weisen bedeutete, dass man quasi normalen Menschen eine Bedeutung gab, die eigentlich in der Mythologie nur Götter, Halbgötter oder göttliche Helden haben]). Sie werden ausdrücklich und mit einem starken Anhauch von Mythos als Weise bezeichnet, während die Philosophen mit und nach Thales dagegen eigentlich nicht als Weise bezeichnet sind, sondern **dem Philosophiebegriff nach als 'Freunde der Weisheit' (grch. philos = Freund, sophia = Weisheit)** – eine kleine Nuance, die u.a. bedeutet, dass ihnen nicht attestiert wird, dass sie die Weisheit a priori kennen würden, sondern: dass sie diese v.a. zuerst einmal (und überhaupt je) suchen. Sie sind in diesem Sinn mehr Weisheitssucher als Weisheitsfinder und mehr Weisheitsfinder als Weisheitskenner (wobei das eine natürlich auch zum anderen führen kann – jedenfalls aber haben sich die Philosophen gegenseitig immer wieder viel widersprochen, in der Antike ebenso wie auch bis heute). Manche nennen das Staunen als Hauptmerkmal des Philosophen, andere wiederum den Zweifel, noch viel bedeutender ist aber eben diese Suche an und für sich (und für andere).

Das ethisch-moralische Konzept vom Edlen stammt hingegen vom chinesischen Moralphilosophen Konfuzius (und kommt v.a. bei Platon in der Klassik wieder zum Tragen [und damit auch in seiner antiken Akademie wie auch später in den neuzeitlichen und modernen Universitäten (v.a. in deren früheren Geschichte, inkl. ihren exquisiten Gelehrtenkreisen wie etwa der Royal Society in England, gegründet 1660 – bis heute haben sich die Universitäten, wenn auch nicht mehr so streng wie früher, einen gewissen Charakter des Elitären bewahrt)]); in der vorsokratischen griechischen Antike gab es dagegen allerhand Philosophen – so etwa Heraklit, welcher der Dunkle genannt wurde, oder den Kyniker (bzw. Zyniker) Diogenes von Sinope, welcher sich von der Gesellschaft distanzierte und absichtlich in ärmlichsten Verhältnissen gelebt (und in einem Fass gehaust bzw. geschlafen) hat, aber auch etwa Empedokles, welcher sich für gottgleich hielt, oder Chrysipp, der am Lachen über einen seiner eigenen Witze gestorben sein soll (alles immer der Überlieferung nach), oder auch Sokrates natürlich, auch sehr speziell auf seine Art und Weise. Die frühen Philosophen waren – obwohl teils bereits schulmässig gruppiert – gesamthaft betrachtet, alles andere als eine homogene Gruppe (und daher stimmt wohl auch die landläufige Vorstellung, die man von einem [antiken] Philosophen hat, nicht unbedingt).

Interessant: schon vor dem eigentlichen Beginn der (schulbuchmässigen) Philosophie können wir also der Philosophie – in der Person von Solon, welchen die Frage nach der guten/gerechten Ordnung (grch. eunomia) beschäftigte – einen praktischen Erfolg zuschreiben (auch wenn man ihn erst rückwirkend der Philosophie zurechnen kann). Wenn Regierungsformen der Weisheit zugerechnet werden können, so gilt dies vermutlich auch für frühe Gesetzgebungen überhaupt (insofern sie philosophische Elemente aufweisen und einer philosophischen Leistung entsprechen). Einer der ersten bekannten Gesetzestexte stammt von Hammurapi I. (von Babylon, um 1810-1759 v. Chr.): der Codex Hammurapi. Philosophie heisst natürlich nicht nur Regierungskritik (wie es heute oft verstanden wird), sondern auch – und eigentlich sogar – Regierungkunst (daher ist auch die Rechtsphilosophie ein nicht unbedeutender Zweig der Philosophie bis heute). Platon bestreitet zwar ausdrücklich, dass Staatsreden und -schriften wie jene Solons philosophisch seien – ich fasse jedoch die Philosophie weiter (man könnte vielleicht von einem engeren und einem weiteren Kreis der Philosophie sprechen – für mich ist Philosophie ganz wesentlich [aber natürlich nicht nur] Ideengeschichte und -entwicklung [und da gehört ein bisschen mehr dazu, als fundamentalistische Philosophen vielleicht eingestehen würden]).

Solche direkt auffallenden und einzusehenden Erfolge sollten in der weiteren Antike wie auch im Mittelalter allerdings selten bleiben (ganz im Gegensatz zur Neuzeit, wo der praktische Erfolg der Philosophie – u.a. mit der Entwicklung der Wissenschaften und mit der bürgerlichen Revolution – ganz neue Dimensionen angenommen hat).

Die Mythologie der alten Griechen. Den ersten Philosophen und ihrer Suche nach dem Urgrund der Welt vorausgehend, muss man erwähnen, dass die griechische Mythologie insofern eine besondere ist, als dass in ihr die Götter gar nicht am Anfang des Weltentstehungsprozesses stehen, sondern andere Kräfte, Mächte und Gewalten, welche auch die Götter geschaffen haben: nach Hesiod – dem Hauptdichter und -deuter dieser Mythologie neben Homer (und später bei den Römern, welche die griechische Götterwelt übernahmen, auch Vergil und Ovid) – sind dies in erster Linie: Chaos (d.h. Nichts, Leere [was nicht das Selbe ist, aber trotzdem]), Gaia, Tartaros, Eros, Nyx, Erebos, Uranos, Ourea, Pontos und schliesslich die Titanen (welche die eigentlichen Götter hervorbrachten – die Titanen Kronos, seinerseits der Sohn von Uranos [Himmel] und Gaia [Erde], und Rhea sind die Eltern des Göttervaters Zeus und der weiteren Götter). Wie authentisch die Darstellung der Götterwelt durch die Dichter ist, das können wir heute eigentlich nicht mehr sagen und nachvollziehen. Es gibt aber jedenfalls Stimmen, welche die Authentizität schon in der frühen Antike angezweifelt haben. **"Alles", wetterte Xenophanes, ein Vertreter der frühen Urgrundphilosophen (und der eigentliche Religionsphilosoph unter diesen), "haben Homer und Hesiod den Göttern angehängt, was bei den Menschen Schimpf und Schande ist: Stehlen, Ehebrechen und Betrügen."** Es wurde also unter den antiken Philosophen schon bemängelt, was später die monotheistischen Religionen am Polytheismus ebenfalls bemängelt haben: dass diese Götter – insbesondere in der griechischen Mythologie

– zu menschlich seien bzw. sich zu wenig von den Menschen abheben würden (oder sogar noch schlimmer als die Menschen seien, indem sie Dinge tun würden, die unter den Menschen eigentlich verpönt sind). Das ist bedeutend, wenn man nachfolgend die ganze Bewegung der Philosophen betrachtet, welche diese polytheistische Götter- und Mythenwelt ja auch bereits in Frage stellte und nach anderen (philosophischen und/oder wissenschaftlichen) Urgründen der Welt suchte. (Kleine Anmerkung zu den polytheistischen Religionen: wenn diese heute als Einheiten geschildert werden, so entspricht dies vermutlich nicht wirklich deren Ausprägungen in der Vergangenheit [und auch in der Gegenwart, wo sie vereinzelt noch bestehen]: diese sind oft lokal geprägt und verschieden; in diesem Sinn war das Werk der [Mythen-] Dichter vermutlich auch ein Versuch der Vereinheitlichung einer zusammenhängenden, aber eben nicht einheitlichen Mythologie gewesen, welche schwierig ist, und es finden sich denn auch teils im Werk desselben Dichters sogar widersprechende mythologische Fakten [die Kultur der alten (polytheistischen) Götterwelten ist ähnlich wie die Sprachkultur zu sehen: mit überregionalen Zusammenhängen, aber eben auch mit ganz stark lokal geprägten Ausprägungen]. Wir können uns ferner auch vorstellen, dass in einer kulturell niedergehenden Religion die Werke der Dichter über die Religion – in welcher Intention sie auch geschrieben sind– mit der Zeit bedeutender werden können als die Religion selber, und das ist das, was hier zumindest in Teilen der Gesellschaft geschah; zumal in einer Religion, welche zuvor keine eigentliche Schriftreligion gewesen ist.)

Wenn man das bunte Treiben der altgriechischen Götter betrachtet (wie es von den Dichtern beschrieben wurde*), dann kann man vermutlich leicht einsehen, warum die Philosophen seit jeher einen relativ schweren Stand hatten und die meisten Leute sich eher für diese Götter- und Heldengeschichten interessierten als für die schwerfällige Nüchternheit der Philosophen. Und so kam es, dass die Philosophen in der Gesellschaft stets ein bisschen abseitsstanden und schliesslich auch eine Akademie gründeten, in welcher sie mehrheitlich unter sich waren. Im Mittelalter gingen sie gegenüber der neuen Religion vorerst fast gänzlich verloren, bis sie in den Bibliotheken der Klöster wiederentdeckt wurden, am Beginn der Neuzeit kurz aufblühten, um dann von den Wissenschaftlern wieder in den Schatten gestellt zu werden. Aber: wie hat eigentlich alles begonnen?

* Interessant ist dazu auch der Vergleich der Dichtungen der Antike und der Neuzeit. Lange noch waren die grossen Dichtungen in der Neuzeit, als Erbe der Renaissance quasi auch, im Stile der alten Götter- und Heldendramen angelegt – bis zu Shakespeares Hamlet (1602) und Goethes Faust (1808) und darüber hinaus! Die drei Grossen der Klassik der deutschen Literatur zeigen die unterschiedlichen Tendenzen jener Zeit: Goethe die alte Klassik in alter Form, Lessing – früher, notabene – eine neue Klassik in alter Form, Schiller eine neue Klassik in neuer Form.

Die Bewegung der Philosophen. Obwohl das menschliche Denken natürlich eben früher angesetzt werden muss, gibt es gute Gründe dafür, den Anfang der eigentlichen Philosophie bei Thales zu sehen. Meist hören wir zu diesem Anfang: **dass vereinzelte Denker im alten Griechenland den Rahmen des mythisch-polytheistischen Weltbildes gesprengt, und damit begonnen hätten, eigenständig über die Welt nachzudenken.** Das kann man so sagen – es wird auch oft gesagt, die Philosophen hätten den Mythos, welcher im alten Polytheismus in einem wilden Geflecht mit anderen Mythen stand, durch einen klaren Logos ersetzt. Auch das stimmt in einem gewissen Sinn. Es gibt drei besondere Gründe dafür, warum diese Bewegung der Philosophen – man kann es durchaus so nennen – anders war als alles, was vorher in der Menschheits-, Kultur- und Ideengeschichte geschehen ist. Erstens hat es eben überhaupt eine Bewegung des Denkens gegeben, in welcher sich die einen auf die anderen bezogen (und aus dieser Bewegung heraus auch Richtungen und Schulen), während es vorher vereinzelte Weise gewesen waren, die meist im Nachhinein als solche bezeichnet wurden. Zweitens ist man nicht mehr, wie in der vorherigen mythischen Religion, von der Moral ausgegangen, und drittens wurde damit ein neues gesellschaftliches Gewicht des Denkens eingeführt (vielleicht kann man das vergleichen mit der Bewegung der Propheten in der altisraelitischen Religion, welche auch eine eigenartige und eigenständige Bewegung begründeten, mitunter gegen die öffentliche Meinung der Zeit). Bis dahin war die Weisheit eine reine Frage der Moral des Einzelnen im

Allgemeinen oder auch der Entscheidung zur Gerechtigkeit von richterlicher Gewalt (siehe: etwa bei Salomos weisem Urteil). **Die Philosophen aber hatten einen ganz anderen Ansatz: sie suchten nach einem Urgrund der Welt**, welcher gleichzeitig den Logos – etwa: Gedanke, Sinn, Begriff, (Natur-) Gesetz, (All-) Vernunft – der jeweiligen Philosophie bildete und bestimmte. Man kann die Begriffe vom Urgrund und vom Logos nicht getrennt betrachten – die heutigen Wissenschaften haben ja übrigens auch immer noch so etwas wie einen Urgrund und Logos – den (Untersuchungs-) Gegenstand, welcher die Wissenschaft formt: zu einer physikalischen, chemischen, biologischen, psychologischen, soziologischen Sichtweise (usw. usf., etc. etc.). Die Urgrundphilosophen gingen also von der ethischen Erwägung quasi zum reinen Denken über. Wieso dies? Die üppigen Mythen der antiken Götterwelt genügten ihnen zur Welterklärung nicht mehr, und so fragten sie sich eben, was denn diese Welt im Innersten wirklich zusammenhält. Ist dies nun weise? Da man ja so auch vorerst zu keinem wirklichen Schluss kam, sondern alle Philosophen sich nur gegenseitig widersprachen und je einen anderen Urgrund sahen? Man kann die Weisheit davon so verstehen (was leider – glaube ich – keiner dieser alten Philosophen ausdrücklich formuliert hat): bevor wir wissen können, wie wir in der Welt handeln sollen, müssen wir doch wissen, in was für einer Welt wir überhaupt leben. Daher diese grundsätzlichen Gedanken über die Welt und diese vorläufige Zurückstellung der moralischen Fragen (die reine Religion bestand ja neben der Philosophie auch weiter). Und... das ist ja auch der Punkt, an welchem bereits die reine Wissenschaftlichkeit entsteht, welche eben die moralischen Fragen (aus genau diesem Grund) zurückstellt – und damit auch diese letztlich nicht unproblematische Trennung von Wissenschaft und Religion/Moral. Es war nicht so, dass die frühen Philosophen die Moral ausgeschlossen hätten, aber es gab doch eben diese Tendenz zum reinen Denken, jenseits aller vorgefassten ethischen Sätze, und diese Trennung von Wissen und Moral. Obwohl bei den Urgrundphilosophen so viel vom Logos die Rede ist, hat dies noch wenig zu tun mit einer eigentlichen oder durchgehenden Logik – das Kausalprinzip etwa, eines der Grundprinzipien der späteren wissenschaftlichen Logik, kam erst nach und nach in die Philosophie hinein (und wurde erst bei Aristoteles richtig formuliert, in der Klassik der griechischen Antike). Anfänglich stand der Logos noch irgendwie zwischen dem Mythos und der Logik, und wir können vielleicht auch sagen, dass bei den allerersten Philosophen der Urgrund und der Logos identisch betrachtet werden können, **während bei den späteren, sich der Logos eigenständig machte, als eine Art ewige, unveränderliche und hinter allem stehende Weltvernunft** (v.a. etwa mit Heraklit, Parmenides und Anaxagoras), während der Urgrund einer bestimmten Philosophie auch eine andere oder spezifischere Gestalt haben konnte (besonders etwa bei den Sophisten [mit Protagoras und anderen], und auch etwa bei den Atomisten war dies der Fall [Leukipp und Demokrit]). Ebenfalls ein bedeutender Begriff ist jener vom Nous – dies scheint so etwas wie eine allgemeine Auffassung von einem individuell wirksamen Intellekt zu sein. Manchmal wird Nous ähnlich wie Logos verwendet, jedoch hat dieser (ältere) Begriff doch oft eine individuellere Note.

Logos und Nous bilden quasi ein ähnliches Begriffspaar wie in der hinduistischen Religion Brahman und Atman (das ist kein gleiches, aber ein ähnliches Prinzip [eine Verbindung zwischen dem Universellen und dem Individuellen, die in der griechischen Philosophie, in welcher es praktisch nur um Ideen ging, schon vor Platon, wenn auch nicht spezifisch als solche, herausgehoben wird]). Da die Philosophen – wie sie das in allen Zeiten getan haben – die Begriffe einerseits teils verschieden verwendeten und andererseits auch Aussagen machten, die begrifflich nicht genau deklariert wurden (besonders in der Antike), muss man in einer Gesamtschau herausspüren, was die einzelnen Begriffe eigentlich bedeuten.

Das grösste Problem der Philosophie (wie auch der späteren Wissenschaft) ist schon angetönt worden: wie kann die Ethik in die Logos-Philosophie, welche sich vom religiösen Mythos losgelöst hat, einbezogen werden? Die antike Philosophie konnte dieses Problem – trotz dem platonischen Guten und dem aristotelischen Mittelmass* – eigentlich nie wirklich befriedigend lösen (und daher rückte in der römischen Philosophie das reine Recht und im Christentum eine verstärkte Religion in den Vordergrund, die Philosophie dagegen in den Hintergrund).

* Auch diese beiden Haltungen enthalten ja einen unaufgelösten Gegensatz, es sei denn, man betrachte das Mittelmass als das Gute, wie es Aristoteles sicher vorsah: nach dem platonischen Aufstieg zum ideell absolut Guten, die Rückkehr zum aristotelischen Mittelmass. Doch darin bleibt dann wiederum die Frage, zu welchem Handeln dieses ausgeklügelte Prinzip denn nun eigentlich führen soll. Das Problem taucht spätestens dann auf, wenn wir an einer Wegkreuzung stehen, an welcher wir uns zwischen dem einen oder anderen Weg entscheiden müssen. Immerhin hat Aristoteles darauf aufmerksam gemacht, dass es eine grosse Unterscheidung gibt zwischen der logischen bzw. theoretischen und der ethischen bzw. praktischen Philosophie, doch mit dieser Unterscheidung ist das Grundproblem noch nicht gelöst. (Schauen wir uns nun aber an, was die antike Philosophie demgegenüber, d.h. diesem Problem gegenüber, wirklich gebracht und geleistet hat.)

Thales von Milet, die apollonischen Weisheiten und die Urgrundphilosophie. Thales, der erste (so bezeichnete) Philosoph, ging durchaus noch von einer polytheistischen Welt voller Götter aus, jedoch soll er auch die Selbsterkenntnis begründet haben. Die Herkunft der drei sogenannten apollonischen Weisheiten, den Inschriften, welche der Überlieferung nach am Eingang des Apollon-Tempels von Delphi geschrieben standen, die teils sogar eben Thales zugeschrieben werden, ist aber nicht gesichert: jedenfalls hat Thales diese apollonischen Weisheiten unterstützt ("Ei" [Du bist], "Erkenne dich selbst!" [Gnothi seauton], "Nichts im Übermass!" [Meden agan] – der mittlere Spruch wird v.a. auch Chilon zugeschrieben, einem anderen der sieben Weisen*]). Dass Thales die Selbsterkenntnis begründet haben soll, behauptet Diogenes Laertios, ein Philosophiehistoriker, welchem wir immerhin die meisten Auskünfte über die frühen Philosophen verdanken. Thales war auch ein bedeutender Mathematiker und nicht der einzige solche unter den frühen Philosophen (siehe auch: Pythagoras). **Philosophisch bedeutender ist seine Idee davon, dass das Wasser der Ursprung aller Dinge sei.** Diese Behauptung steht am Anfang der Urgrundphilosophie der ersten Philosophen. Die Weltbegründung wurde nicht mehr durch ein mythologisches Ereignis gesehen, sondern ein allumspannender Urgrund soll für das Dasein der Welt verantwortlich sein. Man fragte sich quasi auch, ob es nun ein Jenseits der Götter gebe oder nicht bzw. woraus denn die Dinge im reinen Diesseits beschaffen sind (und dies eben vollkommen unabhängig von religiösen Erwägungen). Diese Weltsicht und Anschauung führte zu einer materialistischen Philosophie – die philosophische Uridee der Welt wird in einer materialistischen Erwägung begründet und in einem materiellen Element gesehen. "Das Prinzip aller Dinge ist Wasser; aus Wasser ist alles, und ins Wasser kehrt alles zurück." Die spätere Wissenschaft hat gezeigt, dass dies (immerhin) für die lebenden Dinge gilt, jedoch nicht für die nicht-lebenden Dinge (und... Wasser ist nach der modernen Elementenlehre eine Verbindung aus dem häufigsten Element im Universum [Wasserstoff] und dem häufigsten Element auf der Erde [Sauerstoff]). Im Wirkungsort von Thales gab es bereits die erste kleine philosophische Bewegung oder Schule: jene der Milesier (d.h. der Philosophen aus Milet, einer antiken Stadt an der Westküste der heutigen Türkei). Zu diesen Milesiern gehören v.a. auch Anaximander und Anaximenes, welche je eigene, andere Urgründe vorbrachten: Anaximander das Unbestimmte (oder auch: das Unbegrenzte, Unendliche, grch. Apeiron), Anaximenes die Luft. Und so war sowohl die Bewegung wie auch der Streit der Philosophen eröffnet. Anaximander führte zu einem ideellen Urgrund, Anaximenes sah ein anderes materielles Element. Und damit war eigentlich schon klar: **man kann die Philosophie eher materialistisch oder eher idealistisch begründen**, und man kann in diesen verschiedenen Grundarten auch je verschiedene Urgründe zu einer eigentlichen oder eigenständigen Richtung vorbringen. Dieses Grundthema beschäftigt ja die Philosophie auch eigentlich bis heute. Alle diese frühen Erwägungen werden im Rahmen einer Naturphilosophie gesehen (welche noch nicht eine eigentliche Wissenschaft war [die Philosophie als Wissenschaft wurde erst von Aristoteles in der griechischen Klassik begründet]). Die Grundfrage der ersten Philosophen war demnach: wie ist die Natur (bzw. eben der Ursprung oder Urgrund) beschaffen? Von vielen der ganz frühen Philosophen haben wir keine eigenen schriftlichen Überlieferungen: dazu gehören auch etwa Thales und Pythagoras, während von Anaximander der erste Satz der Philosophen überhaupt überliefert ist, welcher auch der erste Prosasatz – also der erste Satz der Weltliteratur, welcher nicht in lyrischer Form verfasst wurde! – überhaupt sein soll (von ihm gibt es aber eben auch nur diesen einen Satz, und dies erst noch in fragmentarischer Form) und von Anaximenes schliesslich das erste gesicherte philosophische Werk (mit dem Titel "Peri physeos", dt. 'Über die Natur', dem [nachträglich gesetzten] Standardtitel praktisch aller frühen Werke der Naturphilosophie).

* Den sieben Weisen werden sieben Sprüche zugeordnet. Die Zuteilung kann leicht verschieden sein – der spätantike gallo-römische Dichter Ausonius beschrieb folgende Zuteilung: Chilon – Gnothi seauton ("Erkenne dich selbst!"), Solon – Hora telos makrou biou ("Schau auf das Ende eines langen Lebens!"), Pittakos – Gignoske kairon ("Erkenne den rechten Zeitpunkt!"), Bias – Hoi pleistoi kakoi ("Die meisten sind schlecht"), Periander – Melete to pan ("Bedachtsamkeit vermag alles"), Kleobulos – Metron ariston ("Mass ist das Beste"), Thales – Engya, para d'ata ("Bürgschaft bringt Unheil"). Nicht allzu viel Besonderes eigentlich, aus heutiger Sicht – das sind (grösstenteils, mit ein paar Abstrichen oder Fragezeichen) gutbürgerliche und mittelständische Lebens-, Mass- und Verhaltensweisen, abgesehen von ein paar elitären Zwischenrufen, die es hier auch gibt, aber es ist doch interessant zu sehen, was – (schon) vor dem Auftritt der eigentlichen Philosophen – in der Antike als weise galt. Seinen Vers beendete Ausonius (um 310-395) mit den Worten: "Ich hab' gesprochen, trete ab; und Solon / Der die Gesetze gab, tritt auf." (Eine interessante frühe politische Wendung in der Weisheitsauffassung also.)

Trotzdem – d.h. trotz den sieben alten Weisen und trotz den drei Milesiern als erste Urgrundphilosophen – gelten heute eigentlich v.a. Thales und Pythagoras – die beiden Mathematiker (welche auch und v.a. auch durch ihre mathematischen Sätze in Erinnerung geblieben sind) – als die ersten heute noch weitherum bekannten Grössen der uralten Naturphilosophie. Pythagoras stammte aus Samos und war der erste nachmilesische Philosoph, auch der erste, welcher sich selber als Philosophus bezeichnete, und der erste, welcher eine eigene philosophische Schule und/oder Sekte begründete (in welcher auch die [ägyptische] Wiedergeburtslehre eine zentrale Rolle spielte; die pythagoräische Schule hatte also auch religiöse Züge, die sich aber von der polytheistischen Hauptlehre im antiken Griechenland abhob). Danach kam Heraklit, welcher das Feuer als Urgrund bezeichnete, **womit die vier alten Grundelemente, welche Empedokles dann zusammenstellte, beisammen waren: Erde (von keinem Philosophen als alleiniger Urgrund behauptet! [es sei denn nachmalig, in einem grösseren Rahmen, von Ptolemäus quasi, mit dessen geozentrischem Weltbild]), Wasser, Luft und Feuer.** Der Weg zum antiken Elementensystem war also übrigens genau gleich wie jener zum modernen Periodensystem der Elemente: zuerst wurden die einzelnen Elemente erhoben und daraus dann ein Gesamtsystem begründet. Aristoteles übernahm in der Klassik die Vierelementenlehre von Empedokles, fügte aber ein fünftes, diffuses Element bei: den Äther (was vielleicht auch bedeutete, dass er erkannte, dass dieses antike Elementensystem noch nicht der Weisheit letzter Schluss war, obwohl er es selber nicht auf eine andere Weise verbessern konnte). In der neuzeitlichen Wissenschaft wurde ein ganz anderes Elementensystem begründet, welches zum heutigen Periodensystem der Elemente führte. Auch die alten Chinesen kannten in deren Naturphilosophie eine Elementenlehre mit fünf Elementen: Holz, Feuer, Metall, Wasser, Erde [im Vergleich zu Aristoteles also mit Holz und Metall statt Luft und Äther]. Die altchinesische Elementenlehre wird etwa im Rahmen der Feng-Shui-Lehre noch immer verwendet. **Die erste grosse Leistung der antiken Philosophie – falls man nicht schon Solon und die Demokratie anrechnen möchte – war also diese elementare Auseinandersetzung mit der Welt, die bis zur heutigen komplexen Elementenphysik und -chemie führte.** (Eine rein religiöse Weltauffassung würde vermutlich nie dem Wasser, dem Wasserstoff und/oder dem Sauerstoff [und schon gar nicht dem Phosphor oder dem Einsteinium, u.a.], eine solch grosse Bedeutung geben.)

Anaximander, der erste philosophische Satz und das Urbild der Welt. Der erste Satz der Philosophie, den wir genau kennen, ohne die spätere Vermittlung durch Historiker, ist ein seltsamer (philosophischer) Satz, denn es ist ein Satz, welcher eher etwas (neu-) religiös (und fast schon etwas offenbarerisch) tönt; eher als nach reiner Philosophie wie wir sie in der griechischen Antike erwarten würden. Ein weiteres Beispiel für die bedeutende Spannung zwischen Wissen/Weisheit und Ethik/Moral in der frühen Philosophie und in der Philosophie überhaupt. Die drei bedeutendsten Übersetzungen dieses ersten philosophischen Satzes in der deutschen Philosophie sind die folgenden: "Woher die Dinge ihre Entstehung haben, dahin müssen sie auch zugrunde gehen, nach der Notwendigkeit, denn sie müssen Busse zahlen und für ihre Ungerechtigkeit gerichtet werden gemäss der Ordnung der Zeit." (Nietzsche). "Woraus aber das Werden ist den seienden Dingen, in das hinein geschieht auch ihr Vergehen nach der Schuldigkeit; denn sie zahlen einander gerechte Strafe und Busse für ihre Ungerechtigkeit nach der Zeit Ordnung." (Diels). "Entlang dem Brauch, gehören nämlich lassen sie Fug [Anm. Schicklichkeit] und somit auch Ruch [Anm. Besorgung], eines dem Anderen im Verwinden des Un-Fugs." (Heidegger). Typisch heideggerisch, natürlich: sprach- und sinnspielerisch, und auch ein bisschen nebulös. Wie nahe diese verschiedenen Übersetzungen am tatsächlichen Sinn dieses ersten philosophischen Satzes liegen, entzieht sich meiner Kenntnis – der Satz erscheint schwer übersetzbar (selbst wenn man des Griechischen mächtig ist – und einige scheinen noch das Ihre dazugetan oder weggenommen zu haben, wie das ja fast immer der Fall ist bei Übersetzungen). In einer Verständnisübersetzung würde ich diesen Satz etwa so einschätzen: 'Die Dinge kommen und gehen, sie beziehen sich aufeinander und (be-) wegen einander – dies ergibt die Ordnung der Zeit.' **Von Anaximander stammt aber nicht nur der erste Satz der Philosophie, sondern auch die erste geographische Weltkarte, d.h. das erste eigentliche Weltbild, überhaupt** – mit der Vorstellung, dass die Welt ein zusammenhängendes Ganzes ist (inkl. der [hier noch zweidimensionalen] Globus-Idee). Die antike Idee der Welt, wie sie von Anaximander gegeben ist – dass die Erde eine flache Scheibe ist, welche vom Meer (entsprechend: dem griechischen Titanen Okeanos) strommässig umflossen wird – hielt sich bis tief in das Mittelalter hinein und fast bis an die Neuzeit heran! (Der grosse Mythen- und Legendendichter Homer schilderte übrigens Okeanos, gemeinsam mit seiner Frau und Schwester Thetis (in der griechischen Mythologie die Tochter von Uranos und Gaia), als den Vater der Götter und Schöpfer der Welt – dies könnte auch Thales in seiner Urgrundphilosophie beeinflusst haben, so dass also vielleicht auch Homer bedeutend an der Entstehung der Urgrundphilosophie beteiligt ist bzw. an der Urgrundsuche in diesem ganzen polytheistischen Mythendurcheinander, welches eben die Legendendichter etwas zu ordnen versuchten, und welches eben die Urgrundphilosophen dann aufgebrochen haben.)

Die griechische Philosophie vor ihrer Klassik. Die vorklassischen Philosophen werden Vorklassiker, Vorsokratiker oder Urgrundphilosophen genannt. Jeder dieser frühen Philosophen sah einen anderen Urgrund für sein philosophisches Denken (bzw. für sein Denk- und/oder Gedankensystem):

- ➢ Thales (aus Milet [in Kleinasien]) das Wasser,
- ➢ Anaximander (aus Milet [in Kleinasien]) das Unbestimmte (oder auch: das Unbegrenzte, Unendliche, grch. Apeiron),
- ➢ Anaximenes (aus Milet [in Kleinasien]) die Luft,
- ➢ Pythagoras (aus Samos) die Zahl,
- ➢ Alkmaion (aus Kroton [in Unteritalien]) die Gleichheit bzw. den Ausgleich,
- ➢ Xenophanes (aus Kolphon [in Kleinasien], welcher nach Elea übersiedelte) den (einen) Gott,
- ➢ Heraklit (aus Ephesos [in Kleinasien]) das Feuer (und/ oder auch die Bewegung oder das Fliessen [oder modern: der Flow] – er ist derjenige, welcher den Begriff des Logos eingeführt haben soll),
- ➢ Parmenides (aus Elea [in Unteritalien]) das Sein (er begründete die bedeutende Schule der Eleaten),
- ➢ Anaxagoras (aus Klazomenai [in Kleinasien], welcher nach Athen übersiedelte [und also die Philosophie nach Athen brachte]) den Geist (sowie ein Prinzip von [Ur-] Mischung und Trennung),
- ➢ Empedokles (aus Akragas [auf Sizilien]) die Elemente (Vier-Elementen-Lehre [Erde, Feuer, Wasser, Luft], dazu zwei Prinzipien: Liebe und Streit),
- ➢ Protagoras (aus Abdera) den Menschen,
- ➢ Demokrit (aus Abdera) die Atome,
- ➢ Sokrates (aus Athen) den Zweifel (mit ihm begann die grosse, aber kurze Klassik der griechischen Philosophie in Athen [mit Sokrates, Platon und Aristoteles]).

Kurz gesagt: **die frühen Urgrundphilosophen sahen den Urgrund v.a. in den Elementen der natürlichen Physik. Empedokles führte dies zusammen zu einer eigentlich (früh-) physikalischen Elementenlehre, und Protagoras führte diese ganze materialistische Philosophie wieder zurück auf den Menschen.** Er war es demnach auch, welcher – über Sokrates – mit seinem Homo-Mensura-Satz, wonach der Mensch das Mass aller Dinge sei, die Klassik der griechischen Philosophie in Athen einleitete. Wir finden bei diesen frühen Philosophen – wie natürlich auch bei manchen späteren – einiges, was uns erstaunlich einleuchtend und modern vorkommt, dagegen aber auch wiederum anderes, was uns heute eher dunkel und unverständlich vorkommt. Man muss alle Philosophie (und Ideologie überhaupt) immer auch in der Zeit sehen, in welcher sie entstanden ist. Man kann manches sehr grob missverstehen, wenn man es 1:1 von irgendeiner Vergangenheit in die heutige Zeit hinein überträgt, ohne es auch adäquat zu interpretieren. Wir sprechen hier von einer Zeit, die etwa zwischen dem 7. und dem 5. Jahrhundert vor Christi Geburt liegt (es war aber eben bereits eine Zeit von erstaunlich dichtgedrängter Philosophie: zwischen der Geburt von Thales und dem Tod von Protagoras – mit all den weiteren Urgrundphilosophen dazwischen [von denen hier nur einige der Bedeutendsten erwähnt sind] – liegen nur rund 200 Jahre!).

Eigentlich ist jeder der Vorklassiker auf seine Art und Weise bedeutend und interessant, und würde einer fehlen, so würde ein wichtiges Glied in der Kette fehlen. Die bedeutendsten Vorklassiker insgesamt sind aber vielleicht **Heraklit** (um 520-460 v. Chr.), welcher gegenüber allzu starren Ideologien die Bedeutung der physikalischen Bewegung und Veränderung hervorhob, **Parmenides** (um 520-460 v. Chr.), welchen Platon sogar als grössten philosophischen Meister vor ihm selber bezeichnete*, ferner Empedokles (um 495-435 v. Chr.), welcher das erste eigentliche System in der Philosophie geschaffen hat, und schliesslich eben **Protagoras** (um 490-411 v. Chr.), mit der grossen Wende zur Betrachtung des Menschlichen – mit der vielleicht bedeutendsten Wende innerhalb der Ära der antiken griechischen Philosophie. Erwähnenswert ist hierzu auch die folgende Gelehrten- und Entwicklungsreihe der gesamten antiken griechischen Philosophie (beschrieben im Werk des Philosophie-historikers Diogenes Laertios): Xenophanes, der Religionsphilo-soph des All-Einen, war der Lehrer von Parmenides, dem 'Onto-logen', dessen Schüler Zenon (von Elea) war der Lehrer von Leukipp, dem Atomisten, dessen Schüler Demokrit war der Leh-rer von Protagoras, dem Sophisten (und 'Humanisten') – und auf diesen folgten die Klassiker (Sokrates – der 'Hyper-Sophist' – Platon und Aristoteles, von denen der Eine der Lehrer des Anderen war) und danach die Hellenisten oder Nachklassiker, welche sich gegen die Klassik wandten (Pyrrhon, Epikur und Zenon [von Kition]).

* Vielleicht v.a. deswegen, weil die Schule von Parmenides die grösste und bedeutendste vor Platons Akademie war. Dagegen ist aber die gleichnamige Schrift von Platon ("Parmenides") wenig schmeichelhaft ausgefallen und hat Parmenides eher auf eine satirische Art und Weise behandelt. Es scheint dabei fast ein bisschen so, als ob er ein bisschen Mühe mit Parmenides und/oder diesen nicht so ganz recht verstanden hatte. Platon behauptete ja die Idee des Guten als höchstes Prinzip – dies war schwierig zu vereinen mit dem Prinzip vom Sein als Urgrund bei Parmenides (auch sprach Platon ebenfalls vom Nicht-Sein, was nach Parmenides nicht zulässig ist; es zeigt sich bei diesen beiden und ihrer Kombination die ganze Schwierigkeit zwischen Metaphysik und Ethik [eine Frage, die v.a. in der Moderne vollends aufbrechen sollte]).

Wenn wir von den bedeutendsten und bekanntesten altgriechi-schen Philosophen sprechen, müssen wir auch von den bedeu-tendsten unterschlagenen altgriechischen Philosophen sprechen. Wenn ich heutige Philosophiegeschichtsbücher betrachte, fallen mir dazu v.a. drei Namen ein: Solon, der (Vor-) Begründer der Demokratie (den die Meisten eher als Politiker sehen denn als Philosoph), Alkmaion, der Philosoph der Gleichheit und des Ausgleichs, sowie Xenophanes, der Religionsphilosoph, später aber auch etwa Zenon von Elea mit seinen (v.a. für die physika-lische Bewegungslehre) bedeutenden Paradoxien oder auch Xenophon als bedeutender Bestätiger von Sokrates (er ist ferner der erste Verfasser einer wirtschaftlichen Schrift!, was einiger-massen bedeutend ist, wenn wir die grosse Bedeutung dieses Themas in der heutigen Zeit betrachten [Xenophon wies in sei-ner Schrift zur Hauswirtschaft darauf hin, dass der (politische)

Frieden eine wichtige Voraussetzung für einen blühenden Handel ist]).

Ost-/West-Vergleich (Antike). Etwa zur Zeit von Xenophanes, Parmenides und Anaxagoras (um 500 v. Chr.), welche zu den bedeutendsten griechischen Vorklassikern gehören, gab es auch im (sogenannten) Osten der Welt eine bedeutende philosophische Kulturentwicklung: mit Laotse, Konfuzius und Buddha, die Zeitgenossen gewesen sein sollen (wobei heute nur schwerlich bestimmbar ist, wer hier, inkl. Anderen wie etwa Mahavira, genau wen – und wie – beeinflusst hat). Die östliche oder (indisch-) chinesische Klassik liegt also zeitlich vor der griechischen Klassik (demgegenüber liegt der Anfang der eigentlichen griechischen Philosophie vor dem Anfang der eigentlichen [von der reinen und/oder frührreren Religion weitgehend losgelösten fern-] östlichen Philosophie: im Osten sind die Religion und die Philosophie zwar traditionell enger miteinander verbunden als im Westen, trotzdem kann man dies vermutlich so sagen*). **Konfuzius** (551-479 v. Chr.) gilt als erster grosser Moralphilosoph überhaupt, welcher seine Philosophie in erster Linie auf die reine Moral ausgerichtet hat. In seinem Werk findet sich auch eine der frühesten bekannten Formulierungen der Goldenen Regel, wie sie aus vielen althergebrachten Religionen bekannt ist (und demnach so etwas wie die Urmoral der Welt beschreibt). **Laotse** (im 6. Jh. v. Chr.) ist der Philosoph des Nichtmachens (nicht zu verwechseln mit dem Nirwana von Buddha [Befreiung von der ewigen Wiedergeburt]). Die genaue Übersetzung ist hier recht schwierig: richtig spricht der im Ost-/West-Kulturverständnis verdienstvolle deutsche Sinologe Richard Wilhelm von Nichtmachen, und nicht etwa von Nichthandeln. Eine kleine, aber feine Nuance; im Schlusssatz seines "Tao Te King" sagt Laotse, der Sinn sei zu fördern, ohne zu schaden, und der Berufene soll wirken, ohne zu streiten. Es ist also eindeutig nicht von einem Nichthandeln die Rede (ebenso wie das Nirwana von Buddha auch nicht mit dem Nichts gleichsetzt werden kann, wie es in der westlichen Rezeption manchmal geschieht). Wilhelm übersetzt Tao als Sinn und Te als Leben, ich hätte – wie mir scheint noch etwas korrekter – Tao als Sinn und Te als Sein übersetzt. Bedeutend ist auch der wenig später aufgetretene Mozi, der eine Philosophie der universellen Liebe begründete (ein Thema, welches wir später – in etwas anderer Form – bei Jesus Christus wiederfinden [interessant auch: dass die chinesischen Kaiser als Tianzi bezeichnet wurden, d.h. Sohn des Himmels]). Ganz unterschiedlich sind indes Entwicklung und Wert der weiteren Philosophie verlaufen: im Osten sind die drei grössten Denker der damaligen Zeit – eben: Laotse, Konfuzius und Buddha – auch die drei grössten Denker überhaupt geblieben, bis heute, im Westen hat sich dagegen eine lange und nicht enden wollende Reihe von grossen Denkern ergeben, in welcher es sehr schwierig geworden ist, die grössten davon herauszufinden und -zuheben (vielleicht etwa: Platon, Aristoteles, Augustinus, Thomas von Aquino, Hobbes, Descartes, Locke, Rousseau, Kant, Hegel – aber wie viele weitere könnten einen Anspruch darauf hegen, in diese Liste aufgenommen zu werden [inkl. auch Wissenschaftlern wie Newton, Darwin oder Einstein, u.v.a., welche ebenfalls in einer bedeutenden Verbindung zur Philosophie stehen]).

* Es ist zu erwähnen – wenn hier vom Osten und vom Westen, und von östlicher und westlicher Philosophie die Rede ist v dass es auf dem Globus eigentlich ja gar keinen Westen und gar keinen Osten gibt, sondern: das sind immer Bezeichnungen von einem gewissen Punkt aus gesehen. So wie diese Bezeichnungen allgemein in unseren Breitengraden verwendet werden, liegt eine eurozentristische Sichtweise vor (die natürlich einen gewissen Sinn macht, wenn man die Philosophie der Vergangenheit betrachtet).

Die Philosophen der chinesischen Klassik hatten zwar nicht die analytische Kraft der griechischen Klassiker, aber ihre punktuelle Trefflichkeit – d.h. wie sie gewisse Dinge teils kurz und knapp auf den Punkt gebracht haben – ist in der Philosophiegeschichte vermutlich unerreicht bis heute. Zwei der schönsten Passagen von Laotse und Konfuzius verdeutlichen dies und erklären alleine fast eine ganze Welt (Metaphysik, Physik, Ethik). "Der Sinn erzeugt die Eins. Die Eins erzeugt die Zwei. Die Zwei erzeugt die Drei. Die Drei erzeugt alle Dinge. Alle Dinge haben im Rücken das Dunkle und streben nach dem Licht, und die strömende Kraft gibt ihnen Harmonie." (Laotse – von der Atom- zur Quantentheorie, quasi, und darüber hinaus.) "Wer den Willen des Himmels nicht kennt, kann kein Edler sein.

Wer die Regeln sittlichen Verhaltens nicht kennt, hat im Leben keinen festen Stand. Wer nicht Worte richtig zu verstehen weiss, kann die Menschen nicht erkennen." (Konfuzius – ein moralisches Lehr- und Meditationsstück erster Güte in nur drei Sätzen.)

Exkurs – Östliche Philosophie in den anderen Zeitepochen. Interessanterweise gab es in jeder der Hauptepochen in der Philosophie je eine bedeutende ausserwestliche Phase. In der Antike ging sie – wie beschrieben (im 6./5. Jahrhundert vor Christus) – von den Chinesen aus, im Mittelalter (im 9.-12./13. Jahrhundert) von den Muslimen und in der Neuzeit (im 19./20. Jahrhundert) von den Hindus. Die arabische und die muslimische Kultur diente im Mittelalter – zu einer Zeit, in welcher sowohl die chinesische wie auch die muslimische Kultur höher entwickelt waren als die europäische – als bedeutende Zwischenstation zwischen Indien und Europa in der Mathematik, und als bedeutende Weiterentwicklung in allen Wissenschaften (etwa u.a. mit Al-Kindi, Ar-Razi, Al-Farabi, Al-Hazen, Al-Biruni, Ibn Sina [lat. Avicenna], Ibn Tufail, Ibn Ruschd [lat. Averroës] oder At-Tusi). In der Neuzeit waren es – nicht zuletzt wohl aufgrund der Kolonialisierung und Befreiung Indiens – die Hindus bzw. die Inder, welche eine ganze Reihe von vielbeachteten Persönlichkeiten hervorbrachten (Ramakrishna, Tagore, Vivekananda, Gandhi, Aurobindo – Krishnamurti [Theosophie]). Das bedeutet natürlich nicht, dass es in den anderen Kulturen je keine Denker gab, aber diese traten eher vereinzelt auf, während hier die Rede ist von kulturgeschichtlich bedeutenden grossen Bewegungen. In der neueren Zeit sind nebst den Indern sowie auch den Afrikanern (Wiredu, Hountondji, Oruka, Appiah, Eze – erste afrikanische Philosophen nach Zera Yacob [im 17. Jh., in Äthiopien]) etwa Nishida Kitaro in Japan oder Mohammed Iqbal für den arabischen Raum herausragend zu nennen.

Die Griechische Klassik – I. Sokrates und der grosse Zweifel. Es brauchte nicht nur die Hinwendung der (sogenannten) Sophisten zum Menschen – mit dem Homo-mensura-Satz von Protagoras ("Der Mensch ist das Mass aller Dinge") – sondern auch einen gewissen (sagenumwobenen) Sokrates, um die griechische Philosophie in Athen zu ihrer Klassik und Hochblüte zu bringen. Sokrates übernahm von den Sophisten den Zweifel an allem, welchen sie mit ihren rhetorischen Künsten gesät hatten – der Sophist Gorgias nahm eigentlich schon den späteren Skeptizismus voraus – und machte ihn zu seinem Logos. Mit dem Zweifel beginnt alle wahre Philosophie – so könnte man das Credo von Sokrates (469-399 v. Chr.) formulieren, wie es besonders vom römischen Philosophen Cicero hervorgehoben wurde: **als radikalen Zweifel an allem bzw. an allem Bisherige** (wie ihn später Descartes übrigens, am Beginn der Neuzeit und deren Wissenschaft, quasi in einer grossen Schauinszenierung der eigenen Philosophie nachahmte [nach dem Motto: ich zweifle an allem, komme dann aber aus dem reinen Zweifel heraus doch zu diesem und jenem Schluss]). Ich muss an dieser Stelle sagen, dass ich mir nicht sicher bin, ob es diesen Sokrates tatsächlich gegeben hat, oder ob er nicht vielmehr ein Kunstprodukt von Platon ist. Es ist ja schon seltsam, wie Platon praktisch alle seine (eigenen?) Ideen durch Sokrates zum Ausdruck brachte (welcher in praktisch allen Werken von Platon die Hauptfigur ist, immer in der Diskussion mit anderen Menschen/Philosophen). Es sieht daher in seinen Werken so aus, als wäre Platon selber nur ein reiner Stellvertreter von Sokrates. Wenn es also Sokrates gegeben hat, dann hat Platon praktisch keine eigenen Ideen vorgebracht, sondern nur jene von Sokrates wiedergegeben (d.h. wenn es einen grossen Sokrates gegeben hat, dann kann es keinen grossen Platon geben, oder höchstens als Begründer der Akademie – und umgekehrt: man redet ja in der Philosophie immer eben über den grossen Platon und meint eigentlich aber die Ideen und Diskussionen von Sokrates.) Es stellt sich hier also die Frage: Sokrates und/oder Platon? Vielleicht ist Sokrates nur, aber immerhin!, ein von Platon künstlich erschaffener (hochstilisierter Hyper-) Sophist. Für die These des Kunstproduktes spricht, dass Platon wohl auch sonst zu solchen gegriffenen hat – etwa mit der untergegangenen alten (Super-) Welt von Atlantis (die es wahrscheinlich, entgegen der Behauptung von Platon, nicht gegeben hat, die aber einen Fantasy-Effekt entwickelte, der bis heute anhält) – dagegen aber, dass Sokrates (zum Glück!) nicht nur bei Platon bedeutend erwähnt ist, sondern auch bei seinem Zeitgenossen Xenophon, welcher sich ebenfalls als Schüler von Sokrates ausgibt (ferner ist es für alle späteren Historiker der Antike keine Frage gewesen, dass Sokrates eine reale Figur war, und dass er direkt oder indirekt fast alle späteren Schulen beeinflusst hat). So können wir also davon ausgehen, dass es Sokrates tatsächlich gegeben hat* – ich möchte aber diesen Zweifel trotzdem einmal so anbringen. Es wird tatsächlich ja übrigens auch nie gesagt, selbst unter Philosophieprofessoren und -insidern nicht, Sokrates sei der Begründer der Ideenlehre, sondern dies wird immer Platon zugeschrieben: in dessen Büchern stammt natürlich aber eben diese Ideenlehre einzig und alleine von Sokrates. Es gibt die klare Vorstellung: hier ist der Zweifel von Sokrates sowie dessen Diskussionsmethoden – wie sie eben auch Xenophon in dessen "Erinnerungen an Sokrates" schildert** – und da ist die Ideenlehre von Platon; aber das hat eigentlich in dieser Art nichts mit den platonischen Werken, wie wir sie zu lesen bekommen und wie sie deklariert sind, zu tun. Wenn es Sokrates tatsächlich gegeben hat, dann entsprechen die Werke Platons vielleicht einer schlecht deklarierten Vermischung von sokratischen und eigenen Ideen. Ob aber nun künstlich, übertrieben oder realistisch. Es spielt letztlich keine Rolle, ob Sokrates ein Mensch oder nur eine Idee bzw. ein Mythos (bzw. der Mythos im Logos) war, oder eben tatsächlich sogar, wie es berichtet ist, ein Märtyrer und Heiliger der Philosophie: er gehört so oder so zu den bedeutendsten Philosophen der Welt! Mit Sokrates und seinem grossen Zweifel an allem sowie einer geheimnisvollen Spannung zwischen den Figuren von Sokrates, dem Hyper-Sophisten, und Platon, dem Begründer der Ideenlehre, begann die grosse Klassik der griechischen Philosophie, bestehend aus **Sokrates, Platon und Aristoteles**, von welchen jeweils der Eine auch der Lehrer des Folgenden war. Kompliziert, wie die Philosophie zuweilen nun einmal ist. (Lassen wir im Folgenden den Zweifel beiseite, und sprechen wir über Platon und Sokrates, wie die Philosophie im Allgemeinen über sie spricht, als zwei verschiedene Persönlichkeiten: die Philosophie Platons besteht ja übrigens eben nicht im Zweifel, sondern in einem mehr oder weniger klaren Ideensystem. Ich möchte im Besonderen die Ideen-, Gottes-, Seelen- und Staatslehre Platons betrachten.)

* Auch wenn es ihn tatsächlich gegeben hat (oder hätte), bleibt er eine höchst mysteriöse und umstrittene Figur. Interessanterweise sind nämlich auch viele überlieferte Vorstellungen, die wir von Sokrates haben, falsch (und teils auch nachweislich von Philosophen falsch weitergegeben). Landläufig hat man die Meinung, Sokrates sei ein Strassenphilosoph gewesen bzw. einer, welcher die Leute auf der Strasse angesprochen und sie in philosophische Gespräche verwickelt habe. Das ist vollkommen falsch: Sokrates sprach nur mit Leuten in einem erlesenen Zirkel von Philosophen oder der Philosophie nahestehenden Leuten (es sieht fast so aus, als seien dies Leute der Akademie). Und ein weiterer Hauptpunkt in der Auffassung von Sokrates ist vollkommen falsch, was er in diesem Fall sogar selber verschuldet hat. Manche Gelehrte sprechen von der Hebammenkunst (grch. Mäeutik oder Maieutik), wenn sie über Sokrates reden. Dieser selber hat seine Philosophie so bezeichnet, und gemeint, er lehre die Leute nicht die Wahrheit, sondern hole diese mit einer geschickten rhetorischen Technik aus den Leuten hervor. Diese würden dann, fast unbemerkt, selber auf die Wahrheit kommen. Tatsächlich aber sieht es – wenn man die Schriften von Platon wirklich liest – ganz anders aus: die anderen Figuren sagen in diesen sehr unnatürlich anmutenden Gesprächen fast gar nichts, während Sokrates die ganze Zeit redet und philosophiert, Gedanken formt und Schlüsse zieht, worauf die Anderen dann jeweils 'Ja' sagen, oder 'So ist es' (es ist also genau das Gegenteil von dem, was Sokrates selber über seine Kunst und Art des Philosophierens sagt – seltsam, aber so ist das).

** Der allerlogischste Schluss wäre daher, dass Platon die Figur von Sokrates aus dem Werk von Xenophon übernommen und dieser seine eigene Ideenlehre in den Mund gelegt hat. Dagegen spricht, dass Xenophon und Platon ziemlich exakte Zeitgenossen gewesen sein sollen, und dass Sokrates in praktisch allen Werken von Platon, auch den frühesten, erscheint. Das einzige bedeutende Werk Platons, in welchem Sokrates nicht die Hauptfigur und der Ideenbegründer ist, scheint das Buch "Nomoi" zu sein – dort hat ein unbekannter (namentlich nicht genannter) Athener dieselbe Rolle. (Eine weitere Möglichkeit wäre, dass gar Platons Schüler, die Akademiker, die platonischen Schriften verfasst und die Figur des Sokrates im Namen von Platon eingeführt haben. Wir können weder bei Platon noch bei Aristoteles mit letzter Genauigkeit sagen, welche Schriften von ihnen selber oder allenfalls von ihren Schülern verfasst wurden – in den Werken beider grosser Klassiker gibt es unerklärlich erscheinende, nicht deklarierte Widersprüche [die bedeutendsten, u.a., betreffen: Philosophenkönige vs. reine Gesetzesregierung in zwei verschiedenen Schriften zur Politik bei Platon sowie gar drei verschiedene Schriften zur Ethik mit teils unterschiedlichen Aussagen bei Aristoteles. Bei Sokrates ist es dagegen wenigstens klar, dass er keine eigenen Schriften verfasst hat.)

P.S. Wenn irgendjemand das Verhältnis von Platon und Sokrates genauer klären könnte, müsste es eigentlich Aristoteles sein. Hier drei Stellen aus seiner Metaphysik, welche auch einen kurzen und kleinen Einblick in die Ideenlehre geben (denn auch darin kommt Sokrates vor, wenn auch meist nur als abstraktes Beispiel für irgendetwas [wie im zweiten Zitat, u.a.]): "Und da sich nun Sokrates mit den ethischen Gegenständen beschäftigte und gar nicht mit der gesamten Natur, in jenen aber das Allgemeine suchte und sein Nachdenken zuerst auf Definitionen richtete, so brachte dies den Platon, der seine Ansichten aufnahm, zu der Annahme, dass die Definition etwas von dem Sinnlichen Verschiedenes zu ihrem Gegenstande habe; denn unmöglich könne es eine allgemeine Definition von irgend einem sinnlichen Gegenstande geben, da diese sich in beständiger Veränderung befänden. Diese Begriffe also nannte er Ideen des Seienden, das Sinnliche aber sei neben diesen und werde nach ihnen benannt; denn durch Teilnahme an den Ideen existiere die Vielheit des den Ideen gleichartigen." – "Denn was ist denn das werktätige Prinzip, welches im Hinblick auf die Ideen arbeitet? Es kann ja auch etwas einem andern ähnlich sein, ohne diesem nachgebildet zu sein; also mag es nun einen Sokrates geben oder nicht, so kann es jemand geben wie Sokrates, und dasselbe gälte offenbar auch, wenn es einen ewigen Sokrates gäbe." – "Sokrates aber setzte das Allgemeine und die Begriffsbestimmungen nicht als abgetrennte, selbständige Wesenheiten; die Anhänger der Ideenlehre aber trennten es und nannten dieses Ideen der Dinge." Alles klar? (Nein, nichts ist klar.)

Die Griechische Klassik – II. Platon, Teil 1: Ideen- und Gotteslehre. Ideenlehre. <u>Platon</u> (428 od. 427-348 od. 347 v. Chr.) ist vermutlich der heute bekannteste ältere Philosoph (vor der Neuzeit [also: Antike plus Mittelalter]). Dies kommt nicht unbedingt daher, dass die Leute seine Philosophie besonders gut kennen würden, sondern eher daher, dass er durch den Begriff vom Platonischen in unserer heutigen Sprachkultur vorkommt. Unter dem Platonischen begreifen wir etwas, was sich im rein Ideellen abspielt bzw. in einem reinen Ideenbereich. Dies führt uns direkt zur Ideenlehre Platons, welche dem bedeutendsten Teil seiner Philosophie entspricht. Die Idee ist für Platon nicht eine Inspiration oder Intuition im Geist, wie wir das heute sehen würden, sondern: es ist ein Begriff, welcher in einem quasi ewig-ideellen Raum hinter den Dingen liegt – **ein Begriff vom Wahren hinter den Dingen.** Von allem Seienden, so meinte Platon, gibt es eine wahre Idee, und dieser Idee zu entsprechen oder näherzukommen ist auch der Sinn vom Seienden. Für den Menschen würde dies bedeuten: der Idee vom Menschen bzw. Menschlichen näherzukommen. Die Erfassung der wahren Idee entspricht der reinen Vernunfterkenntnis. Und hier kommen wir vielleicht auf eine ästhetische Höhe der Philosophie, welche zuvor und danach nicht mehr erreicht wurde. Die beste – und das heisst gleichzeitig: die wahrste – aller Ideen ist die Idee vom reinen Guten (bzw. vom Besten). Damit schafft Platon aber – was ihm Aristoteles auch vorgeworfen hat – eine Art ideelles Jenseits gegenüber einem materiellen Diesseits (d.h. seine Philosophie hat religiöse Züge [wie besonders auch im Neuplatonismus bei Plotin zu sehen ist, welcher die Philosophie als einen fast mystischen Aufstieg zum Prinzip vom Einen aufgefasst hat]). In Platons Ethik – mit vier (später so genannten) Kardinaltugenden (Klugheit, Gerechtigkeit, Tapferkeit, Mässigkeit*) – entspricht die Gerechtigkeit der höchsten Tugend (d.h. sie entspricht der besten und wahrsten Auffassung von Ethik und Moral). Für seine Erhebung der Idee des Guten und der Tugend der Gerechtigkeit wird Platon bis heute geschätzt, geliebt und verehrt. Gotteslehre. Im Zentrum der Gotteslehre von Platon steht **der Demiurg, ein Schöpfergott, welcher die Weltseele gebildet hat.** Die Weltseele entspricht der Kraft, welche sich selbst und alles Seiende bewegt. Die alte polytheistische Götterwelt hat hier eigentlich keinerlei Bedeutung mehr (obwohl Platon die Götter in seinen Schriften mehrfach erwähnt, im Besonderen: Eros). Dagegen vertritt er philosophisch einen eigentlichen Monotheismus, allerdings eben mit einem künstlichen bzw. philosophischen Gott. In theologischer Hinsicht würden wir hier von einem Deismus sprechen, d.h. von einem Schöpfergott, welcher aber später nicht mehr in das Weltgeschehen eingreift. Oder man könnte auch sagen: ein Gott, welcher in der Idealität die Natur (der Weltseele) geschaffen hat, während aber in der Realität die Natur nur noch selber wirkt (auf dieser Ebene, also: der Ebene der Weltseele, würde diese

Auffassung einem [Natur-] Pantheismus entsprechen). Die philosophische Religion von Platon ist letztlich äusserst vielschichtig. Freilich: diese Natur (bzw. Weltseele) liegt bei Platon in der Vernunft bzw. in der Idee der Vernunft! Und zwar in einer Vernunftidee, welche der menschlichen gleich ist. Das kann man als ziemlich idealistisch betrachten, aber genau dies ist ja Platons Philosophie auch: idealistisch.

* Anstelle der Klugheit wird auch der Begriff der Weisheit verwendet, ich denke aber eher, dass die Kombination der vier Tugenden in einem platonischen Sinn als Weisheit gelten müsste; ferner wird auch etwa der Begriff der Besonnenheit anstelle der Mässigkeit verwendet. Die Tugendlehre stammt ursprünglich vom Dichter Aischylos, wobei Platon dessen Begriff der Frömmigkeit durch jenen der Klugheit ersetzte. Der Begriff der Kardinaltugend stammt vom Patristiker Ambrosius von Mailand. (Die alte Tugendlehre wurde im Mittelalter durch christliche und in der Neuzeit/Moderne durch politische Begriffe ersetzt [wobei im Zentrum der heutigen praktischen Ethik eigentlich v.a. die Arbeitsmoral in einem bürgerlichen und kapitalistischen Zusammenhang steht].)

Die Griechische Klassik – II. Platon, Teil 2: Seelen- und Staatslehre. Seelenlehre. Die (Einzel-) Seele ist verbunden mit der kosmischen Weltseele. Sie setzt sich aus einem begehrenden und einem vernünftigen Teil zusammen. **Die Seele ist vom Körper gänzlich unabhängig und auch unsterblich** (auch hierbei zeigt sich wieder der religiöse und idealistische Bezug von Platon, aber auch die Anleihen im Religiösen, welche bei ihm gemacht wurden [das frühmittelalterliche Christentum hing eher Platon an, welcher allerdings die abgelösten Seelen mythologisch in der Unterwelt gesehen hat (und nicht etwa in einem Himmel), das spätmittelalterliche eher Aristoteles, welcher dann auch die grössere Wirkung auf die Neuzeit ausübte]). Die Seele herrscht über den Körper (diese Auffassung ist uns heute sehr geläufig: sie wurde ebenfalls von Descartes vertreten und von diesem in die neuzeitliche Wissenschaft eingebracht). Die antiken Philosophen sprachen allgemein eher von der Seele als vom Geist: die Seele ist das Prinzip, welches den menschlichen Körper bewohnt, der Geist dagegen wird zu dieser Zeit noch eher als eine Kraft in einem unpersönlichen Äusseren und/oder universellen Allgemeinen gesehen (typisch bei Anaxagoras, dem eigentlichen Geistphilosophen der Antike – sowie auch Begründer der später in der Wissenschaft immer wieder aufgetretenen Panspermie-Theorie – mit einem unpersönlichen Weltgeist (grch. nous)]]). Das Hauptprinzip der (antiken [philosophischen]) Seele war aber nicht etwa das Gefühl, wie wir heute sagen würden, sondern eben: die Vernunft (die wir heute dem Geist zusprechen würden). Diese gibt er in einem Gleichnis wieder: von einem Wagenlenker, welcher die beiden verschiedenartigen Pferde des Willen und der Begierde lenken muss. Staatslehre. Der Staat ist ein zentraler Faktor in der Philosophie von Platon, eigentlich aber im Kulturverständnis der griechischen Antike überhaupt. **Im Vordergrund steht dabei der Begriff der Polis** (heute würden wir vielleicht sagen: Bürgergemeinde [durchaus auch in einem politischen Sinn]). Das grosse griechische Reich jener Zeit beinhaltete viele Staaten mit unterschiedlichen Regierungssystemen. Platon lebte zwar in einem demokratischen Stadtstaat, vertrat aber nicht wirklich ein demokratisches Ideal, sondern er sah (im Buch "Politeia") einen elitären Idealstaat, welcher von (akademisch ausgebildeten) Philosophenkönigen oder -herrschern regiert würde. In seinem Alterswerk (im Buch "Nomoi") verwarf er (falls dieses Buch denn wirklich von ihm stammt) diese Idee: in einer der bedeutendsten Wendungen eines Philosophen in der Geschichte überhaupt, und vertrat demgegenüber ein Staatsmodell, bei welchem die reinen Gesetze im Vordergrund stehen. Oder anders gesagt: **gerechte Gesetze statt grosse Philosophen sollen den Staat regieren**. Nicht sehr originell, aber doch immerhin vernünftig erscheinend. Das Ziel dabei ist die grösstmögliche Tüchtigkeit der Bürger zu erreichen. Platon begründete die Akademie (Philosophenschule, heute: Universität); nebst Aristoteles gehören Speusippos und Xenokrates zu seinen bedeutendsten Schülern, zwei Nachfolger Platons in der Leitung der Akademie).

Einigermassen bedeutend ist ein direkter Vergleich zwischen Platon und dessen Schüler Aristoteles, weil diese beiden Philosophen – nebst der ganzen übrigen Vielfalt – in der Klassik so etwas wie den Urkern der Philosophie überhaupt gebildet haben. Platon und Aristoteles sind jene beiden Philosophen der Antike, denen man durch alle Zeiten hindurch quasi immer und überall (in der Philosophie) wieder begegnet.

Vergleich	Platon	Aristoteles
Lebenszeit	428/27 v. Chr. – 348/47 v. Chr.	384-322 v. Chr.
Richtung	Idealismus	Realismus
Bezeichnung	Ideenlehre	Metaphysik
Urgrund / System	Idee – Gutes – Gerechtigkeit	Gott – Sein – Mitte – Glück
(Grund-) Verhältnis	Ideales steht über Realem	Ideales im Realen enthalten
Form besteht…	…in Ideenwelt (allgemein)	…im Ding (innerlich)
Bewegung erhält sich…	…durch entgegengesetzte Wirkverstärkung (antiperistasis)	…durch bewegende Wirkursache (aitia poietike)
Höchste Tugend ist..	…die Gerechtigkeit	…die Mässigkeit
Beste Staatsform ist…	…die Aristokratie	…die Politie
Schule	Akademie	Peripatos
Lehrer	Sokrates	Platon
(Haupt-) Schüler	Aristoteles	Alexander d. Grosse
Blütezeit	Frühes Mittelalter	Spätes Mittelalter
(Haupt-) Vertreter	Plotin	Thomas v. Aquino

Platon und Aristoteles weisen einige Gemeinsamkeiten wie auch wesentliche Unterschiede auf. Gemeinsam ist ihnen die umfassende Bewertung der vergangenen Philosophie, also: ein bedeutender Bezug zur gesamten Philosophiegeschichte, wie es ihn vorher nicht gegeben hat; dabei scheint Platon grössere Freude in der Widerlegung alter Denker gefunden zu haben, während Aristoteles sie teils in seine Philosophie einbezog. Wie Platon gründete Aristoteles eine eigene Philosophenschule (Peripatos genannt), das bedeutet auch: er trat aus der platonischen Akademie aus und begründete eine eigenständige und in manchem Platon auch wesentlich widersprechende Philosophie. Der bedeutendste Unterschied liegt in der Grundausrichtung: Platons Philosophie wird als Idealismus, jene von Aristoteles dagegen als Realismus bezeichnet. Ob diese Bezeichnungen korrekt sind, sei dahingestellt: sie sind v.a. im direkten Gegensatz und Vergleich der beiden grossen Klassiker zustande gekommen – und in diesem (alten) Zusammenhang zu sehen. (Die Begriffe des

Idealismus und des Realismus sind in der Philosophie – anders als in der Volksmeinung zuweilen – eigentlich nicht wertend gemeint, denn ebenso wie der Sinn von einem reinen Idealismus bezweifelt werden kann, so kann auch der Sinn von einem reinen Realismus bezweifelt werden [realiter gehören die Ideen natürlich zum Menschsein, und sobald wir uns im Feld der Ideen bewegen, spielt auch immer schon der Idealismus seine Rolle: wenn wir nämlich eine Idee einer anderen vorziehen, bewegen wir uns in der Gefahr von einer Überbewertung schon zu einem zunehmenden Idealismus hin, andererseits brauchen wir für unsere Leistungen auch immer wieder ideelle Vorbilder (seien es nun einzelne Menschen oder Gedanken)].)

Die Griechische Klassik – III. Aristoteles. Das bedeutendste, was man über Aristoteles sagen kann: er gilt als Begründer der systematischen Wissenschaft (u.a. mit seiner Systematik der Flora und Fauna). Wenn wir heute **Aristoteles** (384-322 v. Chr.) als den vielleicht oder vermutlich bedeutendsten Philosophen der Antike bezeichnen, tun wir dies v.a. **aufgrund seiner Leistungen als Wegbereiter der Wissenschaft und seiner wissenschaftlichen Grundlagenwerke**: etwa in der Physik, Biologie, Psychologie oder auch Logik und Ethik (und nicht zu vergessen natürlich: die Metaphysik, als Wissenschaft vom Seienden als solchem bzw. die sogenannte Erste Philosophie). Seine Wissenschaft fand natürlich noch im Rahmen der Naturphilosophie statt: bei ihm stand das reine (Nach-) Denken noch klar über dem empirischen Forschen (d.h. es handelte sich bei ihm eben noch immer um reine Naturphilosophie und noch nicht um Naturwissenschaft im heutigen Sinn [aber die Auseinandersetzung mit der aristotelischen Naturphilosophie sollte viele Jahrhunderte später der Hauptimpuls für die Begründung der neuzeitlichen und modernen Wissenschaft werden]). Während die Wissenschaft des Aristoteles sich erhalten hat – sie wurde zwar sehr kritisch betrachtet, wird aber andererseits auch immer noch studiert – ist seine ethische Position (für ihn war Ethik eine eigenständige Wissenschaft) fast untergegangen. Sie entspricht erstaunlicherweise jener Position, welche zuvor auch schon Konfuzius bedeutend vertreten hat (allerdings nur in einem einzelnen Satz, während Aristoteles dem Thema ein ganzes

Buch widmete): **Die Tugend zielt auf die Mitte – das ist vermutlich so etwas wie ein bürgerlicher Kernsatz (zu allen Zeiten). In diesem Sinn gab es also einen überraschenden Gleichklang im Anfang der Ethik der westlichen und östlichen Philosophie!** Die Ethik hat sich jedoch nicht auf die Wissenschaft übertragen. Der Urgrund ist bei Aristoteles schwieriger zu erfassen als bei den Philosophen zuvor (bei Sokrates war es noch sozusagen der Zweifel, bei Platon die Idee bzw. die Idee vom Guten und vom Guten als Gerechtigkeit). Einerseits sprach er im Ethischen von der Mitte, andererseits aber auch (quasi platonisch) vom höchsten Gut des Menschen und ferner vom Glück als dem höchsten Gut des Menschen. Und ebenso wie Platon sprach er auch von einem Gott der Philosophen, dem Demiurg, welcher als Erstbeweger der Welt eigentlich auch am Anfang der aristotelischen Physik steht. In seiner Metaphysik erscheint wieder das Seiende als Seiendes als Urgrund. Es gibt demnach bei Aristoteles zusammenfassend vielleicht (oder mindestens) vier Urgründe: der Gott, das Sein, die Mitte und das Glück (woraus man ein eigentliches Urgrundsystem machen könnte). Man könnte auch sagen, dass die vormalige Urgrundphilosophie bei ihm, wenn nicht schon zuvor bei Platon, sozusagen ein Ende fand (er studierte auch die vorherige Philosophie genauer als jeder andere Philosoph zuvor, um ihr ein Ende zu bereiten: den vagen und verschiedenen Urgründen wollte er eine exaktere Wissenschaft gegenüberstellen, die sich nicht mehr auf einen gemeinsamen Urgrund bezog, sondern in verschiedene Gebiete bzw. Disziplinen aufteilte). Bedeutend (bis heute) ist seine Einteilung der Wissenschaften bzw. der Naturphilosophie in eine theoretische und eine praktische Philosophie (heute: Natur- und Geisteswissenschaft). Diese Einteilung macht Sinn, weil die Ausrichtungen der beiden Bereiche grundverschieden sind (in der Geisteswissenschaft werden humane und soziale Ziele gesucht und angestrebt, in der Naturwissenschaft wird die Natur ergründet).

Sehr interessant ist auch und gerade aus heutiger Sicht die politische Philosophie des Aristoteles. Er sieht grundsätzlich sechs mögliche Politsysteme, welche sich unterscheiden in ihrer Ausrichtung nach Gemeinwohl und Eigennutz sowie nach der Anzahl der Herrschenden: Monarchie (Gemeinwohl/Einer),

Aristokratie (Gemeinwohl/Einige), Politie (Gemeinwohl/Alle), Tyrannis (Eigennutz/Einer), Oligarchie (Eigennutz/Einige), Demokratie (Eigennutz/Alle). Auch Aristoteles hegte (wie ja auch Platon) der reinen Demokratie gegenüber einige Vorbehalte – insbesondere stand sie in der Antike im Ruf, dass sie relativ leicht in eine Tyrannis oder Ochlokratie (Pöbelherrschaft) ausarten könne. **Aristoteles kreierte daher die eigenartig erscheinende Form der Politie, welche eine Mischform darstellt zwischen Demokratie und Oligarchie. Dies entspricht aber eigentlich exakt der heutigen Staatsform der meisten modernen Demokratien** – mit dem Volk als hintergründigem Souverän und einer vom Volk gewählten Classe Politique (der Vernünftigen) in den staatstragenden Entscheidungsgewalten. In diesem Sinn erweist sich der gute alte Aristoteles als einer der modernsten Staatstheoretiker der Geschichte und überhaupt können wir aus heutiger Sicht sagen, dass seine geisteswissenschaftlichen Erwägungen sogar von nachhaltigerer Bedeutung sind als die naturwissenschaftlichen, wenngleich er eben die Systematik in die Wissenschaft eingeführt hat (während die antike Physik von der neuzeitlichen und modernen Physik widerlegt wurde). Auch seine Schichtenlehre in der Weltinterpretation – Hyle (d.h. Materie), Dinge, Lebewesen, Seele, Geist – zeigt sein systematisches und programmatisches Denken.

Aristoteles hat viele beeindruckende Schriften geschrieben: dazu gehören seine Schriften über die Ethik und die Politik, oder seine Schriften über die Metaphysik und die Physik, ebenso natürlich auch jene über die Logik und die Methodik (zusammengefasst im "Organon"). Wir sind immer wieder beeindruckt, wenn wir die dialogischen Stücke von Platon oder eben diese Schriften von Aristoteles lesen: darüber, wie hoch entwickelt die Sprache und das Denken zu jener Zeit bereits waren (wir dürfen nicht vergessen: es geht hier um die Zeit im 4. Jahrhundert vor Christi Geburt und Wirken!). Hier ein Ausschnitt aus der "Hermeneutika oder Lehre vom Urteil" (grch. Peri hermeneias) von Aristoteles (natürlich in einer modernen Übersetzung): "Denn die Vorstellung des Guten, dass es gut sei, ist, wenn das Gute das Allgemeine ist, dieselbe mit der, welche alles, was irgend gut ist, als gut vorstellt, und diese ist in Nichts von derjenigen verschieden, das alles, was gut ist, gut sei.

Ebenso verhält es sich mit der Vorstellung des Nicht-Guten. Wenn es sich nun mit den Vorstellungen so verhält, und wenn die in Worten geschehenden Bejahungen und Verneinungen nur die Zeichen für die in der Seele sind, so ist klar, dass zu der allgemeinen Bejahung die allgemeine Verneinung das Gegenteil bildet; also dass z.B. zu der Vorstellung, dass alles Gute, gut sei, oder dass jeder Mensch gut sei, die Vorstellung, dass Nichts oder Niemand gut sei, das Gegenteil bildet. Dagegen sind die widersprechenden Vorstellungen die, dass nicht alles Gute oder nicht alle Menschen gut seien. Es zeigt sich also, dass das Wahre nicht das Gegenteil vom Wahren sein kann, weder als Vorstellung, noch als ausgesprochene Verneinung: denn die gegenteiligen Vorstellungen sagen Entgegengesetztes von einem Gegenstand aus; aber mehrere wahre Vorstellungen können von demselben Gegenstand zugleich wahr sein, während Gegenteile nicht in demselben Gegenstand zugleich enthalten sein können." Ich denke, dass dies vielleicht auch ein heutiger Philosoph so schreiben könnte – und vielleicht würde er dabei sogar den selben, in der Sache kleinen, aber im Sinn grossen Fehler machen, den Satz von Parmenides, wonach nur das Seiende ist und es kein Nichtseiendes gibt* (als ersten Satz aller Ersten Philosophie und Logik), zu vernachlässigen (was auch schon Platon machte und viele nach diesen).

* Es gibt eine interessante und bedeutende Kritik vom italienischen Philosophen Emanuele Severino im 20. Jahrhundert, die sich auf Parmenides beruft, und die besagt, dass Platon und Aristoteles mit der Vorstellung der Entstehung der Dinge aus dem Nichts einen Nihilismus in der europäischen Philosophie eingeführt hätten. In der Tat sprechen Platon wie Aristoteles (v.a. aber Platon) nicht nur vom Seienden, sondern auch vom Nichtseienden. Trotzdem erscheint die Kritik als zu streng und vielleicht auch als falsch. Man kann dazu sagen, dass der Gott der Philosophen (Demiurg), welcher scheinbar von Sokrates und/oder Platon eingeführt wurde, durchaus als Werkmeister der Welt gilt. Dieser erschuf die Welt nicht aus dem Nichts, sondern bearbeitete und ordnete die Materie im Chaos (d.h. die Materie kommt nach dieser Vorstellung, wie auch in der altgriechischen Mythologie, aus dem Chaos [was den Auffassungen der modernen Physik entspricht – oder umgekehrt – aber nicht einer moralischen Theologie, in welcher ja der moralische Gott sowohl das Sein wie auch das Gute ganz ursächlich in die Welt hineinbringt (während in der Antike quasi ein göttliches Prinzip über ein ursächliches Chaos gestülpt wird)]). Aristoteles hat dem Demiurgen

ferner auch Züge gegeben, welche an die spätere christliche Theologie erinnern, im Sinne von einer Vernunft und Güte, welche diesen (deistischen) Gott auszeichnen, während Platon einen (nach dem skeptizistische Züge tragenden Sophismus drohenden) Nihilismus v.a. mit seinem Idealismus überwand, indem er eine Überethik erschuf (ähnlich wie Buddha oder Kant, notabene – während Konfuzius, wie Aristoteles, dagegen die Mittelmässigkeit erhob). Platon hat aber auch von alten polytheistischen Göttern gesprochen, bevorzugt etwa von Eros, so dass seine Götterwelt nicht so klar erscheint; diejenige von Aristoteles ist dagegen, zumindest in der physikalischen Vorstellung der Welt, sehr funktional ausgerichtet. Dass sich zwischen religiösen, philosophischen und wissenschaftlichen Erklärungen – gegeben in der griechischen Antike quasi durch Mythos (Religion), Platon (Philosophie) und Aristoteles (Wissenschaft), gewisse, schwer zu überwindende Bruchstellen ergeben, muss uns nicht weiter erstaunen, denn diese sind bis heute nicht geklärt und bedeuten ja eines der grösseren Probleme und eine der grösseren Herausforderungen in der menschlichen Welterkenntnis bis zur heutigen Zeit (und darüber hinaus). Die Dinge sind in der Geschichte der Philosophie sehr genau zu differenzieren – leichte Antworten gibt es keine.

Ich habe hier zu Aristoteles einen kurzen Ausschnitt aus seiner Logik gewählt, weil dieses Thema in der Folge aus gewissen und/oder bestimmten Gründen etwas zu kurz kommen wird, wie in den meisten Philosophiegeschichten, notabene (es wurde – so scheint mir – auch oft eher als philosophische Spielerei behandelt, denn als wirkliche Philosophie). Die Logik wurde langezeit bestimmt von den Grundbüchern des Aristoteles sowie Kommentaren dazu. In der Neuzeit wird oft die sogenannte Logik von Port-Royal (von den christlichen Jansenisten Antoine Arnauld und Pierre Nicolas, 1662) als Einleitung zu einer modernen Logik gesehen, welche dann v.a. von Gottlob Freges "Begriffsschrift" (1879) begründet wurde (mit der Prädikatenlogik, in welcher sich Linguistik und Mathematik immer bedeutender vermischen bzw. in welcher versucht wird, die Sprachlogik immer mathematischer aufzufassen. Bedeutende Erfolge konnte die mathematisierte Logik v.a. in den Gebieten der Mathematik und der Informatik erzielen, weniger indes eben im Bereich der reinen Philosophie, wo der Traum Wittgensteins von einer vollkommenen Formalisierung der Philosophie im Höhepunkt einer sprachlogischen Betrachtung als eine philosophische Absurdität betrachtet und als solche zurückgewiesen werden muss. **Eine ältere Auffassung von Logik, worauf Heidegger speziell hinwies, stammt von Heraklit – diese besteht darin, dass sich die Logik direkt und ohne allzu grosse Formalisierung aus dem Logos herleitet** (diese philosophischere Form von Logik steht mir persönlich eher näher – vielleicht sollten wir gegenüber den übergrossen Figuren von Platon und Aristoteles die vorklassischen Philosophen nicht gänzlich vergessen).

Die antiken klassischen Philosophen werden heute in gewissen Punkten zuweilen auch stark kritisiert. Für Platon wie auch für Aristoteles war die Sklaverei – typisch für die Antike (und das vorhergehende Altertum) – eigentlich ein Normalzustand. Manche werfen Platon heute sogar einen gewissen Anflug zur Eugenik vor (z.B. Sloterdijk in seiner Rede "Regeln für den Menschenpark" [1997/99]): es handelte sich jedoch bei Platon um eine (staatliche) Auslese (bzw. Selektion) und Erziehung der Besten (allerdings spezifisch bei der von ihm eingesetzten Klasse der Wächter oder Krieger, welche für die Landesverteidigung und die Verteidigung der in seinem Frühwerk vertretenen und später selber zurückgenommenen Philosophenherrschaft zuständig sind [man kann dies eigentlich nicht allgemein auf seine Philosophie übertragen – eine Bestenauslese in gewissen Bereichen und für einen bestimmten Zweck hat natürlich noch lange nichts zu tun mit modernen wissenschaftstechnischen oder gar politfaschistischen Eugenikphantasien, aber trotzdem]). Wie können Philosophen, welche für das Gute, das Glück, die Gerechtigkeit und die Vernunft eintraten, solche Positionen einnehmen? Und v.a.: was sollen wir heute damit anfangen? Darauf gibt es eigentlich nur eine Antwort, jene des Christusapostels Paulus, wonach wir alles prüfen und das Gute behalten sollen. Oder anders gesagt: manches aus den Werken der alten Philosophen können wir – wenn auch nie 1:1 – in unsere Zeit übertragen, anderes müssen wir aus heutiger Sicht vielleicht eher verwerfen. Die klassische Antike Philosophie bildet die gesamte Grundlage der späteren Philosophie und Wissenschaft – daher sollte man ihr mit Achtung und Prüfung begegnen (während Verachtung oder Begeisterung allgemein der falsche Weg ist im Umgang mit alten Zeiten und/oder Philosophen).
Exkurs – Die Kritik an der Ideenlehre, das grosse Paradoxon und das schwierige 'Bewegungsproblem'. Die Kritik von Aris-

toteles an der Ideenlehre von Platon ist vielfältig. Am Bedeutendsten ist vielleicht der Einwand bezüglich des 'Bewegungsproblems'. Um diese Problematik zu begreifen müssen wir etwas zurückblenden, in die Zeit der Vorsokratiker bzw. Vorklassiker. Heraklit meinte, dass alles in einem ständigen Fliessen bzw. in einer ewigen Bewegung sei. Dagegen meinte **Zenon von Elea** (um 490-430 v. Chr.), ein Schüler von Parmenides (nicht zu verwechseln mit dem berühmteren, späteren Zenon von Kition, dem Begründer der Stoa), dass es im Grunde bzw. im Ganzen keine Bewegung geben könne! Das tönt einigermassen abenteuerlich bis sogar absurd. Zum Beweis seiner seltsamen These führte er ein Paradoxon auf. Er liess – was man heute in der Philosophie als Gedankenexperiment bezeichnen würde – Achilles im Wettlauf gegen eine Schildkröte antreten, welcher er einen Vorsprung gibt. Nun holt Achilles zwar Stück für Stück auf, weil er der Schnellere ist, aber er kann die Schildkröte trotzdem nie ganz einholen, weil diese in der Zeit, in welcher er ein Stück aufgeholt hat, immer schon wieder ein Stück weiter ist. Die Schildkröte behält immer – auch wenn man diese Überlegung ins Ewige weiterführt – einen kleinen Vorsprung, und es hat sich also wenig bis gar nichts an der ursprünglichen Situation geändert (daher sagt Zenon, dass es keine wirkliche Bewegung gibt). Die Mathematiker und Logiker glauben, das Problem gelöst zu haben*, aber es war gar nicht so einfach (und das Paradoxon erstaunt uns bis heute). Noch klarer wird der Sinn von Zenons Behauptung in seinem Pfeil-Paradoxon, in welchem er sagt, dass sich ein Gegenstand in Bewegung realiter gar nicht bewegt, wenn man die Bewegung in allerkleinste Zeiteinheiten einteilt, in welchen er zuletzt praktisch stillsteht (d.h. in einer zeitlichen Unendlichkeit und Ewigkeit, welche paradoxerweise ja – in diesem Sinn – auch der absoluten oder reinen zeitlich quasi eingefrorenen Gegenwart und Momentaufnahme entspricht, bewegen sich die Dinge eigentlich nicht, in der Raum-Zeit natürlich aber schon). Man hört zuweilen in der Philosophie, es bestehe ein Widerspruch zwischen Heraklit, welcher sagte, dass alles in Bewegung sei, und Parmenides, welcher eine starre Ewigkeit behaupte. Diese Auffassung gründet wohl v.a. auf diesen Paradoxien des eleatischen Schülers von Parmenides. Dieser spricht aber davon, dass das Seiende weder entstanden sei, noch zerstört werden könne, und auch nicht teilbar sei, sondern unveränderlich, da es als Ganzes ein Gleiches sei. Er spricht also vom Ganzen, während Heraklit vom Einzelnen spricht. **Es macht offenbar (auch) einen Unterschied, ob man alles Einzelne einzeln betrachtet, oder das All als solches** (jedenfalls in dieser Frage – was eigentlich auch ein Paradoxon darstellt: wie kann alles als Einzelnes in Bewegung sein, das Ganze als solches aber nicht? [wir reichen wirklich mit diesen Paradoxien aus einer alten Antike bereits an die Probleme der modernen Physik und an die Science Fiction heran]). Der Begriff vom Ewigen kommt bei Parmenides nicht explizit vor: was aber unveränderlich ist, das erscheint natürlich auch ewig – und genau um diese Qualitäten geht es ja hier: um das Ewige – welches in der Antike als unveränderlich vorgestellt wurde – bei Parmenides und um das Veränderliche und Bewegliche bei Heraklit. Insbesondere bei Anaxagoras ('Weltgeist') und Platon ('Ideenwelt' u. 'Weltseele') spielte die Auffassung des Ewigen, des Unveränderlichen und des Ganzen danach ebenfalls eine bedeutende Rolle (aber auch etwa der Universalienstreit im Mittelalter – Allgemeinbegriffe/-ideen vs. Einzeldinge – oder die Erhebung der Mathematik zu einer Wissenschaft von ewigen Wahrheiten in der Naturwissenschaft und die Behauptung von einer ewigen Wiederkehr des Gleichen bei Nietzsche, gehören in diesen schwierigen und manchmal paradox erscheinenden Themenbereich zwischen Ewigkeit und Zeitlichkeit). Eine solche Ansicht vom Ganzen, welche seit den Eleaten bis zu Platon vorherrschte, führt nach Aristoteles zu einem 'Bewegungsproblem', das sich auch in der Ideenlehre Platons manifestiere: die Ideen von Platon könnten, so meinte Aristoteles, (ebenso wie auch die Mathematik) keine Ursache für die Bewegung der Dinge sein**. Daher stellte Aristoteles, nebst der Annahme von Gott als Erstbeweger, in seiner Physik eine eigene (wissenschaftliche) Bewegungstheorie auf. Diese wurde – nach einem Intermezzo mit der sogenannten Impetus- oder Impulstheorie – von Galilei kritisiert und durch dessen Trägheitsprinzip (welches das 'Bewegungsproblem' endlich – tatsächlich oder weiterhin nur scheinbar – löste) ersetzt, was zur neuzeitlichen Physik und Mechanik (mit der Idee eines mechanistischen Universums) bei Newton führte. **Die interessante und spektakuläre Entdeckung der Grundgesetze der Mechanik, an welcher die ganze neuzeitliche Physik hängt, ist heute nicht mehr allzu gross bekannt (weil alte**

Theorien in der Wissenschaft leider verloren gehen, wenn neue begründet werden [womit auch die geschichtliche Dimension der Naturwissenschaft verloren geht!, inkl. des Zusammenhangs der Wissenschaft mit der Philosophie und der Religion, notabene (und ebenso bedeutend geht damit letztlich selbst die Grösse der naturwissenschaftlichen Entwicklungen und damit die Grösse der Wissenschaft überhaupt verloren!!)]). Die heutige Physik behauptet ja übrigens, dass sich auch das Ganze – nach ihr: das Universum, wie man heute sagt – bewegt (bzw. [derzeit] ausdehnt). Und trotzdem scheinen wir auch heute noch allzu oft die wahren Ideen – die es ja nach Platon auch nur in einer Ewigkeit geben kann – zu verfehlen... Was zeigt, dass sie eben doch eine grössere Rolle spielen, als wir manchmal denken. Dies ist vielleicht ein bisschen ein paradoxer Abschnitt, aber das gehört eben auch zur Philosophie: das Paradoxe, das Groteske, das Absurde – inkl. Fragen, die wir bis heute nicht auflösen können.

* Es stellt sich indes die Frage, ob die Mathematiker und Logiker das Problem auch wirklich gelöst haben. Sie haben es scheinbar gelöst, indem sie die Einteilung der Zeit in unendlich kleine Räume hier verboten haben – sie sagen uns aber nicht, mit welchem Recht sie das verbieten. In der Art und Weise, wie Zenon das Problem vorstellt, scheint es tatsächlich keine Lösung zu geben. In der Realität gibt es freilich eine einfache Erklärung: irgendwann einmal (bzw. ständig eigentlich) überspringt Achilles die immer kleiner werdenden, ins Unendliche gehenden Zeiträume mit einer einfachen Schrittlänge. Das Problem löst sich in der Realität von selber, nicht so aber in der Vorstellung. Man muss sich lösen von der Problemanordnung, in welcher man immer schaut, welchen Fortschritt die Schildkröte an dem Punkt gemacht hat, an welchem Achilles sie einholen würde. Wenn man ganz einfach bei beiden Figuren die gemachten Wegstrecken pro (gleichbleibender) Zeiteinheit aneinanderreiht, dann hat man das Abbild der Realität und das Problem ist gelöst. **Das Problem zeigt, wie hilflos unsere Vorstellung wird, wenn wir uns auf einen falschen Gedanken konzentrieren und fixieren.** Ferner zeigen diese Paradoxien natürlich auch, wie eng die Mathematik eigentlich mit der Vorstellung verknüpft ist. (Was auch immer damit gezeigt werden sollte: für mich sind diese Paradoxien viel zu klug, als dass Zenon von Elea damit einfach nur die Philosophie von Parmenides hätte beweisen wollen. Das ist übrigens eine Qualität, welche die heutige Philosophie praktisch nicht mehr kennt: die Klugheit. Man kann sich fragen, welche von den antiken oder platonischen Kardinaltugenden der Weisheit [Klugheit, Gerechtigkeit, Tapferkeit, Mässig-

keit] die heutige Philosophie überhaupt noch kennt; ich sage dies, ohne die antike Philosophie verherrlichen zu wollen. Es ist nur eine Frage.)

** Dies obwohl Platon eigentlich auch eine eigene Vorstellung zur Bewegung äusserte – im Problem der Pfeilbewegung, welches auf das Pfeil-Paradoxon zurückgeht (was zeigt, dass er auf Zenon von Elea Bezug genommen hat) und danach diskutiert wurde von Aristoteles selber bis zu Avicenna. Platon meinte, es sei die Luft, welche die Bewegung eines abgeschossenen Pfeils erhält – durch Wirbelbildungen, welche sich durch die Pfeilbewegung in der Luft ergeben, so dass dieser so lange fliegt und nicht gleich wieder zu Boden fällt (diese Konstellation nennt man: Antiperistasis, d.h. eine Kraft oder Qualität verstärkt eine andere, eigentlich entgegengesetzte Kraft oder Qualität [hier: die Luft ist der Pfeilbewegung entgegengesetzt, wird aber durch diese verdrängt und schiebt dann ihrerseits den Pfeil an (es handelt sich um eine besondere Form von Wechselwirkung – das Argument von Aristoteles dagegen: der Pfeil ist zu schnell dafür, dass dieses Phänomen eine Rolle spielen könnte)]). Aristoteles dagegen meinte, der Bogen übergebe die gesamte Kraft an den Pfeil (das entspricht ja auch bereits unserer eigentlich heute noch gängigen Vorstellung der einfachsten Billard-Kugel-Physik im [pseudo-] mechanischen Universum). Philoponos wiederum meinte, die Kraft sei quasi nur geliehen (Impetustheorie) und verliere sich wieder, und darum falle der Pfeil nach einer gewissen Distanz dann doch zu Boden – dies sei auch im Vakuum so. Avicenna meinte, die Luft behindere die Bewegung des Pfeils und bewirke, dass er zu Boden falle, und nur im Vakuum gebe es eine konstante Bewegung, die nicht zum Stillstand komme. Das wäre eigentlich schon ein Ansatz für die neuzeitliche Physik gewesen, aber es dauerte noch ein bisschen länger bis diese über Ockham und Galilei (Trägheitsprinzip) dann von Newton (Gravitationstheorie und drei Grundgesetze der Mechanik) begründet wurde. Das zeigt: hinter unserer heutigen Physik steht nicht nur Aristoteles in der Antike, welcher aber die Bewegungsphysik erstmals klar aufgefasst und dargestellt hat, sondern mindestens auch Heraklit, Zenon und Platon (ebenso ist auch hierbei hinzuweisen auf den bedeutenden Einfluss der muslimischen Philosophie, aber auch der christlichen Philosophie, für die gesamte spätere Wissenschaft – manches davon mag uns heute als simpel oder seltsam vorkommen, und doch war jeder dieser einzelnen Entwicklungsschritte notwendig für die gesamte Entwicklung, und nichts davon ist irgendwie trivial [ganz abgesehen davon, dass ja auch die einfachsten Dinge manchmal am Schwierigsten zu finden (siehe: Kategorischer Imperativ von Immanuel Kant) und/oder zu erklären sind (siehe: Relativitätstheorie von Einstein)] – bevor wir in der Philosophie einen Vorwurf von Trivialität erheben, müssen wir uns sehr genau überlegt haben, aus welchen Gründen eine bestimmte Idee und/oder Theorie aufgekommen ist; trotzdem sollten die Gründe für eine Philosophie im Allgemeinen nicht wichtiger sein als die Ideen selber [ich meine, dass dies aber heute manchmal (oder zunehmend) vorkommt] – man sieht: ich werde weder Platon noch Aristoteles konsequent in allem zustimmen, sondern ich bewege mich zwischen den Beiden, also auch: zwischen einem Realismus und einem Idealismus [was laut Nicolai Hartmann, welcher sich gegen den Idealismus und für den Realismus entschieden hat, nicht möglich ist (ein weiteres Paradoxon?)]).

Erstaunlicherweise war die grosse Klassik der griechischen Philosophie nur eine kurze Phase von rund 150 Jahren (etwa 475-325 v. Chr.). Danach trieb es die späteren (hellenistischen) Philosophen – in einer politisch schwieriger werdenden Zeit – nicht etwa zum Verweilen, sondern zur Begründung neuer, anderer Ideen. Und so ging auch in den folgenden Zeiten – unglaublich aus heutiger Sicht – v.a. Aristoteles nahezu vergessen! Die platonische Akademie bestand zwar weiter, sie wurde allerdings im Jahr 86 v. Chr. durch den römischen Feldherrn Sulla gänzlich vernichtet. Der letzte Leiter der Akademie (Philon von Larisa) war schon zwei Jahre zuvor nach Rom geflohen. Die attische Demokratie war bereits 262 v. Chr., mit der Niederlage der Athener im Chremonideischen Krieg und einer wiederholten Besetzung durch Makedonien, zu Ende gegangen war (interessant: diesen Krieg kennt heute niemand, obwohl er für sehr lange Zeit das Ende der Demokratie bedeutete!). Die Zeitabschnitte der platonischen Philosophie werden bezeichnet als Ältere Akademie, Jüngere Akademie, Mittelplatonismus (1. Jh. v. Chr. bis 3. Jh.) und Neuplatonismus (mit **Plotin** [205-270] und anderen, im 3. Jahrhundert nach Christi Geburt). Während der Platonismus im frühen Christentum (Patristik) eine bedeutende Rolle spielte, erlebte der Aristotelismus erst im späteren mittelalterlichen Christentum (Scholastik) eine Renaissance, im 12./13. Jahrhundert – in der Wiederentdeckung der aristotelischen Philosophie durch Averroës, Moses Maimonides und Thomas von Aquino (mit bedeutendem Einfluss auf die Neuzeit und deren Wissenschaft, welche sich wesentlich in der Auseinandersetzung mit den Positionen von Aristoteles begründete und entwickelte; als allererster Aristoteles-Kommentator im Mittelalter überhaupt soll Notker Teutonicus (um 950–1022) gelten [ohne letzte Gewähr]). Rückbezüge auf die griechische Antike gab es auch später immer wieder, bedeutend natürlich im Zeitalter der Renaissance, in welchem allerdings die römische Antike den grösseren Einfluss ausübte, oder auch etwa bei Nietzsche. Er scheint jedoch stärker von der wilden antiken Götterwelt beeinflusst gewesen zu sein als von den klassischen Philosophen. Um die letzte Jahrtausendwende fragte der deutsche Philosoph Sloterdijk kritisch, ob die alten Philosophen heute noch unsere Freunde sein können (wobei er sich speziell auf Platon bezog). Wie bedeutend (und unkritisch) die griechische Antike gerade in den höheren deutschen Schulen bis zum Zweiten Weltkrieg behandelt wurde, zeigt eine Erzählung des Schriftstellers Andersch, welcher damit einen altväterlichen Humanismus kritisierte (und die peinliche Frage stellte, ob denn eine humanistische Bildung vor gar nichts schütze). Wir treffen überall in der Philosophie auf Kritik und Gegenkritik (und Kritik der Gegenkritik, usw. usf., etc. etc. – die Beurteilung von alledem ist, wenn sie sorgfältig gemacht wird, immer schwierig und nie abgeschlossen). Es gibt in diesem Zusammenhang – des Übergangs von der Klassik zum Hellenismus – ferner eine bekannte Anekdote aus früherer Zeit zu erwähnen: jene vom makedonischen Herrscher Alexander dem Grossen (356-323 v. Chr.), welcher der Legende nach von Aristoteles ausgebildet wurde, also sozusagen ein Philosophenkönig im platonischen Sinn war, und dessen Begegnung mit dem zynischen, ärmlichen Philosophen **Diogenes von Sinope** (um 410-323 v. Chr.), auch bekannt als Diogenes im Fass oder in der Tonne. Dieser sagte, von jenem nach seinen Wünschen befragt, zum grossen Philosophenkönig: "Geh mir aus der Sonne!" Dies ist auch bereits ein, wenn auch anekdotisches Zeugnis zum Verhältnis der Klassik mit der nachmaligen hellenistischen Philosophie, welche zu einem bedeutenden Teil aus einem gewissen philosophischen Zynismus – bzw. aus der absichtlich gewählten Position der Weltdistanz, wie sie auch den Zynismus kennzeichnet – heraus entstanden war (besonders in der Skepsis und in der Stoa).

Die hellenistische Philosophie (Nachklassik). Die spätere griechische Antike wird als Zeit des Hellenismus bezeichnet. Diese Epoche ist zeitlich ziemlich genau umrissen: von der Herrschaftszeit Alexanders des Grossen (336 v. Chr.) bis zum Ende des letzten hellenistischen Grossreiches, des ptolemäischen Ägyptens, welches in das Römische Reich eingegliedert wurde

(30 v. Chr. – wobei ich hier philosophisch die Zeit bis zu Plotin betrachte, quasi dem letzten Ausläufer der griechischen Antike, im 3. Jahrhundert, falls man nicht auch noch Boethius im 5./6. Jahrhundert dazuzählen möchte – das sind aber eher vereinzelte grosse Figuren einer spätgriechischen Philosophie; der Platonismus spielte indessen noch lange eine gewisse Rolle und tauchte zwischendurch immer wieder auf, besonders bedeutend – u.a. – etwa in der Domschule von Chartres zur Zeit der christlichen Scholastik oder bei den Cambridger Platonikern noch im 17. Jahrhundert). Die hellenistische Zeit brachte drei grosse Schulen bzw. Richtungen hervor: **die skeptische Schule von Pyrrhon (Prinzip der Verneinung [aller Wahrheitsansprüche überhaupt]), die epikureische Schule von Epikur (Prinzip der Lust [und Unlust]) und die stoische Schule von Zenon (Prinzip der Gemütsruhe [bzw. der Gleichgültigkeit]). Ich nenne diese drei Schulen auch die Schulen des Untergangs**, da sie den Untergang der antiken griechischen Kultur zumindest (mit-) begleiteten. Auf diese hellenistischen Richtungen der Philosophie traf auch der christliche Apostel Paulus zu seiner Zeit noch hauptsächlich, insofern bei ihm von der Philosophie die Rede ist, was auch der Hauptgrund gewesen sein dürfte für seine (zu?) scharfe Verwerfung der Philosophie (im Allgemeinen). Er verwarf in erster Linie eben diese Untergangsphilosophien, während die christliche Theologie dann aber wiederum einiges aus der alten Philosophie in ihre eigene Lehre aufgenommen und eingebaut hat [das Christentum hat auch sonst ja einiges vom Heidentum übernommen (etwa in der Festkultur, aber auch in der Philosophie). Trotz dieser kritischen Anmerkung sind diese drei Schulen sehr bedeutend: die Skepsis spielte später zu verschiedenen Zeiten eine bedeutende Rolle (insbesondere etwa bei Empiricus, Montaigne, Hume oder Fries), Epikur gilt – gemeinsam mit dem römischen Philosophen Seneca – bis heute als Wegbereiter einer (manchmal auch etwas dekadent anmutenden) Lebenshilfephilosophie und den philosophischen Anleitungen zum Glücklichsein, während die Stoa, welche – begründet von **Zenon von Kition** (333-262 v. Chr.) – die Seelenruhe in den Vordergrund stellte, sogar zur Hauptphilosophie im antiken Rom aufstieg. Diese Philosophie schien sehr gut zum bis dahin grössten westlichen Weltreich zu passen (die Herkunft der Stoa ist interessant: sie soll von Euklid von Megara – nicht zu verwechseln mit dem

Mathematiker Euklid von Alexandria – welcher ein Schüler von Sokrates gewesen sein soll über Thrasymachos verlaufen sein, einen späteren Leiter der megarischen Schule zu Stilpon, ebenfalls Megariker, welcher der Lehrer von Zenon von Kition war). Die altrömische Kultur begegnete der Philosophie jedoch allgemein eher mit Desinteresse (die Stoa bot – bei Mark Aurel sogar kaiserlich vorgelebt – noch ein bisschen Nahrung für jene, die sich trotzdem für philosophische Fragen interessierten – obwohl die römische Philosophie kaum Fortschritte machte gegenüber der griechischen, gehören insbesondere Cicero und Seneca zu den bekanntesten und beliebtesten Philosophen aller Zeiten bis heute!). Die letzten drei grossen Figuren der griechischen Antike waren zwei Wissenschaftler und ein Philosoph: Archimedes (aus Sizilien – mit dem Auftriebsgesetz [gilt damit quasi als erster Vertreter der experimentellen Wissenschaft (obwohl seine Entdeckung eher auf Zufall beruhte)]) sowie, bereits nach Christi Geburt und Wirken, Ptolemäus (aus Ägypten – mit dem [physikalisch falschen] geozentrischen Weltbild) und schliesslich Neuplatonist Plotin. Einige weitere, meist frühere bekannte Wissenschaftler und Mathematiker waren etwa: Alkmaion (Isonomietheorie [Gleichheit, Ausgleich]), Hippokrates (Medizin [Ärztlicher Eid]), Aristarch (von Samos [frühes heliozentrisches Weltbild]), Euklid (Geometrie), Eratosthenes (Erdumfangberechnung) oder Galen (Medizin). Nachdem Anaxagoras in der Vorklassik die Philosophie von Kleinasien nach Athen gebracht hatte, verlagerte sie sich nach Epikur von Athen wieder in die Peripherie: Plotin, welcher vermutlich in Ägypten geboren wurde und an der südlichen Westküste Italiens verstarb, setzte mit seinem Neuplatonismus (inkl. der anschliessenden Gnosis, einer Verbindung von verschiedenen Mystizismen [unter christlichen, jüdischen, heidnischen und hellenistischen Intellektuellen verbreitet]) das letzte grosse philosophische Zeichen der untergehenden griechischen Antike.

Stillstand in der römischen Philosophie. Die Zeit der römischen Antike ist philosophisch weniger bedeutend und interessant als die griechische (und dasselbe gilt es auch von der [systematisch] wissenschaftlichen Entwicklung zu sagen! [während es eine technische Weiterentwicklungen durchaus gab, hielten die alten Römer wenig bis gar nichts von theoretischer und systematischer Wissenschaft]). **Die Römer übernahmen im Wesentlichen das altgriechisch-polytheistische Göttersystem und brachten nur recht wenige grosse Denker hervor**, die sich in den meisten Fällen auch an der griechischen bzw. an der hellenistischen Philosophie orientierten – etwa: Cicero, Lukrez, Seneca, Epiktet, Mark Aurel (der eigentliche Philosophenkaiser), Victorinus (gilt als Begründer der christlichen Trinitätslehre) oder Boëthius. Die vorherrschende philosophische Richtung war die (griechische) Stoa, welche auf Gelassenheit, Mässigung und Seelenfrieden zielt (ein Zeichen vermutlich auch dafür, dass die Philosophie zu dieser Zeit bzw. besonders zu dieser Zeit vorwiegend in der Oberschicht betrieben wurde). Der bekannteste römische Philosoph ist vermutlich der Stoiker Lucius Annaeus Seneca (kurz: **Seneca**, 1-65), der interessanteste vielleicht Marcus Tullius Cicero (kurz: **Cicero**, 106-43 v. Chr.) – dieser begründete die einzige neue Richtung in der römischen Philosophie: den Eklektizismus, was etwa so viel bedeutet wie die Zusammenlegung vieler Philosophien zu einer. **Viel bedeutender als die Philosophie – inkl. Staatsphilosophie – war im Alten Rom das Rechtssystem**, mit Rechtsgelehrten und -philosophen wie Cicero, Gaius oder Ulpian und der bedeutendsten Wirkung altrömischer Kultur auch auf unsere heutige Zeit (durchaus ja irgendwie im Sinne des späteren, gesetzesorientierten Nomoi-Platons). Wir betrachten noch unser heutiges Recht begründet auf der Basis des alten Römischen Rechts (was von einer späteren Wiederentdeckung desselben im 11. Jahrhundert an der ältesten europäischen Universität in Bologna herkommt [mit dem Rechtsgelehrten Irnerius (von Bologna)]; in Mitteleuropa erlangte es ab dem 14. Jahrhundert erneute Bedeutung). Der englische Philosoph Hobbes wies im 17. Jahrhundert darauf hin, dass v.a. zwei zentrale Punkte im Römischen Recht zu berücksichtigen sind: erstens der Eigentumsschutz und zweitens – sehr bedeutend – die juristische Person (wir finden beide Prinzipien auch in der theologischen Legitimierung Jesu Christi, denn dieser hat die Vollmacht Gottes zur Vertretung der dreifaltigen Person! – ein drittes bedeutendes Prinzip war, u.a., die Rechtlosigkeit der Sklaven [dieses spielt im heutigen Recht glücklicherweise keine Rolle mehr]). Rein philosophisch betrachtet, könnte man aber die Römische Antike fast ebenso gut weglassen... Die Stoa erfuhr keine allzu bedeutende Weiterentwicklung, und neue Richtungen kamen eben eigentlich gar keine auf zu dieser Zeit. Unbezweifelbar jedenfalls befand sich die Philosophie zu jener Zeit auf einem absteigenden Ast – auch wenn sich der Platonismus erhalten hatte und durch den Neuplatonismus von Plotin zu neuer Blüte kam (dies hatte zwar einen Einfluss auf die Christologie im frühen Christentum, war aber ansonsten wohl eher von esoterischer Bedeutung [die platonische Schule in Athen war zu jener Zeit weiterhin bedeutender als jene von Plotin in Rom; die bekanntesten Philosophen aus den neuplatonischen Schulen sind etwa Porphyrios oder Proklos]). Es waren also nicht alleine die religiösen Christen, welche die klassische griechische Philosophie versenkten, wie manche heute fälschlicherweise behaupten, sondern ganz im Gegenteil: diese haben sie, wie schon angesprochen (v.a. im Fall von Aristoteles), eher aus der Versenkung wieder hervorgeholt. Es waren die Hellenisten und die Römer, welche dies vollbrachten. Die Vorsokratiker und die Wissenschaft spielten während längerer Zeit überhaupt keine Rolle mehr. **Die Demokratie, der Ausgleich oder das Fliessen von allem interessierte die alten Römer ebenso wenig wie der (eine) Gott, das Sein oder der Geist (das sind nämlich alles Dinge, die in der vorsokratischen Philosophie vorkommen und dort bedeutend sind).** Eines zeigt uns auch der Untergang der (frühen) Wissenschaft zu dieser Zeit: Wissenschaft ist – entgegen dem Lebensgefühl von uns Heutigen – nicht und nie etwas Selbstverständliches, sondern etwas, was ständig gepflegt und verbessert werden muss. Auch der mythische Untergang von Atlantis ist vermutlich eine grosse Warnung an spätere Zeiten (von Platon).

Philosophisch haben die römischen Autoren v.a. viele schöne Aphorismen ihrer stoischen Lebensart hinterlassen. Der Glaube der alten Römer muss als eher oberflächlich bezeichnet werden – bedeutende Mystiker oder Esoteriker finden wir darin kaum (einzige Ausnahme ist die Gnosis, welche aber v.a. in der jüdischen, christlichen und hellenistischen Kultur eine bedeutendere Rolle spielte; auch die Alchemie, also die Vorgängerin der Wissenschaft der Chemie, mit esoterischem Zusammenhang, ging fast vollkommen an der römischen Kultur vorbei, notabene). Überhaupt waren sowohl die Religion wie auch die Philosophie und die (experimentelle) Wissenschaft (wo man schon von einer solchen sprechen konnte) herabgesetzt (zu viel Neues und Experimentelles war nicht erwünscht). Die Ausrichtung der Kultur war einfacher und praktischer, aber auch rechtlicher und amtlicher sowie militärischer Art – damit konnte eine grosse Hochkultur errichtet werden, die aber einen ebenso legendär grossen Niedergang erlebte. Die alten Reiche von Babylon (biblisch) und Rom gelten heute als Synonyme für untergegangene Grossreiche, welche aufgrund von Überbordungen und Übertreibungen ihrer Eliten in Dekadenz verfallen sind.

Summa summarum. Viele philosophische und wissenschaftliche Fragen wurden in der Antike zum ersten Mal vorgebracht und behandelt. Im Allgemeinen bildet die antike Philosophie einen wundervollen Mikrokosmos der Philosophie, in welcher also die Philosophen auf ihrer Urgrundsuche vom Wasser – aus dem das Leben entstammt – über den Menschen zum Recht kamen. Kombiniert man (Nomoi-) Platon/Rom mit Aristoteles, kann man (etwas optimistisch) zum Schluss kommen: das Ziel ist oder wäre das Recht in einem politischen Staat (d.h. in einem Staat, in welchem ein weitgehendes Mitbestimmungsrecht der Bürger besteht – dies war im Römischen Reich natürlich nicht gegeben, obwohl es anfangs sogar auch gewisse demokratische Tendenzen gab, die aber im späteren Kaiserreich bzw. kaiserlichen Grossreich – eben in der Gestalt, wie wir die altrömische (Hoch-) Kultur v.a. kennen – vollkommen verlorengingen; ebenso war keine rechtliche Gleichheit gegeben, sondern es gab verschiedene Bevölkerungsgruppen, die nicht nur gesellschaftlich, sondern auch rechtlich verschieden behandelt wurden).

Die Antike ist ein Zeitraum, welcher etwa vom 8. Jahrhundert vor Christus bis etwa zum 5. Jahrhundert reicht (mit dem Ende des Weströmischen Reiches im Jahr 476). Diese Zeit überschneidet sich mit dem frühen Christentum, welche Patristik genannt wird: etwa vom 1. bis zum früheren 8. Jahrhundert, während das spätere mittelalterliche Christentum als Scholastik bezeichnet wird: etwa vom 10. bis zum 15. Jahrhundert. Das heisst: es gibt an diesem Punkt eine für die Zukunft Europas und der Welt überaus bedeutende Überschneidung der religiösen jüdisch-christlichen Kulturachse mit der philosophischen, politischen und rechtlichen griechisch-römischen Kulturachse. Im Mittelpunkt dieser Überschneidung steht natürlich die Figur von Jesus Christus (und diese bestimmte durch die christliche Religion und Theologie die [westliche] Philosophie des Mittelalters).

2. Kapitel

MITTELALTER
(Christentum)

Jesus Christus, der Messias der christlichen Religion * * *
Paulus und seine Kritik der hellenistischen Philosophie * * *
Justinus und der Christus als ganzer Logos * * * **Patristik der**
Kirchenväter mit Augustinus * * * **Mohammed und der Islam** *
* * **Grosses (auch: Morgenländisches oder Griechisches) Schis-**
ma – die Trennung von Ost- und Westkirche * * * **Forderung**
nach Einsicht und Vernunft im Glauben (Anselmus von
Canterbury) * * * **Averroës und die Wiederentdeckung des**
Aristoteles * * * **Scholastik der Kirchenlehrer mit Thomas von**
Aquino * * * **Anfänge einer neuen Wissenschaft und empiri-**
sche Erkenntnis (Roger Bacon, Duns Scotus, Wilhelm von
Ockham) * * * **Das neue Zeitalter der Renaissance** * * * **Die**
Märchenwelt zwischen den Zeiten.

Die christliche Theologie tritt an die Stelle der antiken
Philosophie. Jesus Christus wurde im Land Palästina (heute:
Israel/Palästina) geboren und trat dort als der von den altisraeli-
tischen Propheten prophezeite, aus Galiläa (Keltensiedlung,
hebr. galil ha-gojim: Bezirk der Heiden) zu den Heiden gesandte
Messias auf. Er begründete das, was der anthroposophische
Philosoph Steiner den Christus-Impuls in der Welt nennt, und
dieser Christus erwies sich als die bedeutendste religiöse Kraft
in der (westlichen) Welt. Im Christus-Impuls sind zwei grosse
Ströme der Kultur zusammengekommen: die Religion vom alten
Israel und die Philosophie vom antiken Griechenland. Jedoch
scheint auch ein östlicher Einfluss sehr deutlich spür- und greifbar darin. Der Christus war ja verheissen als grosser Friedefürst
der Welt, und daher können wir davon ausgehen, dass ein vielfältig verflochtener Welteinfluss sämtlicher Religionen und Kulturen zu diesem Impuls mitbeigetragen haben. Wie könnte oder
wollte er sonst der grosse Friedefürst der Welt sein? Das
Mittelalter ist aber nicht nur durch den Christus, sondern im

Westen wie im Osten durch verschiedene religiöse Phänomene begründet: etwa durch das Auftreten des Religionsstifters Mani (im 3. Jh.), welcher eine erfolgreiche aber kurzlebige ökumenische Religion schuf, die zusammengesetzt war aus dem Christentum, dem Buddhismus und dem Parsismus (Zarathustra-Religion) und von Persien aus westwärts bis nach Nordafrika reichte, ferner: durch die Verbreitung des Buddhismus im Fernen Osten, von Indien über Ostasien (ab dem 3. Jh. v. Chr.) bis nach China (im 7. Jh.), durch die Begründung des Islams von Mohammed in Arabien (im 7. Jh.), oder auch durch die Erneuerung der indischen Religion (Hinduismus) von Shankara (im 9. Jh.). Wenn im Westen zuweilen vom dunklen Mittelalter gesprochen wird, so muss man gleichzeitig auch von der dunklen Spätantike reden eine Zeit auch der Esoterik, des Okkultismus und der Alchemie (v.a. im südlichen Westen wie auch etwa in Ägypten oder China, die bekannteste Figur dazu ist Hermes Trismegistos, dessen Existenz aber nicht gesichert ist – eine kulturelle Wendezeit eben von grosser religiöser Verwirrung und Erneuerung). Zeitlich kann man den Beginn des Mittelalters bei der Geburt Jesu sehen, oder im Anschluss an die Antike im 5./6. Jahrhundert (aufgrund der erwähnten Überschneidung können wir die ersten Jahrhunderte nach Christi Geburt sowohl der ausgehenden Antike wie dem aufkommenden Mittelalter zurechnen – erwähnenswert dazu sind auch die politischen Daten des Christentums: 301 Staatsreligion in Armenien, 313 Aufhebung des Verbots im Römischen Reich, 325 Konzil von Nicäa [Verwerfung des Arianismus] – gleichzeitig fand anfangs des 4. Jahrhunderts eine äussere Akzeptanz und eine innere Konzentration im Christentum statt; ebenfalls zu erwähnen ist diesbezüglich die Ordensgründung durch Benedikt von Nursia im 6. Jahrhundert [Benediktiner (die grösseren späteren Orden der katholischen Kirche begründeten sich im 12./13. Jahrhundert [Karmeliten, Augustiner, Dominikaner, Franziskaner])]). Die Theologie des christlichen Mittelalters wird grundsätzlich in zwei verschiedene Zeitalter eingeteilt: jenes der Patristik (Kirchenväter) und jenes der Scholastik (Kirchenlehrer – bedeutend zwischen der Lehre des reinen Glaubens und jener des vernünftigen Glaubens liegt die Trennung von Ost- und Westkirche beim sogenannten Grossen bzw. Morgenländischen Schisma 1054 [dieses bewirkte eine Ost/West-Spaltung Europas und der

Welt, die wir bis ins späte 20. Jahrhundert, und in deren Aus-
läufern weiter im 21. Jahrhundert, beobachten können]).

Die Patristik im christlichen Mittelalter. Die Patristik ist die
Zeit der Kirchenväter (lat. Patres ecclesiae). Die frühen Kirchenväter sahen das Christentums nicht nur als eine Erneuerung der
Religion, sondern sie sahen es auch (bereits) als religiöse Philosophie. Eigentlich beginnt diese schon in der Bibel: mit Jesus
Christus und dessen Worten, ferner mit Petrus (und den zwölf
Jüngern) und mit Paulus (und den weiteren Aposteln). Sie
haben eigentlich schon Theologie als christliche Philosophie
betrieben (freilich gibt es in der Theologie immer die beiden Aspekte: jener der christlichen Philosophie ebenso wie jener der
praktischen Kirchenordnung). Als erster grosser christlich-philo-
sophischer Theologe gilt indessen: Justinus (mit dem Beinamen:
der Märtyrer). Seine Behauptung hätte nicht grösser und weit-
reichender sein können: "**Der Christus ist der ganze Logos.**" Mit
diesem Satz ersetzte die christliche Theologie die Urgrundphilosophie der Antike und stellte die ganze antike Philosophie auf
eine rein christliche Basis. Die Liste der bekanntesten Kirchenväter umfasst etwa Namen wie (u.a.): Justinus der Märtyrer,
Irenäus von Lyon, Tertullian, Origenes, Athanasius der Grosse,
Hilarius von Poitiers, Gregor von Nazianz, Basilius von
Caesarea, Gregor von Nyssa, Ambrosius von Mailand, Hieronymus, Augustinus, Pseudo-Dionysius Areopagita, Isidor von Sevilla, Johannes von Damaskus (verst. 754 – gilt als letzter grosser
Kirchenvater). Der bekannteste Theologe der Patristik war der
aus Nordafrika stammende **Augustinus** (auch: Aurelius Augustinus [fälschlicherweise], oder: Augustinus von Hippo oder Tha-
gaste, 354-430). Augustinus gilt als Vertreter eines Gottesstaats-
prinzips, ebenso als bedeutendster philosophischer Verfechter
der (christlichen) Dreifaltigkeit. Er hat daneben aber auch eine
durchaus rein philosophiegeschichtlich relevante Bedeutung,
indem er etwa bedeutend über das Phänomen der Zeit nach-
dachte. Er sah dabei einen **Unterschied zwischen einer**
objektiven und einer subjektiven Zeitauffassung (was bedeutend die Grundfrage der ganzen späteren Erkenntnistheorie der
Scholastik und der Neuzeit stellt: Wie erkennen wir die Welt
überhaupt, wenn die subjektive und die objektive Auffassung

verschieden sein können? – ferner waren die Gedanken von Augustinus auch initiierend für eine individualistische und psychologistische Philosophie [im 19./20. Jahrhundert] sowie ebenfalls relevant sogar etwa in Bezug auf die Relativitätstheorie von Einstein im 20. Jahrhundert [weder in der griechischen noch in der römischen Antike hatte das Subjekt eine solch bedeutende Position wie bei Augustinus]). Diese Überlegungen machte er in seinen 'Confessiones' (dt. Bekenntnisse), in denen er auch schilderte, wie er vom Manichäer zum Christ wurde. In der Antike herrschten einfache oder aber mysteriöse Zeitvorstellungen: das ständige Fliessen bei Heraklit, das unverständliche Paradoxon bei Zenon von Elea oder demgegenüber wieder das einfache Messen bei Aristoteles, welcher den Zeitbegriff mit dem Bewegungsbegriff verknüpfte. Für die Religion ist natürlich die Zeitauffassung im Verhältnis zur Ewigkeitsvorstellung – mit allen Fragen, welche in dieser Problematik auftauchen – auch immer wieder eine komplexe Herausforderung (ebenso das Verhältnis vom Ewigen zum Persönlichen, und daher auch eben von Subjekt und Zeit).

Die alten Griechen philosophierten sehr stark in der Vorstellung von grundsätzlichen und allgemeinen Idealen und Ideologien. Nie wäre es einem klassischen griechischen Denker in den Sinn gekommen, die Philosophie vom Einzelnen her aufzufassen. Tendenzen dazu gab es vielleicht in der hellenistischen Zeit: mit skeptizistischen, stoizistischen und hedonistischen Idealen. In der christlichen Religion ist manchmal die Rede von einem 'persönlichen Gott', was bei den intimen Aufzeichnungen von Augustinus besonders deutlich wird (und so ist es vielleicht auch zu erklären, dass die späteren Wendungen der neuzeitlichen und modernen Philosophie eigentlich bis auf Augustinus zurückgehen). Diese subjektive Note des Christentums ist die eine Seite der neuen Religion, andererseits prägte sie aber auch den Ein-Hoch-Gott-Glauben wie keine andere Religion zuvor (ausgebaut und verstärkt später noch im Islam – während der israelitische Jahwe* ja der Gott ist mit den vielen Erscheinungsorten und -arten [diese Verschiedenheiten in der Gottesvorstellung zu sehen, ist sehr bedeutend für die religiöse Ökumene, in welcher man sagen kann: es ist derselbe Gott [für alle, die von einem Gott ausgehen, weil es ja nicht zwei geben kann, wenn es nur einen gibt], aber es sind doch recht verschiedene Vorstellungen, welche den Frieden unter den Religionen manchmal etwas schwierig machen]).

* Der Streit um den Gottesnamen beginnt bereits im Alten Testament der Bibel, denn hier gibt es bereits verschiedene Gottesnamen: da ist zuerst einmal – der Überlieferung nach – der Name eines Gottes, welcher so heilig ist, dass er nicht ausgesprochen werden darf, dann kommt der Jahwe (eigentlich: JHWH), von dem sie sagen, es sei dieser Gott, aber offenbar wurde der Name ja dann doch ausgesprochen (sonst würden wir ihn ja gar nicht kennen), und schliesslich der Gott der Propheten, welcher 'Herr Zebaoth' heisst (so bei Luther – eigentlich: JHWH Zebaot [es ist letztlich also immer der gleiche Gott mit verschiedenen Namensausprägungen]). Das Judentum spricht bis heute den Namen von JHWH nicht gerne aus und verwendet dafür andere Bezeichnungen wie Adonai (d.h. mein Herr, eigentlich im Plural) oder HaSchem (d.h. der Name); und das sind ja schon wieder zwei neue Namen. Ein weiterer Name, welcher im Zusammenhang mit dem alttestamentarischen Gott auftaucht, ist etwa der Name El(i) bzw. Elohim (d.h. Gott bzw. Götter). In der Bibelübersetzung Luthers ist der ursprünglich namenlose Gott, der einfach Gott ist, ohne Namen (und damit auch ohne Geschlecht), eigentlich erst bei Abraham als 'Herr' bezeichnet (und im Neuen Testament dann bei Jesus als 'Vater'). Allah ist das arabische Wort für Gott – während die muslimische Theologie auch von den 99 schönsten Gottesnamen spricht (welche Eigenschaften dieses Gottes bezeichnen). Im Parsismus ist der Gott als Herr der Weisheit bezeichnet, im Konfuzianismus als Höchster im Himmel (die altchinesischen Kaiser, die sich auf diese Gottesbezeichnung bezogen, nannten sich Söhne des Himmels), usw. usf., etc. etc. Wieviele Gottesnamen bzw. Namen von Hauptgöttern es in der Welt je gegeben hat, ist nicht nachzurechnen – es sind auf jeden Fall sehr viele (darunter, wie erwähnt, auch der Gott der Philosophen: Demiurg, grch. demiourgos). Im Mittelalter ist nun aber der religiöse Gott in die Philosophie miteingezogen (bedeutend natürlich später auch in der Neuzeit und deren Moderne noch von Bacon, Descartes und Leibniz über Newton oder Kant bis zu Kierkegaard, Nietzsche, Steiner oder Einstein, u.a. [während die Religion für die Rationalisten und frühen Wissenschaftler noch eine grosse Bedeutung hatte, sank diese bei den späteren Philosophen, so dass die Religionsphilosophie oder religiöse Philosophie eigentlich heute eher eine philosophische Randerscheinung ist – vielleicht ist dies auch ein Grund für die zunehmende Entsubjektivierung in der aktuellen Philosophie]).

Das Christentum war durch die Erneuerungen in den anderen Religionen stark herausgefordert, insbesondere im Hinduismus sowie mit der Neubegründung des Islams. Die erste Jahrtausendwende in der christlichen Zeitrechnung brachte – nach der Bildung und dem Höhepunkt des Frankenreiches, etwa mit der Kaiserkrönung Karls des Grossen im Jahr 800, und des Heiligen Römischen Reiches Deutscher Nation in Mittel- und Südeuropa – grosse Ereignisse. Zwei solche sind herausragend zu erwähnen: die Entdeckung Amerikas durch die Wikinger und das grosse Morgenländische Schisma (Trennung zwischen Ost- und Westkirche). Beide Ereignisse hatten einen grosse und lange Wirkung: bis gegen Ende des 20. Jahrhunderts (mit dem Zusammenbruch des realexistierenden Kommunismus im Osten und kurzzeitig danach sogar einer alleinigen Supermacht USA). Sie wirken auch bis in die heutige Zeit hinein. In der Zeit der Patristik hatte die Handelsroute der Seidenstrasse* (etwa 115 v. Chr. bis 13. Jh.) ihren Höhepunkt, sie brachte einen ständigen Austausch zwischen Ost und West (nicht nur im Warenstrom, sondern auch im Ideenfluss). Der Bruch zwischen Ost und West hatte nun aber tiefgreifende Folgen, und es folgte ja auch die (westliche) Ritterzeit – etwa im 11. bis zum 14. Jahrhundert, quasi als ein Sinnbild dieser Weltspaltung... und schliesslich das, was wir heute als das Alte Europa bezeichnen: allzu feudalistische Herrschaften und ihre Kriege (exemplarisch etwa mit dem anglofranzösischen Hundertjährigen Krieg [1337-1453] – diese Kriege in Europa hielten an bis zum Zweiten Weltkrieg, ebenfalls im 20. Jahrhundert – viele vergessen in der heutigen Betrachtung Europas, woher dieses kommt: es gibt keinen anderen Kontinent, auf welchem über Jahrhunderte so viele Kriege auf so engem Raum herrschten). Die nachfolgenden grossen Entdecker und Reformatoren deuten dann schon auf die Neuzeit hin: während der Katholizismus die Welt zu umschiffen und für sich einzunehmen versuchte, machten sich in Mitteleuropa die Reformatoren gegen festgefahrene Strukturen breit.

* Wie die Seidenstrasse in Asien war auch die Transsahararoute in Afrika, bestehend von der Antike bis tief in die Neuzeit, sehr bedeutend für die materielle und kulturelle Blüte im gesamten Mittelmeerraum. Mansa Musa I. (1280-1337), König von Mali, gilt bis heute als einer der reichsten Männer, die es auf Erden je gegeben hat, da offenbar zu seiner Zeit die Nachfrage nach Gold für Westafrika und Europa stark gestiegen war. Um die selbe Zeit begannen sich (nach den Wikingern) erste europäische Seefahrer auf die Reise um die Welt zu machen. Ugolino und

Vadino de Vivaldo sollen (von Genua aus) die ersten gewesen sein, welche 1291 in der Umschiffung Afrikas den Seeweg von Europa nach Indien zu erreichen versuchten (sie kamen jedoch nicht allzu weit, sondern wurden an der afrikanischen Westküste festgenommen und gefangengehalten – ihnen folgten mit sehr viel mehr Erfolg die Portugiesen und die Spanier). Dies freilich war der Aufbruch in eine ganz neue Zeit – sie fuhren los, fast wie das legendäre Weltraumschiff Enterprise in der Film-Science-Fiction des 20. Jahrhunderts, um neue Welten zu entdecken (nicht nur im geografischen, sondern auch im sprichwörtlichen Sinn).

Die Scholastik im christlichen Mittelalter. Der aus Norditalien (Aosta) stammende und nach England (Canterbury) ausgewanderte **Anselmus von Canterbury** (1033-1109) – so etwas wie der (erste) grosse Wendepunkt zwischen Antike und Neuzeit – forderte mit seiner These, wonach der Glaube einsichtig werden soll, die neue (Vernunfts-) Haltung der Scholastik, zu welcher **Petrus Abaelardus** (1079-1142) eine Methodik entwarf. Er stellte die Uneinigkeit der Kirchenväter fest: sie sagen einmal dies und einmal das ('Sic et non' – dies ist typisch für die Scholastik: alles wird mit Frage und Gegenfrage, Antwort und Gegenantwort ausgelotet, um möglichst gute, oft aber auch recht komplizierte Begründungen für alles zu finden). Johannes Roscellinus, der Lehrer von Abaelardus, war mit einem strengen Nominalismus verantwortlich für den sogenannten grossen Universalienstreit (Einzeldinge [lat. nomen] vs. Allgemeinbegriffe [lat. Universalia]). Petrus Lombardus versuchte den Einwand der dauernden Uneinigkeit wettzumachen mit einem bedeutenden Lehrbuch über die ganze, bis dahin aufgestellte Theologie ('Sentenzen'). In der muslimischen Philosophie gab es einen anderen bedeutenden Streit, in welchem es um das Subjekt der Wissenschaft der Metaphysik ging: Alfarabi (arab. Abu Nasr Muhammad al-Farabi) bezeichnete Gott als Subjekt sämtlicher Wissenschaften – dem widersprach **Avicenna** (arab. Abu Ali al-Husain ibn Abd Allah ibn Sina), der Aristoteles zitierte, nach welchem eine Wissenschaft des Seienden als solchem existiert (die Metaphysik), in welcher dieses das Subjekt sei. **Averroës** (arab. Abu l-Walid Muhammad ibn Ahmed ibn Rusd [aus Spanien]), welcher sich ebenfalls ausführlich und sehr bedeutend mit Aristoteles beschäftigte, behauptete, dass der Intellekt ein unpersönliches Phänomen sei, welches passiv im Menschen wirke und nicht aktiv vom Menschen hervorgebracht werde. Dies wiederum rief **Thomas von Aquino** (um 1225-1274), ein Schüler von Albertus Magnus, auf den Plan, welcher eine solche Unpersönlichkeit bestritt. Er versuchte auch, die metaphysische Diskussion zu beruhigen – mit der einfachen Formel: Gott ist das Sein (ähnliche Äquivalenzformeln sind aus der Bibel bekannt [etwa: Gott ist Geist]). Diese Diskussion dauerte jedoch über die gesamte Zeit der Scholastik an (und schliesslich sollte ein gewisser Herr Descartes sie dann auf einen ganz neuen Boden stellen, welcher zur neuzeitlichen Wissenschaft führte). Die **Wiederaufnahme der Philosophie von Aristoteles** durch die Scholastiker, insbesondere in der 'Summe der Theologie' von Thomas von Aquino, war die Grundlage für die Beschäftigung mit der aristotelischen Naturphilosophie im Hinblick auf die Wissenschaft der Neuzeit. Gleichzeitig kam unter den späteren Scholastikern bereits eine neue Wissenschaftlichkeit auf – etwa mit Robert Grosseteste (Naturphilosophie mit mathematischer Analyse), Roger Bacon ([Früh-] Empirismus), Johannes Duns Scotus (Unterscheidung von Theologie und Philosophie), **Wilhelm von Ockham** (Rationalitätsprinzip), Johannes Buridan (Impetustheorie [das ist eine heute vergessene Theorie von Johannes Philoponos aus dem frühen Mittelalter, die bedeutend ist auf dem Weg zur neuzeitlichen Bewegungslehre, Physik und Mechanik]) oder Nikolaus von Oresme (dito – Giovanni Battista Benedetti modifizierte diese Theorie noch einmal, kurz bevor Galileo Galilei im 16./17. Jahrhundert sein berühmt gewordenes Trägheitsgesetz aufstellte – gleichzeitig war aber Benedetti auch ein bedeutender Aristoteleskritiker vor Galilei). Natürlich war die Scholastik erst auf dem Weg zur neuzeitlichen Wissenschaft, jedoch wurde hier bereits ein wissenschaftliches Hinterfragen, Vergleichen und Einschätzen – alles immer im Rahmen eines nach wie vor feststehenden, grundsätzlichen und vordergründigen Glaubens, natürlich. Ferner zu erwähnen ist gegen das Ende der Scholastik – v.a. im Hinblick auf die Reformation – die bedeutende deutsche Mystik (Eckhart, Seuse, Tauler, Kues – früher auch Mystikerinnen wie Hildegard von Bingen oder Mechthild von Magdeburg; sie war eine bedeutende Wegmarke in Richtung der lutherischen Reformation).

Es wäre – trotz allen gesicherten und bekannten Schwierigkeiten der Kirche mit innovativen Geistern (siehe: Hus, Bruno, Galilei [und auch trotz der ganzen schlimmen Inquisition]) – sicher falsch, zu behaupten, in der Ära des christlichen Mittelalters, also: vor der Zeit der Renaissance, sei philosophisch und wissenschaftlich alles stillgestanden und nichts geschehen, wie Glaubens-, Religions- und/oder Kirchenkritiker heute manchmal behaupten. In dieser Zeit wurden bereits die Grundlagen für die neuzeitliche und moderne Wissenschaft und Technik gelegt (inkl. auch der ganzen alchemistischen Bewegung, notabene; und sehr bedeutend war ferner im späteren Mittelalter auch bereits die Städte- und Wirtschaftsentwicklung in Europa [Stichworte: Stadtgründungen, Zunftwirtschaft]). Die Wind- und Wassermühlen galten (als Ausbauten der alten Wasserräder) dagegen als Symbole eines von konservativistischen Geistern sehr argwöhnisch betrachteten Fortschritts, wie der literarische Kampf Don Quichotes gegen die Windmühlen zeigt. Zu erwähnen ist natürlich auch der bedeutende Einfluss der anderen Weltgegenden, insbesondere von China, Indien und dem Islam. So übernahm etwa der italienische Mathematiker Leonardo Fibonacci im frühen 13. Jahrhundert das indisch-arabische Zahlensystem aus den Schriften von Al-Chwarismi, im 9. Jahrhundert. Jordanus Nemorarius lieferte wichtige Beiträge zur Arithmetik, Geometrie und Astronomie, während Luca Pacioli im 15./16. Jahrhundert die für die spätere Betriebswirtschaft so bedeutend gewordene Doppelte Buchhaltung einführte. Besonders die leichtere Rechenweise mit den arabischen Ziffern sollte zu einer ganz neuen Art von Wissenschaft führen, und jene Verbindung von Wissenschaft und Mathematik begründen, die wir heute kennen. (Diese Veränderung ist wirklich nicht zu unterschätzen: man stelle sich vor, wir müssten die ganzen komplizierten heutigen Berechnungen noch mit den altrömischen Buchstabenzahlen ausführen!?). In manchen weiteren Dingen war die muslimische Wissenschaft im Mittelalter weiter entwickelt als die christliche – dies zeigte sich u.a. auch im Weltbild, welches im muslimischen Raum bereits viel differenzierter war: während das christliche Weltbild noch immer auf antiken Vorstellungen beruhte (z.B. mit der bekannten Ebstorfer-Weltkarte, die von Gervasius von Tilbury aus dem 12./13. Jahrhundert stammen soll und ein antikes Weltbild zeigt, mit einer vom Okeanos umflossenen Welt quasi, d.h. einer Welt, die als Scheibe vorgestellt wurde, an deren Enden, im grossen Okeanos, man von der Welt herunterfallen musste. Man muss dazu sagen, dass das Wissen, etwa aufgrund von alter Handelsrouten, eigentlich bereits grösser hätte sein müssen, als es in solchen Karten der Gelehrten zum Ausdruck kam [allerdings konnten diese die Dinge damals auch noch relativ schlecht überprüfen, was vermutlich auch zu einem eher konservativeren Umgang mit dem Wissen führte (in Hinsicht auch auf eine relativ wildwüchsige Alchemie und Esoterik im Hintergrund, notabene)]).

Die Kirche selber befand sich in einem schwierigen Spannungsfeld zwischen den reichen bis prunkvollen Königen und Fürsten (inkl. derem ganzen Anhang) und dem armen bis verachteten Volk. Es waren die weltlichen Herren, welche diese Zeit bestimmten: dass die Kirche sich zumindest teilweise an den Fürstentümern ausrichtete, hatte wohl auch damit zu tun, dass sie nur so auch einen gewissen Einfluss auf diese ausüben konnte (das entschuldigt einiges, aber natürlich nicht alles – wie sich die Kirche in einem Staats- und Gesellschaftswesen verhalten soll, ist wohl eine Diskussion bis heute). Mit mehr Verständnis sind die Dinge leichter zu erschliessen: es gab im Verhältnis von Religion, Christentum und Kirche zur neuzeitlichen Wissenschaft sowohl eine gewisse Hemmung wie auch bedeutende Fortschritte. (Vielleicht wird es später einmal nicht mehr nötig sein, dies so zu sagen, aber in der heutigen Zeit ist es nötig, damit die Geschichte nicht durch irgendwelche Tendenziositäten allzu sehr verzerrt wird.)

Der Übergang vom Mittelalter zur Renaissance und Neuzeit, inkl. deren späterer Moderne, ist aus heutiger Sicht vermutlich die bedeutendste und spektakulärste Zeitenwende überhaupt. Dabei war diese Zeit der Renaissance – zwischen dem Spätmittelalter und der Frühneuzeit, etwa im 15. und 16. Jahrhundert – sehr kurz und ist auch eher schwierig zu fassen. Wir verbinden damit primär Namen wie etwa Lorenzo de' Medici und Ludovico Sforza, politische Förderer der schönen Künste, oder Leonardo da Vinci, welcher als Universalgenie jener Zeit gilt, und Michelangelo Buonarroti – speziell in der bildenden Kunst (Malerei, Bildhauerei, Architektur). Auffallend: das eindeutige

Zentrum dieser Bewegung lag (wieder, oder immer noch) in Italien. Die Wiederentdeckung der antiken Kunst spielte dabei eine sehr bedeutende Rolle (zu verweisen ist allerdings besonders auch auf die hohe Bedeutung der flämischen und niederländischen Malerei zu jener Zeit, welche teils vollkommen neue Perspektiven einbrachte, mit Vertretern wie Campin und Van Eyck (Naturalismus), Bosch ([Früh-] Surrealismus) oder Aertsen (Hyper-Naturalismus)]). Die Philosophie hatte einen etwas weniger bekannten Anteil an der Entwicklung dieser Zeit – diese war so reich an grossen Taten und umwälzenden Veränderungen, dass die Philosophie darin vergleichsweise fast ein bisschen untergegangen ist (symbolisch vielleicht auch bereits, dass sie bald von der Wissenschaft überflügelt werden sollte). Zur selben Zeit – wie gesagt – trat nach einigen Wirren in der katholischen Kirche (Avignonesisches Papsttum, Abendländisches Schisma, Ablasshandel) in Deutschland die lutherische Reformation auf, während in Spanien und Portugal die grossen Seefahrer und Entdecker loszogen, um die Welt zu entdecken und teils auch zu erobern, v.a. aber, um neue Handelsrouten zu erschliessen (Dias, Da Gama, Kolumbus, Vespucci, Magellan, Cortez, Pizarro – später: der Brite Cook [und immer mitzuerwähnen: Bartolomé de Las Casas, welcher der schärfste Kritiker der Entdecker und Eroberer war bezüglich, deren Umgang mit den ansässigen Bevölkerungen]). Nicht nur auf dem Meer tat sich Weltbewegendes, sondern auch am Himmel: Kopernikus brachte das heliozentrische Weltbild vor, Galilei bestätigte dieses und revolutionierte im 17. Jahrhundert die Physik. Keckermann versuchte die neuen Tendenzen mit den alten Traditionen zu verbinden: in seiner Analytischen Methode forderte er die enzyklopädische Ordnung des verfügbaren Wissens und der verschiedenen Ansätze, in der Symbiose von Philosophie und Theologie (dies galt zu dieser Zeit noch als eigentliche oder offizielle Wissenschaft; ebenso begründete er damit – im Anfang der Erhebung von wissenschaftlichen Einzeldisziplinen – das philosophische Konzept des [Gesamt-] Systems). In der Wirtschaft trafen – auch nicht ganz unwesentlich für die nachfolgenden Zeiten – das mittelalterliche Zunftwesen und das neuzeitlich-moderne Bankenwesen aufeinander.

Kleiner Exkurs: Wirtschaftsentwicklung der westlichen Welt und Zukunftsperspektiven. Karl Marx schilderte in seinem Hauptwerk sehr interessant die folgende wirtschaftliche Entwicklung der westlichen Welt: wie in Europa das Kapital in einem immer internationaler ausgerichteten Kreditwesen jeweils aus niedergehenden Regionen und Ländern in aufblühende transferiert wurde, weil dort mehr Gewinne erzielt werden konnten – so etwa von Norditalien/Venetien in die Niederlande (mit dessen Goldenem Zeitalter im 17. Jahrhundert) und von dort weiter nach England (mit dem Viktorianischen Zeitalter, im 19. Jahrhundert, und von dort weiter in die USA, wo aktuell protektionistische Töne zu hören sind (in einer Zeit, in welcher sich dieser Entwicklungsweg weiterverschieben würde in die östliche und südliche Welt; demgegenüber könnte es in Zukunft eine noch grössere Kapitaldiffusion geben, die sich auf viele verschiedene Zentren bzw. Städte in der ganzen Welt verteilt, wie es ja eigentlich heute schon der Fall ist, inkl. einer weiteren und zunehmenden Verstädterung der Welt).

Die Philosophie der Renaissance. 'Renaissance' (italienisch eigentlich: 'Rinascita', dt. Wiedergeburt) ist heute so etwas wie ein Zauberwort für den Übergang von einem als dunkel vorgestellten Mittelalter zu einer lichtgestaltigen Neuzeit und Moderne. Die Philosophie der Renaissance wird oft in Verbindung mit einem neuen Humanismus gesehen – als erster Philosoph desselben gilt **Francesco Petrarca** (1304-1374) im 14. Jahrhundert (er gehörte auch zusammen mit Alighieri und Boccaccio zu den bedeutendsten Figuren der italienischen Literatur des späteren Mittelalters). Entgegen der komplexen mittelalterlichen Scholastik forderte Petrarca die Lektüre der antiken Originaltexte: das ist die Renaissance, der Rückbezug auf die Antike. Seine poetisch beschriebene Besteigung des Mont Ventoux wurde zum philosophischen Ereignis: zugleich ein Natur- und Selbsterlebnis. Er war überwältigt quasi vom Ich auf dem Berg (und dies verweist bereits auf Descartes und dessen Subjektverständnis in der neuzeitlichen Wissenschaft: ein Ich, welches die Berge der Seele erklommen hatte und nun bereit schien für den wissenschaftlichen [Ein-] Blick). Bedeutend sind in der Renaissance die grossen Universalgelehrten (Alberti, Da Vinci,

Cardano). Im Zentrum der Renaissance-Philosophie sehe ich indes v.a. **Giovanni Pico della Mirandola** (1463-1494). In seiner Schrift "Über die Würde des Menschen" setzte er den Menschen in die Mitte der Welt: dort habe Gott ihn (Adam) hingestellt und ihm einen freien Willen gegeben. Der Mensch, sagte Mirandola, könne ins Tierische entarten oder zum Göttlichen aufsteigen. Er verzichtete also – wie übrigens auch die frühen neuzeitlichen Wissenschaftler – keineswegs auf die Gottesvorstellung, sondern ganz im Gegenteil: er sah die Renaissance als ein Gottes-projekt (und als eine Art Rückführung zur wahren Bestimmung des religiösen Menschen). Freilich waren nicht alle Autoren der Renaissance religiös geprägt. Thomas Morus schrieb die 'Utopia' für den neuen, freien Menschen: eine politisch-soziale Wunsch-vorstellung eines Idealstaates, welcher mit der gänzlichen Abschaffung des Privateigentums (früh-) kommunistische Züge trägt – damit begründete er das Genre der Gesellschafts- oder Sozialutopie (siehe auch etwa: Campanella, Andreae, Bacon, Harrington und einige weitere – früher: Platon, Augustinus). Heute ist (in der Science-Fiction-Literatur und -Kunst) eher das Gegengenre aktuell: die (Gesellschafts-) Dystopie. Ein anderes bedeutendes literarisches Stilmittel dieser Zeit war die Satire (gegen die Herrschaft der Mächtigen in Staat und Kirche). Der niederländische Humanist Erasmus von Rotterdam schrieb seinem Freund Morus ein 'Lob der Torheit' – mächtige Fürsten werden dabei ebenso aufs Korn genommen wie fromme Christen und eifrige Kaufleute. Mit Würde und Heiterkeit wollte also der Mensch in die neue Zeit aufbrechen. Es ist – aus heutiger Sicht – eigentlich gar nichts wirklich Grosses, was uns die Philosophie der Renaissance sagt, sondern eigentlich nur **ein (lustvoll empfundener) Aufbruch ins Ungewisse**. Man hatte wohl auch kaum Zeit – wie das ja meistens der Fall ist in der Weltgeschichte – um sich genau zu überlegen, wohin denn die Reise eigentlich gehen sollte, sondern man war einfach bloss überwältigt von den Veränderungen, die sich in dieser Zeit der Renaissance abspielten, die natürlich aber viel mehr war als nur dies. Es ging ja nicht nur um eine Wiedererinnerung, sondern eben um eine vollkommen neue Zeit, wie sich bald auch sicher herausstellen sollte: um eine Wiedergeburt. Nur einer blieb in diesem ganzen Aufbruch ganz im Nüchternen: Niccolò Machia-velli, der ein Buch über die Regierungskunst für Fürsten schrieb, welches bis heute als bedeutendes staatspolitisches Werk des Republikanismus gefeiert wird. Er bewegte sich in dieser Schrift indes auf einem schmalen Grat zwischen der Legitimierung einer absolutistischen Herrschaft und einer republikanischen Fürstenkritik (doch es sollte bald einer kommen, der dies noch sehr viel besser und bedeutender machte... Thomas Hobbes).

Man sollte bei einer Kritik von Machiavelli eines nicht vergessen: die damalige Zeit war gerade in Italien geprägt von vielen kleinen Fürstentümern, welche sich in einer auch politisch wirren Zeit ständig bedroht fühlen mussten (und dies bedeutete immer, dass sich auch die Bevölkerung bedroht fühlen musste – im Jahr der Veröffentlichung seines Buches fand die Schlacht von Novara statt, zwei Jahre danach Schlachten bei Marignano und La Motta, neun Jahre danach die Schlacht bei Bicocca und zwölf Jahre danach jene bei Pavia: es war ein Europa, in welchem ständig irgendwo Krieg herrschte, allgemein ist sogar von den Renaissance-Kriegen in Italien die Rede, zwischen 1494-1559). Wir sprechen also von einem geistigen Aufbruch mitten in politischen und kriegerischen Wirren (und ansonsten natürlich von einer – im Vergleich zur heutigen Zeit – noch sehr einfachen und bescheidenen bis kärglichen Lebens- und Alltagswelt).

Die Märchenwelt zwischen den Zeiten. Die belletristische Literatur im Allgemeinen erlebte ihre Renaissance in der Renaissance. Die alten Literaturformen blieben bestehen (Drama bzw. Tragödie und Komödie, Poesie), bedeutender wurde in der Neuzeit und v.a. in der Moderne: der Roman. Als erster grosser neuzeitlicher Roman gilt "Don Quichote" von Cervantes (1605). Fast zur selben Zeit kam ein anderes neues Literaturgenre auf: das Volksmärchen. Der Italiener Giambattista Basile (1575-1632) gilt als erster Volksmärchensammler und -erzähler Europas. Seine Märchensammlung hiess "Pentamerone", erschien 1634-1636 und enthielt Varianten von berühmten Märchen wie 'Aschenputtel', 'Dornröschen' oder 'Rapunzel'. Im deutschen Sprachraum wurden die Brüder Grimm im 19. Jahrhundert bekannt durch ihre Märchensammlung, während einige Autoren neue, sogenannte Kunstmärchen erfunden haben (etwa Hauff oder Andersen). Mit Theodor Benfey begann im 19. Jahrhundert auch die Märchenforschung. Gehört das Märchen zur Gattung der Philosophie? Interessant ist sicher, dass das Märchen zwischen dem alten Mythos (in der polytheistischen Religion) und der (spät-) modernen Fantasy (und Science Fiction) liegt. Wie alt diese Märchengeschichten wirklich sind, können wir heute nicht mehr nachvollziehen – sie scheinen jedoch Geschichten im Umbruch der Zeit zu sein, in denen eine alte bis uralte, v.a. aber auch andeutungsweise mythische und phantastische Welt den Hintergrund bildet, wobei aber eigentlich die Volksweise und die neue erzieherische Vernunft im Vordergrund steht. Auffallend oft sind kluge Handwerksburschen die Hauptpersonen, welche oft im Kontrast zum Adel stehen, der meist satirisch wiedergegeben wird, was bedeuten könnte, dass die Geschichten aus dem späteren Mittelalter stammen könnten (wenn nicht sogar aus der früheren Renaissance). Die Märchen scheinen so gestaltet zu sein, als ob man damit etwas von einer (ur-) alten (Volks-) Weisheit in eine neue, wirre Zeit hinüberretten wollte. Typisch ist für diese Geschichten auch, dass die Religion darin praktisch keine Rolle spielt (Könige, Königinnen, Prinzen und Prinzessinnen treten sehr häufig auf, Priester dagegen fast nie). In dieses Genre gehört natürlich auch die orientalische Geschichtensammlung "Tausendundeine Nacht" (arab. alf laila wa-laila). Diese stammt in ihrer arabischen Form vermutlich aus dem 8. Jahrhundert, hat aber Vorläufer in Persien (um das Jahr 500) und vermutlich auch Indien (um das Jahr 250? – d.h. diese orientalischen Märchengeschichten könnten in der Zeit zwischen der Antike und dem Mittelalter entstanden sein). Es könnte sein, dass die europäischen Märchen teils auch älter sind und zeitlich ein bisschen angepasst wurden – durch die Märchenwelt, in welcher sie spielen haben sie dagegen eine gewisse Zeitlosigkeit (obwohl sie von ihrer Erscheinungsform her eindeutig eigentlich nicht in unsere Zeit hineinpassen [demgegenüber liegt mit den spätmodernen Fantasygeschichten heute ein Genre im Trend, welches in ähnlich phantastischen Welten spielt (und durchaus teils an die alten Märchen erinnert, vgl. etwa die Hobbitgeschichten von J.R.R. Tolkien)]). Ebenfalls zu verweisen ist auf Fabeln und Parabeln, welche eine Art dichterische Spezial- und/oder Kurzform des Märchens sind (ebenfalls mit stark moralischer Prägung, etwa bei Jean de La Fontaine im 17. Jahrhundert). Für mich ist es keine Frage, dass dieses

Genre bedeutend zur Weisheitsgeschichte dazu zu zählen ist. Das Märchen entführt einen quasi in eine wundervolle, andere Welt, um dann doch wieder bei der Weisheit und Vernunft dieser Welt zu enden.

3. Kapitel

NEUZEIT
(Wissenschaft, 17./18. Jh.)

Indisch-arabisches Zahlensystem in Europa * * * Die neue Bedeutung der Mathematik * * * Das heliozentrische Weltbild * * * Kepler und die Planetenbewegungen * * * Galilei – Bewegung und Trägheit * * * Empirismus vs. Rationalismus * * * Wissenschaftsphilosophen (F. Bacon, Descartes, Laplace) * * * Von der Alchemie zur Chemie * * * Newton und das mechanische Universum der Physik * * * Wissenssammlung / Enzyklopädie.

Philosophie und Wissenschaft. Zu diesem Thema könnten bezüglich der Neuzeit zwei grundsätzlich verschiedene Behauptungen aufgestellt werden: 1. Die Wissenschaft hat die Philosophie überflügelt (bereits geäussert), 2. Die Wissenschaft ist aus der Philosophie hervorgegangen. Das Letztere tönt für die Philosophie sehr schmeichelhaft, das Erstere etwas weniger. Was aber ist richtig? Einerseits kann man sagen, dass die wissenschaftlichen Teilgebiete als solche aus der Philosophie hervorgegangen sind, andererseits muss man aber auch sagen, dass die reine Wissenschaft – in ihren Uranfängen – doch sicher vor der reinen Philosophie war (dies können wir ja sogar an der frühkindlichen Entwicklung sehen: der Mensch beginnt, die Dinge zu greifen und zu begreifen, bevor er wirklich über sie nachzudenken beginnt), und wiederum kann man anführen, dass es aber doch eigentlich keine Wissenschaft geben könne, ohne das verständige und vernünftige Nachdenken (usw. usf., etc. etc.). Oder anders gesagt: die Praxis der Wissenschaft hat sich teils unabhängig von der Philosophie entwickelt, die Wissenschaftstheorie aber stand immer im engen Zusammenhang mit der Philosophie. Worin bestand diese philosophische Wissenschaftstheorie? Im Übergang zwischen der Renaissance und der Neuzeit und in der frühen Neuzeit selber traten die ersten neuzeitlichen Wissenschaftler auf: drei grosse Figuren jener Zeit sind Kopernikus, Kepler und Galilei, welche von der Astronomie her zu den Bewegungsgesetzen vorstiessen – weitere: Harvey (mit der Entdeckung des grossen Herzkreislaufs in der Anatomie) sowie dann natürlich v.a. auch Boyle und Newton (die beiden grossen Figuren der Chemie und der Physik: Boyle vollzog quasi den Wechsel von der alten Alchemie* zur neuen Chemie, Newton begründete die [von seiner Sichtweise aus] ewige Mechanik der Physik). Wir befinden uns hier also jetzt in einer Welt, in welcher mehr oder weniger alles erklärbar ist bzw. wird, und in welcher mehr oder weniger nichts mehr unerklärbar bleibt. Dies sozusagen alles in einem fiktiven Raum von einer wissenschaftlichen Ewigkeit: die Naturgesetze, welche die Wissenschaft ergründet, sind ewig (bzw. werden so vorgestellt), und was noch nicht ergründet ist, das wird in einem permanenten Fortschritt mit an Sicherheit grenzender Wahrscheinlichkeit noch ergründet werden. Das ist die ganz neue Dimension der Wissenschaft: in der ganzen Antike wurde um die Wahrheit gestritten, im Mittelalter hat die Religion diese gepachtet, aber dabei blieben viele Fragen offen, und nun machte sich also die Wissenschaft daran, diese Pacht in einer deterministischen Absicht zu übernehmen: von Mirandola über Bacon und Descartes bis Newton ist auch diese neue Zeit und Wissenschaft ein quasi göttliches Projekt – so etwas wie die menschliche Einsicht in das schöpferische Werk Gottes, freilich ohne die Pathetik von alter, klassischer und traditioneller Religion. Es war alles, so schien es, ganz leicht mit dem Verstand einzusehen und mit der Vernunft festzuhalten. Die Welt wurde ein geschlossenes System – das (wissenschaftlich zu erforschende und zu begründende) Welt-System – welches bis in seine letzten und hintersten Winkel logisch erklärbar ist. Es ging nicht mehr um die Begründung von einzelnen und vereinzelten Naturgesetzen, sondern um die Begründung eines naturgesetzlichen Welt-Systems. Das (philosophische) System war nicht mehr ein vereinfachender Versuch der Welterklärung und -darstellung, sondern die Welt und das System wurden (in der Wissenschaft) – idealiter betrachtet – eins.

* Exkurs: Vom Stein der Weisen. Jahrhundertelang hatten die Alchemisten versucht, unedle Metalle in Gold zu verwandeln, was sie den berühmt-berüchtigten Stein der Weisen nannten (dies war von all ihren Mysterien quasi das wichtigste). Sie glaubten, dies wäre durch chemi-

sche Reaktionen in der Elektronenhülle der Elemente möglich, was sich aber als falsch erwies. Trotzdem wurde das Rätsel des Steins der Weisen tatsächlich gelöst. Dem italienisch-amerikanischen Kernphysiker Enrico Fermi gelang 1934 durch die Bestrahlung von Platin mit Neutronen eine Kernumwandlung, bei welcher Gold resultierte. Heute wird dieses Verfahren Goldsynthese genannt (entweder mit Platin oder Quecksilber). Diese ist mit Hilfe von Teilchenbeschleunigern oder Kernreaktoren möglich, aber in der Praxis viel zu aufwändig, da bei solchen Prozessen nur geringe Mengen anfallen. Deswegen ist der traditionelle Bergbau noch immer die ökonomisch beste Variante zur Goldgewinnung.

Die Wissenschaftsphilosophen – Empirismus vs. Rationalismus. Zwischen den ersten grossen Verteretern der neuzeitlichen Wissenschaft traten auch die philosophischen Wissenschaftstheoretiker auf, insbesondere **Francis Bacon** (1561-1626) und **René Descartes** (1596-1650). Wie bedeutend sie für den Fortgang des wissenschaftlichen Zeitalters gewesen sind, zeigt alleine die Tatsache, dass sie heute auch für die Fehler, Unzulänglichkeiten und Gefahren der (gesamten) Wissenschaft kritisiert werden. Sie stehen eben als Wissenschaftstheoretiker für die gesamte Wissenschaft, während die einzelnen Wissenschaftler nur für ihr spezifisches Werk und Fachgebiet stehen. Bacon, der Empirist, verfasste – analog zu Morus – eine Utopie für das wissenschaftlich-technische Zeitalter ('New-Atlantis', inkl. der Forderung nach experimenteller Methodik). In einer zuweilen brutalen Sprache – er war eigentlich Jurist und führte auch Hexenprozesse – forderte er fast wörtlich die Unterwerfung und Ausbeutung der Natur. Descartes, der Rationalist, formulierte die Subjekt/Objekt-Scheidung, welche der Wissenschaft zugrunde liegt – das Subjekt erforscht das Objekt – und er pries die Mathematik zur Beweisführung von naturwissenschaftlichen Gesetzen. Zusammen begründeten die gegensätzlichen Philosophien des Empirismus und des Rationalismus, in welchen sich auch der seither typische Gegensatz der anglophilen und der kontinentalen Philosophie zeigte, die neuzeitliche Wissenschaftstheorie. **Der Empirismus (F. Bacon, Locke, Berkeley, Hume) behauptete, dass die Wahrheit a posteriori zu finden sei, d.h. der Sinneserfahrung nachfolgend.** Nichts ist für den Empirismus im Geist vorgegeben, sondern alles muss sich erst in der Erfahrung als richtig erweisen. Das Experiment ist für die

Wissenschaft das beste Instrument, um die Wahrheit zu prüfen. **Der Rationalismus (Descartes, Spinoza, Leibniz, Wolff) dagegen war überzeugt, dass die Wahrheit a priori gefunden werden kann, d.h. der Sinneserfahrung vorausgehend.** Für den Rationalismus gibt es ewige Sätze der Wahrheit (bzw. ewige Naturgesetze), welche keinerlei Prüfung bedürfen, weil sie schon immer bestanden haben. Man muss sie nur im Geist finden und entsprechend formulieren. Dazu höchst dienlich ist die Mathematik (denn sie bildet ja genau ein solches System von ewiger und abstrakter bzw. allgemeingültiger Wahrheit). Der erkenntnistheoretische Streit wurde schliesslich beiseitegelegt, während das Experiment und die Mathematik den Erfolg der neuzeitlichen und modernen Wissenschaft bewirkt haben. Pierre-Simon de Laplace war der glühendste Vertreter des deterministischen Prinzips, wonach nur die Wissenschaft die gesamte Wahrheit ergründen kann – und wird. Die theoretischen Grundlagen und die praktischen Erfolge der Wissenschaft bestimmten rasch das Paradigma des neuen Zeitalters, welche die Renaissance eingeleitet hatte. Von nun an schien nur noch eines gefragt zu sein: wissenschaftlicher und technischer Fortschritt über alles. Und... die Philosophie musste sich in diesem neuen Zeitalter quasi neu erfinden, in einem Prozess, in welchem sich nicht nur die Wissenschaft über sie zu stellen versuchte, sondern sich auch eine um die andere wissenschaftliche Disziplin von ihr ablöste: als Dienerin der Wissenschaft, wie die Philosophie ihrerseits im Mittelalter die Dienerin der Religion gewesen war. Das heisst: nicht mehr Weisheit war der philosophische Schlüsselbegriff, sondern Wissen – frei nach Bacon: "Wissen ist Macht". Sehr bedeutend sind in diesem Zusammenhang die späteren, teils ebenfalls aus der Philosophie entstammenden Enzyklopädisten, welche das wissenschaftliche Wissen der Zeit in Sammelbüchern herausbrachten. Auch und gerade für die Philosophie war die Wissenschaft aber eben auch eine grosse Verheissung: denn nun gab es nicht mehr nur Behauptung und Gegenbehauptung wie in der Scholastik, sondern man hatte die Instrumente dazu gefunden, wissenschaftliche Aussagen zu machen und diese zu beweisen. Dass die Sprache auch in der Wissenschaft ein bedeutendes Instrument blieb, mit all ihren Vor- und Nachteilen, ging in der Euphorie des Moments fast ein bisschen vergessen – ebenso auch: dass es in einer Subjekt-/Objektscheidung nicht nur Naturwissenschaften, sondern auch Geisteswissenschaften gibt.

John Locke, auch ein führender Vertreter im britischen Liberalismus, gilt als der bekannteste der Empiristen, George Berkeley als der speziellste. Er vertrat einen radikalen Idealismus, in dem es eigentlich überhaupt gar keine Dinge gibt (diese erschienen uns nur als daseiend, meinte er, weil sie von Gott und vom Menschen angeschaut würden [d.h. eigentlich vom Menschen, in der Wissenschaft, aber wenn dieser nicht da ist, dann schaut immer noch Gott die Welt an, welche deswegen also immer da ist, auch wenn der Mensch sie nicht anschaut: die Philosophie ist auch offen für reichlich spezielle Argumente]) – sowie David Hume vermutlich als der klarste. René Descartes kommt unter den Rationalisten eine überragende Bedeutung zu: mit seinem berühmten 'Cogito ergo sum' (dt. "Ich denke, also bin ich") erklärte er nicht nur die Machtstellung des Wissenschaftlers gegenüber der Natur, sondern auch das – seit der Renaissance – erwachende Ich des Menschen überhaupt (und er wird heute, im höchst kritischen Zeitalter, auch dafür kritisiert, notabene: weil seine Ich-Behauptung manchen zu weit geht). Gottfried Wilhelm Leibniz gilt den Einen als äusserst origineller Denker – so hat er u.a. das aus dem alten Indien stammende binäre Zahlensystem in Europa eingeführt, auf welchem die heutige Computertechnologie basiert* (oder mit der Monadenlehre eine sehr eigene Theorie über die Grundeinheiten des Seienden entwickelt) – den Anderen aber als Vertreter des Alten Europas, welcher am Anfang der Neuzeit noch immer einen Gottesbeweis versuchte (als solcher wurde er in der Aufklärung von Voltaire kritisiert). Christian Wolff wurde zum bedeutendsten Vertreter der Ontologie (Seinslehre), welche sich aus der deutschen Philosophie heraus entwickelte (eigentlich handelte es sich dabei natürlich aber um eine Weiterentwicklung der antiken und scholastischen Metaphysik).

* Der Clou der Anwendung des binären Zahlensystems – mit den einzigen Grössen 0 (auch: Licht aus, oder: nein) und 1 (auch: Licht an, oder: ja) – liegt natürlich darin, dass damit vollkommen klare Entscheidwege gemacht werden können (vgl. Decision Tree [dt. Entscheidbaum/Baumkalkül], Process Mapping). Damit können Maschinen (oder Computer) ganz exakt genau instruiert werden – mit einer Klarheit und Genauig-

keit, wie sie im rein menschlichen Denken und Erwägen oft oder meist nicht besteht, indem es eben grundsätzlich nur die Ja- oder die Nein-Antwortmöglichkeit gibt und nichts dazwischen (es sei denn in einer Aufästelung durch bzw. Unterteilung in weitere Ja-/Nein-Fragen). Das binäre System kann ausgebaut und angereichert werden durch Operatoren und Rechnungen (so dass auch Mehrfachverzweigungen bei einer Frage möglich sind), ferner durch Aufforderungen (z.B. zur Dateingabe, usw. usf., etc. etc.).

Die ersten grossen Erfolge der Wissenschaft: Galilei, Boyle, Newton. Als erste grosse neue Wissenschaftler gelten nach den Scholastikern v.a. die Astronomen (wie Kopernikus, Kepler oder Brahe, aber auch Bruno und Galilei [der Himmel, der im Mittelalter eine so bedeutende religiöse Rolle spielte, stand auch im Zentrum der frühen Wissenschaft]). Galileo Galilei gilt im 16./17. Jahrhundert aufgrund seiner Untersuchung der Fallgesetze auf der schiefen Ebene mit anschliessender horizontaler Bahn – mit welcher er die die Himmelsmechanik quasi auf die physikalischen Gegebenheiten an der Erdoberfläche einsetzte – sowie seiner Verteidigung des heliozentrischen Weltbildes von Kopernikus als der grosse Wendepunkt in der Naturwissenschaft. Demgegenüber gilt Robert Boyle als jener Wissenschaftler, welche die alte Alchemie mit neuen Einsichten in den Rang einer Wissenschaft der Chemie erhob. Er gehörte auch zu den zwölf Gründungsmitgliedern der legendären Royal Society, in welcher die neue Wissenschaftselite im Vereinigten Königreich Grossbritanniens versammelt war. Boyle forschte insbesondere auf dem Gebiet der Gaseigenschaften, bestätigte das Fallgesetz von Galilei, war ein Mitbegründer der Analytischen Chemie und führte den neuen Elementbegriff in den Naturwissenschaften ein, welcher schliesslich zum Periodensystem der Elemente führen sollte. Daneben arbeitete er aber auch mit einem Alchemisten namens George Starkey zusammen. Noch also hatte sich die neue Wissenschaft nicht ganz von der alten Tradition gelöst (oder auch schon nur ganz klar abgegrenzt). <u>Isaac Newton</u> (1642-1726) war der Mann, auf welchen wir unser ganzes heutiges physikalisches Grundverständnis abstützen – durch seine drei Grundgesetze der klassischen Mechanik. Er begründete diese, notabene, unter dem Namen der Philosophie: sein Hauptwerk heisst nämlich: "Philosophiae Naturalis Principia

Mathematica" (1687), und noch im 19. Jahrhundert benannte **John Dalton** (1766-1844), ein bedeutender Wegbereiter der modernen Chemie, sein Werk über die moderne Atomtheorie: "A New System of Chemical Philosophy" (1808). Auch etwa der Physiker und Theoretiker der frühen Elektrodynamik André-Marie Ampère schrieb ausdrücklich philosophische Werke, etwa mit seinem "Essai sur la philosophie des sciences" (dt. Versuch über die Philosophie der Wissenschaften, 1834); auch erwähnenswert: 1813 wurde Alessandro Volta, der Erfinder der Batterie, welcher manchmal als erster konsequent experimentorientierter Wissenschaftler, zum Dekan der philosophischen Fakultät der Universität Padua ernannt (auch dies zeigt, wie schleichend der Prozess von der frühneuzeitlichen Naturphilosophie zur spätmodernen bzw. heutigen Technikwissenschaft vor sich ging). Dies sind also nicht nur grundlegende Werke der Naturwissenschaft in Physik und Chemie, sondern auch bedeutende Werke der Philosophie! Die frühen Naturforscher der Neuzeit sahen auf dem Grund ihrer Forschung noch einen philosophischen Anspruch, was sicher erwähnenswert ist, wenn man das heutige Verhältnis zwischen der Philosophie und der (Natur-) Wissenschaft betrachtet (immerhin spannten im frühen 20. Jahrhundert v.a. die Quantenphysiker einen bedeutenden Bogen zur Philosophie, insbesondere Schrödinger und Heisenberg – danach aber verlief das Verhältnis, im zunehmenden Wandel auch von der Natur- zur Technikwissenschaft, eher umgekehrt oder gegenseitig desinteressiert [ein bedeutender Referenzpunkt dieses Wandels war die Verleihung des Nobelpreises 1951 an Cockroft und Walton – 'für ihre Pionierarbeit auf dem Gebiet der Atomkernumwandlung durch künstlich beschleunigte atomare Partikel']). Allerdings wollte etwa Newton vielleicht mit seinem Bogen zur Philosophie der Philosophie auch bereits mehr Mathematik aufzwingen, als dieser eigentlich lieb ist (trotz dem Ausspruch Platons, wonach niemand in sein Haus kommen solle, welcher sich nicht mit der Mathematik auskennt), und sie quasi in den Stand einer exakten Wissenschaft zwingen. Newton – offenbar eine viel schwierigere Persönlichkeit, als man im Allgemeinen annimmt (oder weiss) – wurde aber nicht nur der erste der Wissenschaftler, sondern auch der letzte der Magier genannt. Er beschäftigte sich auch mit Alchemie und mit biblischer Prophezeiung (als sogenannter

Unitarier galt er im Christentum als Häretiker; er stellte seinen speziellen Glauben nicht besonders heraus und war trotzdem ein Mitglied der Royal Society, wo er allerdings aufgrund seiner Theorien zum Licht und den Farben in Streit geriet mit Robert Hooke, einem anderen sehr bedeutenden und einflussreichen britischen Naturwissenschaftler jener Zeit. Im Geheimen aber machte er, wenn diese Dokumente denn wirklich echt sind, wie wir vermuten müssen, dunkle Prophezeiungen für die Zukunft [so dunkel, dass wir froh sein können, dass Einstein die Bedeutung Newtons ein bisschen relativierte]). Einen ähnlich hohen Rang wie insbesondere Galilei, Boyle und Newton haben in der Naturwissenschaft später eigentlich nur noch Darwin im 19. und Einstein im 20. Jahrhundert einnehmen können.

Weitere erwähnenswerte Figuren in den ersten Stunden der neuzeitlichen Wissenschaft waren etwa William Harvey, Zeitgenosse Galileis und Entdecker des Blutkreislaufs (auf Vorarbeiten der alten chinesischen Wissenschaft – bedeutend für die Vorstellung eines mechanischen Universums) sowie, etwas früher, William Gilbert, welcher mit seinen Forschungen auf dem Gebiet des Magnetismus und der Elektrizität, deren Begriff er einführte, ebenfalls als Wegbereiter der modernen naturwissenschaftlichen Forschung gilt. Seit Petrus Peregrinus im 13. Jahrhundert stand der Magnetismus im Zentrum des Interesses der Naturwissenschaft. Der Wechsel des Interesses vom Magnetismus zur Elektrizität kann als paradigmatisch für das neue wissenschaftliche Zeitalter bezeichnet werden (von der Erfindung der Batterie [Galvani/Volta 1780/1800] über jene der Glühlampe [Thénard/Lindsay/Swan/Edison 1801/1835/1878/1880 sowie der öffentlichen Versorgung mit elektrischem Licht [Edison, mit dem General-Electric-Konzern, von 1881 bis 1900 in New York] bis in die heutige Zeit hinein).

Eines änderte sich im Lauf der Zeiten nicht, solange es noch um die reine Naturwissenschaft ging: die grossen und bahnbrechenden Schriften bildeten den Kernpunkt der Erkenntnis. Wenn man eine Liste mit den 15 bedeutendsten Meilensteine im Schriftenwesen der neuzeitlichen und modernen (Natur-) Wissenschaftsgeschichte anführen wollte – mit je drei Philosophen,

Astronomen, Physikern, Chemikern und Biologen – käme man vielleicht etwa auf diese Liste (unkommentiert):

➤ Nikolaus Kopernikus 1543 ("De revolutionibus orbium coelestium" [dt. Über die Umschwünge der himmlischen Kreise]) – Heliozentrisches Weltbild.

➤ Johannes Kepler 1609 ("Astronomia nova, aitiologetos, seu physica coelestis" [dt. Neue Astronomie oder Physik des Himmels]) – (Umlauf-) Bahnen der Himmelskörper.

➤ Francis Bacon 1620 ("Novum Organum scientarium" [dt. Neues Werkzeug der Wissenschaften]) – Wissenschaftliches Weltbild.

➤ René Descartes 1637 ("Discours de la méthode pour bien conduire sa raison et chercher la vérité dans les sciences" [dt. Abhandlung über die Methode, seine Vernunft gut zu gebrauchen und die Wahrheit in den Wissenschaften zu suchen]) – Wissenschaftliche Vernunft.

➤ Galileo Galilei 1638 ("Discorsi e dimostrazioni matematiche intorno a due nuove scienze attenenti alla mecanica e i movimenti locali" (dt. Unterredungen und mathematische Beweise über zwei neue Wissenszweige zur Mechanik und zur Lehre von den Ortsbewegungen, 1638) – Physikalische Mechanik.

➤ Robert Boyle 1661 ("The Sceptical Chymist: or Chymico-Physical Doubts & Paradoxes" [dt. Der skeptische Chemiker oder Chemisch-physikalische Zweifel und Paradoxien]) – Grundlegung der Chemie (I).

➤ Isaac Newton 1687 ("Philosophiae Naturalis Principia Mathematica" [dt. Die mathematischen Grundlagen der Naturphilosophie]) – Mechanische Grundgesetze.

➤ Carl von Linné 1735 ("Systema Naturae" [dt. System der Natur]) – Taxonomie in der Biologie.

- ➢ Antoine de Lavoisier 1789 ("Traité élémentaire de chimie" [dt. Elementare Abhandlung der Chemie]) – Grundlegung der Chemie (II).
- ➢ Charles Darwin 1859 ("On the Origin of Species by Means of Natural Selection, or the Preservation of Favoured Races in the Struggle for Life" [dt. Die Entstehung der Arten durch natürliche Zuchtwahl oder die Erhaltung der begünstigten Rassen im Kampf ums Dasein]) – Evolutionstheorie.
- ➢ Dimitri Mendelejew 1869 ("Die Abhängigkeit der chemischen Eigenschaften der Elemente vom Atomgewicht" [Artikel in: Zeitschrift für Chemie]) – Periodensystem der Elemente.
- ➢ Albert Einstein 1905 ("Zur Elektrodynamik bewegter Körper" [Artikel in: Annalen der Physik]) – (Spezielle) Relativititätstheorie.
- ➢ Max Planck 1929 ("Das Weltbild der neuen Physik" [Vortrag]) – Quantenphysik.
- ➢ Karl Popper 1935 ("Logik der Forschung – Zur Erkenntnistheorie der modernen Naturwissenschaft") – Kritischer Rationalismus.
- ➢ James Watson 1968 ("The Double Helix" [dt. Die Doppelhelix]) – Entdeckung der Doppelhelixstruktur der DNA.

Sicher könnte man noch mehr Namen aufzählen, welche mit ihren Publikationen in die höchste Kategorie gehören könnten – z.B. Laplace (Determinismus), Mendel (Vererbungslehre), Maxwell (Elektromagnetismus), Becquerel (Radioaktivität) oder Hawking (Moderne Astronomie [und deren Popularisierung – auch so etwas wie der letzte grosse Kritiker dieser Welt? Noch im Sommer 2017 konnte man von ihm – vielleicht etwas überrissen – in der Presse lesen, er gebe der Menschheit noch 100 Jahre auf Erden, acht Monate später verstarb er]). Ich habe hier versucht, mich auf 15 Meilensteine zu beschränken.

Exkurs: Philosophie und Wissenschaft. Natürlich kann man an dieser Stelle eine bedeutende Frage aufwerfen: Müsste die heutige Philosophie nicht durchdrungen sein von der Relativitäts- und der Quantentheorie? Antwort: Ebenso wenig wie die Philosophie durch die Gravitation von Newton zu Boden geplumpst ist, wird sie sich mit der Relativität von Einstein in Wellen auflösen. Die aktuelle Wissenschaft hat immer einen gewissen Einfluss auf die Philosophie*, dieser führt aber andererseits nicht dazu, dass aus der Philosophie etwas anderes werden würde, als sie tatsächlich ist, nämlich eben: Philosophie. Auch die heutigen Erkenntnisse der Neurobiologie und der Hirnforschung werden – aus demselben Grund – die Philosophie nicht in ihren Grundfesten erschüttern können (wie manche schon wieder meinen). Was aber sind denn die Grundfesten der Philosophie? Ich würde fünf Punkte dazu angeben: **1. In der Philosophie haben wir es mit Ideen zu tun (Platon). 2. Jede (philosophische) Aussage ist widerlegbar, denn es gibt zu jedem Standpunkt einen Gegenstandpunkt (Skeptizismus). 3. Nur in der Ersten Philosophie gibt es einen wirklich festen Grund und Boden (bzw. Urgrund): das (Da-) Sein (in der sogenannten Metaphysik/Ontologie: Parmenides, Aristoteles – ob dies eine Wahrheit und/oder eine Festlegung ist, spielt hier keine Rolle [und für jede spezielle Philosophie, nebst der allgemeinen, kann ein anderer Urgrund angenommen werden]). 4. Der Mensch sehnt sich nach dem Guten, weswegen er eine Ethik des Guten benötigt (Platon/Aristoteles [das Gute ist somit quasi der Urgrund der Ethik]). 5. Die Philosophie muss unterschieden werden in theoretische und praktische Philosophie (Aristoteles [eine Vereinigung der Richtungen erscheint – ebenso wie ein philosophisches System – möglich, ist aber nicht zwingend]).** Obwohl die Philosophie die meisten Erkenntnisse der Wissenschaft unterstützt – vielleicht nicht ganz alle (z.B. ist es für einen Philosophen sicher schwierig bis unmöglich nachzuvollziehen, dass das All aus dem Nichts entstanden sein soll, wie die heutige Wissenschaft behauptet) – geht sie doch teils auch von anderen Voraussetzungen und Verhältnissen aus. So hat sie z.B. einen Urgrund, welcher (natur-) wissenschaftlich nicht erreichbar scheint, und sie geht eben davon aus, dass jede Aussage widerlegbar ist. Das heisst, sie sucht nicht nach einer ewigen Wahrheit, sondern nach einer besten Wahrheit. Vielleicht müsste man sagen: nach der besten Wahrscheinlichkeit. Es gibt ja diese imaginäre Wahrscheinlichkeitsskala, in welcher die absolute Wahrheit 100% ausmachen würde (wenn der Mensch definitiv alles in dieser Welt wüsste). Während die Wissenschaft diese 100% zumindest idealiter a posteriori immer anstrebt, weiss oder denkt die Philosophie a priori, dass sie diese 100% nie erreichen kann (z.B. weil es zu viel ist für den Menschen, oder weil sich die Zeit dauernd verändert – vgl. Rorty, für welchen objektive Wahrheit der besten Idee entspricht, "die wir gegenwärtig zur Erklärung dessen haben, was um uns herum vorgeht"). Dies gibt der Philosophie andererseits die Freiheit, auch mit Mitteln zu arbeiten, mit denen die Wissenschaft nicht arbeiten würde. Sie muss ihre Sätze nicht (wissenschaftlich) beweisen, sondern: (philosophisch) rechtfertigen. Daher kann etwa Aristoteles sagen, Gott sei der Erstbeweger in der Welt, und wir können es ihm bis heute nicht abstreitig machen – die Wissenschaft würde solches nie sagen, weil es nicht beweisbar ist (und weil sie es nicht besser weiss, nimmt sie dann lieber ein Nichts im Anfang an als einen Gott). Damit soll nicht gesagt sein, die Wissenschaft würde nur Dinge behaupten, die beweisbar seien – denn es gibt in der heutigen Wissenschaft auch immer mehr Spekulationen, besonders in den Mikro- und Makrobereichen der naturwissenschaftlichen Erkenntnis (sowie auch in den Geisteswissenschaften) – aber: eigentlich müsste sie dies nach ihrem eigenen Selbstverständnis tun. Natürlich ist für mich die Philosophie übrigens nach wie vor auch eine Wissenschaft (mit ihren eigenen Kriterien allerdings eben – eine spezielle Wissenschaft, mitunter sogar eine Wissenschaft hinter und/oder zwischen den Wissenschaften [Metaphysik]). **Die Position des Philosophen hat sich durch die Wissenschaft gewandelt: von einem über die Dinge schauenden Naturphilosophen zu einem zwischen den (bzw. allen) Gebieten und Themen stehenden Mittlerphilosophen (oder: Philosophievermittler). Die Philosophie war eben auch nach der Begründung der Wissenschaft und deren ersten Höhepunkten natürlich noch gar nicht zu Ende, sondern: sie hatte noch einen weiteren Trumpf im Ärmel – die grosse Aufklärung, welche seither sogar oft als das eigentlich grosse Projekt der Philosophie überhaupt behauptet wird.**

* Dabei stellt sich heute für die Philosophie ein doppeltes Problem: weil erstens die heutige Sache der Physik an und für sich sehr schwierig und zweitens auch noch recht unklar ist. Die Physiker sprechen heute – dies bereits über 100 Jahre nach der Begründung der Quanten- und der Relativitätstheorie! – zunehmend von Dingen, die noch nie jemand gesehen hat. Früher hiess es, dass wir – während die Physik schon lange fast nur noch über subatomare Teilchen spricht – Atome zwar nicht sehen, dass sie aber sichtbar gemacht werden können. Selbst mit Rastertunnelmikroskopen ist aber bloss von Messungen und Abbildern die Rede, wenn wir von der Sichtbarkeit von Atomen sprechen. Nun soll es tatsächlich auch erste brauchbare Bilder von Atomen geben. Die Bilder sind jedoch alles andere als klar und deutlich, und wir können darin nicht einmal sehen, ob wir wirklich das sehen, was wir erwartet haben. Und das selbe Problem, welches wir mit der Sichtbarkeit der Atome haben, besteht auch mit den Geschehnissen im fernen Universum. Die Physik ist in grösste und kleinste Räume vorgestossen, die Physiker sind aber eigentlich immer noch am Spekulieren über die wirkliche Wirklichkeit all dieser Erkenntnisse. Die Philosophie muss irgendwie damit klarkommen (dass die Physik nicht mehr ganz so klare Vorgaben macht, wie es in der Zeit von Newton der Fall war). Auch dies zeigt, u.v.a., wie weit wir noch von einer einheitlichen Theorie von Religion, Philosophie und Wissenschaft entfernt sind. Es droht vielleicht sogar eine Zeit der Verwirrung der (klaren) Erkenntnis, in welcher gerade auch die Philosophie wieder gefragt sein könnte. Das heisst: sie bekommt (vielleicht) eine neue Chance, sich als brauchbar und wertvoll zu erweisen.

Wissenschaft und Wissenssammlung – Die Enzyklopädisten.
Nicht nur das neue indisch-arabische Zahlensystem war bedeutend für das Aufkommen der Wissenschaft, sondern natürlich auch der Buchdruck mit beweglichen Lettern (eingeführt 1045 in China, 1450 in Europa [von Gutenberg]). Die wissenschaftlichen Erkenntnisse mussten relativ rasch verbreitet werden können, um die ganze wissenschaftliche Dynamik der Neuzeit zu begründen. Dazu kam die Erfindung wichtiger technischer Hilfsmittel: bereits im 13. Jahrhundert wurden Linse, Fernrohr und Mikroskop erfunden, aber auch die Uhr, später gab es auch Rechenhilfen dazu (erst im 17. Jahrhundert). Es brauchte also die Erfüllung einiger Voraussetzungen, um das Phänomen der Wissenschaft der Menschen zu dem zu machen, was es heute ist. Die Möglichkeit der rascheren Vervielfältigung machte (u.a.) auch die Herausgabe von Wissenssammlungen bedeutender. Der spektakuläre Fortschritt der Wissenschaft rief fast danach,

das ganze neue Wissen zu sammeln und zusammenzubringen – dafür wurden sogenannte Enzyklopädien geschrieben. Die Enzyklopädisten sammelten aber nicht nur reines Wissen, sondern sie schrieben auch (philosophische) Kommentare. Zu den bekanntesten Enzyklopädisten jener Zeit gehören etwa: Moréri, Bayle, Chambers, Diderot und d'Alembert. **Denis Diderot** (1713-1784) gilt quasi als Paradebeispiel des enzyklopädischen Aufklärers. Die grossangelegte französische Enzyklopädie war Teil der Frühaufklärung in Frankreich: sie verwies einerseits auf die neue Wissenschaft, andererseits aber auch schon auf das aufziehende Zeitalter der Aufklärung, welches die Philosophie noch einmal grundlegend verändern und erneuern sollte. Wissen war nicht mehr nur reine Macht (über die Natur – vgl. Bacon), sondern nun v.a. (neue) Ordnung. Eine solche sollte sich nach und nach – so dachten die Frühaufklärer – auch in der Politik einstellen. Zitat aus der Enzyklopädie (1751: L'Encyclopédie, Tome 1, AUTORITÉ): "Je ne prétens pas néanmoins que l'autorité ne soit absolument d'aucun usage dans les sciences. Je veux seulement faire entendre qu'elle doit servir à nous appuyer et non pas à nous conduire; et qu'autrement, elle entreprendroit sur les droits de la raison: celle-ci est un flambeau allumé par la nature, et destiné à nous éclairer; l'autre [l'autorité] n'est tout au plus qu'un bâton fait de la main des hommes, et bon pour nous soûtenir en cas de faiblesse, dans le chemin que la raison nous montre." (Texte établi par Diderot et d'Alembert* – das war und ist natürlich nichts anderes, als der Versuch, den konkret gewordenen abstrakten Begriff der wissenschaftlichen Vernunft über die gesellschaftlich herrschenden Faktoren wie Autorität, Regierung und Gesetz zu stellen und diese damit in einem gewissen Sinn zu relativieren; man könnte auch sagen, dass der Erfolg der Naturwissenschaft die Philosophen zu dieser Zeit auf den Pfad der Geisteswissenschaft geführt hat [indem sie das naturwissenschaftliche Wissen zusammenbringen mussten und dabei wieder auf die geisteswissenschaftlichen Begriffe gestossen sind, die sie ebenfalls neu definieren mussten – man kann sicher nicht sagen, dass dies der einzige Aspekt der folgenden Aufklärung und Revolution gewesen ist, aber dieser Aspekt war bedeutender als allgemein bekannt ist (wie dieser Ausschnitt aus der Enzyklopädie relativ deutlich zeigt) – wir denken beim Stichwort vom Liberalismus heute in erster Linie an eine Wirtschaftsfreiheit, u.a., am Anfang stand jedoch eigentlich v.a. die Freiheit von Forschung und Wissenschaft].)

* Deutsche Übersetzung: "Ich behaupte dennoch nicht, dass die Autorität absolut unbrauchbar ist in der Wissenschaft. Ich möchte nur darauf hinweisen, dass sie uns dienen und bekräftigen soll und nicht uns führen; und dass sie ansonsten die Rechte der Vernunft untergraben würde: diese ist eine Fackel, welche durch die Natur angezündet wurde, und bestimmt dazu, uns aufzuklären; die andere [die Autorität/Regierung] nicht viel mehr als ein Stock, welcher von Menschenhand gemacht ist, und gut, um uns zu unterstützen in einem Fall von Schwäche, auf dem Weg, welchen die Vernunft uns zeigt." Einigermassen grosse Worte, welche das Wesen und die Stimmung unter den Enzyklopädisten und Aufklärern gut widergibt.

4. Kapitel

NEUZEIT / MODERNE I
(Aufklärung – Liberalismus, 18./19. Jh.)

Hobbes und der (sogenannt) aufgeklärte Absolutismus * * *
Parlamentarismus in England (Bill of Rights) * * * Politischer
Liberalismus von Locke * * * Französische Aufklärung und
Revolution (Montesquieu, Voltaire, Rousseau) * * * Die
Materialisten (L'homme machine) * * * Smith und der
Wirtschaftsliberalismus * * * Immanuel Kant, der Satz der
reinen Vernunft und der deutsche Idealismus (Fichte,
Schelling, Hegel) * * * Die utilitaristische Wohlstandsformel *
* * Die Erkenntnistheorie in der neuzeitlichen und modernen
Philosophie.

**Die Aufklärung, die Revolution, die Politik und die moderne
Zeit.** Eigentlich könnte man es sich sehr einfach machen mit der
Philosophie der Aufklärung: sie wandte sich gegen die alte
(mittelalterliche) Drei-Stände-Ordnung mit Adel, Geistlichkeit
und Drittem Stand und stürzte diese durch die nachfolgende
(Bürger-) Revolution in Frankreich – mit dem Sturm auf die Bas-
tille 1789 (als Referenzdatum). Aber die Aufklärung kann nicht
so leicht erklärt werden, weder in ihrem Ursprung* noch in
ihrem Fortgang. Manche erklärten sie nach ihrer Blütezeit als
ewiges Projekt der Philosophie – dann aber, so können wir hoffen, nicht in einer neuen blossen Dienerschaft von irgendetwas,
sondern: nach allen Seiten hin (andere wiederum erklärten –
enttäuscht vom eigenen Idealismus, im Zuge der allgemeinen
Kulturkritik, welche durch die Aufklärung selber ausgelöst
wurde, v.a. bei Voltaire, aber auch bei Rousseau – bereits im 20.
Jahrhundert ihr Ende, siehe etwa: Adorno/Horkheimer ["Dialektik der Aufklärung", 1944], oder auch: Frisch ["Am Ende der
Aufklärung steht das goldene Kalb", Rede 1985]). Wo aber hat
die Aufklärung denn eigentlich ihren Ursprung? Ich sehe in
neueren Zeiten (etwa der letzten 500 Jahre) drei grosse Perioden:
der Renaissance, der Wissenschaft (Neuzeit) und der Aufklä-

rung (Moderne – tatsächlich beginnt nach mir die moderne Zeit bereits im 18. Jahrhundert [und wir sind immer noch mitten in dieser Aufklärung und Moderne drin: eine Zeit, welche noch lange andauern könnte, denn alles aufzuklären, ist gar nicht so einfach, wie es auf den ersten Blick erschien. Ich spreche in dieser Entwicklung von Jahrhunderten – bis die Postulate eines umfassend aufgeklärten Bewusstseins wirklich adäquat umgesetzt und erfüllt sind]). Ursprünge einer politischen Aufklärung können wir in der Klassik der antiken Philosophie finden: bei Konfuzius, welcher trotz seiner konservativistischen Philosophie einräumte, dass ein ungerechter Herrscher gestürzt werden kann, bei Protagoras und dessen Hinwendung der Philosophie zum Menschen (auch hier: von der reinen [Natur-] Wissenschaft bzw. damals Naturphilosophie wieder zu den menschlichen Belangen), bei Platon und seiner Forderung nach gerechten Gesetzen und bei Aristoteles und seiner Erhebung der Staatsform von einer demokratischen Politie. Diese Ursprünge gingen eigentlich schon in der Zeit des Hellenismus wieder verloren, wo sich die Philosophie von der grossen Staatsphilosophie der Klassik abwandte und sich ins eigene kleine (Lust-) Gärtlein zurückzog (spezifisch bei Epikur, mit seiner privatisierten Meinung: «Man muss sich selbst aus dem Gefängnis der üblen Geschäfte und der Politik befreien.»). Dieser Verlust ging weiter in der römischen Antike – wo zwar ein starker, aber kein gerechter Staat herrschte – und im Mittelalter, wo sich die Entwicklung von ungerechten europäischen Adelsherrschaften dann richtiggehend ad absurdum führte (letztlich oder spezifisch und symbolisch in der Person von Louis XIV. [1638-1715], dem Sonnenkönig, und seinen prunkvollen Wandelhallen und exquisiten Schlossgärten in Versailles; später gab es sogar noch eine weitere Spitze der Absurdität des alten Systems: im Ersten Weltkrieg zogen drei adlige Cousins gegeneinander in den Krieg: George V. von England, Wilhelm II. von Preussen und Nikolaus II. von Russland – Europa als [schlecht geleiteter] Familienbetrieb). Betrachten wir die Ursprünge in der Philosophie der Neuzeit, so stossen wir auf die Philosophie von Hobbes, auch wenn dieser eigentlich noch – wie Machiavelli vor ihm – (im Namen des Republikanismus, notabene) einen absolutistischen Staat gutheisst (weitere bedeutende frühe Staatsphilosophen waren auch Jean Bodin [Absolutist] oder Johann Althusius

[Calvinist, siehe auch: calvinistische Monarchomachen (bzw. Monarchiekritiker)]).

* Interessant ist an dieser Stelle eine tiefenphilosophische Betrachtung über die Herkunft des Phänomens der Aufklärung. Woher kommt dieses so plötzlich hier auftauchende Licht in die Philosophie hinein? Natürlich sagen wir spontan: das ist eine Gegenbewegung zum dunklen (christlichen) Mittelalter. Das ist mir aber zu rasch gefolgert und zu kurz gegriffen. Wenn wir die Sache genau betrachten, fällt uns auf, dass es neben der Aufklärung – und der Wissenschaft – eigentlich nur eine einzige Philosophie mit einer ähnlicherweise fast mystischen und grossen sowie auch langfristig angelegten Bedeutung gibt, und das ist... die Stoa. Daher denke ich, dass die Aufklärung eine Gegenbewegung zur (bis in die römische und christliche Zeit hineinwirkenden) stoischen Philosophie ist – und daher kommt auch dieses starke Gefühl eines allgemeinen Aufbruchs, welchen wir mit dem Begriff der Aufklärung verbinden. (Ich erwähne dies hier nicht zuletzt aufgrund einer gewissen heutigen Renaissance von stoischem Denken: angesichts der wachsenden heutigen Probleme der menschlichen Existenz scheint es naheliegend zu sein, in einen Stoizismus zurückzuverfallen, aber dies könnte – allgemein betrachtet – ein falscher Ansatz für eine zukünftige Menschheit sein. Oder anders gesagt: wir möchten heute eigentlich gerne eine Pause machen, eine kleine Kulturpause, quasi, aber es ist höchst fragwürdig, ob wir uns dies erlauben können. Ein kleines Plädoyer für eine weiterführende Aufklärung.)

Hobbes, der Gesellschaftsvertrag und der (sogenannt) aufgeklärte Absolutismus. Es ist in einem gewissen Sinn verstörend, zu sehen, mit welcher (fast bewussten) Naivität **Thomas Hobbes** (1588-1679) noch einen absolutistischen Staat verteidigte (v.a. weil man ihm durchaus attestieren muss, ein sehr kluger und schlauer Kopf gewesen zu sein). Er griff – gegen die Forderung der Renaissance – die Lektüre der antiken Schriften an, und meinte, dass die Autoren derselben aus verwerflichen Demokratien stammen würden, die zu nichts anderem führen könnten, als zur Zerstörung des Staates (es sind – historisch betrachtet – die Argumente einer vorrevolutionären Reaktion; interessant aber: bereits zur Zeit von Hobbes im 17. Jahrhundert war der Demokratiebegriff im Gespräch). Der Oberherr, wie Hobbes den Herrscher (gleichgültig in welcher Staatsform) nannte, darf nach Hobbes ausdrücklich alles – er ist alleine für sich selbst verantwortlich und nur Gott gegenüber Rechenschaft schuldig, niemandem sonst (auch keinem Parlament, und auch keinem anderen Staat: Hobbes verwirft jegliches Völkerrecht ausdrücklich und vollkommen [und dies obwohl oder gerade weil der bedeutendste frühe Philosoph des Völkerrechts, Hugo Grotius, sein Zeitgenosse war]). Wie er zu dieser reaktionären Verteidigung gegen die Renaissance kommt, ist äusserst raffiniert: **er stellt uns nämlich einen fiktiven Naturzustand vor Augen, in welchem ein Krieg aller gegen alle herrsche** ('homo homini lupus', nennt er dies: der Mensch ist des Menschen Wolf – dies entspricht für Hobbes nicht nur dem Naturzustand, sondern auch dem Naturrecht: von Natur aus hat bei ihm jeder ein Recht auf alles [und dadurch entsteht logischerweise dieser Krieg aller gegen alle]). Um diesen kämpferischen und kriegerischen Naturzustand zu überwinden, schliessen die Menschen nun, so Hobbes weiter, einen sogenannten **Gesellschaftsvertrag, in welchem sie alle Macht dem Staat und dessen Oberherrn übergeben.** Der Oberherr und der Staat bürgen für die Sicherheit der Bürger (und erst, wenn die staatliche Gewalt diese nicht mehr gewährleisten kann, darf der Bürger für sich selber schauen). Hier beginnt die Naivität von Hobbes zur vollen Blüte zu gelangen. Er sieht nämlich daraus einen gerechten Staat entstehen, fordert gar eine umfassende staatliche Sozialhilfe (u.a. – ja, er fordert nicht nur eine Sozialhilfe, sondern das Wohlergehen für alle: es darf für keinen Bürger irgendeinen Mangel geben! [dies zeigt, dass es Hobbes auch und v.a. darum ging, einen sozialeren Absolutismus zu vertreten, allerdings war die Art und Weise, wie er den Absolutismus an und für sich verteidigte, etwas zu radikal, als dass seine sozialen Argumente wirkliche Durchschlagskraft hätten erreichen können]). Der Oberherr soll ein guter und gerechter Herrscher sein. Was aber, wenn er es nicht ist? Dann hat der Bürger trotzdem – so sagt Hobbes (womit er staatsphilosophisch sogar hinter Konfuzius zurückgeht [um 500 v. Chr.]) – eben in keinem Fall irgendein Recht, sich gegen den Oberherrn zu wenden und zu wehren, weil dies den Gesellschaftsvertrag verletzen würde. Jede Meinung wider die Regierung ist bei Hobbes ein Verbrechen gegen den Staat (bzw. gegen den Gesellschaftsvertrag [wider den kriegerischen Naturzustand]). Natürlich könnte man dazu die Frage stellen, nach Hobbes quasi, ob es denn nicht naiver sei, den kriegerischen Naturzustand (bzw. die Anarchie) zu riskieren als den Absolutismus? Eine erstaunlich berechtigte Frage. Und doch würden wir uns heute – hoffentlich – eher für die Demokratie (mitsamt ihren ganzen Meinungsverschiedenheiten) entscheiden als für den Absolutismus – weil wir die Risiken, welche ein Absolutismus beinhaltet ebenfalls als zu hoch einschätzen würden. (Die Politik aber bleibt eine schwierige und verzwickte Sache.)

Die Staatstheorie von Hobbes wird manchmal als aufgeklärter Absolutismus bezeichnet. Mit demselben Begriff wird jedoch v.a. die Figur von Friedrich II. von Preussen (1712-1786) bezeichnet, einem an aufklärerischen Ideen und allgemein an der Philosophie interessierten Monarchen, auf welchen der Begriff vermutlich besser passt. Der eigentliche Vertreter des Absolutismus war Robert Filmer (ein exakter Zeitgenosse von Hobbes). Was Hobbes beschreibt ist eher eine Art bürgerlicher Absolutismus (aber auch dies sind ja eigentlich zwei gegensätzliche Begriffe – in der Philosophie wird manchmal auch ein bisschen herumgespielt mit den Begriffen, so dass es zuweilen gar nicht so einfach ist, diese zu durchschauen, wenn man sich nicht intensiver mit der Materie befasst).

Exkurs – Hobbes, Cromwell und die Bill of Rights. Wie kommt Hobbes ausgerechnet in England, welches doch als Ursprungsland des Parlamentarismus gilt, auf solche Ideen? Abgesehen davon, dass es gerade in England auch schon immer starke reaktionäre Kreise gegeben hat (wo aber nicht?), lässt sich dies wohl am Besten mit einem Zeitgenossen von Hobbes erklären: Oliver Cromwell (1599-1658), ursprünglich ein Abgeordneter des Unterhauses, später: Lordprotektor von England, Schottland und Irland zur kurzen Zeit des Republikanismus in Britannien (über 100 Jahre vor der Französischen Bürgerrevolution). Die Gedanken von Hobbes zielen also nicht auf einen adligen König, sondern auf einen Bürgerkönig (wie es später in Frankreich, nach der Revolution bzw. den ersten Wirren der Revolution, Napoleon Bonaparte werden sollte. Cromwell weckt aber eher den Gedanken an einen anderen Revolutionspolitiker des späteren Frankreichs: Maximilien de Robespierre, eine weitere Figur, die zeigt, wie schwierig diese ganze Bürgererhebung und ihre Rechtfertigung war, und vielleicht noch immer ist [erstaunlich genug, dass sie trotzdem gelungen zu sein scheint – hoffen wir, dass sie auch in vernünftigen Bahnen bestehen bleibt]). Das Hauptwerk von Hobbes – "Leviathan or the Matter, Forme and Power of a Commonwealth Ecclesiasticall and Civil" (dt. Leviathan oder Stoff, Form und Gewalt eines kirchlichen und staatlichen Gemeinwesens) – kam 1651 heraus, genau zwei Jahre nach Cromwells Sieg im Englischen Bürgerkrieg und ein Jahr nach seiner Machterlangung über die (damalige Parlaments-) Armee. Zwei Jahre nach der Veröffentlichung löste Cromwell das Parlament auf und übernahm die Alleinherrschaft. Wir können uns an dieser Stelle fragen, ob wir die Philosophie nur für sich alleine betrachten dürfen, oder ob wir nicht auch andere Geschehnisse – wie die historischen – stets mitberücksichtigen müssen. Im Buch von Hobbes findet sich kein Wort über Cromwell und/oder die englische Geschichte – es ist durch und durch ein rein philosophisches Werk, welches in diesem Sinn auch eine vollkommene Unabhängigkeit vom Zeitgeschehen vorgibt. Trotzdem kam – nach dem Ende vom Cromwellschen Republikanismus – ein paar Jahre nach der englischen Originalausgabe eine zensurierte und revidierte Ausgabe in lateinischer Sprache heraus (1668). Die englische Geschichte ging weiter mit der Erhebung der Bill of Rights (1689 – also exakt 100 Jahre vor der Revolution in Frankreich), welche die Rechte zwischen Parlament und König regelte und zu den grundlegendsten Dokumenten des Parlamentarismus gehört: erstmals war das Parlament nicht mehr nur eine beratende Institution des Königs, sondern es hatte das Recht, selber zusammenzutreten und auch Einfluss zu nehmen etwa auf die Staatsfinanzen, was dazu führte, dass fast alle Entscheidungen des Königs von der Billigung des Parlaments abhängig wurden. Hobbes ist in der Folge etwas vergessen gegangen. Wir sprechen heute meist vom Absolutismus, von der Renaissance und von Aufklärung/Liberalismus – Hobbes, dazwischenliegend, vergessen wir meistens. Ich finde, er ist eine (bzw. diese) besondere Betrachtung wert (auch im Hinblick auf das heutige politische Geschehen – die Reaktion ist immer ebenso interessant wie die Progression, wenn auch nicht ganz ebenso bedeutend). Er steht mit seiner Art des Philosophierens, welche sehr klar und gradlinig ist – nicht unbedingt mit all seinen philosophischen und/oder politischen Schlüssen eben – auch vielleicht am Anfang der neuzeitlichen Philosophie.

Die Lebenszeit von Hobbes ist fast identisch mit dem Anfang des Britischen Weltreiches. Man spricht dabei etwa von einem Ersten Britischen Weltreich (1583-1783), von einem Aufstieg zum Zweiten Britischen Weltreich (1783-1815 – in welchem das Vereinigte Königreich Grossbritanniens seine Aufmerksamkeit von Amerika weg auf Asien, den Pazifik und später auch Afrika lenkte), von einem Imperialen Jahrhundert (1815-1914), schliesslich von den Weltkriegen (1914-1945) und von der Dekolonialisierung (1945-1997 – die alte Arroganz und Ignoranz der Philosophie, verstärkt durch Kolonialherrendünkel, findet sich bedeutend bis ins 20. Jahrhundert – Krishnamurti: «The world is stupid.» Russell: «The world is not stupid but ignorant.») Das britische Imperium war tatsächlich – man kann es kaum glauben (weil das in Mitteleuropa eigentlich nie ein allzu bedeutendes Thema war [viele andere europäische Staaten geizten ja ihrerseits auch nicht mit Weltbedeutung und -anspruch]) – das grösste Weltreich der gesamten Menschheitsgeschichte. Die grösste Ausdehnung erreichte es im Jahr 1922, als es mit 458 Millionen Einwohnern, welche unter der britischen Krone lebten, ein Viertel der damaligen Weltbevölkerung umfasste! Die Weltgeschichte hatte schon immer einen bedeutenden Einfluss auf die Philosophie, und das gilt es auch zu sagen für die Zeit des europäischen Kolonialismus und Imperialismus (16.-20. Jahrhundert [dies umspannt epochengeschichtlich also die gesamte Neuzeit und reicht sogar bis in die Renaissance zurück – das einzige europäische Land, welches einen grösseren Teil seiner alten Kolonien behalten hat, ist Russland, aufgrund des angrenzenden Sibiriens und der verbliebenen Gebiete im Kaukasus; dies zeigt, in welch grossem Wandel sich Europa heute befindet]).

Locke und der englische Liberalismus. Die bedeutendsten Vorboten der Aufklärung sind nebst den französischen Aufklärern v.a. die Liberalisten. Der Hauptvertreter des frühen englischen Liberalismus ist **John Locke** (1632-1704); weitere bedeutende Namen zum frühen Liberalismus sind etwa Roger Williams (als bedeutender Vertreter der Religionsfreiheit) oder John Milton. Es liegt wohl nahe, diese Bewegung auch auf die gleichzeitige Besiedlung Amerikas und die dortigen freiheitlichen Verhältnisse zurückzuführen (1620 zogen die berühmten Pilgerväter, welche sich von der englischen Staatskirche lösten, von England nach Amerika, in die Freiheit, sozusagen, während in ihrer alten Heimat die [parlamentarische] Monarchie und der Puritanismus vorherrschten*). Die Ereignisse in der neuen Welt wirkten natürlich auf die alte Welt bzw. das alte Europa zurück (und wie!). Rund 100 Jahre nach Locke folgten die Wirtschaftsliberalisten um **Adam Smith** (1723-1790), dessen Hauptwerk 'The Wealth of Nations' 1776 erschien, mitten in der Industriellen Revolution in England (1764/1769 Spinnmaschine von Hargreaves und Arkwright, 1785/1786 Webmaschine von Cartwright, 1804 Dampflokomotive und Eisenbahn von Trevithick). Ferner sind im frühen Wirtschaftsliberalismus etwa Malthus, Say und Ricardo sowie die Utilitaristen zu erwähnen, die mit einer Wohlstandsformel, wonach der Wohlstand der grossen Masse angestrebt werden soll, bereits versuchten, den ungezügelten Wirtschaftsliberalismus ein bisschen zu sozialisieren. Die bekanntesten Utilitaristen sind Bentham, Bailey und Mill (im 18./19. Jahrhundert); im US-Liberalismus sind Paine und Jefferson zu nennen. Als eigentliche Begründer der Nationalökonomie (bzw. freien [Markt-] Wirtschaft) gelten aber William Petty (1623-1687) in England und Pierre Le Pesant Boisguilbert in Frankreich, als grösster Kritiker derselben der Genfer Jean-Charles-Léonard Simonde de Sismondi. Dies zeigt, dass der religiöse, politische und der wirtschaftliche Liberalismus (vor Smith) von Anfang an eigentlich Hand in Hand gingen – ebenso auch Wissenschaftserfolg und Frühaufklärung – nur die Akzentuierung führen zu gewissen Verschiedenheiten in der Entwicklung. **Locke vereinigte alle bedeutenden philosophischen Richtungen der englischen Philosophie jener Zeit in sich: den englischen Empirismus, die klassische Nationalökonomie und den politischen Liberalismus.** Wie Grotius und Pufendorf leitete Locke das Naturrecht, welches vor jeglicher Staatsverfassung steht, von der biblischen Offenbarung ab. Die Absolutisten gingen davon aus, dass die (biblischen und späteren) Könige die Nachfolger der biblischen Urväter seien, und dass diesen die Welt/Natur gegeben worden sei, um über sie zu herrschen. **Nach Locke hat Gott die Natur allen gleichermassen gegeben und dem Menschen eine Freiheit der Person verliehen.** Freiheit, Leben und Eigentum sind für ihn unveräusserliche Rechte jedes Bürgers. Die Staatsregierung benötigt nach ihm die Zustimmung der Menschen, und sie muss sich dazu verpflichten, die Naturrechte (Freiheit, Gleichheit und Unverletzlichkeit von Person und Eigentum [vgl. Römisches Recht]) zu schützen. Der Mensch darf sich zur Selbsterhaltung Natur/Dinge aneignen, aber nicht mehr, als er selber verwenden kann (das ist so etwas wie die Formel eines bescheidenen Wohlstands [woraus die Utilitaristen einen Wohlstand der Mehrheit bzw. der möglichst grossen Zahl machten]). Die innere Logik des Wertesystems von Locke ergibt sich aus den Begriffen der Natur, der Arbeit und des Eigentums: durch Arbeit bzw. durch Vermischung von Natur und Arbeit entsteht – über die reine Natur hinaus – Eigentum (die Dinge können getauscht werden, so auch im Arbeitsverhältnis: Arbeit gegen Lohn [Locke sah noch keinen Konflikt zwischen einer politischen Freiheit und einer ökonomischen Abhängigkeit]). Das Individuum hat damit Freiheitsrechte, welche über den Interessen des Staates stehen, und welche es auch gegenüber dem Staat einfordern kann. Im Staat herrscht eine Gewaltenteilung (bei Locke nur erst zwischen der Exekutive und der Legislative – Montesquieu fügte später die Judikative hinzu), d.h. es gibt keinen absolutistischen, eindimensionalen Oberherrn mehr wie noch bei Hobbes). Bedeutend für seine humanistische und liberalistische Haltung ist sein 'Brief über die Toleranz', in welchem er sich für die Religionsfreiheit einsetzt (ebenso ist er für die Gleichheit von Mann und Frau [dagegen gab es aber auch bei ihm noch immer ein Recht auf Versklavung [!]: dies ist nach ihm dann gegeben, wenn ein Volk ungerechterweise einen Krieg beginnt und ihn verliert]). Die politische Theorie Lockes hatte einen bedeutenden Einfluss auf die sogenannte Glorious Revolution in England (1688/1689 – mit der Bill of Rights [1689]), ferner auf die US-Amerikanische Verfassung (1787 – nach der Unabhängigkeitserklärung [1776]) und auf die Französische Revolution (1789).

* Die älteste Kolonie Englands ist jedoch die Stadt St. John's auf Neufundland (1583). Der amerikanische Mayflower-Effekt auf die europäischen Freiheits- und Befreiungsbewegungen kann als dermassen bedeutend eingestuft werden, dass man fast die Befürchtung hegen muss, dieser Effekt könnte im Lauf der Zeit in den USA (noch mehr) abflachen – ganz einfach deshalb, weil die USA je länger je weniger einem Siedlerland gleichen – mit unabsehbaren Folgen auf die westliche und euro-

päische Kultur. Wo sollte man einen solchen Freiheitsimpuls sonst hernehmen (wenn doch heute immer bedeutender die ganze Erde verbaut ist/wird)? Oder anders gesagt, stellt sich die Frage, ob die bisherigen Freiheitsbegründungen ausreichen für eine freiheitliche Gesellschaft der Zukunft.

Exkurs – Woher kommt eigentlich die Freiheitsidee (ursprünglich)?

Grundsätzlich hat der Mensch natürlich schon immer von irgendwelchen Freiheiten geträumt. Ich spreche in der Mehrzahl, weil man den Freiheitsbegriff normaler- und natürlicherweise als Freiheit von etwas (Bestimmtem) betrachtet (exemplarisch etwa die Freiheit des altisraelitischen Volkes von der altägyptischen Knechtschaft). Irgendwann einmal musste im Menschen eine viel grössere Vorstellung von Freiheit entstanden sein (wie sie heute u.a. im Liberalismus, Sozialismus und Existentialismus diskutiert wird). Erkennen können wir dies v.a. in den beiden grossen Erlöserreligionen: dem Buddhismus und dem Christentum. Buddha vertrat eine Art geistige Freiheit – z.B. durch seine Philosophie der verschiedenen Ansichten – welche jedoch nicht eine kultische oder gesellschaftliche Freiheit bedeutete. Die Freiheitsformel des Christentums, auf welcher wohl der moderne Freiheitsbegriff beruht, stammt nicht direkt von Jesus, sondern von dessen Apostel, welcher sagte: wo der Geist des Herrn (Jesu) ist, da ist Freiheit. Ein solch weitgehendes Bekenntnis zur allgemeinen, wenn auch wiederum an einen bestimmten Geist gebundenen Freiheit hat es bis dahin scheinbar nicht gegeben. Jesus selber sprach dagegen auch von einer gewissen Dienstbarkeit gegenüber dem Herrscher (und Luther meinte später, der Christenmensch sei ein freier Herr über alle Dinge und niemandem untertan und gleichzeitig aber auch ein dienstbarer Knecht aller Dinge und jedermann untertan). Wie alles in der Religion, oder alles überhaupt, war und ist dies somit auslegungsbedürftig. Bedeutende Freiheitsbekundungen finden wir allerdings bereits in der antiken Philosophie... bei Konfuzius und Aristoteles! Konfuzius sagte, dass es rechtmässig sei, einen ungerechten Herrscher zu stürzen (ich habe in aktuellen Diskussionen auch schon gehört, dass ein solches Denken überhaupt erst in der Aufklärung aufgekommen sei – nein: das gab es schon 500 Jahre vor Christus [wenn auch vermutlich nur unter den Philosophen]). Aristoteles wiederum meinte, dass der freie Mensch sein Leben selber bestimmen können muss – dies galt aber nicht für die Sklaven (und war wohl auch sonst zu jener Zeit relativ theoretisch bzw. illusorisch [und ist es im Grunde natürlich heute noch – wie das ja auch oft ist mit allen Begriffen, welche hohe Ideale verkörpern, so etwa der Begriff der Freiheit, der Begriff der Gerechtigkeit oder der Begriff der (geistigen, see-lischen, kosmischen) Verbundenheit: hohe Ideale werden nicht selten zu hohlen Idealen, was sie im Grunde aber natürlich über-haupt nicht sind]). Also: wir können nicht sagen, wann und wo genau die ganz grosse Idee von der Freiheit aufgekommen ist, aber es gibt verschiedene Hinweise dafür, dass ihre Urgründe in einer älteren Vergangenheit liegen, als wir gemeinhin annehmen (und eben: dass sie nicht von irgendwelchen philosophischen Aussenseitern, die man weiterhin suchen müsste, sondern von den ganz grossen Denkern dieser alten Zeiten vertreten wurde).

Die Philosophen der (französischen) Aufklärung. Gerade zu der Zeit, als der Philosophie drohte, ihre grosse Bedeutung an die Wissenschaft und deren Allgemeingültigkeitsanspruch zu verlieren, erschien ein neues Licht in der Philosophie, welches von vielen seither gar als das ewige Projekt derselben bezeichnet wird: das Licht der Aufklärung (engl. Enlightenment bzw. Age of Enlightenment, frz. Siècle des Lumières). Es war in diesem Sinn eine Art (neuerliche) Wiedergeburt der Philosophie, eine zweite (diesmal eher politische) Renaissance vielleicht sogar. Drei Namen werden besonders stark hervorgehoben, wenn es um den philosophischen Begriff der Aufklärung geht: <u>**Charles de Montesquieu**</u> (1689-1755), <u>**Voltaire**</u> (1694-1778) und <u>**Jean-Jac-ques Rousseau**</u> (1712-1778 – weitere sind etwa, u.a.: Mirabeau, Condorcet, La Fayette oder Saint-Just). Diese Bedeutung haben sie natürlich v.a. deswegen bekommen, weil in Frankreich auch tatsächlich die grosse bürgerliche Revolution stattgefunden hat, welche ganz Europa veränderte. Von England her waren libe-rale Gedanken nach Frankreich gekommen und kamen hier zur politischen Blüte. Wie gross war der Anteil der Philosophen da-ran? Das kann man nicht in Prozent messen und angeben, dieser kann aber sicher als bedeutend bezeichnet werden. Keiner der drei grossen französischen Aufklärer hat übrigens die Revolu-tion persönlich miterlebt, und gesprochen von einer Revolution hat im Vorfeld eigentlich nur Voltaire. Rousseau hielt sich zurück, obwohl er den Menschen überall in Ketten sah, wo er doch frei geboren sei. Montesquieu war kein revolutionärer Geist, sondern ein eher nüchterner Philosoph (wie man ihn sich eigentlich vorstellt – gerade er zeigt aber einen sehr bedeutenden Bezug zur Renaissance und zur Antike). In der Analyse der Staatsformen (Republiken, Monarchien und Despotien) favorisierte er die Parlamentarische Monarchie, ansonsten verehrte er v.a. die Tugend der Antike. Vor Extremismus und Unordnung – wie sie in den Wirren rund um die Revolution dann aufkam – warnte er sogar und sprach sich dagegen für Stabilität und Mässigung aus. Bekannt blieb er bis heute durch die treffliche Erweiterung der Gewaltenteilung von Locke – in die Legislative (gesetzgebende Gewalt), die Exekutive (ausführende Gewalt) und die Judikative (richterliche Gewalt). Ganz anders war Voltaire veranlagt, welcher v.a. gegen die Kirche wetterte und hetzte sowie auch ebenso verpönend gegen die behäbige rationalistische Philosophie (v.a. in der deutschen Form von Leibniz und Wolff). Gegen Unterschiede in Besitz und Stellung hatte er dagegen eigentlich nichts einzuwenden, und auch er favorisierte letztlich die Staatsform der Monarchie – mit einem guten bzw. als gut vorgestellten König (diesen sah er in Friedrich II. bzw. dem Grossen in Preussen, zu dessen Hofkreis er eine Zeit lang auch gehörte, ebenso wie der Materialist De La Mettrie – allerdings gingen der Preussenkönig, der ein Buch mit dem Titel "Antimachiavell" schrieb, mit Voltaire zuletzt im Streit auseinander). Wer nun im Werk von Rousseau eine flammende Rede für die Demokratie erwarten würde, der sähe sich getäuscht. Er nimmt in seinem Hauptwerk "Über den Gesellschaftsvertrag" die Idee von Hobbes diesbezüglich auf, vertritt aber im Gegensatz zu Hobbes ein positives Menschenbild. Jeder der Unrecht tut, meinte Rousseau, hat dies auch vom Anderen zu erwarten. In der Freiheit (in Unabhängigkeit) sieht er nicht in erster Linie die Möglichkeit böse, sondern die Möglichkeit, gut zu handeln (und so sei das negative Bild von Hobbes zu verwerfen: "Veredelt doch die Meinungen der Menschen, dann läutern sich ihre Sitten von selbst!" – reichlich idealistisch, aber sicher interessant). Eine ideale Staatsform gibt es für ihn nicht: er betrachtete die Monarchie als geeignet für wohlhabende und grosse Nationen, die Aristokratie für mittelreiche und -grosse, die Demokratie für kleine und arme (wie Montesquieu zieht er das Los- dem Wahlverfahren in der Demokratie vor, wonach die öffentlichen Ämter ausgelost werden sollten [eine radikale Idee der Gleichheit, welche bereits in der Antike entstanden ist, in der Realpolitik aber seither nicht mehr bedeutend aufgegriffen wurde]).

Die aufklärerischen Philosophen waren also in den meisten Punkten gar nicht so radikal, wie uns dies heute manchmal vorkommt, und es gab in der Revolution sehr viel radikalere Forderungen und Typen. Dennoch waren die Anstösse der Philosophen eben sehr bedeutend für die Ereignisse in Frankreich zu jener Zeit. Wichtig für die Verbreitung der Ideen waren literarische Zirkel bzw. Salons, an welchen auch die grossen Figuren der Aufklärung teilnahmen.

* Kleiner Einwand: Die Brüderlichkeit ist natürlich kein 'ideologischer Firlefanz' (wie hier behauptet wird), sondern sie ist ein logischer Teilfaktor im Ziel des grossen Interessensausgleichs in einem modernen bürgerlichen Staat. Alle drei Werte haben den gleichen Anspruch: Freiheit, Gleichheit, Brüderlichkeit – das ist das bürgerliche Credo (wenn man es ganz genau nimmt, was meistens aber nicht gemacht wird – natürlich widersprechen sich die drei Faktoren gegenseitig: das kann ja nicht anders sein, wenn es um einen Interessensausgleich geht – und es ist daher die Politik, welche diesen langfristig und nachhaltig hervorbringen soll). Man muss die Progressiven ebenso davor warnen, die Grundordnung zu verwirken, wie man die Konservativen davor warnen muss, die Zukunft zu verbauen.

Exkurs – Freiheit und Organisation. Der Freiheitsbegriff spielte natürlich, wie populistisch er auch immer aufgefasst werden kann, in Aufklärung und Revolution eine grosse, ja: vielleicht die entscheidende Rolle (mit Gleichheit und Brüderlichkeit alleine hätte sich vermutlich keine so grosse und bedeutende gesellschaftliche Revolution machen lassen). Rousseau stellte fest, dass der Mensch frei geboren sei, aber überall in Ketten liege, nach Voltaire wurde unter Aufklärung und Freiheit v.a. eine Trennung von Kirche und Staat sowie eine weitgehende Meinungsäusserungsfreiheit verstanden. Berühmt ist Voltaires grosser Ausspruch: «Mein Herr, ich teile Ihre Meinung nicht, aber ich würde mein Leben dafür einsetzen, dass Sie sie äussern dürfen (Anm.: damit ich meine auch äussern darf [wie dazu zu denken ist]).» **Der Freiheitsbegriff kann im bürgerlichen Staat aber nicht alleine betrachtet werden, denn er ging eigentlich fast unzertrennlich Hand in Hand mit einer grösseren Strenge, Ordentlichkeit und Organisiertheit.** Bedeutend hat dies die Staatsauffassung von Napoleon gezeigt (wie auch, vorausgenommen, die Auffassung eben davon, dass Volksherrschaft auch Organisiertheit bedeutet [jedenfalls entspricht dies der Entwicklung vom Anfang der modernen Demokratien bis heute]). Aspekte davon sind etwa die Erziehung, das Militärwesen, die Volksschule, die Polizeiorganisation oder (etwas später auch) die Psychiatrie. Diese Tendenzen können mit der Loslösung von der monarchischen Gesellschaftsstruktur erklärt werden. Die Tendenz zu einer strengeren und überlegteren – wohl auch bereits kindbezogeneren, aber auch zielgerichteteren – Erziehung kann bereits im Erziehungsroman von Rousseau ("Émile ou De l'éducation", 1762) eingesehen werden. Ein Grundgedanke dafür, ist die Erziehung des Menschen für die Bereitschaft zur Schliessung und Erfüllung des Gesellschaftsvertrags (das heisst nichts anderes als: er soll ein nützliches Glied für die Gesellschaft werden). Die grössere Organisiertheit des Militärs erlangte besonders eben im (frühen zentralistischen National-) Staat vom Bürgerkaiser Napoleon, welcher sich nach den schlimmen anfänglichen Revolutionswirren bildete, grosse Bedeutung und Wirkung. Bei ihm zeigten sich auch erste bedeutende und übertriebene Eroberungstendenzen innerhalb des neuzeitlichen Europas, welches doch – trotz der Kolonialisierung der sogenannt Dritten Welt seit der späteren Renaissance und des damit zusammenhängenden Imperialismus – von liberalistischen und humanistischen Gedanken hätte geleitet und gebildet sein sollen. Dies eben wollte Napoleon mit Gewalt in ganz Europa durchsetzen. Er steht in einer seltsamen Weise gleichzeitig für den Fortschritt wie auch den Abbruch der Aufklärungsgedanken. Die Europäer setzten sich nach der napoleonischen Ära bzw. nach der Niederlage Napoleons am Wiener Kongress zu einer Neuordnung Europas zusammen, in welcher die Reaktion für eine kurze Zeit eine bedeutende Rolle spielte – die Moderne war aber nicht aufzuhalten. **Im Faschismus (und Nationalsozialismus sowie im [realexistierenden] Kommunismus) zwischen den beiden Weltkriegen im 20. Jahrhundert wurden die angesprochenen Tendenzen dermassen übertrieben, dass**

daraus ein negatives Schreckbild entstanden ist. In der Folge entwickelte sich aus den überautoritären Exzessen ein eher antiautoritäres Erziehungsideal, welches die Selbstentfaltung und –verwirklichung in den Vordergrund stellt, in letzter Zeit aber ebenfalls durch eine politische Reaktion in die Kritik geriet. Vernünftig erscheint in dieser Frage – wie meistens: ein Mittelweg (was natürlich leichter gesagt als umgesetzt ist, aber trotzdem).

Weitere bedeutende Themen zur Zeit der Aufklärung sind der **Materialismus (De La Mettrie, Helvétius, D'Holbach)**, der Sensualismus (Condillac [Vorläufer: Locke, Hume]) und die (idealistische/transzendentalistische) Erkenntnistheoretie (von Hobbes/Locke über Berkeley und Hume sowie Kant bis zu den deutschen Idealisten [Fichte, Schelling, Hegel]). Die Philosophie spaltete sich zu dieser Zeit auch in eine materialistische und eine idealistische Wendung. Der Materialismus von **Julien Offray de La Mettrie** (1709-1751 – mit seinem Hauptwerk "L'homme machine", dt. Der Mensch als Maschine, 1748) ging davon aus, dass alle Phänomene der Welt letztlich rein materialistisch erklärbar sind, dagegen meinte der Idealist Hegel, die Welt sei reiner Geist. Zwei extreme Positionen, welche dem bis heute bestehenden grossen Gegensatz in der modernen Philosophie entsprechen (dieser hat v.a. in der Erkenntnistheorie einigermassen komplexe Positionen hervorgebracht). Jede Ära scheint ihren eigenen grossen Gegensatz zu haben. In der Antike war es jener zwischen Idealismus und Realismus (Platon vs. Aristoteles), im Mittelalter zwischen Universalismus und Nominalismus (bekannt geworden als scholastischer Universalienstreit), in der Neuzeit zwischen Empirismus und Rationalismus und in deren Moderne eben zwischen Materialismus und Idealismus, was ein bisschen an den Gegensatz der Antike erinnert – vielleicht ging es sogar in allen Zeitaltern letztlich um einen thematisch ähnlichen Gegensatz in verschiedenen Begriffsauffassungen. In der heutigen Spätmoderne hat sich wiederum – politisch relevant – ein Gegensatz zwischen dem Liberalismus und dem Sozialismus eröffnet, welche zusammen die moderne Demokratie ausgestattet haben.

Themenschwerpunkt: Erkenntnistheorie (Einordnung). An dieser Stelle müssen wir ein bisschen zurückschauen und ein bisschen vorgreifen, denn die Erkenntnistheorie (auch: Epistemologie), um welche es in den folgenden Abschnitten geht, ist ein grosses und epochenüberschreitendes Thema. Sie spielte schon in der Antike (insbesondere bei Platons Ideenlehre) und im Mittelalter (in der Scholastik) eine gewisse Rolle, in der Neuzeit und ihrer Moderne aber rückte sie sogar in den Mittelpunkt der Philosophie – mit ihrer ewigen Frage: wie und was können wir überhaupt erkennen? Die Frage ist simpel, die Erörterungen dazu aber sind einigermassen komplex. Ganz einfach gesagt, stossen wir dabei von einem Erkenntnisrealismus (Aristoteles - Ockham - Bacon, Hobbes, Descartes - Newton, Voltaire) zu einem Erkenntnisidealismus vor (Sokrates/Platon - Augustinus - Spinoza, Leibniz - Berkeley - Hegel - Rousseau) und von diesem wiederum zu einem Erkenntnistranszendentalismus (Locke*, Hume, Kant - Reid - Emerson, Thoreau [in einem gewissen Sinn weitergeführt von der Analytischen Philosophie der Sprache, des Geistes und des Bewusstseins]) – d.h. vom Ding an sich über die Idee hinter dem Ding an sich und/oder vom Ding an sich – wobei der strengste Idealismus sagt, dass es gar kein gesichertes Ding an sich gibt, sondern nur die Ideen – zu der Art und Weise schliesslich, wie wir zur Erkenntnis von diesen Ideen kommen (ob direkt oder indirekt, rational oder empirisch, induktiv oder deduktiv, usw. usf., etc. etc.). Eklektiker können nicht zugeordnet werden (z.B. Thomas von Aquino).

* Es ist nach dem heutigen Philosophieverständnis nicht unbedingt üblich, Hume und sogar Locke in einem bedeutenden Zusammenhang mit der Transzendentalphilosophie zu sehen. Für mich ist die epistemologische Entwicklung von Locke über Hume zu Kant aber sehr deutlich und bedeutend (letztere hat ja Kant sogar selber angeführt). Eine Bestätigung dieser Ansicht findet sich beim analytischen Philosophen Wass, welcher in seinem Artikel "Sprache und Denken" (findet sich im Buch: "Kolloquien – Philosophische Gespräche, Band 2" von Heinz Palasser und Bernd Wass [2016]) – nebst Kant – sowohl Locke wie auch Leibniz (in dessen Antwort auf Locke) und Hume im Rahmen des Transzendentalismus untersuchte. Leibniz würde ich aber trotzdem dem Idealismus zuordnen (was etwa aus der Kritik Voltaires hervorgeht, welcher ja gerade den Idealismus von Leibniz kritisierte). Fraglich wäre allenfalls auch die Einteilung von Rousseau: er kann als idealistischer Vertreter des Ideals von der Gleichheit gesehen werden (und damit auch direkt auf Morus und/oder Platon zurückgeführt werden).

P.S. Meine dieser Zuteilung lässt sich die ganze Erkenntnisbewegung und -entwicklung der Neuzeit einfach darstellen und in ihren Grundzügen erkennen (während die übliche Philosophiegeschichte heute meist eine allzu komplexe Sache aus dieser Entwicklung zu machen scheint, so dass meist gar keine Grundzüge mehr erkennbar sind, was sich dann auch in der spätmodernen Philosophie fortsetzt [ich bin sehr dafür, dass wir auch in der modernen Philosophie gewisse Grundzüge erkennen, auch wenn ein paar Vereinfachungen dazu notwendig sind – schon alleine deswegen, weil künftige Generationen möglichst klare Epochenüberblicke benötigen, während die Gegenwärtigen in der aktuellen Philosophie schwelgen können: es ist ein interessantes Phänomen, dass wir in der jeweils aktuellen Philosophie nicht unbedingt einen Überblick benötigen, in der Vergangenen aber schon]). Zu dieser Zuteilung ist zu sagen, dass die spätmoderne Philosophie wiederum versuchte, sich aus den Fängen dieser Frage loszulösen, etwa im Individualismus, im Pragmatismus, in der Phänomenologie, im Intuitionalismus oder im Existentialismus (was ihr mehr oder weniger gut gelungen ist, denn die Frage nach der Erkenntnis bleibt natürlich, und sie kehrte auch etwa in der Philosophie des Geistes wieder zurück [in einem gewissen Sinn kann jedoch die gesamte Analytische Philosophie als Fortführung der Transzendentalen Philosophie betrachtet werden, denn auch hierbei geht es ja um die Frage, wie wir Erkenntnis gewinnen, wenn auch auf einem einseitig analytischen Weg]). Es scheint notwendig zu sein, die Verhältnisse der Erkenntnistheorie zu klären, um die neuzeitliche und moderne Philosophie besser verstehen und einordnen zu können. Die Verbindungen der aktuellen Philosophie scheinen – auch hierbei – in vielfältige Richtungen zu gehen: zu erwähnen ist dazu etwa der Versuch der Erhebung eines neuen Realismus in spekulativer Form (Spekulativer Realismus, mit einer sehr internationalen Ausdehnung: DeLanda [Mexiko], Brassier [Grossbritannien], Meillassoux [Frankreich], Harman [USA]).

Die Erkenntnistheorie in der neuzeitlichen und modernen Philosophie I (von Hobbes bis Locke). Die gesamte neuzeitliche und moderne Philosophie und Wissenschaft basiert eigentlich auf der Epistemologie. Dabei kamen drei grosse Fragen auf: 1. Wie ist das Verhältnis zwischen Sinneserfahrung und Erkenntnis beschaffen? Folgt die Erkenntnis der (Sinnes-) Erfahrung nach (Empirismus) oder geht sie dieser voraus (Rationalismus)? 2. Wie ist das Verhältnis zwischen den Dingen in der (sogenannten) Realität und dem ideenhaften Denken beschaffen? Gibt es überhaupt ein Ding (an sich) oder vielmehr nur unsere Ideen davon? 3. Wie ist das Bewusstsein und das Denken überhaupt beschaffen bzw. wie ist das Verhältnis zwischen dem Denken und dem Gehirn beschaffen (Tiefen- und Neuropsychologie, Hirnforschung, Philosophie des Geistes, Philosophie des Bewusstseins)? Zu 1. Diese Frage wurde eigentlich nicht restlich geklärt, obwohl der Empirismus und der Rationalismus ja zusammen die neuzeitliche Wissenschaft begründet haben. Man könnte vielleicht sagen, dass die Erkenntnis eher empirisch (d.h. durch Erfahrung und Lernen) angelegt ist, sich dann aber rational festigt (in der Erinnerung und im Glauben – denn wir glauben ja an das, was wir für wahr halten; freilich kann diese rationale Festigung im Kindesalter und auch später natürlich immer auch auf Irrtümern beruhen [und zu beachten ist nicht nur die individuelle Erkenntnis und Erinnerung, sondern auch das Kollektivgedächtnis und die Ansichten der vorherrschenden Kultur]). Zu 2. Zuerst zu erwähnen ist zu diesem Thema die wiedererwachte und starke Position des Menschen in der Renaissance. Hobbes sprach nur von den Dingen (engl. the things). Die Frage nach dem Subjekt stellte er sich eigentlich noch gar nicht, was ja auch die natürlichste Haltung ist (nämlich: dass wir einfach bloss die Dinge da draussen anschauen und bewerten [und mit den inneren Dingen unbewusst gleich verfahren]). Bei Descartes beginnt dann bereits die gesamte folgende Diskussion zu diesem Thema. Er formulierte einen strengen Dualismus zwischen dem erkennenden Subjekt und dem erkannten Objekt. Er sprach selber allerdings nicht in dieser Terminologie davon, sondern das tut nur die Interpretation seiner Philosophie: auch er sprach eigentlich noch immer von den Dingen (frz. les choses [d.h. die Dinge (als Objekte)]). In seiner Philosophie wie auch in der folgenden Wissenschaft steht demnach das Objekt im Vordergrund, denn es ist die Basis von dem, was in der Wissenschaft erforscht werden soll. Bei Locke stellte sich bereits im 17.

103

Jahrhundert erstmals die epistemologische Frage in ausdrücklicher Form. Locke stellte fest, dass es keine angeborenen Ideen gibt (wie Platon dies behauptete [und Leibniz es in einer reaktionären Antwort an Locke wieder behaupten wird]). Nach Locke gibt es einfache und komplexe Ideen (d.h. Abbilder und Zusammensetzungen) sowie unter den einfachen Ideen solche, die auf äusserer und innerer Erfahrung (d.h. Eindruck [engl. sensation] und Überlegung, auch in der Selbsterkenntnis [engl. reflexion]) bestehen, und unter den äusseren solche, die auf primären und sekundären Qualitäten (d.h. unveränderlichen und veränderlichen Bestandteilen der Dinge) beruhen. Ins Bewusstsein gelangen nach ihm nicht die Dinge (oder: Substanzen), sondern nur ihre Qualitäten (bzw. Eigenschaften). Er war damit der erste (neuzeitliche) Philosoph, welcher tiefer in dieses Feld eindrang und ein ganzes Erkenntnissystem erhob, was in der Folge tiefere und breitere Diskussionen rund um dieses Thema auslöste. **Locke hat eine neue Komplexität in die Philosophie gebracht, wie sie die nachfolgende Philosophie denn auch auszeichnet, bis zu Kant und Hegel und darüber hinaus** (sehr zum Schrecken natürlich für alle, welche eine so tiefgreifende und komplexe Philosophie lieber gar nicht haben möchten [und daher auch teils begannen, bis in intellektuelle Kreise hinein, die Philosophie a priori zu verwerfen – die Auseinandersetzung mit dem menschlichen und dem eigenen Denken ist keine einfache Sache; die späteren Kulturkritiker des 20. Jahrhunderts nahmen u.v.a. auch an der Erkenntnistheorie ihren Anstoss, v.a. weil sie ihnen zu dominant geworden war innerhalb der Philosophie, und sie versuchten, deren Sinn zu widerlegen, was allerdings eher schlecht als recht gelang: natürlich interessiert es uns – und muss es uns auch (wissenschaftlich) interessieren – wie unsere Erkenntnis denn überhaupt zustande kommt]).

Die Erkenntnistheorie in der neuzeitlichen und modernen Philosophie II (von Locke bis Kant). Eine besondere Figur unter den englischen Empiristen war Berkeley. Er stellte radikal in Frage, ob es überhaupt Dinge gebe: Esse est Percipi – 'Sein heisst Wahrgenommenwerden'. Der Stuhl, behauptete Berkeley, existiert nur deshalb, weil ich ihn wahrnehme – und darüber hinaus kann ich nichts über sein Sein aussagen. Was aber ist, wenn ich den Raum verlasse? Dann ist der Stuhl immer noch da, meinte

Berkeley... weil er dann immer noch von Gott wahrgenommen wird. Das ist purer Idealismus, welcher sagt: es gibt für uns letztlich nur unsere eigenen Gedanken von den Dingen (und ob es da draussen wirklich Dinge gibt, das können wir weder wissen noch beweisen). Ein (relativ unbekannt gebliebener) Universalgelehrter namens Samuel Johnson (auch: Dr. Johnson) widerlegte dies: indem wir ja Schmerz spüren, wenn wir an die Dinge stossen, was zeigt, dass sie tatsächlich da sind und existieren, unahbängig von unserer Wahrnehmung (und da jeder dies spürt, müsse es auch als wissenschaftlich bewiesen gelten [auch wenn man mit einigen berechtigten oder unberechtigten Spitzfindigkeiten das Problem weiter aufrecht erhalten könnte (wie steht es z.B. mit Traumempfindungen?), und... letztlich sind ja Empfindungen trotz allem auch nur Wahrnehmungen und als solche noch nicht gesicherte Wahrheiten]). Die Idealismus-Diskussion ging weiter und wurde auch in der nachfolgenden (deutschen) Philosophie sehr bedeutend. Der grosse **Immanuel Kant** (1724-1804) – welcher über den skeptischen Empiristen Hume zu diesen Fragen kam – prägte nun den Begriff vom 'Ding an sich'. Es geht hier nicht um die ganze Komplexität des kantischen Denkens und Systems (oder gar was die Interpretatoren daraus gemacht haben), sondern nur um ein paar wesentliche Grundzüge. Mit dem Begriff vom Ding an sich, besagte Kant, dass er im Gegensatz zu Berkeley den Dingen durchaus eine Realität attestiert, er meinte aber, dass wir nicht die Dinge an sich erkennen können, wie sie wirklich sind, sondern nur die Erscheinungen der Dinge. Wir können uns dabei etwa an die Diskussionen rund um das geo- und das heliozentrische Weltbild und den grauenhaften Irrtum der menschlichen Primäranschauung bzw. Wahrnehmung in diesem Bereich erinnern!* Die Dinge sind eben nicht immer so, wie sie uns (primär) erscheinen (was natürlich aber nicht heisst, dass sie immer anders sein müssen, aber es ist doch hierbei ein grosses Feld von Fragen eben eröffnet – bezüglich Begriffen wie Anschauung, Bewertung, Wahrnehmung, Erkenntnis, Vorstellung, Erinnerung, Bewusst-sein [u.a.], und wie das alles zusammenhängt). Bei Kant droht man sich rasch in dessen ziemlich eigener Begriffswelt zu verlieren. Bedeutend in der Philosophie von Kant ist die Unterscheidung vom Transzendenten und dem Transzendentalen – ersteres liege im Bereich des Glaubens (das betrifft etwa die

Vorstellungen von Gott, Freiheit, Unsterblichkeit) und sei (nach Kant) für unsere Erkenntnis unzugänglich, letzteres sei unserer Erkenntnis zugänglich und befinde sich also im Bereich eines möglichen Wissens. Mit dem Begriff der Transzendentalphilosophie grenzte sich Kant insbesondere gegen die Ontologie ab (d.h. gegen die Ontologie seiner Zeit, insbesondere jene von Wolff bzw. jene im Leibniz-Wolffschen System, welches vor Kant die deutsche Philosophie beherrschte). Er befand die Seinsphilosophie als zu spekulativ, während seine Transzentalphilosophie diesem Vorwurf zu entgehen versuchte, indem sie sich auf dem Boden der Epistemologie (Erkenntnistheorie) begründete. In der Transzendentalen Ästhetik, in welcher Kant auf die reine Anschauung zielte, beschrieb er die sinnlichen Grundlagen der Wahrnehmung, in der Transzendentalen Analytik, in welchen er auf die reinen Verstandesbegriffe, welche nicht empirisch sind, zielte, den Weg zur (transzendentalen) Erkenntnis. Kant ist dabei auf dem Weg zur höchsten Erkenntnis bzw. zu seiner höchsten Erkenntnis: zum Kategorischen Imperativ (dieser wird hier später erklärt). **Während es den Empiristen wie den Rationalisten gleichermassen um reine Naturerkenntnis ging, legte Kant letztlich mehr Wert auf die (Geistes-) Urteile** – das entspricht der eigentlichen kopernikanischen oder eben kantischen Wende, welche Kant für seine Philosophie beanspruchte. Er unterschied zwischen Analytischen Urteilen (immer a priori) und Synthetischen Urteilen, und unter diesen solche a posteriori und a priori.

* Allerdings muss man in dieser Frage auch darauf hinweisen, dass das heliozentrische Weltbild ebenfalls nicht unproblematisch ist. Es kann uns nämlich dazu verleiten, dass wir ob unserer ganzen Betrachtung der Sonne und des Universums vergessen könnten, dass die Erde unsere Lebensgrundlage ist und (vermutlich auch) bleibt... Wir können ja nicht einfach nur zum Himmel hoch gucken und denken: das, was hier unten ist, ist nicht das Zentrum der Welt, also ist unser eigener Lebensraum für uns letztlich gar nicht der wichtigste Teil der Welt. 'We are star dust on a pale blue dot.' (Sagan/Tyson). Die Primäranschauung hat also hier durchaus auch eine gewisse Berechtigung, weil sie unser (auch irgendwie berechtigtes) Alltagsempfinden wiedergibt. Für uns, in unserem Alltag, ist die Erde das Zentrum der Welt – aber wissenschaftlich bzw. astronomisch betrachtet, ist dies falsch – trotzdem sind wir nach der ganzen Astronomie wieder zurückgekommen quasi auch zur Ökologie (und vielleicht müssen wir aufgrund der zunehmenden Probleme der

Ökologie dann in ein paar Jahrhunderten sogar dazu raten, die Astronomie nicht gänzlich zu vergessen, weil sich plötzlich wieder alles um die Erde drehen könnte). Der deutsche Philosoph Roland Simon-Schaefer hielt der Quantum World bzw. der spätmodernen Astronomie in seinem kleinen Philosophiegeschichtsbüchlein entgegen: "Wir sind nicht in der Mitte, sondern wo auch immer wir sind, da ist die Mitte – für uns." Dies ist natürlich etwas zu rudimentär, sowohl in einem wissenschaftlichen wie auch in einem ethischen Sinn, aber trotzdem auch immer zu bedenken: eine Art von Mitte ist auch immer mit uns, quasi (auch wenn es nicht die Art von Mitte ist, die wir vor aller Welt erklären können). Und dieser Gedanke kann uns auch dabei helfen, uns nicht ganz zu verlieren, in der Religion, Philosophie und/oder Wissenschaft, oder überhaupt in den verschiedensten Dingen dieser komplexen Welt, in welcher wir heute so viel Wunderliches hören aus Mikro- und Makrowelten, oder Dinge, die (teils seit Jahrhunderten) auf reinen Berechnungen und Vermutungen bestehen, was eben zu grossen Teilen auch noch nicht einmal so ganz gesichert ist! Das heisst: einiges davon stimmt vielleicht und anderes vielleicht nicht. Wenn heute von einer (kleinen) Krise der Wahrheit die Rede ist, von Hyperrealität einerseits oder Fake News andererseits, und dergleichen mehr, so hat dies nicht nur mit den Neuen Medien zu tun, sondern auch mit der Verunsicherung im Weltbild der Menschen, welche entstanden ist durch eine Wissenschaft, die sich immer weiter von den Alltagserfahrungen der Menschen entfernt, ohne einen Rückbezug zu schaffen, mit welchem die Leute etwas anfangen können: so werden die Leute auch empfänglich für immer wildere, verrücktere und sinnlosere Botschaften, im Fantasy- und Esoterik-Bereich ebenso wie im News- oder Philosophiebereich, notabene: die unsicheren Sphären des Wissens gab es schon immer, neu ist aber, dass diese im 19./20. Jahrhundert mitunter ins Zentrum der Wissenschaft und des Interesses gerückt sind. Die heutige Wissenschaft scheint ein bisschen vergessen zu haben, dass alle Wissenschaft, seit dieser erfunden wurde, beim Skeptizismus anfängt, und von da aus, mit der entsprechenden Erkenntnistheorie, über diesen hinausgeht. Die Wissenschaft kann uns leider eben immer noch nicht alles zufriedenstellend erklären, aber item.

Die Erkenntnistheorie in der neuzeitlichen und modernen Philosophie III (von Kant bis Schopenhauer). Kants Philosophie hätte gewiss genügend Grund geboten, länger bei ihr zu verweilen und sie genauer zu bedenken, doch wie wir schon in der Antike gesehen haben, bleibt die Philosophie nicht allzu lange bei irgendetwas stehen, und das war auch in diesem Fall so. Die Gedanken ziehen weiter. Auf Kant folgten **die deutschen Idealisten: Fichte, Schelling und Hegel**. Bedeutend für die Erklärung des Sinn und Zwecks des deutschen Idealismus ist "Das älteste Systemprogramm des deutschen Idealismus" (um 1796?). Es ist in der Handschrift Hegels geschrieben, jedoch ist dessen Autorenschaft nicht gesichert. Der Text könnte auch eine Abschrift eines Textes von einem seiner berühmten Zimmergenossen während seiner Studienzeit in Tübingen sein (Schelling und Hölderlin – oder von einem anderen, unbekannten Autor stammen). Dieser Text behauptet, dass – wovon Kant nur ein Beispiel gegeben habe – die gesamte Metaphysik künftig in die Moral fallen und eine reine Ethik begründen werde, die ein vollständiges System aller Ideen hervorbringen werde (quasi eine Grand Unified Theory GUT der Philosophie bzw. der Ethik also [analog dem grossen Traum der Physik im 20. Jahrhundert]). Im Weiteren geht es in diesem Text ebenso um idealistische wie auch um romantische Inhalte (die philosophische Ära des Idealismus hat sich hier mit der literarischen Ära der Romantik überschnitten und verbunden. Ferner findet sich ebenfalls ein anarchistischer Anhauch in diesem Text [welcher schwierig vereinbar ist mit dem späteren Hegel]). Zu verweisen ist auch auf einen philosophischen Text des Dichters Hölderlin ("Urteil und Seyn", 1794/95), in welchem dieser sagt, dass das Sein die Verbindung von Subjekt und Objekt ausdrücke, und dass ein Ich mit Selbstbewusstsein eines sei, welches sich mit sich selber auseinandersetze. Diese (Selbst-) Auseinandersetzung ist bedeutend für die später von Hegel entwickelte Dialektik. Im selben Jahr erschien Fichtes "Grundlage der gesamten Wissenschaftslehre" – dieser sprach ebenfalls von der Bedeutung des Selbstbewusstseins und einer wissenschaftlichen Gesamtlehre. **Johann Gottlieb Fichte** (1762-1814) gilt als der eigentliche Begründer des deutschen Idealismus (mit dessen ganzen Verwicklungen und Schrulligkeiten, die bei ihm bereits erkennbar sind). Er entwickelte ebenfalls bereits eine dialektische und/oder dialogische Methode, insbesondere in seiner Schrift "Die Bestimmung des Menschen" (1800), in welcher er die Selbst-Auseinandersetzung geradezu dramatisierte (und damit Züge des späteren Individualismus und Existentialismus vorausnahm). **Im Zentrum der erkenntnistheoretischen Erwägung der Idealisten stand das reine Bewusstsein** – das Ding interessierte sie nicht mehr (weder an sich noch überhaupt – es geht ihnen um das blosse und reine Bewusstsein bzw. den blossen oder reinen Intellekt und

Geist). Die wilde Dialektik bei Fichte – und erst recht später bei **Friedrich Wilhelm Joseph Schelling** (1775-1854) – nimmt manchmal etwas bizarre, immer aber durchaus intellektuell interessante Formen an. Schelling wechselte die Ausrichtung seiner Philosophie – wie kaum ein anderer Philosoph vor und nach ihm – mehrfach, blieb aber stets im Idealismus verwurzelt. Der bedeutendste Vertreter der Deutschen Idealisten ist **Georg Wilhelm Friedrich Hegel** (1770-1831). Er sagte, dass die Idee in einer dialektischen Selbstentfaltung des absoluten Geistes zu ihrem Fürsichsein kommt (dies entspricht auch einer unglaublichen [und hoch romantischen!] Dramatisierung von Ich und Selbst in einer dynamischen Welt – gegenüber der verwegenen reinen Vernunft bei Kant, notabene [und in den Begriffen Hegels erkennen wir ja auch schon die Begriffskunst oder -künstelei von Heidegger]). Der Lebensprozess beinhaltet nach Hegel seinen Ausgangspunkt ebenso wie seinen Gegensatz und die Rückkehr zu sich selber auf einer höheren Ebene – der ganze Prozess sei das Wahre. Das Wahre sei das Ganze, meinte Hegel – und das Wirkliche sei das Vernünftige. Wie einst Heraklit – der dunkle Philosoph der Antike – ging es Hegel v.a. um die Bewegung: die Dialektik – bestehend aus These, Antithese und Synthese – entspricht demnach der Bewegung im Weltgeist. Hegel griff damit auf Platon und die Scholastik zurück, für welche die Dialektik als Methode zur Erkenntnisgewinnung schon bedeutend war. Für ihn ist die Dialektik aber mehr als nur eine Methode: sie ist der eigentliche Urgrund und das eigentliche geistige Prinzip hinter allem. **Arthur Schopenhauer** (1788-1860) lenkte die Diskussion vom Bewusstsein weiter auf den Willen, von welchem die Idealisten vor ihm auch schon bedeutend gesprochen hatten. Für Schopenhauer ist nun dieser aber das eigentliche Prinzip. Der Willen bildet sich nach ihm quasi aus der reinen Vorstellung heraus. Den Intellekt sah er bloss als Werkzeug des Willens, welcher aber seinerseits im Leiden der Welt untergehen muss. Das vergeistigte Leiden bildet den Antrieb des Intellektuellen – in einer Art pessimistischem Idealismus. Dazu braucht es eigentlich keine allzu logische Erkenntnistheorie mehr – und die gibt es bei Schopenhauer (trotz bemühter Versuche) auch eigentlich nicht (immer, wenn es interessant wird diesbezüglich, bricht er ab oder um, z.B. und v.a. wenn er bei der Erhebung der Grundgrössen von Raum, Zeit und Kausalität das Vorher und Nachher nicht mehr sieht, d.h. Sinn und Zweck – und letztlich ist er besser in seinen Lebensweisheitsaphorismen als in seiner Erkenntnistheorie [wie logisch auch die Wendung von Schopenhauer erscheint, so mangelhaft ist sein analytisches Vermögen (im Vergleich zu Kant oder Hegel – er versucht, sich auf der Ebene dieser absoluten Grössen zu halten, erreicht sie aber letztlich nicht mehr: der philosophische Zenit war in der deutschen Philosophie überschritten, nicht aber die Kunst derselben, wie Nietzsche danach noch zeigen sollte)]).

Hier brach das Programm des deutschen Idealismus ab: im Folgenden sprach Stirner vom Einzigen, Marx von einem (Klassen-) Kampf, Bahnsen von einem (Grund-) Widerspruch, Hartmann (Eduard v.) von einem Unbewussten und Mainländer von einem Wahnsinn – letzteres bereits zur Zeit des grossen Bismarck übrigens, dem vielleicht grössten deutschen Politiker seit Friedrich II., König in und von Preussen und Kurfürst zu Brandenburg, auch: 'Der alte Fritz'. Zeitlich befinden wir uns in der Vorzeit zur Belle Epoque (nach dem Deutsch-Französischen Krieg 1870-1871, diesem kurzen Vorgeschmack vom Ersten Weltkrieg), in einer Zeit, in welcher die Politik eigentlich Gewissheit ausstrahlte, die Philosophie diese aber offenkundig nicht aufzunehmen bereit war (zurecht, wie sich zeigte: diese kleine politische Ruhe war von einer trügerischen Art). Schliesslich trampelte Nietzsche heftig auf dem ganzen geistigen Leiden der Zeit herum und begründete aus dem gleichzeitigen Traum von Macht und Kraft den Über-Träumer bzw. Über-Menschen. Dieser sollte offenbar einen alten Glanz wiederherstellen, welcher in der freizügigen Belle Epoque – von welcher allerdings vorerst nur die Oberschicht profitierte – verloren zu gehen schien. Husserl versuchte seinerseits in der Philosophie noch einmal einen alten Glanz herzustellen, welchen Nietzsche mit seiner wilden Art verwischt hatte, doch dies gelang ihm in seiner übertrockenen Art kaum, obwohl er die kommende Epoche (bis zu Heidegger und Sartre und darüber hinaus) stark beeinflusste. Heidegger wiederum betrachtete den alten Glanz und das idealistische Programm nur noch mit einem gewissen – nicht bösen, aber neckischen – Schalk. Auch Habermas konnte es mit seiner "Theorie des kommunikativen Handelns" (1981) nicht gelingen die alte Grösse in der deutschen Philosophie wieder aufleben zu lassen, zu gross war inzwischen der Einfluss der US-amerikanischen Philosophie geworden. Trotzdem kann man vielleicht so etwas wie eine logische Fortsetzung vom Bewusstsein der Idealisten über den Willen von Schopenhauer [und Nietzsche] zum Diskurs von Habermas sehen. Die ganz grosse und weltbewegende Bedeutung eines Kant und Hegel, oder auch eines Nietzsche noch in seinem ganzen Abgeschmack von allem, ist in der deutschen Philosophie jedoch – zumindest vorläufig – auf dem Weg etwas verlorengegangen (und die deutsche Kultur kämpft derzeit nicht mehr um den Vorrang in der Philosophie, sondern um die Anerkennung ihrer Sprache und deren Leistungen in einem weltweiten Kontext überhaupt)]).

Das Versprechen des deutschen Idealismus – vielleicht abzüglich einiger Schrulligkeiten, welche ihn in der Vergangenheit belastet haben – bleibt bestehen. Als die deutsche Philosophie zu ihrer grossen Zeit der Klassik anhob – begleitet im 18. Jahrhundert von der literarischen Klassik (nach Lebenszeit in der Reihenfolge: Kant, Lessing, Mendelssohn, Herder, Goethe, Schiller, Fichte, Jean Paul, Schleiermacher, Hegel, Hölderlin, Schlegel, Schelling, Brentano, Novalis, u.a.) – waren die Hauptgleise der Philosophie eigentlich schon besetzt durch die Franzosen (Descartes, Rousseau) und die Engländer (Bacon, Locke), welche die Wissenschaft begründet und die Aufklärung eingeleitet hatten. Trotzdem nahm die deutsche Philosophie danach für längere Zeit die führende Stellung in der Weltphilosophie ein und hat auch ein paar grosse praktische wie theoretische Erfolge vorzuweisen: Leibniz und das binäre Zahlensystem (Computertechnik), Wolff und die (Wieder-) Erhebung der Ontologie, Kant und der Kategorische Imperativ sowie die Völkerbundidee (und die Idee eines allgemeinen Weltbürgertums dazu), Marx/Engels und die kommunistische Idee als Wegbereiter für die nachfolgende Sozialdemokratie und die grossen Befreiungsbewegungen im 20. Jahrhundert. Marx, Freud und Einstein waren zudem die bedeutendsten intellektuellen Beweger des bewegten 20. Jahrhunderts (was einigermassen erstaunlich ist, da die jüdische Philosophie bis dahin vergleichsweise eher eine Randerscheinung in der westlichen Philosophie war [etwa mit Philon, Avicebron, Maimonides, Gersonides, Spinoza oder Mendelssohn – zeitgleich oder später: Cohen, Buber, Kaplan, Rosen-

111

zweig (und eine ganze Reihe weiterer Philosophen mit jüdischem Hintergrund im 20. Jahrhundert, wie etwa Adorno, Arendt, Benjamin, Chomsky, Derrida, Fromm, Horkheimer, Jonas, Levinas, Nagel, Popper, Putnam, Rand, Reichenbach oder Singer; nachdem die jüdischen Denker im 19./20. Jahrhundert für Deutschland von grosser Bedeutung waren, sind sie es im 20./21. Jahrhundert für die USA)]).

Bezüglich der drei grossen Fragen der Erkenntnistheorie in der neuzeitlichen und modernen Philosophie steht die Betrachtung der dritten Frage noch aus, welche die Tiefen- und Neuropsychologie, die Hirnforschung und die Philosophie des Geistes und des Bewusstseins betrifft – dies behandle ich hier nur am Rande, da die Wissenschaft in diesen Bereichen philosophisch noch nicht sehr aussagekräftig ist, falls sie überhaupt einen bedeutenden Einfluss auf die Philosophie haben wird. Vielleicht spielt es für die Philosophie gar keine allzu grosse Rolle, welche Neuronen genau an welchen Prozessen beteiligt sind, wie es auch keine grosse Rolle für sie spielt, welche Muskeln für welche Bewegungen verantwortlich sind – bedeutend für die Philosophie ist die Richtung der Bewegungs- und der Denkprozesse. (Es gibt jedenfalls keinen Grund für die Philosophie in diesem philosophiegeschichtlichen Zusammenhang hier allzu viel dazu vorzugreifen. Man kann vorerst nur spekulieren, und dies kann man im Rahmen von philosophischen Erörterungen tun, nicht im Rahmen von einer philosophiegeschichtlichen Aufarbeitung.)

Ich möchte nach der allgemeinen Betrachtung der Entwicklung der Erkenntnistheorie speziell auf Kant zurückkommen (denn natürlich hat die Betrachtung seines Kategorischen Imperativs einen eigenen Abschnitt verdient – als eine der grössten philosophischen Unternehmungen überhaupt [nebst etwa der Ideenlehre von Platon, der Wissenschaft von Aristoteles, der Theologie von Aquino oder dem Rationalismus von Descartes]). Wenn man Kant noch mehr erhöhen wollte, als es schon gemeinhin getan wird, könnte man die Philosophiegeschichte als einen dreiteiligen Akt und Kant als ihren Höhepunkt deuten: 1. Platon, mitsamt seinem Sokrates und den Urgrundphilosophen, im Auftakt, in der Begründung des Idealismus, 2. Aristoteles mit der Begründung der Wissenschaft, und in seinem Zuge – nach einer längeren Phase der reinen Religion im Mittelalter – die neuzeitliche Wissenschaft*, 3. Kant (im Zuge der englischen und französischen Aufklärung), mit der Erfüllung des idealistischen Anhauchs in einem transzententalistischen Sinn und der Beschreibung einer vollkommenen Ethik. (Dies wäre die einfachste Darstellung einer reinen Philosophie, die dann aber auch mit Kant [und Hegel**] quasi zu Ende wäre – so wollen wir das Ganze natürlich nicht deuten, trotzdem sei auf diese Kernentwicklung der reinen Philosophie hingewiesen. Man kann das Komplexe – denke ich – nicht verstehen, wenn man nicht auch die Versimpelung davon sieht. Die heutige Philosophie versucht ja heute – natürlich – eher fast das Gegenteil: die Ausschaltung von Kant und Hegel, um die Wege für eine neue, allerdings unbestimmte Philosophie zu eröffnen. Ähnliches haben die Hellenisten mit wenig nachhaltigem Erfolg in der griechischen Antike gegenüber Platon und Aristoteles versucht. Die Klassik auszuschalten, ist vermutlich keine allzu gute Idee. Sie in einem positiven Sinn zu kritisieren und zu relativieren erscheint dagegen wohl notwendig.)

* Mit dem Empirismus von Bacon (bzw. Bacon, Locke, Hume) und dem Rationalismus von Descartes (bzw. Descartes, Spinoza, Leibniz – nebst dem Weltbild von Kopernikus, den Berechnungen von Kepler und den Experimenten von Galilei natürlich, u.v.a.).

** Hegel lieferte mit seiner Dialektik, in einer Erweiterung und/oder Umdeutung der platonischen Dialektik, noch ein allgemeines Welterklärungsmodell dazu, von welchem man aus kantischer Sichtweise sagen kann, dass dies für den Menschen nicht nötig sei, wenn man die reine Ethik hat, während es aus hegelianischer Sicht unbedingt notwendig ist, die Welt (als einen dynamischen Prozess) zu erklären (auch wenn man mit einer solchen Erklärung in Konflikt mit der reinen Ethik kommen kann, welche aber aus hegelianischer Sicht zu fix und starr ist und zu wenig Lebensbewegung zulässt – dennoch zielt Hegels Bewegung auf den absoluten Geist, so dass der Kantianer diese auch wieder auf Kant zurückführen kann: wenn wir von reiner Philosophie sprechen, scheint nichts und niemand an Kant vorbeizukommen [demgegenüber kann aber auch eben die Behauptung erhoben werden, dass die Philosophie mit allem verbunden ist und eine reine Philosophie daher nur eine Illusion sein kann]).

Die Kernsätze der kantischen Philosophie. Dies sind vermutlich die drei bedeutendsten Sätze der kantischen Philosophie (und damit vielleicht die wichtigsten Sätze der neuzeitlichen und modernen Philosophie): "Aufklärung ist der Ausgang des Menschen aus seiner selbstverschuldeten Unmündigkeit (= Antwort auf die Frage 'Was ist Aufklärung?' [1]). [...] Habe Mut, dich dienes eigenen Verstandes zu bedienen (= Sapere aude [lat., 2]). [...] Handle so, dass die Maxime deines Willens jederzeit zugleich als Prinzip einer allgemeinen Gesetzgebung gelten könne (= Kategorischer Imperativ [3])."

Immanuel Kant und der Kategorische Imperativ. Wenn Denken und Philosophie (auch) auf Schönheit gründet, wie Platon behauptete, dann hat Kant ein solch ästhetisches Projekt der Philosophie in einem gewissen Sinn zum Höhepunkt geführt. Manchmal hat er es mit seinem Stil sogar ein bisschen übertrieben, aber das sei ihm verziehen. Kant wusste, dass er es, wenn er die Ethik in der Philosophie wiedererheben wollte, gegen eine mittlerweilen schon mächtig erstarkte Naturwissenschaft aufnehmen musste, die keine immanente und adäquate Ethik mehr in sich trägt. In seinen frühen Jahren hatte er sich selber mit der Naturwissenschaft beschäftigt und ein naturwissenschaftliches Werk geschrieben ("Allgemeine Naturgeschichte und Theorie des Himmels", 1755 – anonym veröffentlicht [vor seiner eigentlichen Habilitation und Dissertation – er war in seinem Studium nicht der schnellste und wurde oft beim Billardspiel gesehen, mit welchem er sich auch einen Teil des Studiums finanziert haben soll]). Dann widmete er sich – aus pietistischem Elternhaus stammend – zunächst der Religion ("Der einzige mögliche Beweisgrund zu einer Demonstration des Daseins Gottes", 1762 – mit dem Versuch eines ontologischen Gottesbeweises). Es folgte eine Kritik des Theosophen Swedenborg ("Träume eines Geistersehers, erläutert durch Träume der Metaphysik", 1766). Dies immer unter vielem Anderem, denn Kant war sein Leben lang ein ausgesprochener Vielpublizist. In den 1770-er Jahren schrieb er nur zwei Schriften und bereitete ansonsten die grosse Wende in seiner Philosophie ein, von welcher er später sagte, dass die Beschäftigung mit dem Skeptizismus von Hume sie wesentlich begründet habe. Es ist die kantische Wende zu einem Kritizismus und zu einer vollkommenen Ethik. Kant bezeichnete seine

Zeit als die Zeit der Kritik (was für uns auch einigermassen modern tönt, aber diese Neigung zum Kritizistischen tauchte eben bereits im Zeitalter der Aufklärung auf [wobei Kant einen positiven Begriff der Kritik von einer Grenzbestimmung hatte – im Gegensatz zum eher negativen Begriff der Spätmoderne]). 1781 erschien die "Kritik der reinen Vernunft", welche allgemein als das grösste und bedeutendste Werk von Kant gilt. Wenn man es genau betrachtet, ist es aber eigentlich nur eine Vorbereitung für die "Kritik der praktischen Vernunft" (1788 – welcher dann, etwas weniger bedeutend, noch die "Kritik der Urteilskraft", 1790, folgte). Mit viel theoretischem Brimborium bahnte sich Kant in seiner ersten kritischen Schrift, am Empirismus und Rationalismus vorbei, den Weg zum Kategorischen Imperativ, welcher in seiner zweiten kritischen Schrift zur Blüte kam und den ersten und höchsten Satz einer ethischen Philosophie begründet: **"Handle so, dass die Maxime deines Willens jederzeit zugleich als Prinzip einer allgemeinen Gesetzgebung gelten könne."** Muss man diesen Satz, auf welchen die gesamte Philosophie von Kant hinzielte, erklären?* Er beinhaltet einen platonischen und/ oder plotinischen Anhauch ebenso wie die Erfüllung des Gesellschaftsvertrags der Aufklärung, und er bedeutet v.a. dies – wie bei allen grossen ethischen Sätzen und Weltformeln (z.B. auch bei der Goldenen Regel in der Religion) – dass wir uns ständig in Gefahr befinden, von ihm abzuweichen. Dieser Satz entsprach nicht nur einer grossen Tat für die (philosophische) Ewigkeit, sondern auch einer bedeutenden Notwendigkeit der Zeit. Die Französische Revolution brachte eine grosse Unsicherheit der Gesellschaft und ihrer Politik hervor. Im Jahr 1789, ein Jahr nach der Veröffentlichung des Kategorischen Imperativs – es ist das Jahr der Revolution! – begrüsste Napoleon (20-jährig) in Frankreich die Bürgerrevolution ausdrücklich, verurteilte aber die damit verbundenen Unruhen und Ausschreitungen... Kant stellte nun – pünktlich, wie er war – einen Satz zur Verfügung, an welchem sich der Bürger ungeachtet aktueller und kommender politischer Wirren festhalten konnte. In seinem Alterswerk – immerhin mit 71 Jahren! – setzte er noch einmal einen Meilenstein und lieferte seinen grössten realpraktischen Erfolg nach: die Begründung eines Weltvölkerbundes ("Zum ewigen Frieden", 1795**). Und was von ihm drittens auch bedeutend in Erinnerung bleibt, ist sein grosses Motto zur Aufklärung: "Sapere aude!" (Natürlich übrigens [im Allgemeinen] kein Widerspruch zum Kategorischen Imperativ, denn dieser soll ja der Schluss aus jenem sein [wir können dazu im Sinn einer kantischen Pflichtethik anführen: das Persönliche ist kein Hinderungsgrund dafür, das Allgemeine zu anerkennen]).

* Versuchen wir eine solche Erklärung einmal in drei Sätzen. Kant geht davon aus, dass es möglich ist, auf rationalem Weg zu einer objektiven Moral zu kommen (so gelangt er von der Kritik der reinen Vernunft zur Kritik der praktischen Vernunft, welche schon in jener vorgespurt ist). Die Moralphilosophie Kants ist einzuordnen als Deontologie – d.h. nur der Akt alleine zählt für die moralische Bewertung, weder der Kontext oder die Umstände noch die Konsequenzen (vgl. Konsequentialismus [Bentham]: der Zweck heiligt die Mittel – nach Kant soll dagegen der Mensch als Zweck an sich behandelt werden, nicht als Mittel zum Zweck). Sie zielt auf eine vollkommene, nicht verhandel- oder übertragbare, universal gültige Ethik.

** Von einem dauerhaften oder ewigen Frieden hatte allerdings bereits Charles Irénée Castel de Saint-Pierre (auch: **Abbé de Saint-Pierre**, 1658-1743) gesprochen (in seinem Werk "Projet pour rendre la paix perpétuelle en Europe" [1712/1717] – er kann somit als Vater späterer europäischer Integrationsbemühungen und -bewegungen gelten [etwa beim Wiener Kongress im 19. und mit der Europäischen Union im 20. Jahrhundert]). Was den (Welt-) Völkerbund betrifft, so dauerte es also von der Begründung der Idee (1795) bis zur ersten Umsetzung (1920) genau 125 Jahre – eine denkwürdige (und trotzdem in der gesamten historischen Entwicklung auch wiederum nicht allzu lange!) Zeit.

Exkurs: Einschätzung der kantischen Ethik. Normalerweise kommentiere ich die einzelnen Philosophen hier nicht allzu gross, bei Kant muss ich aus verschiedenen Gründen eine kleine Ausnahme machen (erstens ist er vermutlich der grösste Philosoph der Neuzeit und deren Moderne, und zweitens muss man ihn heute, nach den weiteren Entwicklungen der modernen Philosophie, sicher auch neu bedenken). Natürlich tun wir uns heute – nach der Entwicklung der individualistischen, marxistischen und kulturkritischen Philosophie – ein bisschen schwer mit Kants Universalethik. Ist eine solche für die Person überhaupt irgendwie erfüllbar? An sich zielt die Philosophie von Kant nicht auf diese Frage, sondern: Kant verstand seinen Kategorischen Imperativ vielmehr als logische Schlussfolgerung eines vernünftigen Denkens bzw. des Denkens der Vernunft.

Besser wäre daher für das Verständnis des Kategorischen Imperativs vielleicht eine Bezeichnung als 'Logische Rationalität einer
jeglichen Ethik'. Kant versuchte die Schwierigkeit zwischen
Ethik und Praxis mit seiner berühmt-berüchtigten, ein bisschen
gezwungenen (und sehr preussisch anmutenden) Pflicht durch
Freiheit zu lösen. Er wollte ja seine Ethik denn doch nicht als reines Gedankenprodukt sehen. Kants Zeitgenosse Knigge scheiterte an denselben Schwierigkeiten grossartig, indem er im Vor-
wort seines Benimmbuches ("Über den Umgang mit Menschen",
1788) kurzum erklärt, dass er seine Moral und Weltklugheit
jedem anempfehle, sie aber selber nicht mehr befolgen könne,
weil er zu alt dafür sei. So billig kommt man in der gehobeneren
Philosophie natürlich nicht weg. Bezüglich Kants Ethik stellen
sich verschiedene Fragen. Führt sie, wenn sie nicht realisiert
werden kann, nicht zu einer Doppelmoral? Kant ging ja so weit,
dass er nicht einmal eine Notlüge erlaubte (siehe: "Über ein ver-
meintes Recht aus Menschenliebe zu lügen", 1797 [gegen Benjamin Constant]). Dazu würde ich sagen: wenn dem so ist, so wäre eine Doppelmoral allenfalls zu verteidigen, indem man das
Allgemeine trotzdem verteidigt, obwohl man es im Persönlichen
nicht gänzlich erfüllen kann (d.h. man kann so oder anders
handeln, und dies ändert nichts an der ethischen Richtigkeit des
Satzes). Wir können ja nicht aufgrund der Unerfüllbarkeit einer
höchsten Ethik jegliche Moral überhaupt verwerfen. Vielleicht
hat Kant aus heutiger Sicht Kant seinen Ethizismus ein bisschen
übertrieben, aber das musste er auch tun, um zu einer höchsten
Maxime zu kommen. Was die Menschen heute damit anfangen,
ist ihnen letztlich selber überlassen. Eine perfekte Welt mit perfekten Menschen wird es nie geben, aber die Philosophie kann
sich überlegen, mit welchen Sätzen sie diese besser machen
kann. Nichts anderes als dies hat Kant getan (und gehört seither
vermutlich mit Konfuzius und Platon zu den bedeutendsten
Moralphilosophen der Weltkulturgeschichte). Wir sollten jedoch
weder in der Philosophie den Alltag, noch im Alltag die Philosophie vergessen – ebenso die Frage auch diesbezüglich, ob wir in
der Ethik vom Höchsten ausgehen sollen (wie Platon und Plotin) oder aber vom Mittleren (wie Konfuzius und Aristoteles).
Das ist eine offene und äusserst schwierige Frage; ich würde
dazu sagen: die reine Ethik zielt auf das Höchste, die Lebensmoral aber eher auf das Mittlere (auch wenn es immer wieder

Fragen gibt, in welchen nur die Perfektion angestrebt werden soll [insbesondere natürlich in der gesamten heutigen Warenproduktionsmaschinerie der Wirtschaft, die einen sehr starken Einfluss auf die spätmoderne Ethik hat (Drucker: "Management is doing things right, leadership is doing the right things." Anmerkung: das Erstere ist offenkundig leichter zu veranstalten als das Letztere.)]). Es erscheint wenig erstaunlich, dass nach Kant die Bewegungsaffinität und der Selbstbezug der deutschen Idealisten kam – insbesondere beim Ich-selbst von Fichte (aber auch bei den Anderen) – und danach die grossen Individualisten (und Existentialisten). Merke: der Mangel der Philosophie von heute, ist der Antrieb der Philosophie von morgen.

Die Kernsätze der kantischen Philosophie (siehe dort) scheinen einerseits in ihrer Aussage sehr klar und sind andererseits sind sie aber doch auch interpretationsbedürftig. Mir stellen sich dazu drei spezifische Fragen. Zu 1. Ist jede Unmündigkeit des Menschen wirklich bloss selbstverschuldet? Zu 2. Gilt derselbe Satz auch für die (eigene) Vernunft (bzw. gibt es überhaupt auch eine eigene Vernunft)? Zu 3. Was ist die Folgerung, wenn wir diesen Satz von objektiven auf subjektive Kriterien anwenden bzw. bedeutet dies in jedem Fall dieselbe Handlung, oder bedeutet dies in anderen Fällen andere Handlungen? Es gibt hierzu vielleicht objektive, neutrale und subjektive Antworten (aus einer neutralen Sichtweise würde ich auf alle drei Fragen antworten: jein [es gibt immer wieder Fälle, in welchen das Subjektive zwar nicht zum Objektiven wird, im Sinn vom Mehrheitsfähigen, aber zum Allgemeinen in bestimmten Fällen – und dies ist genau der Knackpunkt einer absoluten Ethik: dass es ein objektives und ein subjektives Allgemeines gibt; oder anders gesagt: der Einzelfall ist letztlich leider nicht in einer absoluten Ethik auflösbar, wie es Kant eigentlich gerne gewollt hätte (oder nur derart komplex begründet, dass man darüber ein dickes Buch schreiben müsste, was ich nicht tun werde – in einer lebendigen Moral gibt es immer Auseinandersetzungen zwischen dem Subjektiven und dem Objektiven: das Recht ist keine fixe Sache, sondern eine Fallbeurteilung, welche durch ein allgemeines und objektives Recht vereinfacht, nicht aber gänzlich überformt werden kann)]).

Hier gibt es als kleines Müsterchen eine kleine Passage aus Kants "Kritik der reinen Vernunft". Dies sind nur drei Sätze, die ein bisschen den Stil von Kant aufzeigen, welcher sicher mit Hegel – aber natürlich auch etwa mit Nietzsche auf seine Art und Weise – zu den grössten Artisten und Stilisten in der Philosophiegeschichte zählt. "Ich werde mir also nach der Analogie der Realitäten in der Welt, der Substanzen, der Kausalität und der Notwendigkeit, ein Wesen denken, das alles dieses in der höchsten Vollkommenheit besitzt, und, indem diese Idee bloss auf meiner Vernunft beruht, dieses Wesen als selbständige Vernunft, was durch Ideen der grössten Harmonie und Einheit, Ursache vom Weltganzen ist, denken können, so dass ich alle, die Idee einschränkende, Bedingungen weglasse, lediglich um, unter dem Schutze eines solchen Urgrundes, systematische Einheit des Mannigfaltigen im Weltganzen, und, vermittelst derselben, den grösstmöglichen empirischen Vernunftgebrauch möglich zu machen, indem ich alle Verbindungen so ansehe, als ob sie Anforderungen einer höchsten Vernunft wären, von der die unsrige ein schwaches Abbild ist. Ich denke mir alsdenn dieses höchste Wesen durch lauter Begriffe, die eigentlich nur in der Sinnenwelt ihre Anwendung haben; da ich aber auch jene transzendentale Voraussetzung zu keinem andern als relativen Gebrauch habe, nämlich, dass sie das Substratum der grösstmöglichen Erfahrungseinheit abgeben sollte, so darf ich ein Wesen, das ich von der Welt unterscheide, ganz wohl durch Eigenschaften denken, die lediglich zur Sinnenwelt gehören. Denn ich verlange es keineswegs, und bin auch nicht befugt, es zu verlangen, diesen Gegenstand meiner Idee, nach dem, was er an sich sein mag, zu erkennen; denn dazu habe ich keine Begriffe, und selbst die Begriffe von Realität, Substanz, Kausalität, ja sogar der Notwendigkeit im Dasein, verlieren alle Bedeutung, sind leere Titel zu Begriffen, ohne allen Inhalt, wenn ich mich ausser dem Felde der Sinne damit hinauswage." (Für uns tönt das heute eher ein bisschen antik oder verschroben, indes: wenn man die Art und Weise genau untersucht, findet man bei Kant eben in gewissen Wendungen auch einen Einschlag von späterer Moderne bereits, wie es ihn bei den anderen grossen Philosophen jener Zeit so noch nicht gab [ausgenommen vielleicht Voltaire, der aber mehr belletristische als philosophische Werke verfasste, eigentlich also ein belletristischer Schriftsteller war].)

Zu den Philosophen, welche Kant besonders beeinflusst haben – nebst etwa (wie er selber sagte) Hume oder Crusius direkt, oder auch Locke und Rousseau indirekt – zählt natürlich (was Kant viel zu wenig deklarierte, indirekt) v.a. auch **Christian Thomasius** (1655-1728), ein Philosoph, der heute – im Schatten von Kant – nahezu unbekannt geblieben ist (obwohl er als der erste grosse deutsche Aufklärer gilt). Sein Vater (Jakob Thomasius) war der Lehrer von Leibniz. Kant kritisierte, wie alles vor ihm in der deutschen Philosophie, jedoch die Vernunftlehre von Thomasius, der nicht von einem freien, doch aber bestimmenden Vernunftwillen bzw. von einer ebensolchen Willensvernunft ausging – dagegen sprach Kant, weitgehend entpsychologisiert, von einer (wirklich) reinen Vernunft (d.h. von deren [transzendentaler] Begründung, Kritik und Grenzen). In einem gewissen Sinn hat Kant quasi auf philosophischem Boden die (juristisch begründeten) Vernunftlehren von Pufendorf, Thomasius und Wolff abgeschlossen. Zeitlich steht er zwischen Leibniz und Wolff, welche in Deutschland das erste grosse philosophische System begründet haben (Leibniz-Wolffsches System: dieses wurde vor Kant bereits etwa von Buddeus und Crusius kritisch betrachtet. Man muss diese Bezüge zu Kant nennen, da er sonst – aufgrund seiner speziellen Art und (auch begrifflicher) Einzigartigkeit – ein bisschen wie ein erratischer Block in der Philosophiegeschichte steht; es gibt aber eben durchaus verschiedene interessante Bezüge zu seiner Philosophie.

5. Kapitel

NEUZEIT / MODERNE II
(Sozialismus, 19./20. Jh.)

Ein merkwürdiges Paar * * * Die utopischen Sozialisten * * * Comte – oder: die Soziologie als Wissenschaft * * * Darwin und die Affen * * * Marxismus und Sozialdarwinismus * * * Individualismus und Kulturkritik (Stirner, Kierkegaard, Nietzsche) * * * Analytische Philosophie von Frege * * * Psychoanalyse mit Freud * * * Einstein, der Relativismus und die Weltformel * * * Neopositivismus und Neoliberalismus * * * Kulturkritik (Kritische Theorie und Poststrukturalismus).

Normalerweise sehen wir in den grossen Zügen der neuzeitlichen Philosophiegeschichte (nach der Renaissance) zuerst die Wissenschaft und die Aufklärung – danach in der deutschen Philosophie den Idealismus (bedeutendster Philosoph desselben: Hegel), den Sozialismus/Marxismus (Marx) sowie den Individualismus (Nietzsche). Danach wird eine genaue Einteilung ein kleines bisschen schwieriger – nicht weil die Philosophie so viel komplexer geworden wäre, sondern: weil sie so viel diversifizierter geworden ist. Das heisst: es gibt viele verschiedene Linien in der neueren Philosophie, welchen wir folgen und/oder welche wir sogar zu Hauptlinien erklären können. Bei mir steht eine politisch-kulturelle Einteilung im Vordergrund: mit dem Liberalismus (der Aufklärung) im 18./19. Jahrhundert, dem Sozialismus im 19./20. Jahrhundert und dem Existentialismus im 20./21. Jahrhundert. Die Diskussionen rund um (gerade auch politische) Ideologien und Anti-Ideologie spielen in der heutigen Kultur und Philosophie eine grössere Rolle denn je! Man möchte fast sagen, es drohe alles immer politischer zu werden (falls dies eine Drohung ist – es könnte auch eine Hoffnung sein).

Grundsätzlich mache ich folgende (philosophiekulturelle) Zeiteinteilung:

- ➢ Altertum (Vor-Antike)
- ➢ Antike (griechische/römische)
- ➢ Mittelalter (patristisches/scholastisches)
- ➢ Neuzeit (Wissenschaft)
- ➢ Moderne I: Aufklärung/Liberalismus (18./19. Jh.)
- ➢ Moderne II: Aufklärung/Sozialismus (19./20. Jh.)
- ➢ Moderne III: Aufklärung/Existentialismus (20./21. Jh.)

Von den Ursprüngen des Sozialismus. Sozialistische Ideen gehen in der Philosophie vielleicht zurück bis auf die Gesellschaftsutopie von Morus (oder sogar auf platonische oder alkmaionische Ideen), aber wenn wir all die kommenden Veränderungen in der Gesellschaft betrachten, fällt im 18./19. Jahrhundert zuerst einmal v.a. ein seltsames oder merkwürdiges Paar auf: William Godwin (1756-1836, Anarchist [Hauptwerk: "Enquiry Concerning Political Justice and its Influence on Modern Morals and Manners" (1793) – er träumte von einer Welt ohne Staaten und Regierungen]) und Mary Wollstonecraft (1759-1797, Frauenechtlerin [Hauptwerk: "A Vindication of the Rights of Woman" (1789)]). Die beiden hatten eine berühmte Tochter: Mary Shelley (1797-1851, Schriftstellerin – geb. Mary Godwin, auch: Mary Wollstonecraft Shelley [Werke: "Frankenstein or The Modern Prometheus" (1818), eine frühe Wissenschaftskritik, oder "The Last Man" (1826), der erste grosse gesellschaftsdystopische Roman]). Dieses Paar ist eine Art Vorläufer des heute berühmteren existentialistischen Paars Sartre/De Beauvoir im 20. Jahrhundert (ohne berühmte Nachkommen): ein Paar, welches die Welt in Frage und auf den Kopf stellte. Godwin und Wollstonecraft haben nichts direkt mit dem Sozialismus zu tun, aber sehr viel eben mit einem freieren Denken, welches dafür notwendig war gegen die festgefahrenen Konventionen der Zeit. Das zeigt: es gab auch verrücktere Gedanken als jene der frühen, utopischen Sozialisten zu jener Zeit, aber die gab es ja mindestens auch schon seit Voltaire, Marat oder Babeuf und anderen hochrevolutionären Köpfen im 18. Jahrhundert. Der moderne

Sozialismus begann eigentlich in religiösen Sozialsiedlungen – die älteste soll jene der Fuggerei sein, zurückgehend auf Jakob Fugger, einen der reichsten Menschen seiner Zeit und einen der ersten grossen Philanthropen der neueren Zeit (1521 – philosophisch betrachtet liegt dies in der Zeit der Renaissance, rund 25 Jahre nach Mirandola und seiner Rede über die Würde des Menschen). Speziell an dieser Fuggerei: sie war nur für katholische Bürger zugänglich, und ihre Bewohner waren dazu angehalten dreimal am Tag ein Gebet für die Stifterfamilie zu sprechen. Bekannter ist in der Philosophie vermutlich die genossenschaftliche US-Siedlung New Harmony (1824-1827 ff), gegründet vom englischen Frühsozialisten und Unternehmer Robert Owen (zuvor als pietistische Siedlung Harmony [1814-1824, gegründet von Johann Georg Rapp]). Dieser zählt zu den grossen utopischen Frühsozialisten. Was für ein grosser Traum! Der Traum von der sich durch Arbeit selbst erhaltenden Sozialsiedlung gegen die Armut der Zeit (zu realisieren war er jedoch nur in kleinen Einzelprojekten, die meistens eine relativ kurze Lebensdauer hatten).

(Früh-) Sozialismus und Soziologie. Der Begriff vom Sozialismus und von den Sozialisten findet sich bereits im 'Contrat Social' von Rousseau und soll etwa in den 1820-er Jahren bedeutend aufgetreten sein. Die berühmtesten Frühsozialisten, welche (nach einer Bezeichnung von Marx) auch utopische Sozialisten genannt werden, sind Saint-Simon, Owen und Fourier. Owen war beeinflusst von Bentham, dem Utilitaristen, Saint-Simon von Destutt de Tracy, dem Ideologisten (dieser heute nicht mehr allzu bekannte Aufklärer begründete eine Ideologie namens Ideologie, als Wissenschaft der Vorstellungen und Wahrnehmungen). Der Frühsozialismus schien zu jener Zeit irgendwie in der Luft zu liegen und sich unabhängig in Frankreich und England entwickelt zu haben – in England eher praktisch, in Frankreich eher theoretisch. **Robert Owen** (1771-1858), das jüngste von sieben Kindern eines Sattlers, fing als Lehrling in der Textilindustrie an und arbeitete sich später bis zum Fabrikleiter hoch – als solcher führte er ab 1799 menschenwürdigere Arbeitsbedingungen ein. Sein Betrieb galt in dieser Hinsicht als viel beachteter Musterbetrieb. Das utopische Experiment mit einer sozial organisierten Genossenschaftssiedlung in den USA war dann zwar aufsehenerregend, aber von relativ kurzer Dauer. Letztlich ist wohl der Name von **Henri de Saint-Simon** (1760-1825) der grösste unter den frühen Sozialisten. In seinen Schriften forderte er eine soziale Reorganisation der Gesellschaft in ganz Europa. Ebenso sprach er bereits von einer **Wissenschaft der Gesellschaft** – eine Idee, welche sein Sekretär **Auguste Comte** (1798-1857) als Begründer der Soziologie als Wissenschaft umsetzen sollte. Kurz nach dem Tod von Saint-Simon, bildeten seine Anhänger eine jedoch nicht sehr weitreichende Schule des Saint-Simonismus. Bedeutend ist zu dieser Zeit nicht der Sozialismus als Idee alleine, sondern (wie auch im späteren Marxismus, notabene) die Verbindung von Wissenschaft, Sozialismus und Industrie. Das war noch nicht unbedingt (revolutionär) gegen eine andere Klasse gerichtet, sondern als logische Weiterentwicklung aus der Bürgerrevolution gedacht (das zeigt sich gerade auch in der Comtschen Weiterentwicklung des Saint-Simonismus zur Soziologie – auch wenn es bereits während der Französischen Revolution auch Gleichheitsfanatiker mit revolutionären Tendenzen gab [siehe etwa: Geheimbund der Verschwörung der Égaux (Gleichen) unter Babeuf, ab 1795]. Die frühen Sozialisten glaubten daran, dass sich eine künftige sozialistische Gesellschaft mit dem wissenschaftlichen Fortschritt wie von selber durchsetzen und ausbreiten werde). Comte verwendete für seine Vorstellung von Soziologie den Begriff des Positivismus. Darunter verstand er einen dreifachen Entwicklungsprozess: von einer theologischen zu einer metaphysischen und von dieser zu einer positiven Epoche, in welcher die Religion und die Philosophie (zugunsten einer reinen Wissenschaft) überwunden werde. Sowohl Saint-Simon wie auch Comte provozierten die katholische Kirche, indem sie in ihren Werktiteln den Begriff des Katechismus verwendeten. Comte schrieb sogar ein Werk namens "Katechismus der positiven Religion" (was ein bisschen an Kants 'Religion innerhalb der Grenzen der blossen Vernunft' erinnert – dies dürfte jedoch nicht der Weg sein zu einer besseren Verständigung zwischen Religion, Philosophie und Wissenschaft [wir sollten in einer solchen die Religion als Religion, die Philosophie als Philosophie und die Wissenschaft als Wissenschaft sein und gelten lassen und ein gutes Gleichgewicht zwischen diesen Gesellschaftsfaktoren anstreben]). Saint-

Simon wird trotz seiner Provokation als Vater der (späteren) katholischen Soziallehre betrachtet. Die Wissenschaft der Soziologie werde erst dann richtig entwickelt, meinte Comte, wenn alle anderen Wissenschaften schon auf einem sehr hohen Niveau seien. Vermutlich hatte er damit recht: der Mensch scheint in der Wissenschaft an alles Andere zuerst zu denken, und zuletzt erst an seine Gesellschaft. (Weitere bedeutende Positivisten waren etwa Spencer, welcher seinerseits den Sozialdarwinismus begründete, oder Taine. Zu erwähnen ist in diesem Zusammenhang natürlich auch der früher schon begründete naturwissenschaftliche Determinismus [Laplace]. Und später sollte dann v.a. der Neopositivismus zu einer grossen und umstrittenen Berühmtheit gelangen. Betrachten wir den Frühsozialismus von Saint-Simon und den Positivismus von Comte, so können wir sagen, dass diese beiden die heutige Zeit und Politik sehr massgeblich mitgeprägt haben. Und spätestens von diesem Zeitpunkt an, muss man die Philosophie auch mit einem politischen Blick betrachten.)

Exkurs – Einteilung der Wissenschaften. Aus dem Gebiet der Soziologie heraus wurden bis heute verschiedene weitere Wissenschaften begründet, wie etwa die Politik- und die Medienwissenschaft. Zudem gibt es Disziplinen, die sich vorher begründet haben, welche aber ebenfalls eigentlich in das Gebiet der Soziologie gehören, wie die Jurisprudenz und die Ökonomie. Dies sind eigentlich alles nur Teilgebiete der Soziologie, da das zu erforschende Subjekt all dieser Wissenschaften – unter je verschiedenen Gesichtspunkten – die (selbe) Gesellschaft ist (besonders klar ist dieser Fakt bei der Politologie: Polis [Gesellschaft] -> Politik -> Politologie. Die Politologie ist ein gutes Beispiel dafür, dass sich der Trend der Abspaltung von immer spezielleren Nebengebieten aus Hauptgebieten in den Wissenschaften selber fortsetzt). Die (wilde) Aufteilung der Wissenschaften wird spätestens hier zu einem kleineren oder grösseren Problem (insofern diese Wissenschaften sich dann nicht als Teildisziplinen betrachten, sondern als eigenständige Wissenschaften, was eine umgreifende Soziologie zu einem einigermassen schwierigen Unterfangen macht [nicht zuletzt natürlich aufgrund der grossen gesellschaftlichen Bedeutung und Macht der Ökonomie, aber auch aufgrund der sich ebenso neben aller Wissenschaft betrachtenden Realpolitik (die Fehlentwicklungen, die wir in der Geschichte der Politik jedoch massenhaft einsehen und betrachten können, zeigen, dass eine Wissenschaft der Gesellschaft doch vermutlich einigen Sinn macht, auch und v.a. um die Gesellschaft zu schützen – ohne dabei wiederum in wissenschaftliche Absolutismen hineinzugeraten, natürlich, welche sinnvolle gesellschaftliche Entwicklungen behindern: Frieden, Entwicklung und Ausgleich in Einklang zu bringen, das ist sicher ein grosses Postulat einer wissenschaftlichen Soziologie)]). Die Einteilung der Wissenschaften ist noch heute ein umstrittenes Gebiet. Aristoteles teilte das Handeln und die Wissenschaften grundsätzlich in drei Gattungen ein: Theoria (Theoretisches Handeln bzw. Betrachten: Metaphysik, Physik [bzw. Naturphilosophie], Biologie, Psychologie), Praxis (Praktisches Handeln bzw. [allgemein] Handeln: Ethik, Politik), Poiesis (Zweckgebundenes Handeln bzw. Herstellen: Rhetorik, Poetik); eine weitere, vierte Sektion ist eigentlich die Logik (Kategorienlehre, Interpretation, Analytik, Topik, u.a.), während die (reine) Religion hier nicht vorkommt. Bedeutend ist in dieser Aufteilung für die Neuzeit v.a. der Gegensatz zwischen Theoretischer (heute: Naturwissenschaften) und Praktischer Philosophie (heute: Geisteswissenschaften). Weiter finden wir Wissenschaftsklassifizierungen in der Antike etwa bei den Stoikern, während die Scholastiker im Mittelalter drei Hauptfakultäten (Theologie, Jurisprudenz und Medizin) sowie Sieben Freie Künste (Grammatik, Rhetorik, Dialektik, Arithmetik, Geometrie, Musik, Astronomie) begründeten. In der Neuzeit sind diesbezüglich die Enzyklopädisten zu erwähnen, ferner etwa Bacon, Bentham, Ampère, Comte (mit einer quasi positivistischen Reihenfolge der Wissenschaften: Mathematik, Astronomie, Physik, Chemie, Biologie, Soziologie) oder auch Spencer. In der neueren Zeit ist es nicht mehr üblich, sich allzu grosse und bedeutende bzw. systemische Gedanken dazu zu machen (sogar die Abgrenzung von Natur- und Geisteswissenschaften scheint heute ein bisschen zu verschwimmen, wenn auch nicht zu verschwinden [zu gross sind dafür die Differenzen!]). Entsprechend werden die Wissenschaften heute – mit der ganzen Zunahme der Komplexität der Diversifizierungen – in der Wikipedia (d.h. in der heute meistverwendeten Enzyklopädie des Wissens, Stand Herbst 2017) in viele verschiedene Klassen eingeteilt (ohne allzu grosse Begründungen dazu): Geisteswissenschaften (Kulturwissenschaften), Humanwissenschaften, Ingenieurwissenschaften, Naturwissenschaften, Agrarwissenschaften, Philosophie, Rechtswissenschaften, Sozialwissenschaften, Strukturwissenschaften, Theologie, Wirtschaftswissenschaften. Das erscheint irgendwie beliebig fast (und so wird es eigentlich heute auch an den Universitäten gehandhabt [jede Universität hat praktische ihre eigenen Klassifizierungsstrukturen und -gründe, wie die Politik auch in jedem Kreis verschieden fast beliebig ihre Ministerien organisiert – die neuzeitliche Grundeinteilung zwischen Natur- und Geisteswissenschaften spielt eine immer geringere Rolle]). Dies ist (zunehmend) eines von verschiedenen bedeutenderen Problemen in der heutigen Wissenschaft: fehlende Ordnung und Klarheit. (Allerdings ist dazu zu sagen, dass die Ordnung der Wissenschaften aus verschiedenen Gründen auch eine sehr schwierige und komplexe Sache ist – aber vermutlich auch eine wichtige Sache eben im Rahmen von einer ernstzunehmenden und nachhaltigen Wissenschaft überhaupt. Schliesslich hat die systematische Wissenschaft ja auch mit der Systematisierung – bei Aristoteles – angefangen. **Die Systematik der Wissenschaft dürfte in Zukunft ein zunehmendes Problem bekommen mit der Kohärenz des wissenschaftlichen Wissens [vermutlich wird früher oder später eine eigene Wissenschaft der Wissenschaftlichen Systematik dafür notwendig sein].**)

Marxismus und Sozialdarwinismus. Bedeutende Weiterentwicklungen im Sozialismus fanden gegenüber dem Frühsozialismus in Deutschland statt (sowohl in Richtung Kommunismus wie auch in Richtung Sozialdemokratie). Der erste bedeutende deutsche – überwiegend christlich geprägte – Sozialist war Wilhelm Weitling (mit seiner Schrift "Die Menschheit wie sie ist und sein sollte", 1839/40 [später ist Christoph Blumhardt (der Jüngere) zu nennen als Begründer des Religiösen Sozialismus (mit Vertretern wie Barth oder Tillich)]). "Darum muss die nächste Revolution, soll sie verbessern, eine soziale sein", meinte Weitling. Offenbar bezeichnete in jener Zeit der Sozialismusbegriff eine Bourgeoisbewegung – Saint-Simon war ein Aristokrat – der Kommunismusbegriff dagegen eine Arbeiterbewegung. Daher

war es naheliegend, dass **Karl Marx** (1818-1883) und Friedrich
Engels, welche 1848 gemeinsam, just zur Märzrevolution
1848/49 in Deutschland – und just nachdem sich Marx zuvor am
französischen Anarchisten Proudhon gerieben hatte – das Kommunistische Manifest veröffentlichten, und also den Kommunismusbegriff forcierten. Später wurde ihre Ideologie – in Abgrenzung auch zum realexistierenden Kommunismus in Osteuropa
(seit 1917) – konsequent als Marxismus bezeichnet. Die philosophischen Hintergründe des Marxismus werden als Dialektischer
Materialismus beschrieben und basieren auf der Dialektik von
Hegel und dem Materialismus von Feuerbach. Entscheidend für
die Welt- und Gesellschaftsentwicklung sind in diesem Denken
die Produktivkräfte und die Produktionsverhältnisse, welche
bestimmte Gesellschaftsklassen schaffen (Bourgeois/Arbeiter).
Der Mensch ist demgemäss grundsätzlich ein Opfer seiner
Bedürfnisse. Marx glaubte, dass der Endzweck eine klassenlose
Gesellschaft sei. Der preussischen Reaktion entfliehend, zog er
1849 nach Paris und schliesslich nach London. In England lernte
er die dortigen Arbeitsverhältnisse und deren geschichtliche
Hintergründe im Rahmen der industriellen Revolution besser
kennen, was er in seinem Hauptwerk "Das Kapital" sehr genau
beschrieb. Den (politischen) Freiheitsbegriff aus der Bürgerrevolution interpretierte er um zu einem (v.a. im Arbeitsprozess relevanten) Selbstverwirklichungsideal*, womit er einen gewissen
Höhepunkt lieferte im gesamten politischen Idealismus, wie er
seit der Bürgerrevolution aufgebrochen ist (bzw. in den
verschiedenen Revolutionen: in England 1688/89 [Glorious
Revolution], in Frankreich 1789 [sowie, während der nachnapo-
leonischen konservativen Restauration: Julirevolution 1830], in
Deutschland 1848/49 [Märzrevolution: gescheitert – gleichzeitig,
oder leicht vorausgehend 1847/48, in der Schweiz: Sonder-
bundskrieg und liberalistischer Bundesstaat (nach dem Vorbild
der USA und des revolutionären Frankreichs)], in Russland 1917
[Oktoberrevolution: Anfang des realexistierenden Kommunismus in Osteuropa]). Eine andere Entwicklung prägte das 19.
Jahrhundert ebenfalls stark. Mit seinem Hauptwerk "On the
Origin of Species" (dt. Über die Entstehung der Arten, 1859) gab
der britische Naturforscher **Charles Darwin** (1809-1882) der –
zuvor v.a. von Lamarck bedeutend behandelten – Evolutionstheorie eine ganz neue Richtung. Die Ressourcen in der Welt

seien knapp, meinte Darwin, woraus ein ständiger Kampf ums Überleben und eine natürliche Auslese erfolge. Die wichtigste Bedeutung für dieselbe hat nach Darwin die Anpassung an die Umwelt. Dass der Mensch seine körperlichen Ursprünge in der Tierwelt hat, und dort insbesondere bei den Affen, das war eigentlich gar nicht so neu, aber mit den Ideen von Darwin rückte dies ins Zentrum des Bewusstseins der Zeit. Es gab einen grossen Aufschrei bei denen, die Mühe hatten dies zu akzeptieren, sahen sie doch dabei v.a. eine Infragestellung höherer Ideale des Menschen. **Herbert Spencer** (1820-1903) übertrug die Ideen von Darwin auf die Gesellschaft, woraus die Ideologie des Sozialdarwinismus entstand. Auch in der menschlichen Gesellschaft, meinte Spencer, überleben nur die Stärksten und/oder Bestangepassten (das ist quasi Hobbes minus Gesellschaftsvertrag). Natürlich steht diese (sozial-) darwinistische Gesellschaftstheorie in einem krassen Gegensatz zur sozialistischen – oder umgekehrt. Damit waren auch zwei krasse politische Gegensätze geboren: jene, welche auf einen egoistischen (oder oligarchistischen – natürlich gibt es auch einen gemeinsamen und sogar einen kollektiven Egoismus), und jene, welche auf einen altruistischen (und institutionalistischen) Gesellschaftsansatz setzt. Durchgesetzt hat sich letztlich keines der beiden Extreme, sondern offenbar braucht es in einer Gesellschaft beides: die Eigenheiten wie auch die Zusammenheiten.

* Meiner Meinung sollte man dabei nicht von einer Selbstverwirklichung, sondern – jenseits der Bedürfnisökonomie (Gossen, Walras, Jevons, Giffen, Menger, Marshall) – von idealiter (menschlich) und realiter (personal, situativ) gegebenen Existenzbedürfnissen sprechen. Man kann dabei auf die Humanistische Psychologie verweisen, jedoch ist die Bedürfnispyramide vom humanistischen Psychologen Maslow wohl nicht unbedingt als das Mass aller Dinge zu betrachten (auch hier ist ja von einem diffusen Selbstverwirklichungsbegriff die Rede – das Ideal der Selbstverwirklichung stammt, auf die Arbeit bezogen, von Marx [Theorie einer 'kollektivistischen Selbstverwirklichung'?!], was es aber auch nicht viel besser macht, denn rein vom Gefühl her kann man sich kaum vorstellen, dass der menschliche Endzweck – was auch immer genau damit gemeint ist – eine reine Selbstverwirklichung sein soll, welche ebenso übertrieben erscheint wie etwa die reine Pflichterfüllung bei Kant). Natürlich bin ich für die Befriedigung der Bedürfnisse und die Förderung der Talente – alles andere wäre ja menschlich unlogisch, dazu

aber benötigt man eigentlich gar keine solche Überhöhung des Selbstbegriffs.

Engels beschrieb die ideologische Dynamik der Zeit folgendermassen: "Wie Darwin das Gesetz der Entwicklung der organischen Natur, so entdeckte Marx das Entwicklungsgesetz der menschlichen Geschichte [...]." Damit versuchte er den Gegensatz zwischen der zweckbestimmten Geisteswissenschaft und der Natur-Wissenschaft zu verschleiern, indem er behauptete, die kommunistische Lehre gleiche quasi einer Natur-Wissenschaft. Es war die Zeit extremer gesellschaftlicher Theorien. Interessant: innerhalb von nur sechs Jahren zwischen 1816 und 1822 wurden der Begründer der Rassentheorie bzw. der Theorie von der Ungleichheit der Rassen (Gobineau [1816]), der Begründer des Kommunismus (Marx [1818]), der Begründer des Sozialdarwinismus (Spencer [1820]) und der Begründer der Eugenik (Galton [1822]) geboren*. Man kann sich somit vorstellen, wie stark diese Zeit die folgende Diskussion um rechte und linke politische Extrempositionen geprägt hat (über die Weltkriege hinweg und bis in die heutige Zeit hinein). Vielleicht kann diese Epoche und deren Folgen der Philosophie lernen und raten, dass sie nicht allzu rasch auf eine spektakuläre Entwicklung in einer einzelnen Wissenschaft aufspringen sollte. Ob sie sich diese Lehre zu Herzen genommen hat? (Das bedeutet natürlich nicht, dass die Philosophie die Wissenschaft nicht beachten soll, aber es zeigt doch eine gewisse Gefahr auf, welche aus allzu leichtfertigen Adaptionen entstehen kann, aus der Wissenschaft oder überhaupt – und die Rückwirkung in diesem Fall war wiederum, dass die Philosophie in der Zwischenzeit, innerhalb und ausserhalb der wissenschaftlichen Sphäre, praktisch ihr gesamtes früheres Renommee verloren hat [und dieses heute quasi neu begründen muss].)

* Ferner: im selben Jahrzehnt geboren, 1809-1818 (zwischen Darwin und Marx): Darwin (1809 – Evolutionstheoriker), Gossen (1810 – Mikroökonom), Constant (alias Lévi Zahed, 1810 – Okkultist), Hess (1812 – Zionist), Kierkegaard (1813 – Existentialist), Bakunin (1814 – Anarchist), Gobineau (1816 – Rassist), Thoreau (1817 – Naturfreund), Baha'ullah (1817 – Vertreter der [muslimischen] Neuoffenbarung), Marx (1818 – Kommunist) – alles sehr bedeutende Namen für ihre Richtungen und Wendungen (mit einer grossen Ausstrahlung bis in die heutige Zeit). Interessant

ist auch die Geburtsnähe von Begründern bedeutender christlicher (Rand-) Bewegungen kurz zuvor: 1800 Laestadius [Laestadianismus], 1800 Darby [Dispensationalismus], 1800 Lorber [Christliche Neuoffenbarung] – auch sehr speziell. Wir haben heute das Gefühl, wir würden in einer wirren Zeit leben – rein geistesgeschichtlich betrachtet, gab es aber natürlich eigentlich viel wirrere Zeiten.

Exkurs – Religiöse Phänomene im 19. Jahrhundert (Neuoffenbarungen/Sektizismus).

Das 19. Jahrhundert war auch ein bedeutendes Jahrhundert von religiösen Neuoffenbarungen. Es gibt dazu im Wesentlichen drei Hauptphänomene: ein christliches, ein indisches und ein arabisches. Bedeutend bezüglich christlicher Neuoffenbarungen ist z.B. die Lorberbewegung. Jakob Lorber (1800-1864) war ein österreichischer Hauslehrer für Gesang, Musik und Zeichnen, welcher ab 1840 eine innere Stimme in der Region seines Herzens gehört haben soll, von welcher er Gottesoffenbarungen erhielt. Von der offiziellen Religion werden diese als Privatoffenbarungen bezeichnet. In seinen Texten transportierte er Gott und Jesus teils als (seine) Ich-Phänomene. Eine besonders bedeutende Figur in dieser Bewegung war Gottfried Mayerhofer (1807-1877), welcher ab 1870 als religiöses Medium tätig war. Dieser vertrat in seinen Texten (vorab in seinen Schöpfungs- und Lebensgeheimnissen) noch konsequenter eine Ich-Christus-Position. Der Grund für das Aufkommen eines bedeutenden religiösen Phänomens in Indien dürfte in dessen Besetzung durch Grossbritannien liegen sowie in einer religiösen Einkehr (später, besonders bei Gandhi gar einem religiös motivierten Widerstand) dazu. Die zentrale Figur jenes Phänomens scheint Ramakrishna (bzw. Ramakrishna Paramahamsa 1836-1866) zu sein, ein grosser hinduistischer Mystiker und Lehrer, welcher von seinen Anhängern als eine Inkarnation von Brahma betrachtet wurde. Er beschäftigte sich neben dem Hinduismus auch mit dem Christentum und dem Islam: 1861 wurde eine Asketin namens Bhairavi Brahmani seine spirituelle Lehrerin, 1866 wurde er von einem Sufilehrer in den Islam eingeführt, 1873 liess er sich von einem Schüler die Bibel vorlesen. Eine weitere bedeutende Figur im Hinduismus des 19. Jahrhunderts ist Swami Vivekananda (1863-1902), einer der bedeutendsten Schüler von Ramakrishna. Er wurde im Westen gross bekannt, als er beim (ersten) Weltparlament der Religionen 1893 in

Chicago als führende Figur auftrat (mit einer sehr berühmt gewordenen Rede mit der Fabel vom Frosch im Brunnen). Andere bedeutende Persönlichkeiten aus der Bewegung dieser Zeit in Indien sind u.a. etwa Tagore, Gandhi oder Aurobindo. Auch Jiddu Krishnamurti (1895-1986) ist zu nennen, welcher in der Theosophischen Gesellschaft als Maitreya-Figur postuliert wurde, dies aber selber ablehnte (und auch aus der Theosophie austrat [ebenso lehnte Patel, welcher vom theosophischen Esoteriker Creme zur Maitreyafigur erhoben wurde, dies im 20. Jahrhundert ab]). Die Theosophie wurde 1875 von Helena Petrovna Blavatsky (1831-1891) begründet (zu deren Hintergrund gehören etwa: Alchemie, Gnosis, Mystik, Kabbala, Geheimgesellschaften, Okkultismus und Spiritismus [Personen: Paracelsus, Fludd, Böhme, Andreae, Swedenborg, Saint-Martin, u.v.a., darunter auch geheimnisvolle mythische Persönlichkeiten wie Trismegistos oder Rosencreutz – insgesamt: sehr schwierige, komplexe und komplizierte Sachen und Zusammenhänge aus verschiedensten altertümlichen Lehren]). Sie steht für einen christlich-indischen Zusammenhang in diesen ganzen religiösen Phänomenen des 19. Jahrhunderts. Dies kann man auch sagen vom – wie es heisst – umstrittenen Indologen Louis Jacolliot (1837-1890), welcher in seinem Buch "La bible dans l'Inde" (1869) behauptete, dass Jesus nicht am Kreuz gestorben sei, sondern die Kreuzigung überlebt und danach in Indien gelebt habe (es gibt weitere Bücher zu diesem Thema, aber auch Gegner dieser Theorie, welche zu widerlegen versuchten, was die Anderen zu beweisen versuchten). Zu den Vertretern dieser Theorie gehört auch Mirza Ghulam Ahmad (1835-1908), welcher die muslimische Ahmadiyya-Bewegung begründete, und sich (1882) als Mahdi und Messias bezeichnete sowie als Vertreter aller anderen in den verschiedenen Religionen erwarteten Gottesgesandten. Die Bedeutung dieses Mahdis für die Zukunft innerhalb und ausserhalb des Islams ist aus heutiger Sicht schwierig zu beurteilen. Ebenfalls interessant im Islam jener Zeit ist das Auftreten von Baha'ullah (1817-1892), dem Begründer des Bahaismus (bzw. der Bahai-Religion). Er gehört ebenfalls zum Phänomen einer Mahdi-Erwartung, wie sie v.a. vom Schaichismus ausging, von welchem aus Mulla Husayn den späteren Bab, Sayyid Ali Muhammad (1819-1850), als Mahdi bezeichnete. Dieser interpretierte die schiitische Mahdi-Vorstellung um und sah darin nur noch eine spirituelle Erneuerung ohne weltlichen Machtanspruch. Ab 1844 beanspruchte der Bab, welcher danach gefangengenommen und hingerichtet wurde, diese Rolle für sich. Die Bewegung der Babisten spaltete sich, wobei die Mehrheit in Baha'ullah den vom Bab prophezeiten nächsten Gottesoffenbarer sahen. Auch dieser behauptete (1863), der Verheissene der grossen Religionen zu sein (und dies wurde vor- und nachher auch von verschiedenen anderen Personen behauptet). In den Reigen dieser Neuoffenbarungsphänomene des 19. Jahrhunderts gehört ferner auch das Mormonentum von Joseph Smith (1805-1844) in den USA. Dessen Buch Mormon erschien 1830 (Mormon soll ein Prophet sein, welcher im 4. Jahrhundert in Amerika gelebt haben soll, wofür aber jegliche Hinweise und Beweise fehlen [inhaltlich scheint das Werk v.a. auf die Kräfte des alten Testaments zu verweisen; bedeutend ist auch die Umdeutung der US-amerikanischen Geschichte]). Andere christliche Phänomene des 19. Jahrhunderts sind – wenn auch ohne eigentliche Neuoffenbarung – etwa der Dispensationalismus, der Laestadianismus oder die methodistische Heilsarmee, welche 1865 von William Booth (1829-1912) in London gegründet wurde. Im 20. Jahrhundert reagierte der Katholizismus auf all diese (und weitere) Ereignisse mit dem Zweiten Vatikanischen Konzil (1962-1965), in welchem es um eine ökumenische Erneuerung im Christentum ging. Im Judentum wiederum standen nicht – im Sinn von Neuoffenbarungen oder Messiaserwartungen – religiöse, sondern politische Fragen im Vordergrund: 1897 fand der erste Zionistenkongress statt (was später zum Staat Israel führte). Der wesentliche Impuls dieser Phänomene scheint in vielfältiger Hinsicht das Zusammentreffen der Kulturen gewesen zu sein; der dabei entstandene Sektizismus wirft sicher auch einige Fragen bezüglich der Zukunft der Religion auf.

(Anm. Ich habe in diesem Abschnitt besonders viele Zeitangaben gemacht, weil diese für das Verständnis der Zusammenhänge dieser Phänomene interessant sind.)

Wer diese vielfältigen Entwicklungen im Bereich der Neureligion sieht, von welcher hier nur ein Ausschnitt gegeben ist, kann leicht verstehen, dass die (eine) Reaktion der Philosophie in der Analytik und im Neukantianismus bestand, d.h. in einer fast etwas übermässigen Systematisierung der Philosophie. Die zeitgenössische und nachfolgende Philosophie liess sich jedenfalls in keiner Art und Weise (bzw. nur am äussersten Rand) auf ein solches neureligiöses Aufkommen ein (mit welchem selbst die klassische Religion grosse Mühe hatte, notabene). Sowohl die Analytik wie auch der Neukantianismus zielten v.a. auf das Urteil: die Analytik versuchte es mit allerhand (sprach-) analytischem Material zu belasten, während einer der bedeutenden Versuche des Neukantianismus die Loslösung des Urteils von der Realität war. Man kann diese philosophischen Reaktionen in einem gewissen Sinn vielleicht auch als eine Flucht vor den religiösen und natürlich auch politischen Herausforderungen dieser Zeit sehen. Typisch etwa schloss der Neukantianer Windelband sowohl die Metaphysik wie auch die Politik aus der Philosophie aus, indem er alleine Logik, Ethik und Ästhetik als Teilbereiche der Philosophie anerkannte (was letztlich eine ziemlich schmale und eingeschränkte – und vielleicht auch etwas luftige – Philosophie ergibt). Cohen, ebenfalls einer der führenden Köpfe des Neukantianismus, führte Windelbands Programm oder Vorgabe in seinem Spätwerk exakt aus (mit seinen Werken "Logik der reinen Erkenntnis" [1902], "Ethik des reinen Willens" [1904] und "Ästhetik des reinen Gefühls" [1912], wobei rein hier immer neukantianisch objektiviert bedeutet).

Individualismus, Kulturkritik und Sozialdemokratie. Eigentlich hatte ja eben schon Kant von der kritischen Zeit gesprochen und auch seine Werke danach benannt, trotzdem sehen wir Kant heute als Klassiker, während wir den Anfang der grossen Kulturkritik im 19./20. Jahrhundert verorten. Ein Ausgangspunkt dafür war sicher Schopenhauer, auch Bahnsen, dann insbesondere aber Stirner, Mainländer und Nietzsche – drei der (auf je ihre sehr eigenartige Art) vermutlich kompromisslosesten Philosophen aller Zeiten. Max Stirner (eigentlich: Johann Caspar Schmidt, 1806-1856) – man bedenke die Zeit und ihren Aufruhr! – formulierte eine Philosophie eines fast vollkommenen Egoismus ("Der Einzige und sein Eigentum", 1845). Philipp Mainländer (eigentlich: Philipp Batz, 1841-1876) nannte sein Denken vom Nichtsein, welches besser sei als das Sein, eine Philosophie der Erlösung, stürzte aber vollkommen ab dabei (und nahm sich schliesslich das Leben [was unter den Philosophen sehr selten ist – man muss darauf verweisen, dass solche Aussagen wie Mainländer sie machte, in einem fernöstlichen und/oder spiritualistischen Zusammenhang ganz anders zu verstehen sind, als in einem westlichen und/oder materialistischen Zusammenhang!, Mainländer war stark beeinflusst von Schopenhauer]). Manche sehen darin den radikalsten Pessimismus, der je formuliert wurde (ein anderer Kandidat dafür wäre Emil Cioran, ein pessimistischer Denker im früheren 20. Jahrhundert). Und...

Friedrich Nietzsche (1844-1900) ging ebenfalls an die Grenzen von Umnachtung und Verrücktheit – einzusehen z.B. in seinen berühmt-berüchtigten Wahnbriefen – und ist in seiner ganz eigentümlichen Radikalität bis heute nahezu unfassbar – der unfassbarste Philosoph vielleicht, den es je gegeben hat. Jedes seiner zahlreichen Bücher ist ein absolut erschütterndes Weltereignis. Er ist der schicksalshaft und fast grauenvoll in den vergangenen Zeiten versunkene Philosoph. Er hat diese alten Zeiten in seiner ganz eigenen – mitunter etwas wirren und doch immer intellektuellen – Kunstform aufleben, oder vielmehr: aufspielen lassen, und hat sie dann aber ebenso radikal verworfen, wie alles, was ihnen folgte. Seine Philosophie wird Nihilismus genannt, obwohl er doch einen Wert setzte, aber einen (natürlich!) nahezu unfassbaren: den Übermenschen, den Menschen über dem Menschen. Im Übrigen stammte – bei seiner ganzen Sprachkraft (wie man sie zuvor in der Philosophie in ganz anderem Kontext fast nur bei Jakob Böhme im 17. Jahrhundert findet, oder stark formalisiert natürlich auch bei Kant) – fast keine seiner grössten Ideen von ihm selber, auch jene vom Übermenschen nicht, denn der Grössenwahn lag in seiner Zeit quasi in der Luft und wurde u.a. vom russischen Schriftsteller Dostojewski schon bedeutend thematisiert (wenngleich dessen grosser Held, oder Antiheld, Raskolnikow in 'Schuld und Sühne' ins reine Christentum zurückfällt, während Nietzsche eben den nebulösen und traumtänzerischen Über- und Machtmenschen begründet). Beeinflusst war Nietzsche u.a. und v.a. von der russischen Literatur und Philosophie (Turgenew, Dostojewski, Leontjew, Spir, Pissarew [u.a.] – im Buch "Jenseits von Gut und Böse" spricht er sogar von einem 'russischen Nihilin'). Insgesamt sprudelte Nietzsche natürlich trotzdem über von Ideen und seine Werke sind wahre Wortkompositionen (er komponierte, was weniger bekannt ist – wie später etwa Adorno oder Jankélévitch – auch klassische Musikstücke [die Freundschaft mit dem Komponisten Wagner und der Bruch in derselben haben es vielleicht verhindert, dass sich Nietzsche in diesem Bereich weiterentwickelt hätte – seltsamerweise liess er sich musikalisch auch wenig bis gar nicht vom berühmten Komponisten beeinflussen]). Egoismus, Pessimismus und Nihilismus – das lag also auch in dieser Zeit, vielmehr noch aber ein eigentlicher Individualismus, zu welchem wir neben Stirner und Nietzsche v.a. auch **Sören Kierkegaard** (1813-1855) zählen können. Dessen Philosophie steht eigentlich – individualistisch – für sich alleine, doch im 20. Jahrhundert gab es einige Philosophen, welche sich so bedeutend auf ihn bezogen haben, dass er (posthum) auch zum Begründer der bedeutenden philosophischen Richtung des Existentialismus wurde. Demgegenüber – d.h. gegenüber all diesen individualistischen Tendenzen – entwickelte sich auch der Sozialismus weiter. Die Hauptfigur in dieser Weiterentwicklung war Eduard Bernstein (1850-1932). In seinem Werk "Die Voraussetzungen des Sozialismus und die Aufgaben der Sozialdemokratie" (1899) brachte er zum Ausdruck, dass die neue Stossrichtung im Sozialismus (des Westens – vor der russischen Revolution natürlich) fortan jene von einer revisionistischen Sozialdemokratie sein würde (die Sozialdemokratie setzte sich v.a. im deutschsprachigen und skandinavischen Raum durch, während in den übrigen Ländern meist noch immer [eigentlich Revolutionär-] Sozialistische Parteien und klassische Arbeiterparteien den Ton im linken Lager bestimmen [**der Revisionismus von Bernstein hatte aber eine europaweite Wirkung, indem darin nicht mehr eine sozialistische Revolution, sondern ein sozialer Reformismus in der Demokratie angestrebt wird**]). Sozialdemokratische Parteien hatten sich schon zuvor begründet: 1869 die Sozialdemokratische Arbeiterpartei in Deutschland, 1888 die Sozialdemokratische Partei der Schweiz, 1889 die Sozialdemokratische Arbeiterpartei in Österreich. Die Parteigründungen der Sozialdemokraten (und der Arbeiterbewegung überhaupt) waren auch ein bedeutender Auslöser für die Verbesserung und Verstärkung der Parteistrukturen der übrigen politischen Parteien, wie wir sie heute kennen.

Man kann diese Zeit – wenn man bedenkt, wie dominant der anglophile Raum im 20. Jahrhundert wurde – nicht betrachten, ohne im Besonderen auch die britische Philosophie und speziell die britische Moralphilosophie etwas genauer zu betrachten. Es gibt in der englischsprachigen Philosophie eine klare Hauptlinie: Nominalismus -> Empirismus -> Liberalismus -> Utilitarismus -> Pragmatismus (USA). Die Moralphilosophie spielte dabei eher nur eine Nebenrolle, weil ein gewisses moralisches Urteil natürlich bereits durch diese Hauptlinie besetzt war: die Moralphilosophie wurde aber im Verlauf der Zeit bedeutender und diversifizierter.

Sidgwick und die britische Moralphilosophie. Im angelsächsischen Raum gilt **Henry Sidgwick** (1838-1900), welcher fast ein exakter Zeitgenosse des deutschen Nihilisten Friedrich Nietzsche war, bei manchen als einer der bedeutendsten Moralphilosophen überhaupt, auf dem europäischen Festland ist er hingegen kaum bekannt (gerade im Bereich der Moralphilosophie driften die kontinentale und die angelsächsische Philosophie stark auseinander). Während Nietzsche die deutsche Philosophie sehr weit von ihrer Klassik wegführte, versuchte Sidgwick die englische Philosophie des Utilitarismus (klassisch bei Bentham und Mill [aufgenommen von Verschiedenen]) mit der schottischen des Common Sense (Reid, Beattie, Stewart, Brown, Hamilton) zu verbinden. Der Utilitarismus hatte sich in Grossbritannien in Verbindung mit dem früheren Liberalismus als moralische Hauptphilosophie etabliert (der Empirismus regelte das Verhältnis zur Wissenschaft, der Liberalismus jenes zur Wirtschaft, der Utilitarismus jenes zur Politik [alles aus der Sicht der kontinentalen Philosophie ein bisschen rudimentär (dafür aber auch klarer und leichter verständlich im Sinne des Praktischen, welchem die angelsächsische Philosophie sehr stark anhängt)]). Grundsätzlich sollte die Wirtschaft liberalistisch ausgerichtet sein, dabei aber den Wohlstand der Vielen bewerkstelligen (das war das Hauptargument der Utilitaristen, mit welchem sie sowohl den Anarchismus von Godwin wie den [Früh-] Sozialismus von Owen abgewiesen haben – Bentham formulierte den Utilitarismus sogar noch vor diesen, Mill bestätigte und verstärkte ihn nachfolgend [und ebenso erneuerte er das Band zum Liberalismus mit seiner Schrift "On Liberty", 1859 – als in

Deutschland 1848 die Revolution wütete und Marx/Engels ihr Kommunistisches Manifest veröffentlichten, gab Mill die "Principles of Political Economy" heraus (die Briten hatten ihre eigene Revolution ja etwas mehr als 100 Jahre vor der französischen, und sie wollten keine zweite – natürlich formierte sich der Sozialismus auch in Grossbritannien, aber irgendwie konnten die grössten Wirren dabei umschifft werden]). Ein kurzer Rückblick. Die Moralphilosophie begann in Grossbritannien – abgesehen von einzelnen früheren Moralphilosophen wie Canterbury oder Buchanan – mit Locke (Liberalismus) und erreichte dann v.a. in der Aufklärung eine grössere Bedeutung: 1. Earl of Shaftesbury (Allgemeine Harmonie und Wohlfahrt gegen den Egoismus bei Hobbes), 2. Samuel Clarke (Christliche Philosophie der Freiheit gegen den Atheismus von Hobbes und den Pantheismus von Spinoza), 3. Francis Hutcheson (Moral Sense – Wohltätigkeit und Mitgefühl gegen den Egoismus bei Hobbes), 4. Thomas Reid (Common Sense – der gesunde Menschenverstand muss die Grundlage aller philosophischen Erwägung sein [sprich: Common Sense Realismus*]), 5. Adam Ferguson (Sozialethiker der Aufklärung, Mitbegründer der Soziologie: Streben nach moralischer Vollkommenheit**). Am Ende der englischen Aufklärung kamen Smith, welcher ebenfalls als bedeutender Moralphilosoph gilt, mit seinem Wirtschaftsliberalismus und Bentham/Mill mit ihrem Utilitarismus, und in diese Situation hinein dann auch Sidgwick – in eine mittlerweilen bereits grosse und gefestigte Tradition der britischen Moralphilosophie. Sidgwick wurde so etwas wie der Verbindungspunkt in derselben, auch zwischen Mill und Moore, einem Studenten von Sidgwick (und mit Russell der Begründer der angelsächsischen Ausprägung der Analytischen Philosophie. Moore fuhr aber auf beiden Schienen, der ethischen wie der analytischen, und gilt als bedeutendster britischer Moralphilosoph nach Sidgwick [mit Schriften wie "The Refutation of Idealism" oder "A Defence of Common Sense"]). Bei Sidgwick laufen also quasi alle Fäden der neueren britischen Moralphilosophie zusammen, und das ist wohl auch der Grund für die hohe Einschätzung, die er in Grossbritannien bei manchen Kennern der Moralphilosophie geniesst.

* Man könnte sagen, dass dies näher bei Aristoteles ist, während die deutsche Moralphilosophie näher bei Platon ist/war. Interessant sind

vielleicht die grössten Probleme dieser ethischen Positionen: bei Platon ist es die Prinzipienübertreibung, bei Aristoteles ist es die Problemverharmlosung. Die Erklärung dazu habe ich bezüglich Platon schon gegeben. Der Idealismus beinhaltet das Ideal des Höchsten, bei Platon die Idee des Guten an sich. Natürlich neigt dieses Grundprinzip zu einem Absolutismus, also zu einer Prinzipienübertreibung. In der Realität wird dann meist auch nicht bloss die allgemeine Idee des Guten erwogen, sondern diese wird mit irgendeinem konkreten Inhalt besetzt, welcher dann auch fraglich bis gefährlich übertrieben werden kann. Das Problem bei Aristoteles ist ein ganz Anderes: er zielt mit seiner Tugend auf die Mitte. Das ist der gutbürgerliche Ausgleich von allem – ebenfalls ein gutes und logisch erscheinendes Ideal. Man betrachtet immer zwei Extreme und die vernünftige Mitte. Das Problem hierzu: das tut man auch bei grossen Problemen bzw. Problemlagen, und dabei kann das Herunterspielen und die Unterschätzung von Problemen fraglich bis gefährlich werden. Beide ethischen Grundansichten – jene von Platon wie jene von Aristoteles – haben ihre Vor- und Nachteile (und man kann mit ihnen umgehen, wenn man diese auch kennt).

** Ferguson dürfte – eher untypisch für die anglophile Philosophie – darin sogar Kant beeinflusst haben, welcher sich bedeutend für die britische Philosophie interessierte: "It has been observed, that one of the strongest propensities in human nature is ambition, that which tends to perfection, or the bettering ourselves." (Aus: "Institutes of Moral Philosophy", 1769). Er verwendete den Vollkommenheitsbegriff auch in weiteren Passagen bedeutend. Kants erkenntnistheoretische Wende, womit er erst auf den Weg seiner grossen Ethik kam, soll sich in einer kleineren Schrift 1770 vollzogen haben.

Betrachten wir die britische Philosophie insgesamt, so fällt auf, dass sie (natürlich) ganz wesentlich beteiligt war an der Begründung der Neuzeit und ihrer Moderne – da gibt es auch die italienische Renaissance, die frühen Astronomen (Kopernikus, Kepler, Galilei), Descartes und Rousseau, Kant und Hegel bis Einstein, aber trotzdem: da gibt es eben v.a. auch die britische Philosophie und Wissenschaft. Von Canterbury (dem Mann [aus Norditalien], der die Vernunftforderung in die Religion gebracht hat) über Bacon (den Mann, der das Paradigma für die Neuzeit begründete), Hobbes (den Mann, der den Gesellschaftsvertrag einführte [und damit einen sozialen wie politischen Ausgangspunkt markierte]), Boyle (den Mann, der die wissenschaftliche Chemie aus der mythisch verhangenen Alchemie herauslöste), Newton (den Mann, der die mechanische Physik begründete [also: den Grundstock der neuzeitlichen und modernen Physik überhaupt]), Locke (den Mann, der die neuzeitliche und moderne Erkenntnistheorie begründete) und Smith (den Mann, der die moderne liberale Wirtschaftstheorie begründete), schliesslich auch noch Darwin und Crick (die Männer, welche die dritte grosse naturwissenschaftliche Richtung – nach der Physik und der Chemie – revolutionierten, die Biologie). Es gibt eine Erklärung dafür, welche mir gekommen ist, als ich merkte, dass es Sprachen und Kulturen gibt, die nur einen, demgegenüber aber auch solche, die zwei oder mehrere Begriffe für den Himmel haben – im Wesentlichen einen verschiedenen Begriff für den religiösen und den weltlichen Himmel. Die englische Sprache hat als einzige mitteleuropäische Sprache zwei verschiedene Begriffe diesbezüglich (heaven/sky). Warum ist das relevant? Weil eben diese Begriffe in der Neuzeit auseinandergingen, und weil ein solches Auseinandergehen einfacher vonstatten geht, wenn es zwei Begriffe und Vorstellungen davon gibt. Die Briten haben die neuzeitliche und moderne Wissenschaft nicht alleine begründet, aber sie haben sich unter den (Mittel-) Europäern von Anfang an am Besten darin zurechtgefunden.

Mill und die Freiheit in der Vernünftigkeit. Eines der schönsten Stücke der englischen Moralphilosophie lieferte **John Stuart Mill** (1806-1873), als er, den Liberalismus von Locke mit dem Utilitarismus von Bentham verbindend, zu einer Lösung für die politisch zerrissene moderne Gesellschaft kam, bevor der Konflikt zwischen den Liberalisten und den Sozialisten überhaupt auf der Hauptebene der europäischen Politik erschien, indem er das aristotelische Mittelmass konsequent auf der soziologischen und politischen Ebene interpretierte (in seinem Werk "On Liberty", dt. Über die Freiheit, 1859). "Wenn nicht Ideen gleich günstig für Demokratie wie Aristokratie, persönliches wie gemeinsames Eigentum, Genossenschaften wie Wettbewerb, Luxus wie Abstinenz, Sozialismus wie Individualismus, Freiheit wie Disziplin, und für alle andern bestehenden Gegenwirkungen des täglichen Lebens mit gleicher Freimütigkeit zu Wort kommen und mit gleichem Talent und gleicher Energie angegriffen und verteidigt werden, dann ist keine Möglichkeit vorhanden, dass beiden Elementen ihr Recht wird. Die eine Schale muss dann steigen, die andere sinken. Die Wahrheit ist in den grossen praktischen Angelegenheiten des Lebens so sehr eine Frage der Versöhnung und Vereinigung von Gegensätzen, dass nur wenige ein genügend fähiges und unparteiisches Urteil besitzen, um die Schlichtung der Gegensätze korrekt genug auszuführen [...]." Schöner, schlichter und treffender kann man die Grundvoraussetzungen einer freiheitlichen Gesellschaft – d.h. auch eine korrekte Interpretation von Freiheit, Gleichheit und Brüderlichkeit – fast nicht formulieren (einer Gesellschaft also, in welcher der Sozialismus nicht an einem übertriebenen Staat scheitert, und der Liberalismus nicht an einer übertriebenen Freiheit). Dies erscheint zumindest als das rechte Mittel für eine gerechte Gesellschaft in Friedenszeiten, während in Kriegszeiten, die man im Allgemeinen auch deswegen doch so sehr zu verhindern versucht, moralisch alles immer ein bisschen komplizierter erscheint. (Die Sätze von Mill deuten vielleicht auch darauf hin, dass ein gerechter Liberalismus, ein gerechter Sozialismus und ein gerechtes Christentum letztlich vielleicht auf das Gleiche hinauslaufen bzw. dass sie sich irgendwie, von verschiedenen Grundansichten ausgehend, bei einem guten und gelungenen Ausgleich in der Mitte treffen, wie alle gerechten Ideologien überhaupt, nicht in der äusseren Form vielleicht, aber im inneren Sinn und Geist. Eine sinnvolle, aktive Politik wäre dann ein Wirken gegen die Ungerechtigkeit – alles nach der Meinung von Mill gefolgert, welche in diesem Punkt auch meiner Meinung entspricht; es wird in einer sinnvollen Politik immer auch gewisse Richtungskämpfe geben, und es wird immer die eine Seite ein bisschen stärker sein als die andere, aber keine Seite sollte sich zur absoluten Macht, welche nicht der Conditio Humana entspricht, hin bewegen, und natürlich müssen die Standpunkte auch gehalten werden, um sie langfristig zu verteidigen [gegen das Ungleichgewicht und die Ungerechtigkeit, aber nicht zur Übertreibung von eigenen Machtpositionen].)

Als bedeutendste britische Philosophen des 20. Jahrhunderts gelten vermutlich etwa **Bertrand Russell** (1872-1970) und **Peter Strawson** (1919-2006). Beide werden sowohl der analytischen wie auch der ethischen Philosophie zugeordnet (obwohl Russell die Ethik eigentlich nicht als philosophisches Gebiet sah, da sie nicht auf einem sicheren Wissen beruhe). Während Russell eine reine – und manchen übertrieben erscheinende – Empirik und Analytik vertrat, führte Strawson zurück zu metaphysischen und common-sense-moralischen Standpunkten. Russell und Strawson kritisierten einander gegenseitig. Ebenfalls zu nennen ist **George Edward Moore** (1873-1958). Er wandte sich zusammen mit seinem Freund Russell gegen den Idealismus in der britischen Philosophie (womit man aber auch eine gewisse Verwässerung der Moral, wie sie etwa noch bei Locke und auch oder sogar Smith so bedeutend war, verbinden kann). Mit seiner "Principia Ethica" gehört Moore zu den Begründern der (sogenannten) Metaethik, in welcher nicht mehr Handlungen bewertet, sondern moralische Urteile semantischen Analysen unterzogen werden. Seine Philosophie wurde etwa als ethischer Intuitionismus bezeichnet, womit vielleicht angedeutet ist, dass manche darin eher eine Schwächung denn eine Stärkung der Ethik sahen. Die Schwächung der Position der Ethik – welcher sich in der Philosophie eigentlich seit dem (übermächtig erscheinenden) Kategorischen Imperativ von Kant bzw. nach diesem ergeben hat (von Hegel über Schopenhauer und Nietzsche bis zu Heidegger und der zeitgemässen anglophilen Philosophie) scheint in der spätmodernen Philosophie ein laufender Prozess und ein offenes Problem zu sein.

Es scheint fast ein bisschen so zu sein, dass von einer Metaethik heute nur derjenige sprechen kann, welcher keine reine Ethik mehr begründen will (dabei besteht doch die Ethik in der Philosophie eigentlich aus einer reinen Vorlage für das moralische Leben: **die Ethik ist kein juristisches Gesetz, sondern eine blosse Anempfehlung [eigentlich gänzlich ohne praktische Mittel** – ein philosophisch begründetes Sollen quasi, ohne irgendein praktisch eingesetztes Müssen, daher kann und soll auch die Ethik in einer verallgemeinerten Form über das juristische Gesetz und die praktische Lebensmoral hinausgehen; das Verständnis für diese Grundposition der Ethik ist sehr wichtig und bedeutend, wenn es um psychologische Aspekte von Ethik, Jurisprudenz und Lebensmoral geht]).

Belle Epoque (auch: Fin de Siècle, etwa 1884-1914). In der Zeit der Belle Epoque – mit ihrem Höhepunkt in der reformerischen Künstlerkolonie um die Brüder Gräser auf dem Monte Verità (bei Ascona, ab 1900) – bildete sich (wenn auch erst in einer wohlhabenden und/oder künstlerischen Oberschicht) ein neues Freiheitsgefühl heraus, welches jäh durch den Ersten Weltkrieg unterbrochen wurde (ihren Fortgang fand diese Bewegung in den USA, kulminierend – im Zuge der Proteste gegen den Vietnamkrieg – in der sogenannten 1968-er Bewegung, welche eine Jugend- und Massenbewegung war [Stichworte: Hippies, Flowerpower, Summer of Love, Woodstock; die Vorläufer der Belle Epoque können wiederum in der Romantik (18./19. Jh.) sowie in der Bewegung der Naturheilkunde (im 19. Jh.), aber teilweise auch im Okkultismus (18./19 Jh.) gesehen werden]). Diese Zeit brachte eine Vielzahl von eigenartigen und -willigen, speziellen Gestalten hervor, auch in der Philosophie, von denen die Meisten jedoch mehr oder weniger vergessen gingen – wie etwa: Karl Wilhelm Diefenbach, **Rudolf Steiner** (1861-1925), Jacques Élie Henri Ambroise Ner (alias Han Ryner), Rabindranath Tagore (nebst anderen indischen Persönlichkeiten), Georges I. Gurdjieff, Stefan George, Joseph Anton Schneiderfranken (alias Bô Yin Râ), Gusto Gräser, Nicholas Roerich oder Hugo Ball (u.a. – auch der Dadaismus, begründet 1916, gehört noch dazu: ein schriller Aufschrei von Emigranten gegen den Weltkrieg [und in Paris folgten in den 1920-er Jahren, zwischen den beiden Weltkriegen, die sogenannten 'Années folles' (die Fortsetzung der Belle Epoque quasi bis zur grossen Wirtschaftskrise 1929, während in Italien der Faschismus und in Russland der Kommunismus aufzog), auch der Surrealismus und andere Kunstrichtungen in der modernen Malerei gehören zu dieser Zeit]). Neben den hohen künstlerischen Idealen brachte diese Bewegung auch neue und hohe Erziehungsideale hervor, bei Maria Montessori und anderen – Rudolf Maria Holzapfel verband das Kunst- und Erziehungsideal zum Panideal. In der Philosophiegeschichte wird diese Zeit meist ein bisschen vernachlässigt (vermutlich: weil die 'echten Philosophen' – nie waren sie absenter – es verpasst haben, an diesem bedeutenden Kunst- und Kultur-Event teilzunehmen*); dagegen gab es aber umwälzende Erkenntnisse und Veränderungen in der Naturwissenschaft, insbesondere in der Physik: mit der Entdeckung der Röntgenstrahlen und der Radioaktivität, v.a. dann aber mit der **Quanten- und der Relativitäts-theorie (1900/1905). Die gesamte (bis dahin mechanistisch betrachtete) Physik, so schien es, wurde nun auf den Kopf gestellt.** Die Veränderung schien in ihrer ganzen (heute – über 100 Jahre später – noch immer unabsehbaren) Konsequenz fast jener zu gleichen, mit welcher die neuzeitliche Wissenschaft einst begründet wurde. Ferner begründete etwa Freud in diesen Jahren die Psychoanalyse – die Seele wurde endgültig zum grossen Thema des spätmodernen Menschen. **Sigmund Freud** (1856-1939) und **Albert Einstein** (1879-1955) – vom bedeutenden Time-Magazin am Ende des 20. Jahrhunderts zur grössten Persönlichkeit desselben gewählt – wurden zu den grossen Figuren eines Jahrhunderts, welches von seiner Intensität her noch einmal alles bisher Dagewesene übertraf – im Positiven wie im Negativen. Was blieb in diesem Jahrhundert für die Philosophie übrig? Es schien fast ein bisschen, als ob nun eben immer bedeutender nur noch die Wissenschaftler die Themen setzen würden – und nicht mehr die Philosophen. Ein anderes Kulturphänomen trat neben der Wissenschaft immer grösser in Erscheinung und begann die Philosophie ebenfalls immer bedeutender zu beeinflussen: jenes der Kunst. Insbesondere Schopenhauer und Nietzsche gingen bereits – ziemlich überhöht – auf die Kreativität und (wie sie meinten) das Genie des Künstlers ein. Der künstlerische Geniebegriff ist der Traum von einem überbegabten Menschen, wie er eigentlich in der Renaissance entstanden ist, speziell mit dem als Universalgenie gepriesenen Leonardo (da Vinci). Anlass zu einer solch erhobenen bis abgehobenen Betrachtung gaben ferner v.a. die Klassische Musik (Mozart, Beethoven, Wagner) und die Moderne Malerei (Van Gogh, Munch, Picasso). Die Künstler wurden zu einer Art spätmoderne Weltdeuter emporgehoben (eine Rolle, welche einst die Seher und Propheten, später die Apostel, die Theologen und die Philosophen innehatten. Von den Literaten, Maler und Musiker wollte man nun wissen, wie sie die Welt sehen. Das 18./19. Jahrhundert war von den Literaten geprägt (Lessing, Goethe, Schiller, Dickens, Dostojewski), inkl. den Philosophen (Voltaire, Rousseau, Kant, Hegel, Kierkegaard), das 19./20. von den Malern (Cézanne, Renoir, van Gogh, Munch, Picasso) und das 20. von den Musikern (Armstrong, Miller, Presley – wer dessen überhohe Stellung in der modernen Musik nicht versteht, sollte sich von ihm interpretierte weisse Gospelsongs anhören wie "Bridge Over Troubled Water" oder "You'll Never Walk Alone" – ferner: Lennon, Jackson). Im 20. Jahrhundert hat die Musik die Malerei und die Literatur als bedeutendste Künste abgelöst (und natürlich sind die Musiker heute auch sehr viel populärer als die Philosophen. Die Künstler wurden mit ihrer Seelenprophetie wörtlich zu den seelischen Interpreten der Zeit (besonders deutlich wurde dies eben auch während der 1968-er Bewegung gegen den Vietnam-Krieg).

* Dabei stammte die Idee zum Monte-Verità-Projekt eigentlich sogar direkt aus der Philosophie (zumindest kann man das so herleiten): vom deutsch-russischen Philosophen **Afrikan Spir** (1837-1890), dessen Vater Naturarzt war (in seinem Buch "Vorschlag an die Freunde einer vernünftigen Lebensführung" [1869] – er beeinflusste auch Nietzsche, welcher sich eine Zeit lang in Italien in ein abgelegenes Bergdorf zurückzog). Es gibt also quasi eine direkte Verbindung von Spir, Nietzsche und Gräser (Monte Verità) zur Hippiebewegung der 1968-er Generation. Sicher ein interessantes Detail für die Betrachtung unserer heutigen Zeit und Kultur. Allerdings war das 19. Jahrhundert allgemein begleitet von einer bedeutenden Naturbewegung bzw. Wiederentdeckung der Natur; dafür stehen auch etwa die US-amerikanischen Transzendentalisten, v.a. **Henry David Thoreau** (1817-1862 – mit seinem Buch "Walden" [1854] – ein Bericht über sein zeitweiliges Leben als Aussteiger, in einer Waldhütte am See).

Dass die Utopien in der Menschheit einmal ein Ende haben werden, ist kaum vorstellbar (auch wenn heute die Dystopien überwiegen* – die Utopien des heutigen Menschen bewegen sich irgendwo zwischen diesem alten Naturalismus und einem neuen Transhumanismus, also zwischen Natur- und Technikutopie). Könnte man nicht auf die oft gestellte Frage, was den Menschen vom Tier unterscheidet, nicht auch antworten: Es ist (immer und immer wieder) die Utopie (oder: der Ausbruch aus der reinen Geworfenheit und die Hoffnung auf etwas Besseres). **Die menschlichen Utopien, ihre kleinen Errungenschaften und ihre grossen Verfehlungen, machen einen bedeutenden Teil der Freuden und Leiden der menschlichen Existenz aus.**

* Nachdem die Utopien in den 1960-ern so überhochgeschwappt waren, nicht nur in der Kunst übrigens, sondern auch in der Politik. Vielleicht haben wir die moderne Form eines utopischen Idealismus anlässlich der zweiten Rede zur Lage der Nation vom US-Präsidenten Lyndon B. Johnson gehört (am 4. Januar 1965): "We seek the unity of man with the world that he has built, with the knowledge that can save or destroy him, with the cities which can stimulate or stifle him, with the wealth and the machines which can enrich or menace his spirit. We seek to establish a harmony between man and society which will allow each of us to enlarge the meaning of his life and all of us to elevate the quality of our civilization. This is the search that we begin tonight." Fast ein bisschen verrückt, dass sich der 1968-er Protest ausgerechnet gegen einen Krieg richtete, welchen dieser Mann zwar nicht verursacht, aber mitzuverantworten hatte. Natürlich ist jedoch der Idealismus letztlich nur oder erst in dieser politischen Dimension zu verstehen: der Idealismus zielt auf Weltfrieden sowie Freiheit und Wohlstand der Menschen, ja: aller Menschen. Irgendwie scheint ein solch (ab-) gehobener Idealismus – durch viele Enttäuschungen des modernen Menschen über die Weltpolitik – aber gar nicht mehr in unsere Zeit des 21. Jahrhunderts zu passen: er wirkt heute fast ein bisschen wie eine Botschaft aus bereits längst vergangener und vergessener Zeit (aufgezeichnet auch noch im alten bzw. ersten schwarzweissen Fernsehmodus) – und doch sind wir noch immer davon beeindruckt. Das 20. Jahrhundert war – mit seiner Goldenen Zeit (etwa 1960-er bis 1990-er, leider nur in der sogenannt westlichen Welt) – das Jahrhundert der grossen Reden und Worte, geblieben ist uns heute davon jedoch eine Weltpolitik, von welcher wir derzeit neuerlich nicht wissen, wohin sie uns führen wird. Umrahmt wurde diese Rede von Johnson von zwei grossen Reden des berühmten äthiopischen Kaisers Haile Selassie, anlässlich seines zweiten (1963) und dritten Staatsbesuchs in den USA (1967 – Selassie vor Johnson im Weissen Haus: "Each generation thinks that the situation it faces is the most serious one, the most difficult one than that which was faced by generations of the past. However, this may be true today. I believe, when we say the task of this generation is burdensome, we mean it. Because of the progress mankind has achieved and because of the difficulties that are at times part and parcel of progress and prosperity, we find ourselves at a crossroad where we might make the world safe for our future generations or we might all perish together." Utopie und Dystopie, die grössten Hoffnungen und die schlimmsten Befürchtungen, gaben sich hier in der Goldenen Zeit gegenseitig die Hand.)

Exkurs – Kunst, Medien, Werbung, Multimedia, Internet, oder: die bedeutendsten Nebensachen der Welt. Im Volksmund wird manchmal der Fussballsport als die wichtigste Nebensache der Welt bezeichnet – und ich wäre gar nicht einmal abgeneigt, dem zuzustimmen (denn etwas Zerstreuung muss auch im Geistigen sein, und die körperliche Betätigung ist nicht zu verachten, ganz ungeachtet dessen, dass es heute auch bereits eine spezifische Sport- und sogar eine spezifische Fussballphilosophie gibt*). Aber vielleicht gibt es noch bedeutendere Nebensächlichkeiten, z.B. Kunst, (Massen-) Medien, Werbung, Multimedia, Internet (bzw. World Wide Web). Und es dürfte kaum abzustreiten sein, dass diese Dinge die moderne und spätmoderne Welt ganz wesentlich beeinflusst und verändert haben und daher natürlich auch bedeutende Berührungspunkte mit der (spät-) modernen Philosophie aufweisen. **Sie haben die Art und Weise verändert, oder sind immer noch daran, dies zu tun: wie wir die Welt wahrnehmen, erkennen, begreifen, verstehen, erinnern.** Wie aber sollen wir eine Welt begreifen, die nicht mehr greifbar ist? Weil sie virtuell ist. Die nicht mehr auf Verstand beruht? Weil sie abstrakt ist. Die sich unserer Erkenntnis entzieht? Weil sie surreal ist. Das sind Fragen, die sich heute vermehrt stellen, nicht nur in der Philosophie, sondern sogar auch in der Wissenschaft (spätestens seit dem Aufkommen der Quanten- und der Relativitätstheorie). Lange bevor die Wissenschaft der Physik auf die Strahlungsphänomene gestossen ist (insbesondere die Röntgenstrahlung und die Radioaktivität) hat uns die Kunst der Malerei in eine abstrakte Welt eingeführt, z.B. beim Surrealismus von Bosch (im 15./16. Jh.) oder Arcimboldo (im 16. Jh.). Kann man physikalische Theorien und künstlerische Richtungen vergleichen? Vielleicht schon – die Dinge wurden auch in der Physik plötzlich anders, als sie eigentlich erschienen sind. Die Erde stand am Beginn der Neuzeit plötzlich nicht mehr im Mittelpunkt der Welt, sie war auch keine flache Scheibe mehr, und mehr noch: sie bewegte sich zudem noch. Nun aber gab es in der Malerei plötzlich auch Gesichter, die aus Früchten und Gemüsen zusammengesetzt waren. Was sollte man mit solchem anfangen? **Das macht eigentlich keinen klar erkennbaren Sinn, und trotzdem ist es eine künstlerische und künstliche Realität, Aussage und Herausforderung.** Die alte Kunst hatte ihren genauen Ort: in der Ästhetik (v.a. der ästhetisierenden Darstellung des Menschen) der Antike, in der Religion des Mittelalters (auch in der Musik natürlich – spätestens seit der Gotik wurden ja die Kirchen als Klanghallen eingerichtet, und der Kirchenbesuch war gleichzeitig ein Konzerterlebnis). Die neue Kunst in der Neuzeit und deren Moderne aber hob die alten Orte auf: die Religion war nicht mehr das Sujet, die Ästhetik nicht mehr das Motiv für die Kunst. Erst im 17. Jahrhundert sollten sich jedoch die neuen Tendenzen durchsetzen. Es war die Zeit der grossen niederländischen Meister: Rubens, Goyen, Rembrandt, Vermeer. Ausdrucksvolle Stimmungen hielten plötzlich Einzug in die Malerei – bedeutend dazu auch etwa Carrucci und Caravaggio (Barock, im 16./17. Jh.) sowie Wright, Füssli und Blake ([Vor-] Symbolismus, im 18. Jh.), Turner und Constable (Romantik, im 19. Jh.). Mit ihnen zog zuerst einmal eine unheimliche Düsterkeit auf. Die Menschen ihrerseits wurden nicht mehr stilisiert dargestellt, sondern natürlicher, manchmal auch schon hypernatürlich. Der Fokus ist eines der bedeutendsten Merkmale der neuen Malerei. Einzelne Dinge wurden in den Fokus genommen, aber manchmal ging es gar nicht um die Dinge selber, sondern um die reine Kunst, ohne eigentliche Aussage, wie etwa in der Malerei des Stilllebens – herausragend dazu: Claesz (im 17. Jh.). Bei Goya kündigte sich schon der Sturm der Moderne an, welche noch zurückgehalten wurde durch Romantik und Biedermeier, dann aber voll durchschlug, vorerst mit dem Impressionismus (Pissarro, Manet, Degas, Cézanne, Monet, Renoir) und dem Expresssionismus (van Gogh, Munch) sowie dem Symbolismus – auch von der Literatur aufgenommen (Moréas) – und dem Fauvismus (alles Strömungen der modernen Malerei, welche gegen den Naturalismus gerichtet waren). Noch im 19. Jahrhundert wurden viele Vertreter einer vollkommen neuen Malerei geboren: Rousseau, Gaugin, Klimt, Kandinsky, und weiter ging es in zunehmender Abstraktion mit Malewitsch, Klee, Picasso, Braque, Ernst, Dali usw. usf., etc. etc. Die eigentliche Wirklichkeit des Bildes wurde immer weiter abstrahiert – bald kamen zuweilen nur noch Formen vor, v.a. Quadrate, Linien, Striche. Die Malerei wurde auch graphischer: ganz einfach deswegen, weil sie von der werbe- und absatzorientierten Grafik, wie sie v.a. die Medien mit sich brachten, beeinflusst wurde (vielleicht war dies sogar die bedeutendste Beeinflussung der Malerei seit jener, welche im Mittelalter von der Religion ausgegangen war). Es schien so, als ob die Maler alle möglichen Arten und Weisen, wie man die Welt sehen konnte, in ein Bild bringen wollten, wobei man auch durchaus, wie dies auch die Physik tat, immer neue Erschütterungen der gängigen Weltbilder provozierte. Meist taucht die

Philosophie, zumindest im Rahmen von Darstellungen der Philosophiegeschichte, nicht so tief in die Kunst und Kunstgeschichte ein, doch wie wollten wir – auch wenn ich das hier nur kurz und schemenhaft tun kann – die spätmoderne Zeit verstehen, wenn wir das nicht tun? Von einer entarteten Politik wurde die abstrakte Kunst als 'entartete Kunst' bezeichnet. Im Fotorealismus des 20. Jahrhunderts konnten die Maler nur noch zeigen, dass sie das auch können, was der Fotoapparat kann, aber der Computer stellte mit zunehmenden Möglichkeiten in der Bildbearbeitung selbst die Kombination von Fotorealismus und Surrealismus in den Schatten. Das war eigentlich so etwas wie das Ende der Malerei (also der schönsten Kunst vielleicht überhaupt). **Ist es tatsächlich möglich, dass die Technik in dieser Art und Weise alles ersetzen wird, was der Mensch hervorbringen kann? Wir sagen: nein, aber wir sind uns nicht mehr sicher heute.** Ein verstörender Science-Fiction-Fantasy-Gedanke** (aber natürlich: es bleibt auch der Gedanke, welchen Jesus Christus eigentlich schon ausgesprochen hat, vor rund 2000 Jahren: in jedem Lebewesen, und erst recht in jedem Menschen, bleibt, was auch immer geschehen mag in den Ewigkeiten aller Ewigkeiten, so etwas wie eine Seele übrig – und das ist der grösste Gedanke des Messias überhaupt [welcher noch überhaupt gar nicht an Cyborgs denken konnte und trotzdem schon wusste, worum es eigentlich geht in der menschlichen Existenz]). Und was werden Multimedia und Internet uns noch alles bescheren in der Brave New World oder in der New World Order (oder: wie auch immer)? Die Schreckensvision hat **H.G. Wells** (1866-1946) geschildert (1895, in seiner berühmten Zeitmaschine-Novelle – in der Belle Epoque), mit den Eloi und den Morlocks (und dem Verlust des Zusammenhangs von einer Menschheit überhaupt [aufgrund zweier sich im totalen Streit verschieden entwickelnden Menschheitsteilen – das ist die absolute Dystopie der Menschheit]).

* **Exkurs: Philosophie und Fussball/Sport.** Passen der Fussball und die Philosophie auch nur irgendwie zusammen? Langezeit hätte man das sicher verneint – spätestens seit der Hochscholastik galt die Intellektualität mehr oder weniger als körperlich bewegungslos – aber im mittleren und späteren 20. Jahrhundert traten erste solche Verbindungen auf, bedeutend etwa bei Camus (in seiner Jugend Fussballtorwart), bei Apel (sah die sportliche Fairness als Vorbild für eine allgemeine Moraltheorie

[geäussert in der TV-Sendung "Der Letztbegründer", 1992] – und schon der US-Ethiker Rawls hatte ja sehr bedeutend den v.a. im Sport populär gewordenen Begriff der Fairness für seine Philosophie aufgenommen: "Justice as Fairness: Political not Metaphysical", 1985) oder bei aktuellen Autoren von philosophischen Fussballbüchern (Eilenberger [mit offizieller Fussballtrainer-Lizenz]: "Lob des Tores – 40 Flanken in Fussballphilosophie" [2006], Gessmann: "Philosophie des Fussballs" [2011], Gebauer: "Das Leben in 90 Minuten – Eine Philosophie des Fussballs" [2016]; Hans Michael Baumgartner [1933-1999] spielte Fussball in der höchsten deutschen Spielklasse, als Philosoph ging er jedoch nicht auf dieses Thema ein [solches war auch im letzten Jahrhundert noch überhaupt nicht üblich]). In seinem letzten Prosawerk "La Chute" (dt. Der Fall, 1956) liess Camus die Hauptfigur Clamence sagen: "Nur im Fussballstadion und im Theater kann ich mich noch völlig unschuldig fühlen." Dies war freilich noch vor dem Einzug der grossen Dopingdiskussion im Spitzensport gegen Ende des 20. Jahrhunderts. Ganz so unschuldig kommt uns das bisher einzige philosophische Werk eines Top-Spitzensportlers vielleicht aber nicht vor. Es gab einen Schachweltmeister, welcher zugleich Mathematiker und Philosoph war: Emanuel Lasker (zweiter offizieller Schachweltmeister, 1894-1921 [längste Zeit als Träger dieses Titels bis heute]). Und dieser schrieb ein Buch namens "Kampf" (zugleich auf Englisch erschienen: "Struggle", 1907). In diesem Buch beschrieb er seine Version eines sportlichen Idealmenschen, welchen er als Macheiden bezeichnete (daher auch der Begriff der Machologie für seine Philosophie, oder: Wissenschaft des Kampfes). Wahrer Sport ist natürlich nicht nur Kampf, sondern auch Spiel – und vielleicht sogar auch Kunst. Steinitz, der erste offizielle Schachweltmeister überhaupt meinte: "Schach ist so inspirierend, dass ich nicht glauben kann, dass ein guter Spieler während der Partie böse Gedanken hegt." Oder Karpow: "Schach ist alles: Kunst, Wissenschaft und Sport." Wie meistens werden die Einschätzungen auch hierzu verschieden ausfallen. Inwiefern sind überhaupt Fussball und Schach vergleichbar (bzw. verschiedene Sportarten untereinander überhaupt)? Ein deutscher Spitzenfussballer meinte einmal ironisch – quasi an den Grenzen zwischen Idealitäten und Realitäten – dazu: "Fussball ist wie Schach – nur ohne Würfel." (Lukas Podolski, Fussballweltmeister mit der deutschen Nationalmannschaft 2014). Das Schachspiel, von seiner Anlage her ein Kriegsspiel, ist ja aber eben auch nicht immer so harmlos, wie es von aussen vielleicht aussieht (wie spätestens der Kalte [Schach-] Krieg zwischen Fischer und Spasski [1972] zeigte [oder wie auch die in der Schachwelt immer beliebter werdenden Schnell-, Blitz- und Bulletspiele zeigen]). Eines ist sicher: Fussball ohne Kampf ist ebenso undenkbar wie Fussball als reiner Kampf (vgl. legendäre Anti-Spiele wie The Battle of Highbury 1934 oder The Battle of Santiago 1962). Und: Schachspielen ist eine ganz andere geistige Tätigkeit als Philosophieren – es ist eine ganz andere Sache, über die

ganze Welt nachzudenken, oder einen Wettkampf auf 64 Feldern auszu-
tragen. Trotzdem gibt es einige Berührungspunkte zwischen Philosophie
und Sport: Platon soll der Legende nach sogar zu den antiken Olympia-
siegern gehört haben (in der Pankration [einer Verbindung von Ringen
und Boxen]), tatsächlicher Olympiasieger in der Neuzeit wurde der
deutsche Philosoph Hans Lenk 1960 im Rudern! Ferner soll Heidegger
als Skilehrer bei Universitätsausflügen aufgetreten sein, während Kant
sein Studium teilweise mit Gewinnen aus Billardturnieren finanziert
haben soll. Es gibt also nicht allzu viele Bezüge, ein paar wenige – und
daher doppelt interessante – aber schon. Wer sich dagegen mit intellek-
tuellem Widerwillen gegen jegliche sportliche Betätigung eindecken
möchte, der wird fündig bei... George Orwell ("The Sporting Spirit",
1945). Heute entdecken indessen nicht nur immer mehr Philosophen ein
Interesse für den Fussball, sondern: im Fussball ist auch immer öfter
nicht mehr nur von reinen Spielsystemen die Rede, sondern von Spiel-
philosophien. Das heisst: das Ganze ist ein bisschen komplexer, komplizierter und interessanter geworden, und das ist ja eigentlich auch ein
Kompliment an die Philosophie – man muss es auch einmal umgekehrt
sehen. Eine Anbiederung an den Fussball ist der Philosophie natürlich
aber trotzdem nicht zu empfehlen: sie sollte sich eigentlich an überhaupt
gar nichts anbiedern. (Auch in der Wirtschaft ist übrigens heute öfter die
Rede von Unternehmensphilosophien, und vielleicht benötigen auch die
Staaten in der Zukunft bessere Philosophien: bewusste Staatsphilosophien [ohne in allzu simple alte völkische Nationalismen zu geraten,
natürlich, sondern: mit zeitgemässeren und umsichtigeren Begründungen und Ausprägungen – zumindest sind Staatsphilosophien etwas, worüber man heute und immer diskutieren sollte].) Was hat übrigens der
Fussball mit der Belle Epoque zu tun (siehe oben)? Sehr viel! Der erste
Fussballverein wurde in Sheffield bereits 1857 gegründet, die englische
Football League First Division (heute: Premier League) nahm jedoch
ihren Spielbetrieb in der Saison 1889 auf, also just in der Zeit der Belle
Epoque – überhaupt scheint fast alles, was uns heute Spass macht und
was heute zu unserer Unterhaltung dient (und aus der Zeit vor
Computer, Internet und Multimedia stammt) in jener Zeit begründet
worden zu sein: Schallplatte (1887 – von Emil Berliner), Filmvorführung
(1895 – durch die Gebrüder Lumière) und eben auch der internationale
Spitzensport mitsamt den Olympischen Spielen der Neuzeit (1896). Alles
Erzeugnisse der Belle Epoque!

** **Exkurs: Science Fiction und Philosophie.** Eigentlich ist es erstaunlich,
dass die Science Fiction – der Begriff soll vom britischen Dichter und
Essayisten William Wilson (1851) stammen – bisher keine grössere
Beachtung in der Philosophie gefunden hat. Die wissenschaftlich-aben-
teuerliche Fiktion hat schon seit ihren literarischen Anfängen dazu
gedient, die Zustände in der Erdenwelt durch symbolische Medien zu

kritisieren. Exemplarisch dazu ist die Schrift "Micromégas" (1752), die als eine der ersten belletristischen Werke der Science Fiction gilt – es handelt sich dabei um ein satirisches Werk von... Voltaire (früher zu nennen sind in der Science-Fiction-Literatur vielleicht etwa Kepler, Bergerac und Swift: es gibt aber noch ältere Vorläufer bis zu den fliegenden Teppichen in den altorientalischen Geschichten oder frühen literarischen Mond- und Planetenreisen. Die Anfänge der Science-Fiction-Literatur wirkten auf den grossen Aufklärer Immanuel Kant so stark, dass dieser in einer seiner frühen naturwissenschaftlichen Schriften ein verwegenes Kapitel namens "Von den Bewohnern der Gestirne" [1755] über ausserirdische Wesen schrieb! Und er war, notabene, nicht der einzige Intellektuelle, welcher sich zu dieser Zeit mit diesem Thema befasste – sogar in der hoch angesehenen Royal Society war dies ein Thema, wie man etwa den Abhandlungen "The Discovery of a World in the Moone" [1638] und "A Discourse Concerning a New World and Another Planet" [1640] von John Wilkins, Bischof von Chester und Gründungsmitglied sowie erster Sekretär der Royal Society, entnehmen kann). Die Hauptfigur in der Science-Fiction-Erzählung von Voltaire ist ein intelligenter, freundlicher Ausserirdischer, welcher vom Planeten Sirius zur Erde kommt und hier mit den Menschen über Philosophie spricht. So, dachte vermutlich Voltaire, würden sich die Leute vielleicht eher mit der Philosophie beschäftigen. Wir erinnern uns auch an die grossen Ausserirdischen-Reden von Klaatu (aus dem Film "The Day the Earth Stood Still", dt. Der Tag, an dem die Erde stillstand [1951]), welcher die Menschheit vor sich selber warnte und (natürlich nicht ganz unproblematisch) Polizeistaaten vorschlug, um dies sicherzustellen, oder Nix (im Film "Tomorrowland" – mit einem interessanten und erschütternden Science-Fiction-Fazit [2015]) – in der Star-Wars-Serie wurde mit Jedi-Meister Yoda sogar ein klassischer Weiser alter (fernöstlicher) Prägung eingeführt]). Wir erinnern uns auch an den menschlichen bis allzu menschlichen Captain Kirk und den ausserirdischen Mister Spock an Bord vom Raumschiff Enterprise, die uns auf ihren Weltraummissionen ebenfalls moralische Botschaften von einer neuen Welt zukommen liessen (dies in einer Art, die alle, oder doch zumindest viele Männerträume kombinierte). Der Macher dieser äusserst populären TV-Serie, Gene Roddenberry, soll dabei Anleihen beim Sozialisten, Humanisten und Philantropen **Corliss Lamont** (1902-1995) gemacht haben. Speziell an der Science Fiction ist natürlich, dass sie immer auf die Zukunft ausgerichtet ist. Oft geht es dabei um technische Entwicklung, speziell etwa im Bereich von Maschinen, Automaten, Robotern, Androiden und Cyborgs – aber eigentlich in jedem Bereich der Wissenschaft und dessen spezifischer Problematik. Die Science Fiction ist ebenso interessant für Wissenschaftsfanatiker wie auch für Wissenschaftskritiker. Ein drittes Hauptthema neben der Vermittlung von Moral (auf eine etwas andere Art) und der technischen Entwicklung ist die gesellschaftliche Zukunft. Diesen Bereich nennen wir Dystopie. Der Begriff ist ein Gegenbegriff zu jenem der Utopie (wie er von Morus ausging). John Stuart Mill soll diesen Begriff 1868 erstmals in einer Rede vor dem britischen Parlament verwendet haben. Als eine der ersten Dystopien gilt "The Last Man" (dt. Verney, der letzte Mensch – 1826) von Mary Shelley, als eine der berühmtesten vermutlich "1984" (1948) von George Orwell. Vielleicht können wir sagen, dass die Science Fiction ein Nebenbereich der Philosophie geworden ist – auch der Philosophie in der Kunst. Dies gilt natürlich nicht für alle Werke der Science Fiction, aber doch für die wesentlichen Grundkonzeptionen dieses Genres. Als einer von wenigen Philosophen hat **Andy Clark** (geb. 1957) die Fragen der Science Fiction aufgenommen – in seinem Buch "Natural-Born Cyborgs: Minds, Technologies, and the Future of Human Intelligence" (2004). In seiner Extended-Mind-Theorie behauptet er, dass die Menschen aufgrund der vielen technischen Werkzeuge, die sie verwenden, bereits Cyborgs seien (also: biologisch-technologische Mischwesen). Bedeutend zu erwähnen ist vielleicht auch das Buch "Filosofie als science-fiction: interviews en een enquête" (1968) des niederländischen Philosophen Fons Elders. Natürlich ist die Science Fiction v.a. in der heutigen Filmwelt eine Vermischung von ernsthaften Intentionen und reiner Unterhaltung, und natürlich besteht die Gefahr einer Trivialisierung der Philosophie***, wenn diese die heutige Science Fiction zu leichtfertig adaptieren würde, andererseits muss aber eben doch auf den bedeutenden Bezug zwischen der Science Fiction und der Philosophie hingewiesen werden. Hinweisen muss man jedoch auch auf politische Botschaften, welche in der Science Fiction versteckt sind: einerseits die eher rechte Botschaft vom Menschen als (Funktions-) Maschine (vgl. Materialismus, Trans-/Posthumanismus), andererseits die eher linke Botschaft von der gespaltenen Gesellschaft (Dystopie). Verwandt mit der Science Fiction ist der ebenso bedeutende Fantasy-Bereich in der heutigen Kunst, welcher wesentlich ausgegangen ist von den Tolkien-Romanen (besonders "The Lord of the Rings", dt. Herr der Ringe, 1954/55). Nicht selten vermischen sich die beiden Genres auch (exemplarisch etwa in den Star-Wars-Filmen), eigentlich ist die Fantasy jedoch sogar eine Art Gegenkonzept zur Science Fiction, indem darin phantastische altertümliche Welten der Vergangenheit heraufbeschworen werden]). Interessant ist natürlich auch die Grenze zwischen Science und Fiction. Was wird heute im Zeitalter der Überwissenschaft bzw. der zunehmend überforderten Normalmenschen nicht alles behauptet? Etwa: wir würden in einer Matrix leben, die von ausserirdischen Wesen gesteuert wird, und nun suchen selbst Wissenschaftler nach dem holografischen Universum, in welchem wir nur Projektionen sind..., usw. usf., etc. etc. Das Problem bei solch irren Aussagen ist nicht nur, dass sich die Wissenschaft teilweise von der Science Fiction beeinflussen lässt, sondern auch: dass sie sehr grosse Mühe hat mit ihren eigenen Lücken und Unsicherheiten (und dass die Technikwissenschaft, und ebenso auch die reine Mathe-matikwissenschaft, notabene, in einer – selbst innerhalb der Naturwis-senschaften, und selbst innerhalb der Teildisziplin der Physik! – zuneh-menden Verwirrung der Weltbilder teilweise bereits in Konkurrenz tritt zur eigentlichen Naturwissenschaft).

*** Behandelt wurde der Hang zum Trivialen in der Science Fiction explizit bereits im Essay "The Imagination of Disaster" (1961) von der US-amerikanischen Schriftstellerin, Essayistin, Publizistin und Regisseu-rin Susan Sontag. Sie stellte darin fest, dass die Science-Fiction-Filme viel mit Fiktion, aber wenig mit Wissenschaft zu tun hätten. Es gehe oft um eine reine Ästhetik der Zerstörung, welche einen leidenschaftslosen Blick auf Gewalt und Elend provoziere. Dieses Problem kennt das Genre natürlich bis heute. Auffallend in den Trailern der 1950-er Filme ist in der Tat, dass viele (v.a. die billiger produzierten) Filme damit werben, die verrückteste und furchteinflössendste Geschichte anzubieten, die man je gesehen habe (also: reines Spektakel).

Science-Fiction-Literatur (Meilensteine). Erste Phase: "Alete diegemata" (dt. Wahre Geschichten, Lukian von Samosata, im 2. Jh. [ferner: "Ikaro-menippus" und "Philopseudes"]), "Alf Layla Wa Leila" (dt. Tausend-undeine Nacht, im 8. Jh. in Arabien), "Taketori Monogatari" (um das Jahr 900 in Japan). Zweite Phase: "Orlando furioso" (Ariosto, 1516), "Utopia" (Morus, 1516), "Somnium" (Kepler, zw. 1620-1630). Dritte Phase: "The Man in the Moone" (Godwin [F.], 1638), "L'histoire comique contenant les états et empires de la lune" und "L'histoire comique des états et empires du soleil" (Bergerac, 1655 u. 1662), "Micromégas" (Voltaire, 1752). Vierte Phase: "Frankenstein or The Modern Prometheus" (Shelley, 1818 – auch: "The Last Man"), "Die Automate" (Hoffmann, 1819), "Le roman de l'avenir" (Bodin [F.], 1834). Fünfte Phase: "Voyage au centre de la terre" (Verne, 1864 – weitere: "Autour de la lune", "Vingt mille lieues sous les mers"), "Strange Case of Dr Jekyll and Mr Hyde" (Stevenson, 1886), "The Time Machine" (Wells, 1895 – weitere: "The Invisible Man", "The War of the Worlds" [u.a.]). Sechste Phase (Erste Hälfte 20. Jahr-hundert): "Brave New World" (1932), "Nineteen Eighty-Four" (Orwell, 1949), "I, Robot" (Asimov, 1950). Siebente Phase (Zweite Hälfte 20. Jahr-hundert): "Fahrenheit 451" (Bradbury, 1953), "Dune" (Herbert, 1963), "Do Androids Dream of Electric Sheep?" (Dick, 1968). Zu den zehn bedeu-tendsten und legendärsten Science-Fiction-Autoren gehören vielleicht etwa: Shelley, Verne, Stevenson, Wells, Huxley (A.), Orwell, Heinlein, Clarke, Asimov, Dick (u.v.a.). – **Science-Fiction-Filme**. "Le voyage dans la lune" (Méliès, 1902), "Metropolis" (Lang, 1927), "Things to Come" (Menzies, 1936), "Modern Times" (Chaplin, 1936), "The Day The Earth Stood Still" (Wise, 1951), "The Thing from Another World" (Nyby, 1951), "The War of The Worlds" (Pal, 1953), "Invaders from Mars" (Menzies,

1953), "Four Sided Triangle" (Fisher, 1953), "20,000 Leagues Under the Sea" (Fleischer, 1954), "This Island Earth" (Newman, 1955), "Forbidden Planet" (Wilcox, 1956), "Invasion of the Body Snatchers" (Siegel, 1956), "The Time Machine" (Pal, 1960), "Space-Men" (aka Assignment – Outer Space, Margheriti, 1960), "Dr. Strangelove or: How I Learned to Stop Worrying and Love the Bomb" (Kubrick, 1964), "Fahrenheit 451" (Truffaut, 1966), "Planet of the Apes" (Schaffer, 1968), "2001 – A Space Odyssey" (Kubrick, 1968), "Barbarella" (Vadim, 1968), "Mission Mars" (Webster, 1968), "A Clockwork Orange" (Kubrick, 1971), "The Andromeda Strain" (Wise, 1971), "THX 1138" (Lucas, 1971), "Soljaris" (Tarkowskji, 1972), "Silent Running" (Trumbull, 1972), "Soylent Green" (Fleischer, 1973), "Westworld" (Crichton, 1973), "Welt am Draht" (Fassbinder, 1973), "Fantastic Planet" (Laloux, 1973), "Space Is The Place" (Coney, 1974), "Logan's Run" (Anderson, 1976), "Futureworld" (Heffron, 1976), "Close Encounters of the Third Kind" (Spielberg, 1977), "Star Wars" (Lucas, 1977 – Originaltrilogie 1977-1983, Fortsetzungen bis dato), "Alien" (Scott, 1979), "Star Trek - The Motion Picture" (Wise, 1979 – Fortsetzungen bis dato), "Blade Runner" (Scott, 1982), "E.T. the Extra-Terrestrial" (Spielberg, 1982), "Tron" (Lisberger, 1982), "WarGames" (Badham, 1983), "The Day After" (Meyer, 1983), "Brainstorm" (Trumbull, 1983), "Dreamscape" (Ruben, 1984), "Dune" (Lynch, 1984), "The Terminator" (Cameron, 1984), "1984" (Radford, 1984), "The Last Starfighter" (Castle, 1984), "Back to the Future" (Zemeckis, 1985), "RoboCop" (Verhoeven, 1987), "Jurassic Park" (Spielberg, 1993), "Twelve Monkeys" (Gilliam, 1995), "Independence Day" (1996), "Gattaca" (Niccol, 1997), "Contact" (Zemeckis, 1997), "Deep Impact" (Leder, 1998), "Bicentennial Man" (Columbus, 1999), "The Matrix" (Wachowski, 1999), "A.I. – Artificial Intelligence" (Spielberg, 2001), "I, Robot" (2004), "The Day After Tomorrow" (Emmerich, 2004), "Sunshine" (Boyle, 2007), "Transformers" (Bay, 2007), "WALL·E" (Stanton, 2008), "Avatar" (Cameron, 2009), "District 9" (Blomkamp, 2009), "Moon" (Jones, 2009), "Inception" (2010), "Prophets of Science Fiction" (Scott, 2011 [Dokumentarfilm]), "Rise of the Planet of the Apes" (Wyatt, 2011), "The Hunger Games" (Ross, 2012), "Gravity" (Cuarón, 2013), "After Earth" (Shyamalan, 2013), "Elysium" (Blomkamp, 2013), "Her" (Jonze, 2013), "Interstellar" (Nolan, 2014), "Tomorrowland" (Bird, 2015), "Ex Machina" (Garland, 2015), "The Circle" (Ponsoldt, 2017). – **Science-Fiction-TV-Serien.** "Flash Gordon" (1936-1940), "Captain Video and His Video Rangers" (1949-1955), "Space Patrol" (1950-1955), "Tom Corbett, Space Cadet" (1950-1955), "Captain Z-Ro" (1951-1956), "The Twilight Zone" (1959-1964), "The Avengers" (1961-1969), "The Jetsons" (1962-1963 u. 1985-1987), "My favourite Martian" (1963-1966), "Doctor Who" (1963-1989, 2005-dato), "Thunderbirds" (1965-1966), "Lost in Space" (1965-1968), "Wild Wild West" (1965-1969), "Raumpatrouille – Die phantastischen Abenteuer des Raumschiffes Orion" (1966), "The Time Tunnel" (1966-1967), "Star Trek" (1966-1969 – späterer Untertitel: The Original

Series), "The Invaders" (1966-1969), "UFO" (1970-1971), "Star Trek – The Animated Series" (1973-1974), "Space – 1999" (1975-1977), "Battlestar Galactica" (1978-1980), "Mork and Mindy" (1978-1982), "The Super Dimension Fortress Macross" (1982-1983), "Knight Rider" (1982-1986), "Transformers" (1984-1987), "ALF" (1986-1990), "Star Trek – The Next Generation" (1987-1994), "Quantum Leap" (1989-1993), "Captain Planet and the Planeteers" (1990-1992, 1993-1996), "Babylon 5" (1993-1998), "Star Trek – Deep Space Nine" (1993-1999), "The X-Files" (1993-2002 u. seit 2016), "Stargate SG-1" (1997-2007), "Futurama" (1998-2002, 2007-2013), "Roswell" (1999-2002), "Farscape" (1999-2004), "Firefly" (2002), "Torchwood" (2006-2011), "Heroes" (2006-2010), "The Big Bang Theory" (2007-dato), "Sci Fi Science – Physics of the Impossible" (2009-2010 [Dokumentarserie]), "Äkta människor" (engl. Real Humans, 2012-2014), "Rick and Morty" (seit 2013), "Outlander" (seit 2014), "The Expanse" (seit 2015). – **Science-Fiction-Spiele** (Videospiele* und andere): "Spacewar!" (1962), "Space Travel" (1969), "Computer Space" (1971), "Galaxy Game" (1971), "Space Race" (1973), "Maze War" (1974), "Spasism" (1974), "Traveller" (1977 [Pen&Paper-Rollenspiel]), "Cosmic Encounter" (1977 [Brettspiel]), "Space Invaders" (1978), "Space Invaders – Part II" (1979), "Galaxian" (1979), "Asteroids" (1979), "Starhawk" (1979), "Star Fleet Battles" (1979 [Brettspiel]), "Dune" (1979 [Brettspiel]), "Astro Fighter" (1980), "Phoenix" (1980), "UniWar S" (1980), "Moon Cresta" (1980), "Gorf" (1981), "Galaga" (1981), "Defender" (1981), "Scramble" (1981), "Tempest" (1981), "Xevious" (1982), "Elite" (1984), "Gradius" (1985), "Terra Cresta" (1985), "Metroid" (1986), "Space Quest" (1986), "R-Type" (1987), "Mega Man" (1987), "Truxton" (1988), "Merchant of Venus" (1988 [Brettspiel]), "Xenon 2 Megablast" (1989), "Insector X" (1989), "Raiden" (1990), "Wing Commander" (1990), "Star Trek – 25th Anniversary" (1992), "Batsugun" (1993), "X-Wing" (1993), "Star Wars - TIE Fighter" (1994), "UFO - Enemy Unknown" (aka X-COM - UFO Defense, 1994), "DonPachi" (1995), "Pulstar" (1995), "Battle Garegga" (1996), "Resident Evil" (1996), "DoDonPachi" (1997), "Fallout" (1997), "Twilight Imperium" (1997 [Brettspiel]), "Radiant Silvergun" (1998), "N2O – Nitrous Oxide" (1998), "StarCraft" (1998), "Freespace" (1998), "Half-Life" (1998), "Star Wars – Rebellion" (1998 [Brettspiel]), "Homeworld" (1999), "[Sid Meier's] Alpha Centauri" (1999), "Dragon Blaze" (2000), "Deus Ex" (2000), "Tachyon – The Fringe" (2000), "Ikaruga" (2001), "Star Monkey" (2001), "EVE Online" (2003), "Freelancer" (2003), "PlanetSide" (2003), "Star Wars – Knights of the Old Republic" (2003), "Jets'n'Guns" (2004), "DarkOrbit" (2006), "Galaxy on Fire" (2006), "Titan Attacks!" (2008), "Portal" (2007), "Pandemic" (2007 [Brettspiel]), "Mass Effect" (2007), "BioShock" (2007), "Race for the Galaxy" (2007 [Kartenspiel]), "Galagian" (2008), "Halo Wars" (2009), "Star Trek Online" (2010), "Crimzon Clover" (2011), "Rage" (2011), "Star Wars – The Old Republic" (2011), "Eclipse" (2011 [Brettspiel]), "Star Trek – Fleet Captains" (2011 [Brettspiel]), "FTL – Faster Than Light" (2012), "The Battle at Kemble's

Cascade" (2014 [Brettspiel]), "Star Realms" (2014 [Kartenspiel]), "Star Trek – Road Trip" (2015 [Brettspiel]), "Stellaris" (2016), "Star Trek – Ascendancy" (2016 [Brettspiel]), "Everspace" (2017). [Ohne die klassischen Superheldengeschichten (mit Superman, Batman, Spider-Man usw. usf., etc. etc.), die ich einem eigenen Genre zurechne, obwohl sie ebenfalls Science-Fiction-Elemente enthalten.]

* Die Science-Fiction-Videospiele waren sehr bedeutend für die Entwicklung der Videospiele überhaupt. Entwickelt haben sie sich aus den frühen Tennisspielen (Tennis for Two [1959], Pong [1972], Breakout [1976] – wie einige Varianten von Breakout zeigen [Arkanoid, Ark Invaders]). Die klassische Phase der Spaceshooter-Games (oder im Fachausdruck: Fixed Sidescrolling Shoot-em-up-Spiele) verlief von Space Invaders (1978) über die klassische Phase (1979-1981: Astro Fighter, Galaxian, Phoenix, UniWar S, Moon Cresta, Galaga) bis Xevious/Raiden (1982/1990 – nebst Defender oder Metroid, u.a., mit einer anderen Spielanlage; man glaubt heute kaum noch, wie toll diese Spiele damals waren [das war der damalige spielerische Inbegriff von HighTech, einige Jahre nach der Entwicklung des ersten Personal Computers (man muss dies nicht mit den heutigen [oder morgigen] Spielen vergleichen, sondern aus damaliger Sichtweise mit Pong [1972]). Es folgten – nebst der bereits frühen (1974) und neu in Mode gekommenen Entwicklung der sogenannten First-Person- oder Ego-Shooter-Spiele – teils ebenfalls nicht ganz unproblematische (und teils sogar sehr problematische) Entwicklungen: einerseits die Steigerung zu den Bullet-Hell-Spielen (1993), andererseits die Vermischung etwa mit Fun- (1980), Militär- (1982), Abenteuer- (1986), Flugsimulations- (1990), Horror- (1993) und Strategiespielen (1998). Ich habe teils auch problematische Spiele in der Liste aufgeführt, weil sie heute einfach zu dieser heutigen Game-Kultur dazu gehören. Nicht berücksichtigt wurden in der Liste der Science-Fiction-Spiele die Überschneidung von Science Fiction und Fantasy (etwa – mit dem angedeuteten Zukunftsthema – in der Ultima- [1981] oder Final-Fantasy-Serie [1987] sowie in diversen anderen Spielen). Initiiert wurde die Fantasywelle im 20. Jahrhundert durch die Romane von J.R.R. Tolkien (hauptsächlich: The Lord of the Rings [dt. Der Herr der Ringe, 1954/1955], die Popularisierung ging wesentlich vom Pen&Paper-Rollenspiel "Dungeons & Dragons" (1974) aus, welches in jenen Höhlenwelten spielt, die später in den Role-Playing-Games teils einer untergegangenen Zivilisation zugeschrieben wurden (vgl. etwa auch: "Ultima Underworld – The Stygian Abyss", 1992). Damit wurde eine direkte Verbindung zwischen dystopischer Science-Fiction und düsteren, mittelalterlich bis altertümlich anmutenden Fantasywelten hergestellt (ursprünglich ging die Verbindung von SciFi und Fantasy jedoch vermutlich von den Star-Wars-Filmen aus [dazu ist zu sagen, dass es natürlich auch bereits in der Star-Trek-Serie und anderen früheren Produktionen Fantasy-Elemente verschiedenster Art gibt, jedoch keinen direkten Bezug zu der Art von Fantasy wie sie im späteren 20. Jahrhundert typisch wurde]). Speziell ist natürlich in der ganzen Entwicklung der Videospiele, dass diese – in einer Zeit, in welcher sonst das Meiste von den USA kam – ganz wesentlich von Japan ausgegangen ist. Die Bedeutung der Spiele wird in der ganzen Kultur heute natürlich massiv unterschätzt. Man spricht in der Kunst und Kultur immer von der Literatur, von den Filmen und von der Musik, aber selten bis nie von den Spielen. Wir haben heute bereits die x-te Generation von Spielern (wenn man die ganze Entwicklung dazu rechnet: von den uralten Flipperkästen über die Arcadespiele und Spielkonsolen bis zu den heutigen Onlinespielen). Die Spiele haben die Filme geprägt, die Filme die Literatur – es gibt heute junge Literaten, die sagen (wie bedenklich uns dies eben auch erscheinen mag), sie seien durch nichts so sehr geprägt wie durch Videospiele. Man sollte diese Bedeutung weder über- noch unterschätzen (aber sie ist bedeutend genug, um mindestens erwähnt zu werden).

Anmerkungen. 1. Obwohl ich mich für Science Fiction interessiere und mich damit beschäftige – oder gerade deswegen – fallen meine Antworten auf die bedeutendsten Fragen dazu relativ nüchtern aus. Ich glaube nicht, dass es Ausserirdische gibt (und schätze überhaupt die Möglichkeit von wirklichem ausserirdischem Leben als sehr gering ein – und erst recht, dass wir in irgendeiner absehbaren Zukunft auf solches treffen sollten), ich glaube, dass auch Cyborgs einen menschlichen Kern haben oder hätten (so dass die ganze Mensch-Maschine-Diskussion eigentlich überflüssig ist), und ich denke nicht, dass es eine dystopische Zukunft geben wird (sondern: ich denke, dass sich weiterhin Gutes und Schlechtes in der Menschenwelt zutragen wird). 2. Der Science-Fiction-Bereich ist für die Philosophie und für die Wissenschaft besonders interessant, daneben hat sich aber auch in Wechselwirkung mit der Kunst- und Filmkritik sowie der Kunst- und Filmtheorie eine Filmphilosophie entwickelt. Der Film ist sicher jene Kunstgattung, welche in der zweiten Hälfte des 20. Jahrhunderts die bedeutendste für die Philosophie wurde (im ausgehenden 20. Jahrhundert vielleicht sogar bedeutender als die belletristische Literatur!). Als bedeutende Filmphilosophen gelten etwa Gilles Deleuze oder Stanley Cavell, aber auch der Public Philosopher Slavoj Zizek (und viele andere). 3. Die für die heutige Kultur so bedeutenden Jugendbewegungen der letzten Jahrzehnte teile ich in Dekaden ein und bezeichne sie als: Stoned Age (1965-1975), Spaced Age (1975-1985), Stressed Age (1985-1995), Inter-Net-Generation (1995-2005), Virtual-Reality- & Social-Network-Generation (2005-2015), Smart-Phone-Generation (2015-2025). Warum ich diese Jugendären als 'Zeitalter' bezeichne, wird nur verstehen, wer dabei war – und die Unterschiede zwischen diesen Zeitaltern (jeweils nur in Zehn-Jahres-Abständen) miterlebt hat. All dies ist in die heutige Kultur eingeflossen – seit den späteren 1960-er Jahren ist die Jugendkultur in einer Art und Weise in die Gesamtkultur eingeflossen, wie das vorher niemand für möglich gehalten hätte (mit allen Vor- und Nachteilen).

Ich bin etwas vom Hauptthema abgewichen aber die (für die Philosophie) speziellen Themen rechtfertigen dies vielleicht (obwohl ich die unterhaltende nicht allzu sehr mit der informativen Seite vermischen möchte [andererseits kann ein bisschen Unterhaltung aber auch nie schaden, besonders auch in einer konzentrierten Philosophie nicht]): die Belle Epoque hat uns zu diesem und jenem geführt, auch in einige phantastische Welten. Die Zeitperiode, welche auf die Belle Epoque folgte, konnte keinem Philosophen gefallen: Erster Weltkrieg, (Ost-) Kommunismus/Faschismus, Weltwirtschaftskrise (engl. Great Depression), Nationalsozialismus, Zweiter Weltkrieg. Schlimmer konnte es für Europa und die Welt eigentlich fast nicht mehr kommen.

Die dunkelste Stunde der Philosophie (oder: die Philosophen sehen schwarz – Neopositivismus, Untergangsstimmung und Kulturkritik). Schopenhauer und Kierkegaard gehören – wie immer auch man ihre Philosophie in einer Einzelbetrachtung bewertet – zu den grössten Beeinflussern der modernen Philosophie überhaupt. Von Schopenhauer beeinflusst, entstand eine Reihe von mehr oder weniger diffusen bis dubiosen Philosophien, etwa mit der Psychophysik von Fechner, dem Voluntarismus von Wundt, der Philosophie des Unbewussten von Hartmann oder dem Empiriokritizismus von Avenarius (mit bedeutendem Bezug auch zum Pantheismus von Spinoza). Richard Avenarius (eigentlich: Richard Habermann, 1843-1896) prägte den Begriff des Empiriokritizismus, welcher nicht etwa eine Kritik am Empirismus bedeutet, sondern im Gegenteil die vollkommene Radikalisierung desselben, womit er sowohl die Metaphysik wie auch den Materialismus aus der Philosophie ausschliessen wollte (ohne damit eine Ethik zu begründen, notabene). Vor ihm galt bereits **Gottlob Frege** (1848-1925) mit seiner "Begriffsschrift, eine der arithmetischen nachgebildete Formelsprache des reinen Denkens" (1879) als Begründer der Analytischen Philosophie – und damit dem Versuch der mathe-

159

matischen Formalisierung der Philosophie – mit welcher er etwa Russell und Wittgenstein beeinflusste. **Ludwig Wittgenstein** (1889-1951), ein Österreicher, welcher nach England übersiedelte* – ich betrachte hier den philosophiegeschichtlich bedeutenderen früheren Wittgenstein – sollte nun aufzeigen, wohin dies alles zielte. Er ging mit seinem "Tractatus logico-philosophicus" (1921) in seiner Antiphilosophie weiter als die bisherigen, indem er forderte, alle philosophischen Probleme seien überhaupt abzuschaffen. Das ist die Forderung danach, quasi aus der Philosophie heraus, die Philosophie selber abzuschaffen: zugunsten einer reinen Wissenschaft, natürlich. Und das ist vermutlich die dunkelste Stunde der Philosophiegeschichte überhaupt. Diese hielt in den 1920-er Jahren an: etwa mit der Behauptung vom Untergang des Abendlandes, bei Oswald Spengler (1922), oder jener, dass der Geist der Widersacher der Seele sei, bei Ludwig Klages (1929)**. Die Philosophie war auf einem gewissen Nullpunkt angekommen***. Dann wurde es eine Weile lang ganz dunkel**** in Europa – die Welt stand vor dem Zweiten Weltkrieg. Als die Lichter ein paar Jahre später wieder angingen, kamen zwei hyperkulturkritische Richtungen auf. In Deutschland die (eigentlich bereits in den 1920-er Jahren begründete) **Kritische Theorie** (Benjamin, Horkheimer, Marcuse, Fromm, Löwenthal, Adorno*****), welche aus jüdischen Denkern bestand, die im Weltkrieg emigrierten und nun eine sehr scharfe Kultur- und v.a. auch Technikkritik vorbrachten; in Frankreich ab den 1960-er Jahren ein ganzes Heer von **Poststrukturalisten** (Lacan, Barthes, Lyotard, Deleuze, Foucault, Derrida, Baudrillard, Guattari) mit einer Kulturkritik, welche an die Heftigkeit von Nietzsches Kritizismus und die Kritische Theorie erinnerte oder diese teils sogar noch übertraf. Diese beiden Richtungen und ihre Nachfolger liessen gegen das spätere 20. Jahrtausend und den Millenniumswechsel hin fast endzeitmässige Stimmungen aufkommen. Der bedeutendste dieser kritizistischen Philosophen ist vielleicht **Michel Foucault** (1926-1984), mit seinen Begriffen der Diskontinuität****** und des Diskurses bzw. der Diskursanalyse, der schärfste vielleicht **Jean Baudrillard** (1929-2007), welcher durch die Technisierung die sozialen Strukturen und Beziehungen verschwinden sah und ferner die gesamte Realität überhaupt, welche nach ihm zunehmend reproduzierbar und daher irrelevant wird, während er gleichzeitig auch eine Hyperrealität aufsteigen sah; typisch für diese ganze Verwirrung ist natürlich auch die Philosophie der Dekonstruktion von **Jacques Derrida** (1930-2004). Am Weitesten mit der Aufhebung des Philosophischen ging vielleicht François Laruelle, welcher von einer Nicht-Philosophie als Wissenschaft spricht (wieso man eine solche überhaupt betreiben sollte, bleibt vermutlich sein eigenes Geheimnis [oder jenes von Sartre, welcher eine solche Philosophie um das Nichts oder Nicht-Philosophie initiiert hatte]). Die Kulturkritik wurde so – verständlich nach den ganzen Ereignissen im 20. Jahrhundert (inkl. Ökokrise und Webschock [eher ab dem beginnenden 21. Jahrhundert], quasi) – zur führenden Philosophie in Europa im späteren 20. Jahrhundert, und so verschob sich auch das Hauptinteresse der Philosophie, wie sich zeigen sollte, vom philosophisch destruktiv gewordenen Europa immer mehr in die philosophisch (analytisch-) konstruktivere USA, wo sich vorab eben die früher in Deutschland begründete (sogenannte) Analytische Philosophie weiterentwickelte.

* In der Weiterentwicklung von radikalempiristischen, superpositivistischen und/oder extremanalytischen Richtungen ist v.a. die verschworene Gruppe des Wiener Kreises zu erwähnen, in welchem sich österreichische, deutsche und internationale Persönlichkeiten aufhielten. Die Philosophie dieses Kreises wird etwa als Neopositivismus oder Logischer Empirismus/Positivismus bezeichnet. Es gibt mittlerweilen viele Namen dafür, die letztlich aber alle dasselbe bedeuten: quasi die Abschaffung der Philosophie zugunsten einer reinen (Natur-) Wissenschaft (der Urpositivismus von Comte ging ja davon aus, dass die wissenschaftliche Ära die religiöse und philosophische Ära ablöst und verdrängt [davon geht auch dieser Neopositivismus aus]). Einige der Denker dieser Richtungen verliessen den deutschsprachigen Raum rund um den Zweiten Weltkrieg und zogen in Richtung England und USA, was auch dazu beitrug, dass der Neopositivismus dort (im weiten Feld der analytischen Philosophie) die vorherrschende Richtung der Philosophie im 20. Jahrhundert wurde. Damit geriet die Philosophie insgesamt ein bisschen aus dem Gleichgewicht, weil sowohl in Kontinentaleuropa wie im angloamerikanischen Raum die bestehenden Tendenzen – d.h. die (Kultur- und Wissenschafts-) Kritik in Europa und die reine Wissenschaft in den USA – noch einmal verstärkt wurden (während die Gegengewichte je weitgehend verschwanden). Insgesamt hatte die angloamerikanische Philosophie mit dieser Entwicklung fortan im 20. Jahrhundert vermutlich die grössere Kraft, aber sie brachte doch eigentlich recht wenig Neues und Weltbewegendes hervor. Aber nicht nur dies: **nicht**

nur der Neopositivismus wurde so in die USA exportiert, sondern auch der Neoliberalismus, welchen dann Milton Friedman prominent vertreten hat (der Neoliberalismus hat sich jedoch ebenfalls in Österreich entwickelt, durch Hayek, ein Verwandter von Wittgenstein und einer der weltberühmtesten politischen Überläufer von links nach rechts, sowie Mises [siehe: Österreichische Schule der Nationalökonomie]). Die bedeutendsten Begründer im inneren und äusseren Teil des Wiener Kreises, welche emigrierten, sind (u.a.): Bergmann (USA), Carnap (USA), Feigl (USA), Gödel (USA), Hempel (USA), Menger (USA [Sohn des Begründers der Österreichischen Schule der Nationalökonomie]), Mises (USA), Morgenstern (USA [stand in engem Kontakt mit Hayek und Mises und begründete in den USA mit dem ebenfalls emigrierten Neumann die Spieltheorie]), Popper (England), Reichenbach (USA), Tarski (USA), Waismann (England), Wittgenstein (England – bereits früher); im Zusammenhang mit diesem Kreis standen auch vor den Emigrationen schon bedeutende US-amerikanische und britische Positivisten wie Ayer (England), Ramsey (England) oder Quine (USA), welche die Emigrationen teils mitorganisierten. Neben den Mitgliedern dieses Kreises emigrierten natürlich zu jener Zeit auch andere bedeutende Wissenschaftler von Europa in die USA (u.a. auch einige Psychoanalytiker).

** Es gibt weitere interessante Schriften in den 1920-er Jahren – dazu gehören etwa die Schrift über den wahren Staat von Othmar Spann, welche den hierarchischen Aufbau der Gesellschaft betont (erwähnenswert dazu auch etwa die Staatsauffassungen im Deutschen Idealismus gegen Vorstellungen von Selbstorganisation in der gleichzeitigen Romantik: im Systemprogramm [Staat als etwas Mechanisches] sowie bei Fichte [Geschlossener Handelsstaat] und Hegel [Staat mit objektivem Willen]), oder die Gewaltkritik von Walter Benjamin (bezugnehmend auf "Réflexions sur la violence" [1908] von Georges Sorel – diese mit einer Verherrlichung von politischer Gewalt gegen einen allgemeinen Sittenzerfall), beide 1921. All solche Schriften zeigen, wie sich die kommenden politischen Ereignisse in der Philosophie der 1920-er Jahre (und zuvor) schon abgezeichnet haben. Es ging in alledem auch um eine gewisse liberalistische Hilflosigkeit gegenüber einem moralischen Sittenzerfall – ein ewiges Thema in der nachabsolutistischen Politik, natürlich (auch gerade heute, seit ein paar Jahren, ja wieder ein zunehmend bedeutendes politisches Thema: Freiheit und Ordnung; und es dürfte die Zeit wohl noch lange nicht kommen, in welcher eine freiheitliche Gesellschaft dieses Problem nicht hat).

*** Besonders politisch manifestierte sich die Philosophie in jener Zeit in Italien: mit dem Marxisten Gramsci und dem Faschisten Gentile – beide waren beeinflusst von **Benedetto Croce** (1866-1952), einem idealistischen

Humanisten, welcher so etwas wie der Dreh- und Angelpunkt der neueren italienischen Philosophie ist.

**** Das berühmt-berüchtigte "Bekenntnis der deutschen Professoren zu Adolf Hitler und dem nationalsozialistischen Staat" (1933), mit insgesamt rund 900 Unterzeichnern (wovon nicht alles Professoren waren), wurde von verschiedenen Philosophen mitunterzeichnet (Freyer, Gadamer, Gehlen, Heidegger [hielt auch eine der Festreden zu diesem Akt – bei ihm fand ab 1938 eine politische Ernüchterung statt, trotzdem wurde nach dem Zweiten Weltkrieg bis 1951 über ihn ein Lehrverbot verhängt], Heyde, Jung [E.], Lipps, Lipsius, Litt, Noack, Ritter, Schingnitz, Schneider, Wirth, Wohlmuth – Leese gehört zu jenen Hamburger Unterschriften, die nicht gesichert sind [ihm wurde 1940 die Lehrbefugnis entzogen, weil an seiner Gesinnung gezweifelt wurde]). In Italien hatte es vorher – je 1925 – sowohl ein "Manifesto degli Intellectuali del Fascismo" (verfasst von Giovanni Gentile) sowie ein "Manifesto degli intellettuali antifascisti" (verfasst von Benedetto Croce) gegeben. Das sind wichtige historische Dokumente in Hinsicht der Beeinflussungsmöglichkeiten von Intellektuellen und Universitäten durch den Staat (diese hat es natürlich auch im realexistierenden Kommunismus gegeben). Gleichzeitig zeigt diese Problematik, dass es halt leider eben auch einen politischen Streit um Wahrheit und Wissenschaft gibt (wie sehr dieser die Wissenschaft beeinflussen kann, soll und/oder darf, wird Gegenstand weiterer Debatten sein müssen).

***** **Theodor W. Adorno** (1903-1969) und **Herbert Marcuse** (1889-1979) wurden zu den eigentlichen Philosophen der 1968-er Generation (wobei Adorno auch in die Kritik der 68-er Studenten geriet [Adornos Schüler Krahl gehörte mit Dutschke zu den bekanntesten Studentenführern der Proteste in Deutschland]). Adorno sah den modernen Menschen festgefahren in einer bürokratisierten und technisierten Welt. Er sprach von einer verwalteten Welt, in welcher dem Menschen die Spontaneität abhanden kommt, Marcuse, der auch in den USA grosse Beachtung fand, von einem eindimensionalen, positivistischen Menschen – diesem setzt er die Negation entgegen: einerseits durch Kritik, andererseits durch Weigerung. Studentenführer und -aktivist Dutschke träumte von einer neuen Welt ohne Krieg und Hunger. Es war ein (zu dieser Zeit) naiver Traum, welcher die Gesellschaft nur (aber immerhin) teilweise anregen und verbessern konnte. (Die – deutsche wie auch französische – Kulturkritik war [nebst der zeitgemässen belletristischen Literatur, v.a. in den USA (Burroughs, Huncke, Ferlinghetti, Salinger, Bukowski, Leary, Kerouac, Vonnegut, Whalen, Carr, Cassady, Ginsberg, Corso, Snyder, Wolfe, Brautigan, Kesey, Pynchon, Sanders)] ein wesentlicher Faktor der 68-er Bewegung bzw. der Jugendbewegungen, -proteste und -unruhen in den 60-er und 80-er Jahren. Anders als in der Belle-Epoque-Zeit war die Philosophie in der 68-er Bewegung also keineswegs abwesend, sondern ein grosses und bedeutendes Thema.)

****** Ein schwieriger Begriff, welcher zwischen einem 'So nicht' und einem 'Gar nicht' schwankt. Ich finde Foucaults Verwerfung des Humanismus ähnlich überrissen wie Marxens Verwerfung der Bürgerlichkeit. Bei solch radikalen Verwerfungen wird – wenngleich es aus Zeitphänomenen heraus vielleicht verständlich erscheint – vergessen, dass ein Status nicht aus dem Nichts kam, sondern aus einer historischen Entwicklung heraus, und dass der Bruch mit diesem Status des Alten auch einen Rückfall in das Uralte bedeuten kann. Wenn etwa Marx die Bürgerlichkeit verwirft, verwirft er dann nicht gleichzeitig auch die bürgerliche Revolution? Mit welchen Folgen? Und wenn Foucault den Humanismus verwirft (oder nach ihm ferner die [sogenannten] Trans- und Posthumanisten), verwirft er dann nicht gleichzeitig den Aufbruch des Menschen in der Renaissance? Und wieder die Frage dazu: mit welchen Folgen? In einer notwendigen, gelingenden und gelungenen Revolution erscheinen solche Radikalitäten nützlich, ansonsten aber sollte man doch eher einen Reformismus anstreben und damit auch eine gemässigte Beurteilung der Geschichte. Es scheint hierbei auch der Grundsatz zu gelten, dass man nicht revolutionieren kann, was bereits revolutioniert worden ist (oder dass dies zumindest noch sehr viel schwieriger erscheint). Wenn man etwas kritisiert, was bereits revolutioniert worden ist, dann muss man es reformieren.

Anmerkung: **Edmund Husserl** (1859-1938) war mit seiner ebenfalls bedeutend tönenden Philosophie der Phänomenologie so etwas wie die tragische Figur oder (quasi in der Reaktion auf die Reaktion) der Don Quichotte der Philosophie der Jahrhundertwende vom 19. ins 20. Jahrhundert. Er sah den dunklen, lichttötenden Effekt des Neopositivismus und stellte sich gegen diesen. Aber damit geriet er mitten in ein grosses Dilemma. In seiner Rettungsaktion für die Philosophie griff er den Empirismus an. Sein Ziel war es, eine neue philosophische Wissenschaft zu begründen, welche auf alle Erkenntnismöglichkeiten zurückgreift (und nicht nach einem fixen Modell funktioniert wie die empirische Wissenschaft). Das ist aus einer philosophischen Sicht verständlich, wenn man bedenkt, wie stark die reine Philosophie von der Wissenschaft an den Rand gedrängt wurde, aber es löst leider keinerlei Probleme. Das Postulat (des Einbezugs aller Möglichkeiten der Erkenntnis) ist zwar gut, aber man kann (und soll) damit nicht die exakte Wissenschaft angreifen. Obwohl Husserl mit seiner Phänomenologie letztlich keinen

Erfolg hatte – trotz der Unterstützung sogar von Heidegger (und vielen anderen) – und sich das Zentrum der Philosophie in die USA verlagerte, kann man Husserls Philosophie heute auch wie eine Prophezeiung sehen, von einer Wissenschaft, welche teils heute ihren eigenen Empirismus verleugnet und sich – v.a. im Makro- und Mikrobereich – von selber auf zunehmend spekulative Ebenen begibt und dort teils eigentlich esoterische Aussagen macht, die sie allerdings als pure Wissenschaft ausgibt. Die Wissenschaft hat heute bereits viele sich abzeichnende Probleme, welche von der Erkenntnis- und Wissenschaftsgewinnung über die Erkenntnis- und Wissenschafterhaltung bis zur Erkenntnis- und Wissenschaftskoordination gehen (ungeachtet der Probleme, welche die heutige und kommende Wissenschaft der Jurisprudenz aufgibt [am Augenfälligsten derzeit natürlich mit der Gentechnologie und deren aktuellen und kommenden Möglichkeiten] – trotz alledem kommen wir nicht umhin, die Wissenschaft weiter zu verteidigen, ohne sie zu verabsolutieren).

Ausgerechnet ein US-Amerikaner hat die Problematik der europäischen Philosophie des 20. Jahrhunderts vermutlich am Besten zusammengefasst: **Rick Roderick** (1949-2002) ist bekannter durch seine Vortragsreihen als durch seine Bücher. 1993 hielt er eine Vortragsreihe unter dem Titel "Self Under Siege" (dt. Das Selbst unter Druck [oder genauer: Belagerung]), in welcher er einige der bedeutendsten europäischen Philosophen des 20. Jahrhunderts und ihre Ideen erklärte, und dabei zeigte, dass er ein sehr guter Kenner und Analyst der europäischen Philosophie dieser Zeit ist. Es gibt ein paar Vorbehalte, trotzdem kann man dies empfehlen als Einstiegs- und/oder Basiswissen. Lecture 1: Masters of Suspicion, Lecture 2: Heidegger – The Rejection of Humanism, Lecture 3: Sartre – The Road to Freedom, Lecture 4: Marcuse – One-Dimensional Man, Lecture 5: Habermas – The Fragile Dignity of Humanity, Lecture 6: Foucault – The Disappearance of the Human, Lecture 7: Derrida – The Ends of Man, Lecture 8: Baudrillard – Fatal Strategies. Das ist natürlich kein leichter Stoff – v.a. wegen der negativen Grundtendenz, die wir, offen oder versteckt, darin finden – aber es ist die (europäische) Philosophie des 20. Jahrhunderts, die sich direkt an

Nietzsche ([Über-] Kritizismus), Schopenhauer (Pessimistische Grundeinstellung und Leiden an der Welt [und an deren kleineren und grösseren Katastrophen]) sowie Wittgenstein (Verneinung von [klassischer und/oder systemischer] Philosophie) anschliesst.

Roderick wies in seinen Vorlesungen auch speziell daraufhin, dass die Philosophie und die Geschichte (bzw. Geschichtsschreibung) der Vergangenheit gewisse Wesenszüge tragen, die er bezeichnet als: weiss, männlich und europäisch (zumindest bis ins 20. Jahrhundert [wobei man eben die Wurzeln der heutigen US-Philosophie ebenfalls in Europa sehen kann]). Es gebe andere Faktoren meinte er dazu, ohne dies genau auszuführen (nur als kleiner Wink an das Bewusstsein).

Nicht nur in Deutschland und Frankreich hat sich die Philosophie im 20. Jahrhundert ein bisschen ins Abseits gebracht: in Italien kam mit Vattimo und Rovatti sogar der Begriff eines Schwachen Denkens auf (missachtend: dass das Denken ja historisch eine Alternative ist zum Nicht-Denken). Diese Denker nahmen Bezug auf den heideggerschen Begriff der Seinsvergessenheit und forderten eine Schwächung des Seins und dessen starker Strukturen (wie sie es formulieren – und was immer damit gemeint sein soll [das Sein an sich hat meiner Meinung nach gar keine Strukturen, und im Daseienden werden von alters her (Da-) Sein und Wesen getrennt betrachtet, aber item]). Dies freilich ist ebenso eine Wendung gegen Heidegger wie auch gegen Kant (und dessen aufklärerisches Credo vom Sapere aude). Denn Heidegger meinte ja mit dem zweideutigen Begriff der Aufgabe des Denkens ein anderes, neues Denken – und nicht ein schwaches Denken. Ich bin der Meinung, dass sich die Welt gerade heute – und auch zukünftig – kein schwaches Denken erlauben kann, in einer Zeit, in welcher die Probleme immer grösser und die Waffen immer besser werden (man kann nicht mit Denken ein riesiges Waffenarsenal aufbauen, und wenn es um die Verwendung desselben geht, oder allenfalls bzw. besser: um den Abbau desselben, wenn es als zu gross empfunden wird, das Denken dann einfach ausschalten – das ist doch eher eine sehr fragwürdige Strategie). Das Aufgeben des Denkens ist keine Lösung für die Umgehung der Schwierigkeiten des Denkens. Für den Menschen gibt es letztlich kein Zurück, sondern nur ein Vorwärts – mit allem, was er sich erarbeitet hat (die Konzentration und Koordination desselben wird eine schwierige Aufgabe der Zukunft sein [und das ist es auch, was wir in Zukunft benötigen: nicht ein Ende des Denkens, sondern eine bessere Konzentration und Koordination]).

Ich habe die Kritische Theorie und den Poststrukturalismus hier – nach meiner Einteilung – der Moderne II des Sozialismus zugerechnet, weil es sich dabei teilweise (zumindest im Ansatz) um neomarxistische Phänomene handelt. Das eigentlich Neue bzw. die eigentlich neue philosophische Qualität und die zeittypische Richtung sehe ich dagegen im 20. Jahrhundert (Moderne III) beim Existentialismus (obwohl auch dieses Phänomen seine Wurzeln - bei Kierkegaard – im 19. Jahrhundert hat; eigentlich kann man fast sagen, dass alle relevanten Richtungen des 20. Jahrhundert aus dem 19. Jahrhundert stammen und es im 20. Jahrhundert selber keine wirklich neue Philosophie gegeben hat: während die Wissenschaft und Technik eine unglaublich rasante weitere Entwicklung nahm, herrschte in der Philosophie praktisch ein Stillstand [im 21. Jahrhundert können wir wohl wieder eine gewisse Bewegung in der Philosophie feststellen, die aber in ihrer letztendlichen Bedeutung noch nicht richtig eingeordnet werden kann - trotzdem werde ich hier auch aktuellen Tendenzen in der Philosophie nachspüren]).

6. Kapitel

NEUZEIT / MODERNE III
bzw. SPÄTMODERNE
(Existentialismus, 20./21. Jh.)

Existentialismus im 20. Jahrhundert * * * Die ökologische Problematik * * * US-Philosophie: Pragmatismus, Analytik & Co. * * * Public Philosophers und Medienphilosophie * * * Aktuelle Philosophie – Trends, Tendenzen, Exoten * * * Multi-Media-Freestyle-Flow-Bewusstseinserweiterungsphilosophie * * * Intensität und/oder Akzeleration * * * Neuer Atheismus und Neue Religiosität * * * Millenniumswechsel als religiöses Ereignis * * * Demokratiekritik und Libertarian Crossover * * * Populär- und Vulgärphilosophie und -wissenschaft * * * Diskurs-, Bewusstseins-, Verantwortungs- und Öffentlichkeitsdebatten (sowie Flüchtige Moderne) * * * Frauenfrage in der Philosophie.

Die Kunst des Existentialismus. Der Existentialismus ist so etwas wie ein Lichtblick in der Philosophie des 20. Jahrhunderts, jedenfalls kann man das (v.a. aus einer künstlerischen Sichtweise heraus) so auffassen – zwischen der kritizistischen und der (über-) analytischen Philosophie. Auch hier sind in erster Linie die Deutschen (Jaspers, Heidegger – Ontologie/Metaphysik: Hartmann*) und die Franzosen (Lavelle, Marcel, Sartre, De Beauvoir, Camus) zu nennen – ich würde daneben auch von einem Schweizer Existentialismus sprechen (insbesondere mit Frisch, welcher etwa von der menschlichen Existenz in einer historischen Situation sprach, und Dürrenmatt oder auch Loetscher sowie weiteren Schriftstellern und Künstlern (speziell auch etwa der Liedermacher Mani Matter); weitgehend ohne spezifische oder ausführliche Existenzphilosophie allerdings, es finden sich aber doch auch, wenn man den Kreis ein bisschen weiter fasst, einige belletristische und auch philosophische Texte von verschiedenen Denkern dieser Zeit dazu [und gerade Frisch – und warum nicht auch Dürrenmatt? – entsprach durchaus sehr einem existentialistischen Künstlertypus im 20. Jahrhundert]). Korrekterweise müsste man bei der deutschen Richtung von der Existenzphilosophie sprechen (nach einem Begriff von Jaspers) und bei der französischen von einem Existentialismus. Jedoch blieb auch der Existentialismus alles andere als kritikfrei: die Ethik spielt in dieser Philosophie (ebenfalls – wie in der gesamten Philosophie des 20. Jahrhunderts) keine allzu grosse Rolle, und manche werfen den existentialistischen Philosophen, insbesondere Heidegger und Sartre, ein allzu grosses Gewörtel und eine allzu grosse Fabuliererei vor, d.h. Sprache um der Sprache willen und/oder Gedanken um der Gedanken und nicht um der Philosophie willen. Die existentialistische Philosophie soll ja aber auch viel mit Kunst zu tun haben. **Das Kunstwerk ist sozusagen der Urgrund für den existentialistischen Menschen (bzw. das Werk allgemein, oder das Wirken für etwas** [wo es nicht gerade die nackte und bare Existenz selber ist]).** Und innerhalb des Existentialismus wiederum war es vermutlich der Roman "L'Étranger" (dt. Der Fremde, 1942) von **Albert Camus** (1913-1960), welcher das bedeutendste belletristische Werk zu diesem Thema war. Das Fremde und das Andere sind (im Gegensatz zur reinen Subjektphilosophie im Kartesianismus und bei den modernen Individualisten) ein bedeutendes Thema – v.a. im französischen Existentialismus. Der Existentialist ist jedoch auch quasi ein Anti-Meursault*** (d.h. das Gegenteil vom Helden bzw. Antihelden dieses Romans, obwohl er diesen Typ auch und vielleicht sogar zuerst in sich trägt, und dieser auch einen bedeutenden Teil seiner Künstlerseele ausmacht: er ist sich seiner Existenz bewusst, er denkt über diese nach, insbesondere auch über seine Ängste und Gefühle – vgl. Kierkegaard – was der naive und in seiner Naivität fast ein bisschen gewissenlose Meursault, der sehr stark dem 'Homo Faber' [1957] bei Frisch ähnelt, im Roman nicht tut [es gibt in der Literatur dieser Zeit weitere literarische Figuren zu diesem Thema, aber keine ist ganz so typisch wie diese beiden (Meursault und Faber)]). Rein philosophietheoretisch sind aber Heidegger und Sartre bedeutender – ebenso in ihrer starken Rhetorik, und auch als erste grosse Public Philosophers. Doch dem eigentlichen Typus des Existentialisten entsprechen v.a. Camus und Frisch (das ist der Existentialist oder der typische [Medien-] Intellektuelle jener

Zeit, etwa im Gegensatz zum Dandy, einem anderen Künstlertypus, oder auch zum Hippie). **Martin Heidegger** (1889-1976) meinte, dass eine Frage in der Philosophie bis dahin noch nicht richtiggestellt worden sei: jene nach dem Sein an sich. Er nennt seine Philosophie deswegen eine Fundamentalontologie. Ob er diesem Anspruch gerecht wurde, kann man bezweifeln. Zweifellos hat er indes die Frage nach dem Sein (als Urgrund, seit alters her) bedeutend wieder aufgeworfen. Seine Philosophie und seine Sprache sind sehr originell, andererseits hat er sich aber einerseits zu stark von der traditionellen Philosophie abgewandt und ist andererseits doch nicht über die alte Metaphysik hinausgekommen. Dagegen war es – abgesehen von der zwiespältigen Dunkelheit in seiner eigenen Biographie – ihm vorbehalten, die Dunkelheit in der deutschen Philosophie aufzuhellen. Er griff das Problem auf und sprach ebenfalls und ausdrücklich vom Ende der Philosophie, allerdings nicht in einem wirklichen Schluss, sondern in der Versammlung ihres Ganzen und der Bestimmung ihrer äussersten Möglichkeiten (und auch in einem neuen Denken, dessen Art und Form Heidegger jedoch – anders als Hegel früher – im Wesentlichen offen lässt). **Jean-Paul Sartre** (1905-1980) war vermutlich der bedeutendste Public Philosopher des 20. Jahrhunderts, aber in seiner philosophischen Systematik konnte auch er nicht recht überzeugen. Wie Platon und Hegel machte er den Fehler – entgegen dem Satz von Parmenides – das Nichts als Substanz bzw. Idee aufzufassen (wie es Gorgias in der Antike aufbrachte). Der bedeutendste Systematiker unter den Seinsphilosophen des 20. Jahrhunderts war dagegen – wenngleich auch nicht ganz ohne Abstriche – Nicolai Hartmann, auch wenn er ziemlich stark im Schatten der grossen Persönlichkeiten der Existentialisten stand, die für das breite Publikum sehr viel leichter zugänglich waren.

* Ich erwähne den Namen von **Nicolai Hartmann** (1882-1950), dem bedeutendsten Ontologen**** des 20. Jahrhunderts, ohne hier tiefer und breiter auf die spezifische Geschichte der Ontologie einzugehen, obwohl dies mitunter das eigentliche Hauptthema meiner eigenen Philosophie ist. Die Stellung von Hartmann in der ihm nachfolgenden Philosophie bis heute zeigt, dass die Ontologie (und speziell die in Deutschland im 16./17. Jahrhundert entstandene, begriffsentsprechende Philosophie [welche im Versuch einer Loslösung vom alten, antiken und scholastischen Metaphysikbegriff in der Seinsphilosophie weitergeführt wurde

über Wolff bis Heidegger/Hartmann und darüber hinaus]) in der europäischen Philosophie des 20. Jahrhunderts nur mehr ein Randthema war. Heidegger wurde – obwohl er seine Philosophie als Fundamentalontologie bezeichnete – eher dem Existentialismus bzw. der Existenzphilosophie zugerechnet (deren bedeutendere Dynamik, mit Sartre im Zentrum, in Frankreich stattfand und eben v.a. auch in der öffentlichen Wahrnehmung zur Hauptphilosophie des 20. Jahrhunderts überhaupt wurde), Hartmann ging dagegen mehr oder weniger vergessen (und er steht eigentlich – mit all seinen Vorzügen und Schwierigkeiten – in der Philosophiegeschichte da als letzter grosser und eben fast vergessener Systematiker***** der europäischen Philosophie [im 20. Jahrhundert] – wer sich speziell über seine Arbeit, und damit über den Stand der systematischen Ontologie im 20. Jahrhundert, informieren will, kann dies tun mit dem hervorragenden Buch "Nicolai Hartmann zur Einführung" von Martin Morgenstern). Hinweisen möchte ich in der aktuellen ontologischen Philosophie – neben meiner eigenen Arbeit, natürlich – v.a. auf eine interessante Wiederentdeckung Heideggers in der französischen Philosophie (Malabou, Caron und andere). In der anglophilen Philosophie spielt die Analytische Metaphysik (basierend auf Quine, fortgeführt von Lewis, Chisholm, Armstrong, Fine, Lowe) sowie auch die Formale Ontologie (Smith [B.]) eine bedeutende Rolle.

** Dies freilich in einer trotz Gegenkultur immer noch positiven Auffassung der Kunst, welche heute durch Kommerz und Exzess – v.a. auch durch die Kombination von Kommerz und Exzess (inkl. der Mainstream- und Leitkulturfrage, welche in einer vorwiegend kapitalistischen Gesellschaft alles umfasst, was kommerziell erfolgreich ist) – zunehmend in Frage gestellt scheint. Das existentialistische Kunstwerk entspricht nicht der unpersönlich hochstilisierten Überkunst in der Antike, sondern einem eher kleinen, aber wichtigen und auch sehr wichtiggenommenen Werk (typisch dafür wiederum: Camus und Frisch), welches sehr wesentlich mit dem Leben und der Existenz des Künstlers verbunden ist. Nicht selten hat das existentialistische Kunstwerk eine politische Aussage, die aber oft nicht klar einer bestimmten Ideologie zugerechnet werden kann (es sei denn, man würde den Existentialismus selber als eine Ideologie betrachten – dieser ist in einem gewissen Sinn beides: Anti-Ideologie und selber aber vielleicht auch eine Art Ideologie).

*** Auf einer (privaten) Website im Internet habe ich – das macht die Aussage vielleicht ein bisschen verständlicher – passend dies gefunden: "On peut noter cependant que certains critiques ont vu dans Meursault, homme fruste, une sorte de Camus raté." (J.Trumel – Cours de français). Und daher ist übrigens auch die Verfilmung – von Visconti 1967, mit Marcello Mastroianni (eine klassische Fehlbesetzung: eigentlich hätte man einen Laien nehmen sollen, welcher ebenso überfordert ist mit allem) – nicht allzu gut gelungen, weil sie uns nicht den Eindruck eines Antihelden gibt, der immer wieder neben den Situationen steht: das ist im Buch ein bisschen anders beschrieben. Man darf auch nicht vergessen, in welchem historischen Kontext das Buch geschrieben wurde (Camus beendete es kurz vor Beginn des Zweiten Weltkriegs, diesen, oder allgemein ein kommendes Desaster, vielleicht sogar vorausahnend) – es geht hier vielleicht auch um die Infragestellung einer allzu apolitisch-passiv-naiven und letztlich auch fatalistischen Haltung (dies obwohl Sartre politisch viel aktiver war als Camus, dessen bedeutendste Lebensaufgabe gewesen zu sein scheint, diesen Meursault in ihm zu überwinden). Dass Philosophen auch belletristische Werke schreiben, ist eigentlich ursprünglich gar nicht unbedingt vorgesehen: in der Antike gab es eine ziemlich klare Trennung von Philosophie und Belletristik (und im Mittelalter sowieso). Die bekanntesten belletristischen Schreiber unter den Philosophen sind – nebst Camus und Sartre – vermutlich Voltaire und Nietzsche (aber auch etwa Diderot, u.a.).

**** Die Ontologie unterscheidet sich natürlich grundlegend vom Existentialismus, obwohl beide Philosophien als Seinsphilosophien bezeichnet werden können. Dem Existentialismus geht es um die Fragen des individuellen und kollektiven Daseins (d.h. dem Sein für sich und für andere). Die Ontologie beschäftigt sich tiefer und theoretischer mit den Fragen nach dem Sein als solchem. Sartre hatte unterschieden in ein Sein an sich, ein Sein für sich und ein Sein für andere, meinte jedoch (als Existentialist) damit immer einen eigentlichen Daseinsmodus, während Heidegger (wie einst Aristoteles) vom Sein als solchem sprach.

***** Wer im 20. Jahrhundert nach grossen philosophischen Systematikern sucht, der muss weit herum suchen. Hartmann ist zwar nicht der einzige, aber neben ihm kann fast nur noch Jean Gebser genannt werden (ebenfalls mit einem Schichtenmodell, in der integralistischen Philosophie).

Letztlich bleibt aus dieser Zeit v.a. eben die Kunst des Existentialismus bzw. die existentialistische Auffassung der Kunst – und vielleicht auch ein grosses Ausrufezeichen für die Kunst und Kultur allgemein, in einer Zeit, in welcher wir uns auch um diese wieder mehr Sorgen machen müssen. Das Kunstwerk als Urgrund in einer sich ständig (und immer rascher) verändernden Welt ist im existentialistischen Sinn auch eine Auseinandersetzung mit der Moral, aber viel mehr als nur dies: die existentialistische Kunst ist eine Auseinandersetzung mit der

Kultur an sich, die nur als Kunst stattfinden kann, als Verbindung von Kunst und Kultur, und sonst in kultureller Abwesenheit – oder vielmehr: Abgewandtheit – nicht stattfinden würde: das ist ja, sowohl der individuelle wie auch der kulturelle Grund, Sinn und Zweck der modernen Kunst. Für die Menschen (oder für manche Menschen) ist die Kunst vielleicht sogar der letzte Halt im Leben.

Wenn man über den Existentialismus im 20. Jahrhundert spricht, so muss man einerseits auf Kierkegaard zurückschauen, andererseits aber auch auf die russische Literatur, insbesondere jene von **Fjodor Michailowitsch Dostojewski** (1821-1881). Sie ist die Verbindung zu existentialistischen Philosophen in Russland – wie Schestow und Berdjajew – welche wiederum eine Verbindung darstellen zum Existentialismus in Deutschland und Frankreich (so dass also der Existentialismus zeitlich gar nicht so zerstückelt ist, wie man allgemein annimmt – hier Heidegger und Sartre, und dort, in einer tiefen Vergangenheit, Kierkegaard: sondern das war eine relativ durchgehende Bewegung von Kierkegaard bis und mit Camus! Diese Sichtweise ist daher nicht gegeben, weil die Russen im Westen – mit der erwähnten Verbindung – aus politischen Gründen im 20. Jahrhundert ganz einfach vergessen gingen... Der deutsche Philosoph Walter Kaufmann wies auf die grosse Bedeutung Dostojewskis für den Existentialismus hin (in der von ihm herausgegebenen Textsammlung "Existentialism from Dostoevsky to Sartre", 1975). Wenn man bedenkt, dass Dostojewski ferner auch etwa Nietzsche beeinflusst hat, dann nimmt seine Bedeutung für die neuere Philosophiegeschichte weiter zu. **Leo Isaakowitsch Schestow** (1866-1938) hat bedeutende Kommentare über die Verbindungen von Dostojewski und Tolstoi zu Nietzsche geschrieben und kann so in philosophischer Hinsicht als bedeutender Kommentator der russischen Literatur bezeichnet werden (gleichzeitig gilt aber sein bekanntestes Werk auch als Höhepunkt der antirationalistischen russischen Religionsphilosophie im 20. Jahrhundert). Dostojewski hat zwar kein spezifisch philosophisches Werk geschrieben, war aber eben sehr einflussreich (und einige seiner Romane tragen ja auch philosophische Züge). Damit erscheint er natürlich auch als so etwas wie ein früher Urtypus des modernen Künstlers und Existentialisten.

Nikolai Alexandrowitsch Berdjajew (1874-1948) versuchte, inspiriert vom Religionsphilosophen Wladimir Sergejewitsch Solowjow, eine Vereinigung zwischen dem Marxismus und dem russisch-orthodoxen Christentum; besonders erwähnenswert ist seine Position der Nichterwünschtheit von Utopien (aufgenommen von Aldous Huxley, in dessen dystopischem Roman "Brave New World").

Wenn wir schon die russische Literatur erwähnen – was im Rahmen der Philosophiegeschichte durchaus angebracht erscheint – müssen wir darauf hinweisen, dass es in ihr natürlich nicht nur einen nihilistischen und existentialistischen (sowie religiösen) Faktor gibt, sondern auch etwa einen idealistischen. Dafür steht z.B. Nikolai Gawrilowitsch Tschernyschewski (1828-1889). In seinem Buch "Tschto delat?" (dt. Was tun?, oder: Was ist zu tun? [anschliessend an die berühmten kantischen Fragen: Was kann ich wissen? Was soll ich tun? Was darf ich hoffen? Was ist der Mensch?]) vertritt er die Auffassung, dass idealistische Menschen die Welt im Kleinen verändern können. Der Buchtitel wurde bedeutend aufgenommen von Tolstoi (1883) und Lenin (1902 – ferner auch von Ikbal [1936], als Frage an die östlichen Nationen insgesamt). Der Idealismus von Tschernyschewski wurde kritisiert von Pjotr Dmitrijewitsch Boborykin.

Ferner zu erwähnen gilt es zum beschriebenen Zwischenstadium im Existentialismus, welches nicht bloss ein russisches war, auch etwa den spanischen Schriftsteller **Miguel de Unamuno** (1864-1936) – ein interessanter Schriftsteller für diejenigen, welche sich für den Themenbereich zwischen Existentialismus und Religion interessieren – vielleicht einer der interessantesten Religionsphilosophen der neueren Zeit; dies gilt auch für **G.K. Chesterton** (1874-1936), welcher etwa mit seiner Schrift "The Everlasting Man" (1925) eine ungewöhnlich starke (spät-) moderne Apologie des Christentums geschrieben hat.

Trotz der grossen und reichen deutschen, britischen oder auch russischen Literatur: die grössten literarischen Wunderwerke und schillerndsten literarischen Perlen dieser Zeit scheinen aus der französischen Literatur zu kommen: nebst Camus und seinem Buch vom Fremden – oder auch etwa Ionesco (mit seinem

Drama um die Verdickhäuterung der Menschen ["Rhinocéros"]) oder Beckett (mit seinem Drama der zwei verlorenen Seelen ["En attendant Godot"]) im verwandten absurden Theater – sind v.a. Schriftsteller zu nennen wie Jules Verne, einer der grössten, bedeutendsten und begnadetsten Abenteuer-, Fantasy- und Science-Fiction-Autoren, oder Antoine de Saint-Exupéry, welcher die wundersame Geschichte vom kleinen Prinzen geschrieben hat (Originaltitel: "The Little Prince", frz. Le petit prince, 1943). Er führte damit eine Figur der Philosophie des Herzens ein, welche der Philosophie durchaus zeigen kann, dass man auch mit dem Herzen sehen kann (ohne gleich zu übertreiben damit, aber es scheint mir wichtig, dies in der Philosophie ebenfalls zu erwähnen. Der französische Philosoph André-A. Devaux hat dem kleinen Prinzen sogar ein Werk gewidmet ["Les Grandes Leçons du Petit Prince de Saint-Exupéry"], dagegen erscheint die relativ bekannte Anekdote, dass diese Figur sogar ursprünglich von einem Philosophen inspiriert ist – vom kanadischen Philosophen Thomas De Koninck – vielleicht eher abenteuerlich, doch auch dies kann den kleinen Prinzen als philosophische Figur erscheinen lassen). Oder man denke noch etwas weiter zurück an Victor Hugo (mit seinem Revolutionsdrama "Les Misérables" – ein fast unfassbar grosses Buch und Kunststück).

All diese Beispiele – und auch viele andere dazu – zeigen, dass man bei der Betrachtung des philosophischen Existentialismus auch die Literatur des 19./20. Jahrhunderts betrachten muss, und erst eine solche Betrachtung zeigt, wie bedeutend der Existentialismus tatsächlich auch als Philosophie der Spätmoderne ist. Ich sehe diesen letztlich eben sogar als bedeutendste Philosophie im 20. Jahrhundert (ungeachtet dessen, dass rein zahlenmässig vermutlich mehr Philosophen an analytischen und kritizistischen Ansätzen arbeiteten sowie an der Erinnerung an alte Philosophen und Richtungen natürlich auch). Schliesslich gilt es vom Existentialismus zu sagen, dass er sich – anders als manche vielleicht denken – nicht etwa in einem einfachen Sinn auf den berühmten Ausspruch Shakespeares vom Sein und Nicht-Sein reduzieren lässt. Die Existenz wird hier – das zeigt gerade auch das Beispiel von Kierkegaard – in einem sehr viel tieferen, höheren, weiteren und breiteren Sinn aufgefasst (man könnte sagen: auf eine künstlerische Art und Weise eben).

Die Poststrukturalisten, welche in Frankreich den Existentialisten nachfolgten, machten die Literaturkritik zu einem bedeutenden philosophischen Thema. Interessant ist hierzu auch die Auffassung des US-Philosophen Rorty, welcher – vermutlich auch im Zuge von Sartre und Camus – gar meinte, die belletristische Literatur werde die Philosophie ablösen bzw. die Philosophie werde zu belletristischer Literatur werden (exemplarisch war dies etwa beim Schweizer Philosophen Bieri der Fall, im Allgemeinen hat sich dies jedoch nicht bestätigt – es zeigt aber, wie hoch der Wert der Kunst in der Philosophie des 20. Jahrhunderts eingeschätzt wurde).

Vielleicht hat die Ökophilosophie eine gewisse Verwandtschaft mit dem Existentialismus: hierbei geht es nicht mehr um die Existenz des Einzelnen, sondern um die kollektive Existenz. Das Verhältnis zwischen Mensch und Natur/Umwelt ist gegen Ende des 20. Jahrhunderts mit wichtigen und epochalen Fragen behaftet worden.

Die Bedeutung der Ökophilosophie. Als Begründer des Begriffs der Ökologie gilt – wenig schmeichelhaft vielleicht, aber trotzdem – der Biologe Haeckel, welcher auch als Wegbereiter der Eugenik und Rassenhygiene in Deutschland gilt, was zeigt, dass der Ökologiebegriff, anders als die frühe Ökopolitik, nicht von der linken Seite kam (1866: "Unter Oecologie verstehen wir die gesammte Wissenschaft von den Beziehungen des Organismus zur umgebenden Aussenwelt, wohin wir im weiteren Sinne alle 'Existenz-Bedingungen' rechnen können. Diese sind theils organischer, theils anorganischer Natur; sowohl diese als jene sind [...] von der grössten Bedeutung für die Form der Organismen, weil sie dieselbe zwingen, sich ihnen anzupassen.") Es gibt jedoch auch die Behauptung, der Begriff sei schon vorher vereinzelt in Lexika aufgetaucht (ich kann das leider nicht überprüfen). Es gibt (vorher wie nachher) viele weitere Namen, welche mit dem Aufkommen von einem ökologischen Denken und Betrachten in Zusammenhang stehen – sie finden sich vorwiegend – noch vollkommen unpolitisch – meist in der früheren Naturwissenschaft, ein paar dieser Namen sind etwa: Perkins Marsh (Nachhaltigkeitsprinzip – der Begriff der Nachhaltigkeit stammt indes aus der deutschen Forstwirtschaft von Carlowitz im 17./18. Jahrhundert), Warming (Pflanzenökologie), Schroeter (Autökologie u. Synökologie), Tansley (Begriff des Ökosystems), Braun-Blanquet (Pflanzensoziologie), Leopold (Naturschutz), Elton (Tierökologie)*. Diese und andere Pioniere der Ökologie sind bis heute nicht allzu gross bekannt, was zeigt, dass sich die Ökologie quasi durch die Hintertüre in die Naturwissenschaften eingearbeitet hat. Dies ist vielleicht auch der Grund dafür, dass die Philosophie und auch die Politik dieses Thema relativ spät aufgenommen haben. Nach der früheren naturwissenschaftlichen Begründung und einigen philosophischen Zwischenspielen war es v.a. der bedeutende **Bericht über die 'Grenzen des Wachstums' von Meadows (Club of Rome, 1972)**, welcher das Thema erstmals breiter an die Öffentlichkeit brachte, worauf dann auch die politische Aktualität und Aktivität ab den 1980-er Jahren folgte. Eines der bedeutendsten Werke der ökologischen Philosophie stammt vielleicht von **Hans Jonas** (1903-1993): "Das Prinzip Verantwortung – Versuch einer Ethik für die technologische Zivilisation" (1979 – der Titel basiert auf dem 'Prinzip Hoffnung' [1954-1959] von Ernst Bloch, welches sich bedeutend mit der Utopiegeschichte in der Philosophie auseinandersetzte). Zuerst hatte sich die ökologische Philosophie – immer noch innerhalb der Naturwissenschaft – auf einem eher diffusen Weg angenähert, etwa mit der Gaia-Theorie (Lovelock/Margulis) in den 1960-er Jahren; als bedeutend gilt das Sachbuch "Silent Spring" (1962) der Biologin Rachel Carson (dieses wird häufig als Ausgangspunkt der weltweiten Umweltbewegung betrachtet). Ein weiterer bedeutender philosophischer Autor zu diesem Thema ist **Arne Naess** (1912-2009), der Begründer der sogenannten Tiefenökologie (etwa mit "Ecology, Community, and Lifestyle" [1989]). Auch später ist jedoch auffallend, dass solche ökologischen Bücher eigentlich immer nur Einzelwerke in einem viel breiteren Werk waren – eine durchgehend und ausschliesslich ökologische Philosophie hat es bis dato eigentlich noch gar nicht gegeben! Das gilt auch etwa für weitere Vertreter der Ökophilosophie wie Lothar Schäfer (geb. 1934)** oder Roy Bhaskar (1944-2014), auch Birnbacher und Seel sind erwähnenswert; und auch

177

in der US-Philosophie gibt es einige weitere Vertreter: Taylor, Shepard, Rolston, Devall oder Attfield – ferner etwa der Australier Passmore. Bedeutend auf dem Gebiet der Tierethik ist der australische Moralphilosoph **Peter Singer** (geb. 1946); ferner Tom Regan oder Jean-Claude und Ursula Wolf – diese Thematik begann historisch in der Philosophie etwa beim Utilitaristen Bentham.

* Bereits viel früher sollen sich zwischen dem 9. und dem 13. Jahrhundert naturschützerische Aussagen bei verschiedenen Autoren in der arabischen Medizin finden (darunter etwa Al-Kindi oder Avicenna). Bei diesen ging es v.a. Luft-, Wasser oder Bodenverschmutzung. Erwähnenswert ist im Mittelalter sicher auch die Naturmystik von Franz von Assisi.

** Dürfen wir die Wissenschaft überhaupt kritisieren, angesichts all der Vorteile, welche sie in den letzten 400 Jahre gebracht hat? Nichts liegt mir ferner, als die Wissenschaft zu stark zu kritisieren. Augustinus sagte – bereits in der Zeit der christlichen Patristik – dass kein vernünftiger Mensch gegen die menschliche Wissenschaft sein kann, und das ist ein weises philosophisches Wort. Ich lege die Wissenschaftskritik, welche sich in der Folge der Kulturkritik, im 20. Jahrhundert ergeben hat, eher so aus, dass wir uns wieder fragen müssen: Was ist denn eigentlich wahre Wissenschaft? Oder nach Platon gefragt: was ist denn die eigentliche Idee hinter der Wissenschaft? Statt der reinen Ausbeutung in der alten Baconschen Manier schlägt Schäfer ein neues (Bacon-) Projekt vor: **das Projekt von der Erkenntnis, Nutzung und Schonung der Natur** (1993). Das tönt für mich schon ein bisschen besser. Wir stehen heute am Anfang dieser neu zu stellenden Fragen. Ich denke, dass wir auf dem Weg dazu sind zu einer adäquaten Antwort – aber auch: dass es aber ein relativ langer Weg werden könnte. Und: ist eigentlich die Welt durch die Wissenschaft tatsächlich eine bessere Welt geworden? Einige – wie der kapitalismuskritische Soziologe Jean Ziegler – sagen, dass heute (in absoluten Zahlen betrachtet) mehr Kinder an Hunger sterben denn je, die Statistiken der Weltgesundheitsorganisation sagen aber, wie der Statistiker Hans Rosling darstellt, dass sich die Weltgesundheitssituation in den letzten Jahrzehnten und Jahrhunderten stetig verbessert hat. Beides scheint richtig zu sein – diese heutige Zeit ist schwierig zu beurteilen.

Summa summarum: trotz der grossen Bedeutung des Themas der Ökologie, spielte dieses in der Philosophie bisher eher nur eine Nebenrolle. Tendenz vielleicht sogar: weiter abnehmend! Die heutigen Philosophen tun sich offenkundig und erstaunlicherweise – oder auch nicht – etwas schwer mit Ganzheitlichkeit und Nachhaltigkeit!

Es stellen sich natürlich viele interessante ethisch-moralische Fragen im Zusammenhang mit der Ökologie. Wir wissen heute eigentlich noch immer nicht, wie gross nun wirklich die menschliche Verursachung der wachsenden Ökoprobleme sind. Die Wissenschaft nimmt an, dass dieser Zusammenhang äusserst bedeutend ist – aber schon nur, wenn die Möglichkeit einer hohen Bedeutung eines solchen Zusammenhangs gegeben ist, müssen wir reagieren, angesichts der grossen Bedeutung der Problematik. Daher ist es erstaunlich, dass es immer noch sehr viele Philosophen gibt heute, welche dieses Thema praktisch überhaupt gar nicht beachten. Es ist doch eigentlich das grosse bzw. grösste Thema dieser Zeit (des zu Ende gegangenen 20. und angebrochenen 21. Jahrhunderts)! Mit einem äusserst bedeutenden Umbruch im gesamten menschlichen Denken. Das Ökoproblem gehört zu den vielen Verunsicherungen des Alltagsmenschen durch die neuzeitliche, moderne und spätmoderne Wissenschaft, und es ist vermutlich die grundsätzlichste, mit welcher der Mensch an eine neue absolute Grenze gestossen ist, was ihm zeigt, dass es für ihn vermutlich solche gibt, selbst wenn Gott tot wäre (wie Nietzsche behauptete). Natürlich ein Schock für den Menschen! Und es ist überhaupt noch nicht klar, wie er (auch psychologisch, und auch soziologisch) damit umgehen wird/kann (denn das ist eine Thematik, welche nicht nur eine Mode- oder Zeiterscheinung ist, sondern die Menschheit natürlich weiterbeschäftigen wird, von dieser heutigen Zeit bis an das Ende aller Tage, quasi).

Eines der interessantesten und logischsten Themen der heutigen Philosophie ist die Wiederüberlegung unserer Theorien zum Leben, aufgrund der Erschütterungen der Lebenswissenschaften durch die Gentechnologie und die Ökologie (vermutlich sind diese Diskussionen heute erst am Entstehen).

Für mich ist die Ökologie – nebst der Soziologie, einem politisch älteren Thema – das eigentliche Hauptthema dieser Zeit, daher könnte man diese Betrachtung der Philosophiegeschichte an diesem Punkt beenden, aber es gibt doch noch einige bedeutende und interessante andere philosophische Richtungen und Entwicklungen im 20./21. Jahrhundert zu betrachten.

Exkurs: Populär-/Vulgärphilosophie und -wissenschaft (und die Vorstellung von der Wendezeit). Es ist mir ein Anliegen, hier noch einmal – wo es nicht schon gemacht wurde – auf die Autoren der (sogenannten) Populär- und Vulgärphilosophie und -wissenschaft zu verweisen, wie sie v.a. in den 1970-er und 1980-er Jahren, aber eigentlich zu allen modernen Zeiten, als Bestsellerautoren herauskamen (mit ihrem Nachdenken über Zeit und Welt ausserhalb der eigentlichen Disziplin der Philosophie und/oder einer speziellen Wissenschaft [oder im Gegenzug quasi aber auch als Versuche von Wissenschaftlern, ihre Wissenschaft einem Massenpublikum näher zu bringen bzw. sie zu popularisieren]). Dazu zähle ich Autoren wie Arthur Koestler, Rachel Carson, Jacques-Yves Cousteau, Robert Jungk, Hoimar von Ditfurth, Joseph Weizenbaum, Frederic Vester, Albert Jacquard, Roger Penrose, Alexander Kluge, Hubert Reeves, Carl Sagan (u.a. mit dessen epischer Darstellung der Erde als 'Pale Blue Dot'), Fritjof Capra, Richard Dawkins, Stephen Hawking, Douglas Hofstadter, Michio Kaku, Lawrence M. Krauss, Stephen Pinker, Neil deGrasse Tyson, Harald Lesch oder Brian Cox – u.a. (dieses Feld, in welchem versucht wird, eine Brücke zu schaffen zwischen Wissenschaft/Philosophie und Publikum, hat sich in letzter Zeit etwas verlagert von alternativen Anflügen [zurück] zu wissenschaftlichen Erklärungsversuchen). Besonders etwa Jungk, Vester und Capra stehen – wie auch etwa Naess oder Lovelock/Margulis (und Carson!) – auch in einem engen Zusammenhang mit der ersten grösser angelegten Diskussion von ökologischen Themen und Ansichten in einer breiteren und auch der intellektuellen Öffentlichkeit. Das Buch "The Turning Point: Science, Society, and the Rising Culture" (dt. Wendezeit – Bausteine für ein neues Weltbild, 1982) vom österreichisch-amerikanischen Physiker und Esoteriker **Fritjof Capra** (geb. 1939), welches ich in den mittleren 1980-er Jahren gelesen habe, war meine erste philosophische Lektüre überhaupt, die mich auch dazu angeregt hat, mich etwas später sehr viel breiter und tiefer mit der Philosophie auseinanderzusetzen (1985 kam eine erweiterte deutsche Ausgabe des Buches heraus, 1990 ein Film zum Buch ["Mindwalk", dt. Wendezeit – mit bekannten Schauspielern, Regie führte Capras Bruder (in einem von eigentlich sehr wenigen philosophischen Filmen)]). Ich kann also sagen, dass diese Populär- und Vulgärphilosophie mich eigentlich zur Philosophie gebracht hat (und daher hat sie hier für mich auch einen speziellen Platz verdient). Für die Wissenschaften ist der Bereich der populärwissenschaftlichen Autoren und Moderatoren relativ bedeutend, bei den Philosophen fehlt dies – und damit auch ein besserer Zugang zu einem breiteren Publikum – ein bisschen*. Die Position des vulgärwissenschaftlichen Autors ist für den Philosophen natürlich eigentlich gar nicht so fremd (und daher auch besonders interessant), denn er steht ja selber in dieser Position: einerseits möchte er die Wissenschaften einbeziehen in sein Denken, andererseits aber ist er auf keinem wissenschaftlichen Gebiet ein wissenschaftlicher Experte. Er kann also selber nur ein Vulgärwissenshaftler sein. Er sollte auch nichts vorgeben oder -spielen – etwa behaupten, er hätte eine reine bzw. spezielle wissenschaftliche Kompetenz – immerhin aber kann er alle wissenschaftlichen (und zwar natur- wie geisteswissenschaftliche) Gebiete gleichermassen einbeziehen. Dies ist wiederum der Vorteil des Philosophen (irgendeinen Vorteil muss er ja auch haben). Er hat vielleicht etwas weniger Einblick, dafür aber einen etwas besseren Überblick, indem er sich auch vorurteilsfrei mit allem beschäftigen kann. Natürlich erhebt sich auch die Frage, ob es überhaupt eine wissenschaftliche Philosophie gibt, wie ja die Philosophie als Wissenschaft behauptet. Ich würde das bejahen, meine aber, dass wir erst auf dem Weg zu einer solchen sind. Dazu müssten wir die einzelnen Philosophien besser einordnen können, was natürlich sehr schwierig ist (auch deswegen, u.v.a., weil es immer neue Begriffe gibt und immer neue Sichtweisen, welche die Gesamtschau wieder verändern; trotzdem glaube ich an eine Wissenschaft der Philosophie [bedeutend ist für mich in diesem Zusammenhang die Sichtweise der Philosophie als Ideengeschichte, ebenso wie als Ideenauffassung zu einem bestimmten Zeitpunkt; und der Begriff von Ideen bedeutet in der Philosophie immer auch ganz wesentlich den Begriff von Begriffen: wir können auch von einer Begriffsgeschichte und -auffassung sprechen]).

* Auf Seiten der Philosophie kann man vielleicht etwa Autoren wie Erich Fromm, Günther Anders oder Hans Jonas zu diesem Feld dazuzählen – einer von wenigen Philosophen, welche diesem Feld zugerechnet werden können. Die Philosophie findet ansonsten heute fast ebenso abgeschieden in einem Elfenbeinturm statt wie die übrigen Wissenschaften: kaum ein Philosoph schreibt heute für ein breiteres Publikum, sondern der überwiegend grosse Teil für ein spezifisches Fachpublikum. Früher hatte die Philosophie zumindest zur Intellektuellenwelt und insbesondere zur Literatur noch ein gewisses Verhältnis – nicht unbedingt, weil die Werke weniger komplex waren, sondern: weil gerade die Kunst noch interessierter war an der Philosophie (während sie in der heutigen Medienwelt von so vielen Eindrücken umgeben ist, dass sie auf die Philosophie gar nicht mehr schaut; in der Intellektuellenwelt allgemein ist ein konzentriertes Spezialistentum eingekehrt: die Philosophie wird als allgemeiner Gedankenraum betrachtet, welcher zwar seine Berechtigung hat, für die spezialisierten Wissenschaften aber nicht mehr unbedingt relevant ist). Die bereits erwähnten Bereiche der Public Philosophers und der Lebenshilfephilosophie vermögen noch eine Brücke zum Rest der Welt quasi zu schaffen (ansonsten würde die heutige Philosophie vollkommen in der Luft hängen). Ich gehe davon aus, dass wir in der kommenden Zeit eine Popularisierung der Philosophie, vermehrt aus sich selber heraus, erleben werden (und nicht – wie früher – fast ausschliesslich durch Wissenschaftler, Journalisten, Schriftsteller und andere Autoren, die sich quasi von aussen her in die populäre Philosophie einbringen, oder dies versuchen, was aber gar nicht so einfach ist).

Capra empfiehlt im Bereich der Ökologie (auch) die Lektüre von **Lester R. Brown** (geb. 1934 – "Plan B – Rescuing a Planet under Stress & a Civilization in Trouble" [2003], "Plan B 2.0 – Rescuing a Planet Under Stress and a Civilization in Trouble" [2006], "Plan B 3.0 – Mobilizing to Save Civilization" [2008], "Plan B 4.0 – Mobilizing to Save Civilization" [2009]). Brown ist einer der bedeutendsten Autoren und Redner zum Thema der Ökologie der letzten Jahre. Ferner: das Buch "Natural Capitalism – Creating the Next Industrial Revolution" (1999) von Paul Hawken, Amory Lovins und Hunter Lovins. (Leider finden wir im Bereich der reinen Philosophie keine adäquate Lektüre zum Thema der Ökologie.)

Populär- und Vulgärphilosophie (und -wissenschaft) an und für sich ist nicht zu verwechseln mit dem Trend der Vermischung von Populärkultur und Philosophie, von Einhörnern (Appleton,

Callois, Dummett, Hrachovec, Neander, Sorensen, Walters [u.v.a.]) bis Zombies (Cassou-Noguès, Chalmers, Dennett, Goff, Killer, Kirk, Robb [u.a.]) – natürlich haben gerade Einhörner und Zombies mittlerweilen eine eigene philosophische Bedeutung bekommen*, aber item – von "God, the Devil and the Perfect Pizza" (Govier) bis "Egoshooter – Das Raumbild des Computerspiels" (Günzel), auch manches z.B. über spezielle Musikgruppen und -richtungen oder Kinofilme und -genres (u.v.a.). In der aktuellen Philosophie scheint es fast ebenso viele Un- und Abgründe wie Urgründe zu geben – und das alles kommt aus den (immer zahlreicher werdenden) Universitäten und deren Umfeld heraus, notabene (v.a. in den USA [und auch längst nicht mehr alles, was vom Titel her seriös tönt, ist so seriös, wie es aufgemacht ist – kein Wunder bei der heutigen Menge an Universitäten und Flut an Publikationen]). Natürlich kann es lustig und interessant sein, ein Buch über irgendein aktuell populäres Kulturthema zu schreiben, vielleicht auch, es zu lesen, aber was dies noch mit grosser Philosophie zu tun hat, bleibt vielleicht mehr als nur fraglich. Auf jeden Fall zeigt es aber die Tendenz in der Philosophie, Einzelstudien über alles Mögliche und Unmögliche zu verfassen. Heute ist freilich auch kleine Philosophie erlaubt und vielleicht sogar willkommen (dennoch sollten wir im Allgemeinen den Gesamtzusammenhang nicht verlieren – jedoch: es scheint in der heutigen Philosophie keinen klaren Standpunkt mehr zu geben – so meint Sandra Mitchell, wir würden erst anfangen, die Welt zu verstehen, während Markus Gabriel uns sagen will, warum es gar keine Welt gibt [oder anders gesagt: Standpunkte müssen heute besser begründet werden denn je und sie sind trotzdem unsicherer denn je]). Die Frage, die sich in der heutigen Philosophie bezüglich des Publikums stellt, ist vielleicht diese: wie wollen die Philosophen dem breiteren Publikum klarmachen, worum es in der Philosophie geht, wenn sie ihm zuerst erklären müssen, was Einhörner oder Zombies (u.v.a.) für eine spezielle Bedeutung in der Philosophie haben? Ich finde das nicht viel weniger abschreckend als die Kritik der reinen Vernunft oder die Phänomenologie des Geistes (in früherer Zeit), notabene. **Die Frage, was die Philosophie denn eigentlich und/oder wirklich sein soll, bleibt offen – und es ist eine recht schwierige Frage.**

* Das Einhorn steht für ein reines Phantasiewesen, welches wie ein Naturwesen aussieht, in der Natur aber nicht existiert. Es existiert aber in Erzählungen, Märchen oder Filmen der Kultur – oder auch in der reinen Phantasie (als virtuelles Wesen, quasi). Der Zombie steht in der Philosophie des Geistes und des Bewusstseins für ein Wesen, welches einem normalen Menschen gleicht, jedoch kein qualitatives Innenleben besitzt, weil er keine Erfahrungen und Empfindungen ([in der Philosophie des Geistes und des Bewusstseins sogenannte] Qualia) hat, also alleine und vollkommen physisch-funktional bestimmt ist.

Nach dem Existentialismus (mit Camus und Sartre, bis etwa in die 1960-er Jahre) hatte eindeutig die US-Philosophie den grössten Einfluss auf die 'Weltphilosophie' (falls man überhaupt von einer solchen sprechen kann – bis tief ins 20. Jahrhundert hinein war die Philosophie sehr eurozentrisch orientiert, seither – d.h. etwa seit dem Zweiten Weltkrieg – eben ein bisschen US-amerikanisch). Die erste Begegnung zwischen europäischer und amerikanischer Philosophie bzw. die erste Form von US-Philosophie war eine naturalistisch orientierte Philosophie, wovon v.a. das Buch 'Walden oder Leben in den Wäldern' (1854) von Henry David Thoreau zeugt (das Zurück zur Natur von Rousseau erscheint hier fast 1:1 [d.h. aus der Natur und einem natürlichen Leben des Menschen die Wurzeln der Bildung zu schöpfen]). Die ersten US-Philosophen war eine lose Gruppe von Transzendentalisten, welche sich mit der erst spärlich in den USA angekommenen Philosophie von Kant und den deutschen Idealisten (v.a. Fichte und Schelling, weniger bis gar nicht: Hegel) beschäftigte.

US-Philosophie – der grosse (analytische) Status Quo? Die bedeutendsten und/oder berühmtesten US-Philosophen sind vielleicht etwa Emerson (Transzendentalismus), James (Pragmatismus), Quine (Analytische Philosophie), Rawls (Gerechtigkeitstheorie), Chomsky, Rorty, Searle (letztere alle: Analytische Philosophie). Rorty und Chomsky sind vermutlich die beiden berühmtesten Public Philosophers der USA im 20./21. Jahrhundert. Natürlich hat die US-Philosophie darüber hinaus mittlerweilen eine beachtliche Breite entfaltet. Ihre Bedeutung ist heute noch immer recht schwierig abzuschätzen. Sie rückte nach dem Zweiten Weltkrieg ins Zentrum des philosophischen Interesses, quasi aus politischen und kulturellen (Anfangs-) Gründen. Nach dem Transzendentalismus (Emerson, Thoreau und andere) und dem **Pragmatismus (Peirce, James, Dewey, später: Mead, Santayana)** entwickelte sich im 20. Jahrhundert v.a. eine grosse analytische Richtung (Lewis [C.I.], Morris [C.W.], Goodman, Quine, Sellars [W.], Putnam, Chomsky, Searle, Nagel, Kripke, Lewis [D.K.], Dennett, Levine [diverse auch in England, etwa: Moore, Ryle, Ayer, Austin, Dummett]) sowie eine kleine ethische (Rawls, Sandel [neben ethischen und ethisch-religiösen Konservativisten]). Die neuste oder aktuell (noch immer) bedeutendste Richtung ist die sogenannte Philosophie des Geistes, welche von der Neuropsychologie und der Hirnforschung beeinflusst, aus der Analytischen Philosophie entstanden ist. Bieri nannte diese Richtung – zurecht – Analytische Philosophie des Geistes, was zeigt, dass der Übergang zwischen Sprach-, Geistes- und Bewusstseinsphilosophie fliessend ist; die sprachanalytische Richtung stammt v.a. aus Grossbritannien, während die geistanalytische Richtung zur grossen US-Richtung des 20. Jahrhunderts wurde, einmündend in die heutige Bewusstseinsphilosophie. Allerdings sind einerseits vermutlich die Erkenntnisse in den betreffenden Wissenschaften noch zu wenig klar und andererseits sind deren Resultate vielleicht auch nicht ein-mal überrelevant für die reine Philosophie. Für diese ist es zwar durchaus interessant und wichtig, was die Naturwissenschaft über das Denken herausfindet, dies ändert jedoch wenig an philosophischen Begriffen wie Sinn, Zweck oder Ziel (und dergleichen mehr). Die Bedeutung und Verbindung von Wörtern, Bedeutungen und Verbindungen sind und bleiben trotz aller Naturwissenschaft die eigentlichen Fragen der Philosophie (inkl. Religionsphilosophie). Die Philosophie des Geistes schlägt sich auch teils mit Scheinproblemen herum, etwa mit dem sogenannten, alten (aus der Auseinandersetzung mit dem Kartesianismus herstammenden) Leib-Seele-Problem. Bei Steiner, welcher leider in den Universitäten wenig bis gar keine Beachtung gefunden hat, ist es doch bereits sehr klar erschienen, dass die dreifaltige Auffassung von Körper, Seele und Geist die Lösung dieses Problems ist (diese ist schon lange bekannt: aus der Theosophie, der Alchemie und/oder der Mystik [und sie kann sogar aus einer reduzierten Schichtenlehre bei Aristoteles schon herausgelesen werden (wenn man die ersten drei seiner

Schichten zu einer zusammenfasst) – ebenfalls in diesem Zusammenhang ist der spanische Humanist Vives zu erwähnen,
welcher meinte, dass nicht der Geist, sondern die psychische
Energie (also: die Seele) die Mitte des Menschen ausmache; fast
scheint es, als käme es der [Natur-] Wissenschaft gelegen, keine
Dreiheit, sondern eine Zweiheit – und also: einen Widerstreit –
in dieser Frage anzunehmen...?]). Der Pragmatismus ist nicht
nur die bedeutendste philosophische Richtung der USA – mit
William James (1842-1910) als populärstem Vertreter – sondern
auch eine Beschreibung der US-Leitkultur und -Politik. Während James seiner Zeit voraus gewesen zu sein scheint, hat diese
nachfolgend ihn bis heute nicht überwunden, so dass er so
etwas wie der grosse philosophische Klassiker der USA geworden ist (neben Emerson und Dewey). **John Searle** (geb. 1932) ist
– neben **Willard Van Orman Quine** (1908-2000) – vielleicht einer
der grössten Namen der (reinen) Analytischen US-Philosophie.
Er verbindet auch die sprach- mit der geistes- und bewusstseins-
analytischen Philosophie (ich würde ihn jedenfalls als guten
Startpunkt bezeichnen, wenn man sich mit dieser Thematik
auseinandersetzen möchte). Als besonders bedeutend könnte
man vielleicht auch etwa Clarence I. Lewis (Qualia), Charles W.
Morris (Weltreligion) und David M. Armstrong (Faktualistische
Ontologie) erwähnen. Typisch für die Analytische Philosophie
ist jedoch aber gerade auch, dass es eigentlich keine allzu gross
herausragenden Philosophen und Persönlichkeiten darin gibt,
sondern: dass ihre Resultate letztlich eine Arbeit der Vielen darstellt (eine Idee, welche noch bedeutender in der heutigen Naturwissenschaft gilt [manchmal kennen wir heute fast nur noch
die Universitäten und/oder Teams von neuen Entwicklungen
und gar nicht mehr die Personen, was auch ein bisschen ver-
schleiernd wirken kann, da wir doch die Entwicklungen der ge-
naueren Einschätzung wegen gerne auch an bestimmten Namen
festmachen]). Chomsky und Roderick sind je auf ihre Art vielleicht eher ein bisschen untypische US-Philosophen (was sie für
Europäer sympathischer macht, für US-Amerikaner teils vielleicht weniger, denn reiner Pragmatismus und reine, unumwundene wissenschaftlich anmutende – Analytik entspricht eben
dem heutigen US-Denken in der Philosophie, wogegen politische und/oder europäische Erwägungen einen eher kleinen
Platz darin haben).

Nicht wenige Europäer – sogar in philosophischen Kreisen – haben etwelche Mühe mit der Analytischen US-Philosophie (und ich muss gestehen, dass es mir – ebenfalls, wenn auch autodidaktisch, eingeschult in der Vergangenheit der europäischen Philosophie – anfangs und langezeit auch so gegangen ist). Daher möchte ich hier noch einmal klar und rudimentär zusammenfassend die Eckpunkte derselben darstellen. Entwickelt hat sie sich in einer Kombination vom deutschen (Frege), österreichischen (Wittgenstein) und englischen (Russell/Moore) Logizismus und Neopositivismus mit dem US-amerikanischen Pragmatismus (Peirce/Whitehead [dieser ist in England geboren und in die USA ausgewandert – er wird selber nicht hauptsächlich dem Pragmatismus zugerechnet, vertrat aber die Meinung, dass im US-Pragmatismus die Zukunft der Philosophie liege: ein Programm, welches bis zu **Richard Rorty** (1931-2007) – mit dessen radikaler pragmatischer Kürzestformel: 'truth ist what works' – und darüber hinaus in der US-Philosophie weiterbesteht (dass Rorty daneben auch auf eher rudimentäre Art ein bisschen leichtsinnig Wittgensteins und Heideggers 'End of Philosophy' verstärkte, mag ein bisschen verstörend wirken; wenn moderne Philosophie bedeutet – aus irgendwelchen Gründen, Ungründen und/oder Abgründen – die alten Meister der Philosophie zu verunglimpfen, statt sie einzuordnen, was freilich bereits bei Voltaire und seinem Meister Pangloss geschehen ist, dann würde ich eine solche Philosophie als unstatthaft bezeichnen)]). Die US-Philosophie besteht in ihrer heutigen Hauptlinie selber in einer Entwicklung von der (noch in England eigentlich bedeutenderen) Sprach- über die Geistes- zur Bewusstseinsphilosophie (diese – die Philosophie des Geistes und des Bewusstseins – lehnen sich stark an die Naturwissenschaften an, insbesondere an die Neurowissenschaften). Von hier aus kann man den Bogen zurückspannen zu Eduard von Hartmann und seiner Philosophie des Unbewussten sowie der nachfolgenden Tiefenpsychologie und Psychoanalyse (Freud). Nach dem Eintauchen in die Sphäre des Unbewussten – quasi – im 19./20. Jahrhundert stehen wir also heute, im 20./21. Jahrhundert, mitten in einer Bewusstseinsphilosophie und – diskussion. Das ist durchaus ein bedeutender Ausgangspunkt, welchen die Analytische US-Philosophie der Philosophie der Zukunft mit auf den Weg gegeben hat. Chomsky bestreitet die

Vorstellung von Quine oder Searle, dass nichts im Geist sein kann, was nicht in der Selbstbeobachtung liegt – dies führt uns zurück zum Unbewussten, es bleibt jedoch die Frage, ob nicht der Ausgang vom Bewusstsein heute der bedeutendere ist – nicht zuletzt auch bezüglich der besseren Lösung von soziologischen und ökologischen Fragen (brauchen wir dazu nicht ein besseres Bewusstsein?, und müssen wir dafür nicht das Bewusstsein studieren und von diesem ausgehen?). Physiker und Mathematiker Edward Witten meint, dass das Bewusstsein letztlich ein Mysterium bleiben wird – zu dessen Erklärung müssten zuerst die Gesetze der Physik geändert werden, was nicht geschehen werde. Vielleicht haben alle ein bisschen recht: vielleicht wird das Bewusstsein letztlich ein Mysterium bleiben (wie vielleicht auch das Leben, das Dasein oder das Sein an sich), vielleicht wird ein Unbewusstes bleiben (ausser uns und vielleicht auch in uns selber), aber hindert uns dies daran, das Bewusstsein besser zu erforschen? Und müssen wir dafür nicht das Bewusstsein als Untersuchungsgegenstand einer Bewusstseinswissenschaft begründen?

Derzeit scheint die Analytische Philosophie ein bisschen anzustehen und nicht richtig weiterzukommen. Es verwundert daher nicht, dass der australische Philosoph Chalmers sich fragte: "Why Isn't There More Progress in Philosophy?" (David Chalmers: Keynote lecture at the Royal Institute of Philosophy, 2013). Eine Einigung schon nur auf eine konsequente Bewusstseinsforschung und -philosophie scheint schwierig zu sein – dazu gibt es auch eben verschiedene Meinungen zu diesem Thema, welche eine klare Entwicklung zu verhindern scheinen. Sobald die Einen mit dem Bewusstsein kommen, reden die Anderen wieder über brain, mind and language (oder über irgendetwas). So dreht sich das im Kreis herum, die Philosophie der Sprache, des Geistes und des Bewusstseins geraten sich gegenseitig in die Quere – und niemand kommt mehr so recht draus, worum es denn nun eigentlich überhaupt genau geht (was sowieso eine schwierige Sache ist in der Geisteswissenschaft, aber genau damit müssen wir ja irgendwie klarkommen – Naturwissenschaftler glauben, dass sich Wissenschaften sehr simpel und einfach mit der Erfahrung vergleichen lasse, aber das gilt in absoluter Weise nur für die [in die Vergangenheit ausgerichtete]

Natur-Wissenschaft). Die verschiedenen Werktitel in der Form von "This & That" (auch: This, This & That – ein Habitus, welcher sich schon in der frühen logizistischen und neopositivistischen Philosophie zeigte) deuten eine gewisse Begriffsverwirrung an (exemplarisch: "Language Truth and Logic" [Ayer, 1946], "Logic and Knowledge" (Russell, 1956), "Science, Perception and Reality" [Sellars (W.), 1963], "Truth and Meaning" (Davidson, 1967), "Reason, Truth, and History" [Putnam, 1981], "Mind, Language and Society" [Searle, 1998] oder "Meaning, Knowledge, and Reality" [McDowell, 1998], um nur ein paar wenige Beispiele zu nennen*). Alles wird begriffsmässig mit allem verbunden, was ein paar interessante Ansätze gibt, aber wo ist/war denn nun eigentlich das Problem? Typisch ist in der Analytischen Philosophie auch das Streiten um Beispiele und sogenannte Gedankenexperimente geworden, die teils ebenfalls an den Problemen vorbeizielen, obwohl sie diese eigentlich vereinfachen möchten (aber es geht in der Philosophie halt eben selten um ganz einfache Dinge [und die Vereinfachung des Komplexen ist eine schwierige Kunst]).

* Auch etwa der neoliberalistische Ökonom Milton Friedman hat eines seiner Hauptwerke im Dies&Das-Bezugsmuster abgefasst: "Capitalism and Freedom" (dt. Kapitalismus und Freiheit, 1962). Ein natürlich in dieser Form nicht unproblematisches Postulat (weil in dieser starken Form suggeriert wird, dass das Eine und das Andere beim Dies&Das sich gegenseitig bedingen [während alle anderen Begriffe quasi von dieser einen, zentralen Bedingung ausgeschlossen werden]). Ein anderes beliebtes Titelmuster der Analytischen Philosophie, welches sich sogar als Richtungsmuster etabliert hat, ist das monochrome "Philosophy of..." (oder speziell sogar auch: "Ontology of..." [sehr problematisch!]) – darum heisst es auch: Philosophy of Language, Philosophy of Mind und Philosophy of Consciousness. Damit wird die gesamte Philosophie auf einen Begriff konzentriert (was auch problematisch sein kann, da daraus quasi eine Wissenschaft gemacht wird, denn die Eingrenzung der Philosophie auf einen Begriff kommt der wissenschaftlichen Bestimmung des Untersuchungsgegenstandes gleich [wenn man also damit tatsächlich eine Wissenschaft begründen will, ist das legitim, sonst vielleicht eher fragwürdig]).

Problemzonen: Formale Ontologie und Dekonstruktion von Geist, Seele und Bewusstsein (sowie auch Willen und Willensfreiheit, Ich und Subjekt*). Der deutsche Philosoph Hoyningen-Huene** sieht in der heutigen Philosophie viele Kontroversen und spricht in der Analyse derselben (u.a. und v.a.) über den Unterschied von analytischer und kontinentaler Philosophie. Damit ist im Wesentlichen ein (schon sehr lange bestehender) Unterschied zwischen der anglophilen und der mitteleuropäischen Philosophie angesprochen. Die Divergenz ist eigentlich recht alt, heute aber – durch die US-Philosophie im 20. Jahrhundert, zwischen kontinentaler und anglophiler, historischer und analytischer Philosophie – bedeutender denn je. Es gibt in diesem Spannungsfeld der modernen Philosophie verschiedene grössere Probleme. Zwei der bedeutendsten Probleme sind die Behauptung einer formalen Ontologie (durch die analytische Philosophie) und die Dekonstruktion des Ichs (durch die [anti-klassische] kontinentale Philosophie). Insbesondere etwa in den Gebieten von Informatik, Genetik oder Business wird derzeit eine Formale Ontologie behauptet, welche sich aus der analytischen Philosophie heraus begründet (diese stammt, wie schon gesagt, eigentlich aus Deutschland, und so hat denn auch Husserl bereits von einer formalen Ontologie bzw. von formalen Ontologien gesprochen. Er unterteilte die reine Logik in eine apophantische Logik (d.h. Bedeutungslogik) und eine formale Ontologie (als formale Theorie der Gegenstände). Aufgenommen wurden Husserls Ansichten diesbezüglich zunächst v.a. vom polnischen Phänomenologen Ingarden und schliesslich von der Analytischen Philosophie aufgenommen wurde, wo verschiedene formale Ontologien begründet wurden, wie etwa Basic Formal Ontology BFO, Ontology for Biomedical Investigations OBI, Business Object Reference Ontology BORO, Suggested Upper Merged Ontology SUMO oder General Formal Ontology GFO, u.a.). Ich habe im Internet einen Vortrag gehört, in welchem Barry Smith***, ein englischer Vertreter der Formal Ontology, vorgestellt wurde als zu den Denkern gehörend, welche die Ontologie auf die richtige Spur für Naturwissenschaftler bringen (wörtlich [engl.]: "(he is...) 'heading the ontology in the right track for the biological scientist' – das ist natürlich für die kontinentale Philosophie eine seltsame und problematische Auffassung von Ontologie [man kann vielleicht sogar von einer Art Versuch der Entführung der Ontologie aus der Philosophie heraus in die Einzelwissenschaften sprechen: diese wollen sich nicht nur von der Philosophie abschotten, sondern offenbar sogar den Kern der Philosophie entführen; natürlich ist das ein Versuch, welcher letztlich nicht gelingen kann, aber bemerkenswert und typisch für diese Zeit ist er trotzdem])****. Die zweite Sache erscheint ebenso abstrus, ist aber ebenso ernstzunehmen. Sie betrifft die Dekonstruktion des Ichs und des Bewusstseins in der Neurobiologie und -psychologie sowie in der Philosophie des Geistes – damit auch die Infragestellung des freien Willens, welcher ja in der anglophilen Philosophie von höchster Bedeutung ist (der Neuropsychologe Wolfgang Prinz sagte bei einer Podiumsdiskussion 2007, diese Diskussion stamme alleine aus Deutschland – trotzdem scheint dies auch ein allgemeines Problem der Philosophie des Geistes zu sein; und Ansätze zu dieser Problematik finden sich sowohl bei den Poststrukturalisten [philosophische Dekonstruktion] wie auch bei den Atheisten [Gott- und Geistnegierung – bereits etwa bei Feuerbach oder Stirner zu finden, vielleicht ansatzweise sogar auch bei den Deutschen Idealisten und deren Behauptung von einem objektiven Geist, v.a. bei Hegel, so dass wir also im Ursprung solcher Fragestellungen weit hinter Wittgenstein zurückgehen können]). In der Philosophie des Geistes gehört diese Diskussion natürlich zum bekannten Leib-Seele-Problem (die Dekonstruktion des Geistes führt ja auch zur Dekonstruktion der Seele und teils sogar von allem Nicht-Materiellen [was dann spätestens auch in der Wissenschaft der Physik zu einem bedeutenden Problem führt, da es ja in der Physik nicht nur um materielle Phänomene geht, sondern sogar hauptsächlich auch um energetische Phänomene – in der Wissenschaftstheorie können wir von einem Verschwinden des Forscher-Subjekts und einer Behauptung einer reinen Objekt-Technikwissenschaft sprechen]). Dass mit diesem Problem auch ein Spannungsfeld zwischen christlichen und buddhistischen bzw. westlichen und östlichen Ansichten in der Wissenschaft aufgerissen ist, das ist ein anderes Thema. (Ich persönlich – was hier nur am Rande angemerkt sein soll – tendiere sowohl zur Vermittlung wie [natürlich] auch zur Verteidigung von Geist und [klassischer] Ontologie, allerdings nicht in einer konservativen, sondern in einer progressiven Art und Weise [d.h. nicht bloss verteidigen, weil es klassisch und traditionell ist, sondern alles prüfen und das Gute behalten, und dies

nicht nur einmal, sondern immer wieder bzw. permanent, nota-
bene].)

* Die Dekonstruktion dieser Entitäten bedeutet nicht, dass sie nicht mehr
existieren würden, sondern: dass sie in einer (analytischen) Philosophie
nicht mehr existieren würden (bzw. in der Philosophie [in diesem Sinn],
inkl. der Wissenschaft [in diesem Sinn], auch der Wissenschaft der Psychologie [in diesem Sinn]). Es gibt heute auch die Auffassung, dass die
Wissenschaft nicht der Wahrheit entspreche, sondern: dass die Wissenschaft nur eine Wahrheit von vielen Wahrheiten sei (was natürlich einer
bedeutenden Abwertung der Wissenschaft entspricht!). Noch weiter
geht die Philosophie des Präsentismus, welche behauptet, es gäbe keine
Vergangenheit und keine Zukunft, sondern nur eine reine Gegenwart
(dies nur zum Sagen, mit welch schwierigen Fragen sich die aktuelle
Philosophie auseinandersetzt – irgendwo zwischen Genialität und Absurdität). Man sollte sich von solchen Diskussionen nicht verrückt machen lassen, und schliesslich wurde die allerverrückteste Philosophie ja
eben schon in der Antike begründet: jene des Skeptizismus (die besagt,
dass es überhaupt gar keine Wahrheit geben kann [und dies (scheinbar)
auch beweist – schlimmer kann es ja heute, für die Wissenschaft, nicht
werden]).

** **Paul Hoyningen-Huene** (geb. 1946) spricht auch – etwas provokativ –
von systematischer und geschichtsorientierter Auffassung (dem Spott
von Quine folgend, welcher von einem Interesse für Philosophiegeschichte und einem Interesse für Philosophie sprach). In seiner Philosophie vertritt er eine Systematizität, womit er die Strukturiertheit des
wissenschaftlichen Wissens gegenüber der Unstrukturiertheit des All-
tagswissens bezeichnet (bedeutend, wenn man bedenkt, dass die Wissenschaft mit einer solchen Systematizität bei Aristoteles ja angefangen
hat, während sie innerhalb der heutigen Wissenschaft durch das
Aufkommen von Scheinwissen zunehmend in Frage gestellt ist). In der
französischen Philosophie versucht **Jocelyn Benoist** (geb. 1968) eine
Verbindung zwischen der phänomenologischen und der analytischen
Philosophie herzustellen und damit den angesprochenen Gegensatz zu
überwinden (auch er steht indessen eher auf der analytischen Seite).

*** **Barry Smith** (geb. 1952) gilt als eigentliche heutige Koryphäe auf
dem Gebiet der Ontologie. Er behauptet, dass die Ontologie der Zukunft
nicht länger eine Disziplin der Philosophie sein wird, sondern eine
eigenständige Disziplin. Ein interessanter Gedanke. Als (sehr!) problematisch betrachte ich jedoch eben rein formalistische Ansätze, welche
dazu dienen sollen, die Ontologie aus technologischen Gründen von der
Philosophie abzuspalten. Eigentlich scheint dies gar nicht möglich zu
sein, weil die Ontologie als Erste Philosophie ja die Grundlage der Philo-

sophie ist, wenn jedoch in der 'offiziellen (Universitäts-) Philosophie', quasi, praktisch nur noch von einer Formalen Ontologie die Rede ist, dann könnte der eigentliche Sinn des Begriffs der Ontologie langsam aber sicher verloren gehen. Wir können an dieser Stelle anführen, dass eine Ontologie der Wissenschaft eine ganz andere Sache ist als eine Wissenschaft der Ontologie, und analog: dass eine Philosophie der Wissenschaft eine ganz andere Sache ist als eine Wissenschaft der Philosophie. Diese Unterschiede können als der Hauptstreitpunkt zwischen klassischer Ontologie und formalen Ontologien bezeichnet werden. Die formalen Ontologien sollen etwa den Datenaustausch zwischen verschiedenen Gebieten erleichtern. Warum dafür der Begriff der Ontologie herangezogen werden soll, ist und bleibt allerdings schleierhaft (es scheint eher so, dass damit der alte bzw. klassische Begriff der Ontologie ausgeschaltet werden soll [man könnte ja stattdessen, wenn man etwas Neues macht, einfach einen neuen Begriff dafür nehmen – statt einen alten Begriff zu verunstalten; es erscheint bei einem solchen Vorgehen fast unvermeidlich zu sein, dass der klassische Begriff, in welchem es nicht um Gegenständliches bzw. Seiendes geht, sondern um das Seiende als solches, irgendwann sein Recht zurückfordert]). Die Behauptung einer Formalen Ontologie innerhalb der Analytischen (US-) Philosophie wird zuweilen als ontologische Wende bezeichnet (abgeleitet von den Begriffen der linguistischen und der kognitiven Wende: derzeit scheint sich in der Philosophie alles ein bisschen zu wenden, aber niemand weiss genau wohin – manchmal ein bisschen hierhin und manchmal ein bisschen dorthin).

*** Andere Tendenzen der Ontologiekritik zielen nicht nur auf eine Entführung der Ontologie aus der Philosophie heraus, sondern auf eine Dekonstruktion der Ontologie als solcher, z.B. wenn eine De-ontologisierung angestrebt wird, etwa mit dem Argument, dass man sich nicht an Identität, sondern an Differenz zu orientieren habe (Clam [wobei nicht so ganz klar ist, was diese Frage mit reiner Ontologie genau zu tun hat, welche ja vor dem eigentlichen Dasein beginnt, aber item]), oder wenn behauptet wird, eine Ontologie sei ausserhalb der Wissenschaften nicht möglich (Maudlin: "Metaphysics is ontology. Ontology is the most generic study of what exists. Evidence for what exists, at least in the physical world, is provided solely by empirical research." [Metaphysik ist ja eben gerade das, was vor der Physik steht – die Ontologie kann weiterreichen, in der allgemeinen Verwirrung und Verunsicherung aber werden hier die Begriffe von Metaphysik und Ontologie gleichgesetzt; merke: setze nie zwei Begriffe in der Philosophie gleich, denn die Tatsache, dass verschiedene Begriffe bestehen, bedeutet meistens, dass sie nicht das Gleiche bedeuten.])

Vielleicht gibt es in der Philosophie der Zukunft zwei grosse Aufgaben (unter vielen anderen, natürlich – die Philosophie hat immer mehr Aufgaben, als sie eigentlich bewältigen kann): die Koordination zwischen der kontinentalen und der anglophilen Philosophie, und zweitens die Koordination zwischen der westlichen und der östlichen Philosophie. (Beides ist nicht so ganz einfach!).

Weitere Entwicklungen – späteres 20. und früheres 21. Jahrhundert. Eine bedeutende Stellung haben in der heutigen Philosophie des Medienzeitalters die **Public Philosophers (Chomsky, Rorty, Sloterdijk, Zizek, Sandel, Precht, Enthoven)**, eine fachspezifisch philosophische Art von Public Intellectuals* – in der Tradition etwa von Heidegger, Sartre oder Foucault. Im Jahr 1971 trafen sich Foucault und Chomsky im Rahmen des International Philosophers Projects (unter der Leitung des niederländischen Philosophen Fons Elders) zu einer Art Gipfeltreffen der Philosophie der zweiten Hälfte des 20. Jahrhunderts (dies unter dem Titel: 'Human nature: Justice vs Power'). <u>**Noam Chomsky**</u> **(geb. 1928)** ist mit seiner bemerkenswerten Art, die Philosophie sehr pragmatisch auf einem allgemein verständlichen intellektuellen Niveau zu halten, vielleicht der grösste Star unter all den Public Philosophers dieser Zeit seit Sartre (und natürlich auch als Vertreter der US-Philosophie, welche nach dem Zweiten Weltkrieg bedeutender erschien als die europäische Philosophie – typisch vielleicht auch für die US-amerikanische Philosophie: dass sie sich weder allzu genau auf die Höhenflüge noch auf die Tiefpunkte, und schon gar nicht auf die komplizierten Verflechtungen und Verbindungen der europäischen Philosophie einlässt). Chomsky ist auch einer der bedeutendsten analytischen Sprachphilosophen des 20. Jahrhunderts, welcher es irgendwie geschafft hat, die Brücke zur europäischen Philosophie zu halten (im politischen Bereich kann man seine Ideen vielleicht als etwas zu tendenziös beurteilen, aber das gilt für die meisten heutigen Public Philosophers [die politische Provokation ist einer ihrer Aufmerksamkeitsfaktoren]). Die Rhetorik wird mit den heutigen Medien bedeutender, als sie viele Jahrhunderte lang war, in welchen die Schriftkultur dominierte (anders als bei den alten Griechen oder Römern, notabene [eine bedeutende Trennung von Literatur und Rhetorik scheint sich im Mittelalter ergeben zu haben: mit dem Prediger auf der Kanzel und dem Schriftgelehrten in der Bibliothek (die grossen Scholastiker waren nicht unbedingt die grossen Prediger, und umgekehrt)]). Das gesprochene Wort – und das Hören von Philosophie – droht im Zeitalter von Radio, Fernsehen und Internet in der Philosophie interessanter und vielleicht sogar auch wichtiger zu werden als das geschriebene Wort und das Lesen von Philosophie. Die Philosophie ist durch die Medien näher beim Volk, was aber noch nicht bedeutet, dass sie auch breiter verstanden wird (aber es ist doch eine gewisse Öffnung heute gegenüber einem breiteren Publikum spürbar**. Die grosse Zeit der eigentlichen **Medienphilosophie (Baudrillard, Postman, McLuhan, Capurro, Bolz)** ist demgegenüber fast schon ein bisschen vorbei, ohne dass sie allzu grosse Wellen geworfen hätte – auch ein sehr wichtiges Thema der heutigen Zeit, natürlich; ebenfalls in das Gebiet der Medien, d.h. der Nachrichten, Wörter, Töne und Bilder, gehört die **Metaphorologie von Hans Blumenberg** (1920-1996). Dieser ist in der deutschen Philosophie vielleicht so etwas wie ein heimlicher Star oder offener Geheimtipp der Schriftphilosophie der zweiten Hälfte des 20. Jahrhunderts – ein Versuch auch zu zeigen, wie die Philosophie immer eigentlich auch noch sein könnte (ruhig und klassisch im Ausdruck, fixiert im Grundthema, aber breit in der Anregung des Denkens [auch wenn man seinem Abbau des christlichen und allgemeinen Sinnverlangens angesichts der Übermacht der Wirklichkeit skeptisch gegenüber stehen kann]). Ferner war **Paul Feyerabend, der Philosoph des Relativismus**, vielleicht so etwas wie der heimliche Star oder offene Geheimtipp der rhetorischen Philosophie des letzten Jahrhunderts (stets fabulierend, und viel leichter und lockerer, als die Philosophie eigentlich ist, trotzdem immer hochintellektuell und -interessant). Die Stars im Vordergrund waren jedoch andere: z.B. Jürgen Habermas (geb. 1929 – für die Schriftphilosophie ["Theorie des kommunikativen Handelns"]) und **Peter Sloterdijk** (geb. 1947 – für die rhetorische Philosophie), dessen Position als bedeutendster Fernsehphilosoph in Deutschland mittlerweilen Richard David Precht eingenommen hat. Es muss jedoch klar gesehen werden, dass die deutsche Philosophie ihren Welteinfluss weitgehendst eingebüsst hat (während Deutschland in der Europapolitik eine relativ bedeutende Rolle spielt, gilt dies für

die deutsche Sprache und Kultur überhaupt nicht mehr –
obwohl die europäischen Nationen in der EU zusammengerückt
sind, scheint sich die Kunst und Kultur eher zu nationalisieren
oder gar zu regionalisieren; obwohl deutsche Philosophen es
heute viel schwieriger haben, eine Weltbeachtung zu erhalten,
muss man demgegenüber sagen, dass die Themen der heutigen
Philosophie zu einem sehr grossen Prozentsatz aus der alten
deutschen Philosophie kommen [ganz abgesehen davon, dass
letztlich auch fast alles irgendwie auf Platon und Aristoteles
zurückgeführt werden kann, notabene]). Eine seltsame Situation: irgendwie scheint die stärkere Kraft der Philosophie in
Deutschland geblieben zu sein, die grössere Bedeutung aber ist
in die USA abgewandert. Diese Bedeutung wiederum scheint
immer mehr vom systematischen in das formalistische abzu-
wandern (die Welt scheint unsicherer zu werden derzeit, die
Philosophie dagegen eben immer formalistischer). In Frankreich
ist vielleicht **Jean-Luc Nancy** (geb. 1940) besonders zu erwähnen, als jener Philosoph auf welchen in Frankreich letzthin am
Meisten verwiesen wurde; die französische Philosophie scheint
noch immer stark mit der Phänomenologie und der Dekonstruktion verbunden zu sein, während sich der Einfluss des Kritizismus in der deutschen Philosophie etwas vermindert hat.

* Interessanterweise nehmen die Philosophen einen bedeutenden Teil
der heutigen Wahrnehmung von Public Intellectuals ein, was keineswegs selbstverständlich ist. Wenn man eine Liste der weltweit bedeutendsten Public Intellectuals aller Gebiete der letzten Jahre (etwa seit
dem Jahrhundert- und Jahrtausendwechsel) aufführt, kommt man vielleicht etwa auf diese Namen (Top-10): Chomsky (Philosoph), Dawkins
(Biologe), Dennett (Philosoph), Hawking (Physik), Krugman (Ökonom),
Pinker (Psychologe), Ramadan (Islamwissenschaftler), Sen (Ökonom
[und Philosoph]), Stieglitz (Ökonom), Zizek (Philosoph). Allgemein
kann gesagt werden, dass die Public Intellectuals trotz Internet (und
TED-Talks***, der Wiederentdeckung des rhetorischen Forums der Antike, quasi) immer weniger Resonanz besitzen (ein Hinweis darauf, dass
das Intellektuelle sich heute eher auf dem Rückzug befindet – sehr
erstaunlich eigentlich, wenn man bedenkt, dass sich gleichzeitig das
Wissen ja im Internet ausbreitet).

** Bedeutend sind auch philosophische Medienformate in den Massen-
/Unterhaltungsmedien, welche in den letzten Jahren und Jahrzenten
entstanden sind. Dies sind ja auch die ersten grossen (Broadcast-)

Medienformate zur Philosophie überhaupt! Es gab wohl vorher schon Fachzeitschriften, aber nicht eben Formate für ein breiteres Publikum. Der bedeutendste Medienpionier war vermutlich **Bryan Magee** (geb. 1930) – mit Serien im englischen Radio ("Modern British Philosophy" [1970–1971] und im Fernsehen ("Men of Ideas" [1978] und "The Great Philosophers" [1987] – in der ersten Sendung der ersten philosophischen TV-Serie gab Isaiah Berlin eine Einführung in die Philosophie [eine legendäre TV-Sendung der Philosophie, vielleicht]). Relativ früh unterwegs war auch die Schweizer TV-Sendung "Sternstunde Philosophie" (seit 1994 – früher jedenfalls als deutsche Formate wie "Lesch & Co." [2001-2006], "Das Philosophische Quartett" [2002-2012], "Denker des Abendlandes" [2006-2008], "scobel" [2008-dato] oder "Precht" [2012-dato]). Auf dem französisch-deutschen Fernsehsender Arte präsentiert Raphaël Enthoven ein zeitgemäss aufgemachtes Format namens "Philosophie" (2008-dato), in welchem v.a. französische Philosophen zu Gast sind. Im englischen BBC-Radio tritt bedeutend der US-Philosoph Michael Sandel auf, mit einer Sendung namens "The Public Philosopher" (2012-dato). Als erste grosse Publikumszeitschrift gilt vermutlich "Philosophy Now" in den USA (Chefredaktor: Rick Lewis – 1991 lokal, 1997 national). Die bedeutendste philosophische Zeitschrift ist in Mitteleuropa derzeit das "Philosophie Magazine" (ursprünglich in Frankreich, 2006-dato – Chefredaktor: Michel Eltchaninoff; deutsches Format: "Philosophie Magazin", 2011-dato – Chefredaktoren: Wolfram Eilenberger, Svenja Flasspöhler). Dies sind nicht alle bedeutenden philosophischen Medienformate der letzten Jahrzehnte, aber ein paar der bedeutendsten.

*** TED steht als Abkürzung für: Technology, Entertainment, Design. Damit ist ursprünglich eine jährliche Innovationskonferenz in Kalifornien (USA) gemeint, welche sich ausgeweitet hat zu einer Webplattform für alle, die prominent eine Innovation – meistens (aber nicht immer) im Bereich der Wissenschaft – vorstellen wollen.

Aktuell: Trends, Tendenzen, Exoten. Interessante Versuche, neue Formen der Philosophie im Internetzeitalter zu erfinden, führen derzeit v.a. in die Videokanäle im Web. Pioniere dazu sind verschiedene relativ unbekannte Leute (teils auch Laien), unter welchen **Jason Silva** (geb. 1982) herausragt, der in Venezuela geboren wurde und in den USA lebt. Er wird als 'Timothy Leary for the Viral Video Age' bezeichnet (man könnte vielleicht auch sagen: eine Art philosophischer Video-Schamane des Internetzeitalters). Seine spektakulären, hyperexpressiven Bilder- und Sprachflut-Web-Videos sind so etwas wie das pure Gegenteil vom alten scholastischen Bibliotheken-Muff-Image des Philosophen, wie es Sloterdijk in seiner Menschenpark-Rede angesprochen hat (obwohl Silva ein universitär studierter Philosoph ist). Ich nenne das Multi-Media-Freestyle-Flow-Bewusstseinserweiterungsphilosophie (ein Ausdruck, welcher vielleicht zeigt, dass man dies fast nicht beschreiben kann. Silva selber spricht von 'Mystery Awe', 'Cognitive Extasy Awe' oder 'Extatic Contemplation' als Erfahrungen, die ihn besonders interessieren würden). Rein philosophisch ist Silva in Bereichen einzuordnen wie Philosophie des Geistes, Transhumanismus*, aber auch etwa Bereichen wie Lebensphilosophie, Psychedelik, Animismus, Spiritualismus oder Spiritismus (er spricht selber sogar auch von einer Art 'Channeling' – die Verbindung von Naturerfahrung, Technik und Spiritismus ist natürlich nicht eine neue Verbindung, sondern das findet sich schon etwa in der Alchemie und auch später: **die Verbindung von Uraltem mit Brandneuem scheint derzeit hochmodern zu sein** – für manche in verschiedenerlei Hinsicht auch: erschreckend modern [die ganze Fantasy-Bewegung in der heutigen Kunst gehört ebenfalls zu diesem Phänomen, u.a.])**. Es bleibt vielleicht die Frage, wie sich all diese Highs – in der heutigen Wissenschaftsphilosophie überhaupt – in eine vernünftige Zukunftsperspektive integrieren lassen. Auf jeden Fall ist das aber – trotz allen Vorbehalten, die man dazu auch haben kann – sehr zeitgemäss, natürlich, und auch hoch interessant. Daher gehört Silva vermutlich auch zu den bedeutendsten Philosophen und philosophischen Influencern dieser Zeit. Ein anderer Versuch, einen Event- und Performance-Charakter in der Philosophie zu erzeugen ist etwa Philosophy Slam, ein Bühnenwettbewerb für rhetorische Philosophie (entstanden aus dem Poetry Slam – die Übertragung in die Philosophie stammt von Hofweber [2008/2014]). Philosophische Wettbewerbe sind auch etwa die Internationale Philosophie-Olympiade IPO (gegründet 1993) oder die Philosothons (in Australien [seit 2011]). Für etwas Bewegung in der Philosophie haben ferner etwa die Cafés philosophiques von **Marc Sautet** (1947-1998) geführt, die sich seit 1992 von Paris aus zuerst in Frank-reich und dann international verbreitet haben (als Sautet 1998 früh starb, waren es bereits rund 100 in Frank-reich und etwa 150 international). Sie sollen die philosophische Diskussion unter den Leuten anregen (fast eine sokratische Idee! – Christopher Phillips führt in den USA die Idee von Democracy Cafes ein). Ebenfalls erwähnenswert sind die Nächte der Philosophie, in denen verschiedene Veranstaltungen zu philosophischen Themen während einer Nacht stattfinden (konzipiert von Mériam Korichi, 2010). Doch auch immer mehr Universitätsprofessoren schicken ihre Vorträge direkt oder indirekt in die ganze Welt hinaus, und andere entdecken – TED-talk-mässig, oder sonst – die alte Vortragsbühne für sich. Auch hierbei gibt es interessante Figuren wie z.B. den schwedischen Cyberphilosophen, Musiker und Zarathustrier **Alexander Bard** (geb. 1961), welcher v.a. mit einer speziellen Interpretation der Internetentwicklung aufgefallen ist. Man kann seine syntheistische Haltung hinterfragen, oder als zu übertrieben betrachten – natürlich entspricht seine Aussage, wonach wir in einer brandneuen Welt leben würden und die alte Welt gestorben sei einer typischen futuristischen Übertreibung – aber seine Cyberphilosophie (seit 2000) ist sicher auch interessant. Bard ist ein philosophischer Laie – aber: **kein anderer Philosoph hat sich (abgesehen von den Informatikkritikern) bisher so konsequent auf das Internetthema eingelassen!** So etwas wie einen Ausklang der ganzen Kulturkritik des 20. Jahrhunderts bietet Sven Hillenkamp mit seiner Behauptung von einer Negativität der Moderne (mit Buchtiteln wie "Das Ende der Liebe" oder "Negative Moderne" – weiter in diesem Zusammenhang zu nennen sind etwa Ivo Urbancic ["Evropski nihilizem", engl. The European Nihilism, 1971, oder "Nevarnost biti", engl. The Danger of Being, 2003] oder David Benatar ["Better Never to Have Been: The Harm of Coming Into Existence", 2006]). Vielleicht ist das schon wieder etwas abgeschmackt, aber es ist – neben dem Existentialismus und der Analytischen Philosophie das, was das 20. Jahrhundert uns philosophisch hinterlassen hat (und wir wissen eigentlich immer noch nicht, wie wir damit umgehen sollen). Auch der derzeit vielleicht weltweit populärste Public Philosopher **Slavoj Zizek** (geb. 1949) ist mit seinen politischen Kommentaren eigentlich ein Relikt aus dem letzten Jahrhundert (bzw. Jahrtausend) und steht irgendwie (und irgendwie bedeutend) für **das grosse politische Fragezeichen nach dem Zusammenbruch des osteuropäischen Kommunismus**. Interessant: Zizek gehört auch zu jenen Philosophen, welche heute – eigentlich so untypisch für die Philosophie*** – von Endzeiten und von einer Apokalyptik

spricht. **Michaël Foessel** (geb. 1974) schlägt sogar eine Apoka-
lyptische Vernunft vor. Obwohl dies heute im Allgemeinen
keine ausdrückliche Zeit der Revolution zu sein scheint, gibt es
auch eine bedeutende Philosophie der Revolution (Hindrichs)
und der Revolte (Lagasnerie).

* Die Position des Trans- und Posthumanismus ist eine Aussenseiter-
position (Huxley [Julian], Ettinger, FM-2030, More, Bostrom), welche
jedoch in den letzten Jahren an Bedeutung gewonnen hat. Es geht dabei
um die Vorstellung eines Menschen, welcher den alten Humanismus,
dem im transhumanistischen Denken etwas tendenziös eine reine und
übertriebene Mitleidsorientierung nachgesagt wird, überwindet und
demgegenüber eine Position der ständigen, technischen Verbesserung
der menschlichen Existenz anstrebt. Natürlich geht das auch, oder sogar
sehr bedeutend, zurück auf die Idee des Übermenschen von Nietzsche
(bzw. des 'Supermans', was ja die gebräuchlichste englische Übersetzung dieses Begriffs ist [sämtliche Superhelden der US-Comic- und
Filmkultur des 20. Jahrhunderts stammen von der Übermenschidee, z.B.
Shadow 1930/1931 (Vorläufer), Superman 1933/1934/1938, Phantom
1936, Batman 1939, Flash 1940, Green Lantern 1940, Hawkman 1940,
Captain America 1941, Wonder Woman 1941, Fantastic Four 1961, Hulk
1962, Spider-Man 1962, Iron Man 1963, X-Men 1963, Ghost Rider 1972,
Wolverine 1974, Spawn 1992, Hellboy 1993] – zu erwähnen sind weitere
Superhelden-Vorläufer wie etwa Buck Rogers [1928, Pulp-Magazin]
oder Flash Gordon [1934, Comic]). Diese Position reicht von einfachen
medizinischen Hilfen bis zur Vorstellung von Cyborgs, also Wesen,
welche so etwas sind wie lebendige Roboter.

** Erwähnen kann man in diesem Zusammenhang v.a. Louis Lavelle
(1883-1951 – mit Büchern wie "La Conscience de soi", "La Présence totale", "Du temps et de l'éternité" oder "De l'intimité spirituelle", je zwischen 1933-1955 (obwohl Silva diese Bücher vermutlich gar nie gelesen
hat, sondern einfach etwas auf virtuose Art bringt, was sehr gut in
unsere Zeit bzw. in unsere Medien und in unsere Kunst hineinpasst]).

*** Wenn ein Philosoph von Endzeit und Apokalyptik spricht, muss man
dies natürlich zuerst einmal mit Vorsicht zu geniessen. Dies gehört wohl
bei Zizek auch zur Art und Weise, wie er manchmal ein bisschen zu
provozieren neigt. Vielleicht meint er auch einfach Zeiten mit nie enden
wollenden Problematiken (wie z.B. der Ökoproblematik oder auch der
weltweiten Kulturdifferenz- und -problematik, aber auch der ökonomischen und sozialen Problematik zwischen konservativen und progressiven, liberalen und sozialen Anliegen). Nehmen wir Jesus in der Bibel
wörtlich, so leben wir eigentlich seit seiner Erscheinung in einer nie

enden wollenden Endzeit, zwischen den Ewigkeiten bzw. von einer Ewigkeit zur nächsten (da er ja schon zu seiner Zeit von der Nähe der solchen gesprochen hat). So gesehen leben wir heute in einer Endzeit, an welche wir uns eigentlich schon längstens gewöhnt haben und die wir nur zwischendurch wieder ein bisschen vergessen (und trotzdem erschrecken wir heute ein wenig, wenn der Begriff als solcher wieder auftaucht, und erst recht eben, wenn er plötzlich auch in der Philosophie auftaucht). Hinweisen müssen wir vielleicht darauf, dass in der heutigen Zeit die Medien – und noch einmal stärker: die Neuen Medien (Computertechnologie und Multimedia [inkl. Kino/Film und Videogames], Internet/Web, aber auch etwa Pendlerzeitungen) – das Gefühl von besonders wirren Zeiten prägen (oder teilweise sogar erzeugen können [wir sind ja derzeit auch eigentlich erst daran, mit diesen Neuen Medien umgehen zu lernen (und manchmal sieht es so aus, als seien wir noch nicht allzu weit in diesem Lernprozess fortgeschritten)]).

Silva kann mit seiner speziellen Art, philosophische Webvideos zu machen, auch als philosophischer Web-Pionier bezeichnet werden. Als bedeutende Philosophie-Web-Pioniere sind neben ihm speziell auf der Videoplattform Youtube einige weitere Namen zu nennen, so etwa Oliver Lennard (Philosophy-Tube-Channel), Chad African (Klassikervorstellungen [dies ist ein Pseudonym: Name unbekannt – hat sich von seiner Webtätigkeit bereits zurückgezogen, war aber unter seiner (kleinen) Fangemeinde im Web schon fast ein bisschen legendär]), Christian Weilmeier (Videos zu verschiedenen Themen) oder S. Peter Davies (Drei-Minuten-Philosophenvorstellungen in einem humoristischen Cartoonformat). Ferner gibt es Philosophie-Web-Pioniere etwa im Lexikabereich, wie Edward N. Zalta (Stanford Encyclopedia of Philosophy), James Fieser (Internet Encyclopedia of Philosophy), Peter Möller (Philolex) oder Uwe Wiedemann (PhilLex), natürlich auch Jimmy Wales und Larry Sanger (Wikipedia – mit einem grossen Philosophiebereich: die eigentlichen oder grossen Web-Enzyklopädisten) – oder in anderen Bereichen: David Chalmers und David Bourget (PhilPapers [Philosophisches Werkarchiv]), Garth Kemerling (Philosophy Pages), Dieter Köhler (Philosophie-Seiten [Philosophieressourcen]), Joachim Koch (Philosophers Today [Philosophisches Portal]), Peter Millican (Early Modern Texts [mit vereinfachten Texten von philosophischen Werken]) oder Marco Hirt (Philosophentimeline [die grösste Liste von Philosophen aller Zeiten sowie die ausführlichste Liste von Philosophen nach Richtungen, u.a.]). Es handelt sich dabei meist um weniger bekannte Universitätsphilosophen oder auch um Studenten und Autodidakten.

Alexandre Jollien (geb. 1975) ist (im Vergleich mit Silva) ein ganz anderer Philosoph des Geistes- und Körperausdrucks – aber nicht minder interessant und beeindruckend. Er macht keine eigenen Videos im Web, sondern ist in mittlerweile bereits vielen Interviews in klassischen Medien und Webmedien zu hören (natürlich machen die Interviews – nebst den Vorträgen – auch einen grossen Teil der Philosophie im Internet aus). Einzuordnen ist er unter der Lebenskunst- und Lebenshilfephilosophie, und sicher ist er einer der interessanteren Vertreter dieser Gattung, zeigt er uns doch trotz oder gerade wegen seiner cerebralen Behinderung auf eine eindrückliche Art und Weise, wie die Philosophie einem weiterhelfen kann. Jollien fühlt sich im Christentum verwurzelt, spricht aber v.a. vom spirituellen Buddhismus und vom problematischen Nietzsche (hierin trifft er sich mit Silva – und gerade Nietzsche zeigt er in einer anderen, positiven Erscheinung gegenüber der eher negativen, wie man ihn gewöhnlich wahrnimmt und deutet). Dem Leiden und dessen Überwindung steht er – anders als die Poststrukturalisten – positiv gegenüber (d.h. konstruktiv und nicht destruktiv), jedoch keineswegs oberflächlich, sondern mit einer erstaunlichen Offenheit.

Die meisten übrigen heutigen Lebenshilfephilosophen haben ganz andere Sorgen. Der bekannteste Philosoph dieser populären Gattung ist im deutschsprachigen Raum derzeit vermutlich Wilhelm Schmid, welcher sagt: "Auch das Glück muss sich erholen können." In Frankreich könnte man André Comte-Sponville – mit seinem glücklichen Atheismus – nennen, welcher sich auf eine grosse Tradition der essayistischen und aphoristischen Lebensphilosophie in Frankreich beruft, etwa von Montaigne, Pascal oder Alain. Lebenshilfephilosophen gab es zu allen Zeiten (von den Weisheiten Salomos über die Lust von Epikur und den Trost von Boethius bis in die heutige Zeit, in welcher diese Gattung den sichersten und meist auch einzigen Weg bedeutet, zum philosophischen Bestsellerautor zu werden [heute mitten unter allen übrigen Lebenshilfe-, Psychologie- und Wellness-bestsellern ähnlicher Art], was von manchen Philosophen auch mit Skepsis oder gar Neid betrachtet wird [freilich muss man dann aber auch noch die Persönlichkeit haben, um das zu vertreten, was man sagt]). Als Begründer des Genres der Lebenshilfephilosophie gelten der antike griechische Philosoph Epikur* und dessen römischer Anhänger Lukrez.

* Epikur ist ein Philosoph, welcher heute im Trend liegt. Immer mehr Menschen bezeichnen sich lustvoll als Epikureer oder Epikureerin. Wieso aber ist denn eigentlich die Lehre des grossen Glückverkünders nie zu einer Hauptlehre der Gesellschaft geworden? Epikur sprach vom Glück und der Lust (für alle) – für die Erreichung eines grösseren Glücks sei jedoch auch Verzicht zu üben. Das Problem dieser Lehre könnte darin liegen, dass sie beim Ego oder spätestens bei der kleinen Gruppe aufhört. Politik (u.a.) ist zu vermeiden, da dies das eigene kleine Glück stört. Eine solche Lehre kann vielleicht im Kleinen dienen, für ein privates kleines Glück (und die Rechtfertigung desselben), aber wohl eher nicht als Gesellschaftslehre (denn die grosse Politik wirkt ja wieder zurück auf das kleine Glück). Und überhaupt: Aristoteles sprach auch vom Glück, darüber hinaus aber auch von Politik, Wissenschaft und (Erster) Philosophie. (Und: zum Rückzug ins eigene kleine [gutbürgerliche] Gärtlein riet – wegen des Unheils und der Gefahren der Welt – auch Voltaire, allerdings ohne das grosse Glück oder die grosse Lust zu preisen. Auch hier stellt sich jedoch die politische Frage [wie sich bei Voltaire, als Vorrevolutionär im 18. Jahrhundert, ja besonders drastisch zeigen sollte].)

Intensität und/oder Akzeleration. Ein weiterer erwähnenswerter Philosoph der Gegenwart ist **Tristan Garcia** (geb. 1981), welcher sagt die Moderne und ihre Intensität sei eine Umkehr der Klassik (Lebe, wie du denkst -> Denke, wie du lebst); das (hedonistische und fetischistische) Ziel des (spät-) modernen Menschen sei es, meint Garcia, welcher mehr Langeweile postuliert, die Intensität des Lebens zu steigern (ob mehr Langeweile ein realistisches Postulat ist, in einer Welt der stetig zunehmenden technischen Herausforderungen, das ist aber doch eher fraglich [für manche vielleicht schon, für andere vielleicht eher nicht. Philosophen wie **Nick Srnicek** (geb. 1982) haben dagegen gar eine Philosophie des Akzelerationismus begründet, in welcher (noch) mehr Beschleunigung gefordert wird]). Gegensätze im Bereich Intensität und Stille sind Jamie Wheat mit seiner Flow-State-Theorie und Erling Kagge mit dem Buch "Stille". Kagge ist Extremabenteurer, welchen man durch die Art des intensiven Erlebens seiner Abenteuer – etwa bei Expeditionen zum Süd- und Nordpol und auf den Mount Everest – hier durchaus im Bereich der Philosophie nennen kann (auch als Vertreter der neuen Eventabenteurer- und Extremsportlergeneration). Die Flow-State-Theorie (Csikszentmihalyi, Wheal, Kotler) wird als die eigentliche Sensation in der Neurologie und Psychologie dieser Zeit ausgegeben. Bedeutend in der Entwicklung dieser Theorie ist auch der humanistische Psychologe Maslow, mit dessen Bedürfnispyramide und Beschreibung des Gipfelerlebnisses (engl. peak experience [beim Aufstieg des Bergsteigers]). Mit dem Flow ist ein Phänomen der Konzentration und Verschmelzung mit einer bestimmten Tätigkeit gemeint, wodurch extreme Leistungen möglich sind (z.B. im Sport, in der Kunst, aber auch überhaupt). Das Phänomen ist philosophisch nicht nur wegen Silva interessant, welcher es oft erwähnt, sondern schon alleine wegen Heraklit (mit seinem 'Panta rhei' [Alles fliesst]). Über eine rein psychologische Dimension hinaus, behauptet diese Theorie auch eine soziologische Dimension: mit der Flow-State-Theorie soll die Freude in der Gesellschaft insgesamt erhöht werden, was die ganze Gesellschaft verbessern soll. Silva spricht von 'Self-Amplifying Feedback Loops' – problematisch ist vielleicht die Versuchung, dies unter Drogeneinfluss zu erreichen (ähnlich wie beim Doping im Sport – die Drogen spielen eine gewisse Rolle bei dieser Theorie und/oder in deren Umfeld). Bereits gibt es auch einen Begriff vom Superflow (noch nicht in der Philosophie angekommen, aber das ist vermutlich nur eine Frage der Zeit). Flow, Superflow, Philosophie der Intensität, Akzelerationismus – ist die aktuelle Philosophie am Durchdrehen? Fast scheint es ein bisschen so. Vielleicht sollte man sich bei alledem auch daran erinnern, dass die Richtung letztlich immer noch bedeutender ist als das Tempo – auch und gerade in der Philosophie. Manchmal kommt es mir ein bisschen so vor, dass heute alle möglichst rasch ins Paradies gelangen möchten, ohne den Weg dahin zu kennen. Dies betrifft natürlich nur einen Teil der heutigen Philosophie – den dynamischeren, modernistischeren und futuristischeren Teil. Eine der interessantesten systematischen Ansätze im bisherigen 21. Jahrhundert ist vielleicht die Resonanztheorie des Soziologen **Hartmut Rosa** (geb. 1965). Als philosophisches System kann man seine Theorie zwar nicht unbedingt bezeichnen, aber sie hat durchaus einen gewissen Weltbildcharakter (ich werde später auf diese Theorie zurückkommen).

Interessant finde ich in der jüngeren Philosophie ferner auch etwa die Begriffsdiversifizierung von einer Makro- (Mayos) und einer Mikrophilosophie (Baggini). Während Mayos in der Philosophie die grossen Zusammehänge sucht, meint Baggini auf seiner Website (mit dem sinnigen Namen microphilosophy.net): "[Microphilosophy is:] Small thoughts about big subjects; big thoughts about small things [...]." Das entspricht ein bisschen einer philosophischen Leichtigkeit des (Da-) Seins – gegenüber der Schwereverhangenheit vergangener Grossideologien und deren Auseinandersetzungen. Fakt ist: **beides – Mikro- wie Makrophilosophie – ist legitim, und beides wird in der heutigen Philosophie praktiziert**. Die bekanntesten der im Medienzeitalter aufkommenden Mikrophilosophen, welche versuchen, die Philosophie und den Alltag viel näher zusammenzubringen, als dies die grossen Denker der alten Zeiten getan haben, sind vielleicht **Alain de Botton** (geb. 1969) – auch mit seiner 'Religion für Atheisten' steht er voll im Trend der heutigen philosophischen Diskussionen – sowie **Michael Sandel** (geb. 1953), welcher dem Kommunitarismus zugeneigt ist und als eine Art Rockstar der heutigen Philosophie gilt (in Südkorea hat er im Juni 2012 in einem Sportstadion vor 14'000 [US-] begeisterten Zuschauern [!] 'the worlds biggest lecture about philosophy' abgehalten: eine ganz neue Dimension für die Philosophie, die man begrüssen oder auch kritisch hinterfragen kann – zuerst schafften, nach den Politikern und Priestern natürlich, die Spitzensportler solche Zuschauermassen, dann die Rock- und Musikstars, dann vereinzelt die Comedians und nun gibt es sogar schon einen Philosophen, der das geschafft hat [im Westen hat er allerdings eine nicht annähernd so grosse Zuhörerschar: mit reiner Philosophie ein Sportstadion zu füllen, erscheint hier zu dieser Zeit wohl noch immer praktisch undenkbar]).

Obwohl wir derzeit merken, dass die Philosophie sich vielleicht in einem gewissen Veränderungsprozess befindet, scheint sie einen eigentlichen Event-Charakter – trotz einiger Ansätze – bisher noch nicht wirklich entwickelt zu haben. Dies, obwohl es eigentlich bereits so etwas wie eine Event-Philosophie gibt: bei **Alain Badiou** (geb. 1937), in dessen Werk der Ereignis-Begriff (zurückgehend auf Deleuze und/oder Whitehead) von zentraler Bedeutung ist (auch für die Philosophie selber? – oder kann sie weiterhin bloss im reinen Denken verharren?). Interessant ist in dieser Hinsicht (einer aktiveren bzw. ereignisreicheren Philosophie [zumindest in einem Teilbereich derselben]) vielleicht insbesondere der Effektive Altruismus von **William MacAskill** (eigentlich William Crouch, geb. 1987 – weitere Vertreter sind etwa: Kagan, Ord, Pogge, Singer, Unger). Ein aktiver Altruismus ist in der Philosophie eine sehr seltene Sache und erinnert vielleicht ein bisschen an Albert Schweitzer und dessen Philosophie der Ehrfurcht vor dem Leben (und natürlich auch an die religiösen und sozialen Kollektivsiedlungsversuche, speziell bei Owen, welcher als einer der bedeutendsten utopischen Sozialisten angesehen wird). Natürlich fragt sich aber, ob dieser Effektive Altruismus nicht letztlich dieselbe Halblösung darstellt, wie es manchmal von der Entwicklungshilfe gesagt wird (im Gegensatz zu einer wirklichen und nachhaltigen [politischen] Entwicklung). Immerhin sind Beispiele von einer aktiven Handlungsphilosophie aber sicher eine interessante und bedenkenswerte Sache.

Die alte/neue/ewige Diskussion: Neuer Atheismus und Neue Religiosität. Ein grosses Thema ist nach wie vor und immer wieder auch die Religion. In der zweiten Hälfte der ersten Dekade des 21. Jahrhunderts und dritten Jahrtausends kamen – nach der von religiösen Extremisten geführten Terrorattacke auf das World Trade Center 2001 – die vier Neuen Atheisten auf, welche sich die vier apokalyptischen Reiter des Atheismus bezeichneten (Dawkins, Dennet, Harris, Hitchens). Mit ihren Büchern erschienen sie ein paar Jahre lang weit oben in den Bestsellerlisten. Was hat die Religion in unserer wissenschaftlichen und technischen Zeit überhaupt noch für Argumente? Ein Artikel des Wissenschaftsmagazins "Nature" berichtete in den späteren 1990-er Jahren, dass (nach einer Untersuchung der National Academy of Sciences in den USA) rund 90% der Top-Wissenschaftler Atheisten seien (auch Volksbefragungen zeigen seit Jahren eine Zunahme des Atheismus). Eine Antwort – oder eigentlich: die einzige engagierte Antwort – auf dieses grosse Aufkommen eines Neuen Atheismus gab (nicht allzu gross beachtet): Randall Niles, welcher eine Reise vom Glauben zum Atheismus und zurück machte. Mit seiner (Philosophical) Gap-Filling-Theorie sagt er, dass die heutige Wissenschaft die leeren Stellen ihrer Weltanschauung mit einer philosophischen Annahme bzw. Spekulation ausfüllt: der Gläubige, so sagt Niles, füllt diese Lücken mit Gott (was ebenso legitim erscheint). Man kann eigentlich nicht über den heutigen Atheismus sprechen, ohne Niles zu erwähnen. Er war der neuen (wenn auch oft unbestimmten) Religiosität, von welcher wir seither hören, quasi einen Schritt voraus. Auch die Behauptung von Lamont, dass ein Humanismus fast zwangsläufig atheistisch sein muss, ist nicht nachzuvollziehen (Gegenbeispiel: Albert Schweitzer, u.v.a.). Wir erleben heute – weiterhin – beides: Neuen Atheismus wie auch Neue Religiosität/Spiritualität (und sogar auch Spirituellen Atheismus [Comte-Sponville, Critchley, De Botton]). Zur Rekapitulation seien an dieser Stelle kurz die (Grund-) Möglichkeiten bezüglich des religiösen (Gottes-) Glaubens angeführt: Theismus (Polytheismus, Monotheismus, Pantheismus), Deismus, Agnostizismus, Spiritualismus, Atheismus (ein neues Wort ist jenes vom Syntheismus – das passt aber, so würde ich sagen, nicht ganz in dieses Schema [denn auch die Theologie hat durchaus eine syntheistische Komponente, auch wenn sie sich auf die Gottesoffenbarung stützt: es sind ja Menschen, von Adam über Noah, Abraham und Jakob bis Mose weiter bis zu Jesus, u.v.a., welche diese Religion gemacht haben – im Christentum rangen die gläubigen Menschen sogar auf Ökumenischen Konzilien um die Glaubenswahrheiten; natürlich gibt es auch eine ganze andere neue Auffassung von Synteismus, die es aber auch schon gab, bevor dieser Begriff überhaupt aufkam: das ist die Kreation von künstlichen Religionen, die neben dem allgemeinen historischen Kontext stehen und ebenfalls ein (Rand-) Thema im 20. Jahrhundert waren]). Werden wir je einen Frieden haben zwischen Religion, Philosophie und Wissenschaft? Werden die Religion und die Wissenschaft – speziell auch die Religion und die Evolution – je friedlich nebeneinander und miteinander bestehen können? Dass die Neue Religiosität teils alten Fanatismus zurückbringt, kann uns an dem zweifeln lassen – ebenso aber auch die rudimentären Ablehnungen auf der anderen Seite (denn Fanatismus ist natürlich nicht der richtige Weg zu friedlichen Übereinkünften). Die Hoffnung jedoch bleibt. Nicht nur die Forderung eines besseren Verständnisses zwischen Theisten und Atheisten muss heute erhoben werden, sondern auch jene eines besseren Verständnisses unter den Religionen (im ganzen Klüngel ihrer Begriffe und Gegenbegriffe [nicht selten in der Religionsgeschichte verwendete eine neue Religion zur Abgrenzung Begriffe von alten Religionen als Gegenbegriffe (solches findet sich praktisch in jeder Religion)]).

Es geht heute auch darum – in einer Zeit, in welcher auch die Religion neue Aufwallungen zeigt – die Philosophie möglichst besonnen durch diese Weltphase zu bringen. Es ist vielleicht mit der Philosophie ähnlich wie mit der Religion (und der Wissenschaft – ich habe diesen Spruch eigentlich zuerst zur Religion gemacht, aber er gilt vielleicht für alle drei Gebiete): wer zu viel von ihr erwartet, wird von ihr enttäuscht werden, und wer zu wenig von ihr erwartet, wird von ihr überrascht werden.

Rückblick auf ein Jahrtausendereignis: Der Millenniumswechsel war ein religiöses Ereignis. Ich fand es erstaunlich, wie wenig bedeutende Publikationen zum Thema des Millenniums (der christlichen Zeitrechnung) rund um den Jahrtausendwechsel erschienen sind. **In der Philosophie war der Jahrtausendwechsel praktisch überhaupt kein Thema.** Die bedeutendsten Bücher dazu kamen aus der Religion: von Papst Johannes Paul II. ("Erinnerung und Identität – Gespräche an der Schwelle zwischen den Jahrtausenden", 2005) und von Dalai Lama Tenzin Gyatso ("Das Buch der Menschlichkeit – Eine neue Ethik für unsere Zeit", 1999)* – zwei ausserordentlich starke religiöse Persönlichkeiten, welche dieses bedeutende Ereignis bestritten haben (und so bedeutend ins Szene gebracht wurden, dass die übrigen Religionen daneben fast ein bisschen zu kurz gekommen sind [oder anders gesagt: diesen fehlten solche Persönlichkeiten zu dieser Zeit]). Allzu viel Neues konnte man aus diesen beiden Büchern freilich auch nicht herauslesen (dafür einiges an religiöser Erbauung). Der philosophisch interessierte und massenbewegende Papst meinte, der Utilitarismus habe den Sinn für das Bonum Honestum verloren, was er als Grund für die Krisen dieser Zeit betrachtete. Die Erinnerung Marias und jene der Kirche diene an der Schwelle der Jahrtausende wieder einmal dazu, den Menschen seine eigene Identität wieder finden zu lassen. Der Dalai Lama meinte, das Leid werde heute eher innerlich, als geistige und seelische Heimsuchung erlebt, und er betrachte eine Zuflucht zum Glauben als heilend. Für Christen, meint er, sei der christliche Weg der beste, für ihn selber (und die Buddhisten) sei der buddhistische Weg der beste. Ferner erwähnt er, dass gute Beziehungen zu anderen Religionen wichtig seien (und deutete damit also auf die grosse Bedeutung der Ökumene in dieser Zeit hin – gegen Ende des zweiten Jahrtausends ebenfalls ein grosses Thema im Christentum [Küng, Johannes Paul II. – der in seinem Millenniumswerk allerdings die Identitätsfrage in den Vordergrund stellte]). Wenn man die letzten Jahrtausendwechsel in grossen Schritten sehen möchte, so kann man rund um das Jahr 2000 etwa das Aufkommen der Ökoproblematik, den Zusammenbruch des (osteuropäischen) Kommunismus und die Entwicklung des Internets bzw. World Wide Webs als grosse, umwälzende Faktoren sehen. Amerika wurde um das Jahr 1000 von den Europäern entdeckt und war im Jahr 2000 mit der USA, welche mit allen drei genannten Themen – oder mit allen wichtigen Themen dieser Zeit überhaupt – in bedeutendem Zusammenhang steht, (noch) so etwas wie der Weltpolizist (während sich derzeit eine pluralere Weltordnung zu entwickeln scheint). Der religiöse Ost-West-Konflikt aus dem 11. Jahrhundert (mit der damaligen Trennung von Ost- und Westkirche) fand seinen Höhepunkt im Kalten Krieg im 20. Jahrhundert – obwohl es noch Nachwirkungen gibt, dürfte in der Zukunft der Süd-Nord-Konflikt bedeutender werden (und erst, wenn auch dieser besser gelöst wird, kann vielleicht eine wirklich und grundsätzlich bessere Welt realisiert werden, in welcher zumindest die allergrössten Weltkonflikte einigermassen akzeptabel gelöst sind [dies wird leider aber vermutlich noch einige Zeit benötigen (ich spreche von vielen Jahrhunderten und ein paar Jahrtausenden)]).

* Ebenfalls erwähnenswert zu dieser Thematik ist die deutsche Fernsehserie "2000 Jahre Christentum" (inkl. einem gleichnamigen Buch zur Sen-

dung von Leo Strohm). Im Intro der verschiedenen Folgen wird ein Zug der Christenmenschen durch die Zeit gezeigt. Das Christentum wird interpretiert, als eine Religion, die sich zuerst ausgebildet, dann angepasst hat und heute vor neuen Fragen steht: "Die Welt wandelt sich in Quantensprüngen. Doch im Hightech-Zeitalter besitzen 385 Dollar-Millionäre soviel wie die ärmere Hälfte der Weltbevölkerung. Das spirituelle Korrektiv der Religion ist nötig wie nie. Die Welt wächst zusammen, aber die Christen schulden ihr noch immer die ökumenische Einheit." (Und vielleicht sogar noch mehr – eine bessere Aufarbeitung und Ausrichtung im Allgemeinen.) Ebenfalls erwähnenswert ist die Fernsehdokumentation "Hans Küng: Spurensuche – Die Weltreligionen auf dem Weg" (1999 – am Ende lautet Küngs ökumenische Formel, gegeben zuerst in seinem Buch "Projekt Weltethos" [1990], hier: «Was unsere Zeit v.a. braucht, sind Brückenbauer. Brückenbauer im Grossen und im Kleinen. Brückenbauer, die bei allen Schwierigkeiten, Gegensätzen, Konfrontationen, doch das Gemeinsame sehen. Das Gemeinsame v.a. in den ethischen Werten und Haltungen, die sich zu diesen gemeinsamen ethischen Werten bekennen und sie auch zu leben versuchen. Wer von uns könnte nicht endlos klagen über all das Leid und Elend dieser Welt. Aber wer von uns könnte bestreiten, dass auch immer wieder Menschen im Grossen wie im Kleinen diese zerrissene Welt zum Besseren verändern können, verändert haben, verändern wollen. Gerade ihnen möchte ich Mut machen, nicht mit einer verstiegenen Utopie, vielmehr mit einer realistischen Vision. Für mich steht fest: Kein Frieden unter den Nationen ohne Frieden unter den Religionen. Kein Frieden unter den Religionen, ohne Dialog zwischen den Religionen. Kein Dialog zwischen den Religionen, ohne globale ethische Massstäbe. Kein Überleben unseres Globus, ohne ein globales Ethos – ein Weltethos.»]). Auffallend: es fehlt auch bei Küng letztlich der Bezug zur Welt ausserhalb der Religionen als Institutionen in der Welt und der Bezug zur Zukunft von Religionen der Vergangenheit. Was ist die Religion? Was ist die Welt? Was ist die Zukunft? Trotzdem: zwei engagierte Versuche, das Thema der Religion zum Millenniumsthema hin aufzuarbeiten – je in Form einer Art Bestandesaufnahme der Religion(en). **Keine Frage: die Religion war ein bedeutendes Thema rund um den Millenniumswechsel (die Philosophie, wie gesagt, eher nicht).**

Philosophische Bücher, die im Jahr 2000 erschienen sind (u.a.). Zygmunt Bauman – "Liquid Modernity" (dt. Flüchtige Moderne), Isaiah Berlin – "The Power of Ideas" (dt. Die Kraft von Ideen), Judith Butler, Ernesto Laclau & Slavoj Zizek – "Contingency, Hegemony, Universality: Contemporary Dialogues On The Left" (dt. Kontingenz – Hegemonie – Universalität – Aktuelle Dialoge zur Linken), Gerald A. Cohen – "If You're an Egalitarian, How Come You're So Rich?" (dt. Wenn du für die Gleichheit bist, warum bist du dann so reich?), Randall Collins – "The Sociology of

Philosophies – A Global Theory of Intellectual Change" (dt. Die Soziologie der Philosophien – Eine allgemeine Theorie des intellektuellen Wan-
dels), Costas Douzinas – "The End of Human Rights" (dt. Das Ende der
Menschenrechte), Gerald M. Edelman & Giulio Tononi – "A Universe of
Consciousness: How Matter Becomes Imagination" (dt. Ein Universum
des Bewusstseins – Wie Materie zur Vorstellung wird), Michael Hampe
& Maria-Sibylla Lotter – "Die Erfahrungen, die wir machen, sprechen
gegen die Erfahrungen, die wir haben", Michael Hardt & Antonio Negri
– "Empire – Globalization as a new Roman order, awaiting its early
Christians" (dt. Empire – Die Globalisierung als neurömische Ordnung,
welche die frühen Christen erwartet), Maik Hosang – "Der integrale
Mensch", Jean-Luc Nancy – "Être singulier pluriel" (dt. Singulär plural
sein), Robert Pfaller – "Interpassivität – Studien über delegiertes Geniess-
sen", Nicholas Rescher – "The Price of an Ultimate Theory", (dt. Der Preis
einer ultimativen Theorie), Timothy Williamson – "Knowledge and Its
Limits" (dt. Das Wissen und seine Grenzen). Dazu: Jean Baudrillard –
"L'an 2000 ne passera pas" (dt. Das Jahr 2000 findet nicht statt, 1991) –
dies ist zwar kein Buch im, aber eines zum Jahr 2000.

**Was tut sich in der Politik? Demokratiekritik und Libertarian
Crossover.** Ich bin der Meinung, dass Ethik und Politik zwei
relativ eng verknüpfte Gebiete sind, und dass daher die Politik
und ihre aktuellen Entwicklungen immer auch ein Thema der
Philosophie sind (zumal es ja auch einen philosophiehistorischen Bezug zu den Richtungen der Politik gibt). Zur Politik
dieser Zeit gibt es sicher viel zu sagen, aber allzu breit möchte
ich dieses Thema hier nicht angehen. Erwähnenswert ist eine
bedeutende Demokratiekritik in dieser Zeit (im Zuge auch der
allgemeinen Kulturkritik), welche teils eine Kritik an der
Demokratie selber als solcher ist (z.B. bei Jason Brennan), mehrheitlich aber v.a. eine Kritik an der heutigen Erscheinung der
Demokratie (z.B. bei Jean Salem). Natürlich ist Demokratiekritik
auch eine fragwürdige bis gefährliche Sache – man braucht dazu
gar keine historischen Fakten heranzuziehen: **wer die Demokratie fundamental kritisiert, gerät sehr leicht in ein schiefes
Fahrwasser.** Doch wie will man die Probleme der heutigen
Demokratien verschweigen (v.a. auch den starken Rückgang der
Wahlbeteiligung und des Mitmachens und der Beteiligung allgemein in fast allen demokratischen Staaten in den letzten Jahren und Jahrzehnten)? Brennans Bevorzugung der Epistokratie
(d.h. Herrschaft der Wissenden) ist vermutlich problematisch;

interessant sind dagegen (wenn auch ebenfalls in einem fragwürdigen Sinn) seine Ideen zur Manipulierung von demokratischen Entscheidungen, um sie besser zu machen (z.B. mehr Stimmen durch nachgewiesenes politisches Wissen). Dies rüttelt natürlich alles an demokratischen Grundwerten (one man – one vote). Die vernünftigere Alternative dazu wäre vielleicht – und das ist meine These – die Wissenschaft der Politologie und v.a. auch jene der Soziologie zu verbessern und im Volk aufzuwerten (ohne komplizierte Manipulationen, deren Folgen unabsehbar sind [dies könnte über die üblichen Informationskanäle wie Schulen und Medien erfolgen, aber natürlich auch über die Politik sowie auch in den Wissenschaften selber, wo immer noch und immer wieder ein Mangel der Anerkennung der Geistes- durch die Naturwissenschaften gegeben ist])*. Einer der interessantesten politischen Begriffe ist derzeit jener vom Libertarismus. Dieser Begriff stammt vom Anarchokommunisten Déjacque (im 19. Jahrhundert)*, wird derzeit aber teils fast synonym zu Begriffen wie Neoliberalismus oder Anarchokapitalismus verwendet. Eine seltsame Begriffswandlung, in welcher die (bzw. eine) Rechtsaussenposition offenbar Inhalte von der (bzw. einer) Linksaussenposition übernimmt und zu ihren Gunsten umdeutet. Dieses seltsame Phänomen – ich nenne es 'Libertarian Crossover' – welches derzeit zu beobachten ist, scheint in einem zeitlichen Zusammenhang zu stehen mit dem Niedergang des osteuropäischen Kommunismus und dem Ende des Kalten Krieges (Ende des 20. Jahrhunderts). Man sieht heute immer öfter heute ein Schema mit zwei Achsen und vier Feldern, welche ein **politisches Spannungsfeld zwischen Libertarismus und Autoritarismus** (social scale – sowie zwischen dem Sozialen und dem Ökonomischen [economic scale]) aufziehen will, in dem die politischen Haltungen von Parteien und Personen eingeordnet werden. Gesagt werden soll damit: die alte lineare Darstellung der Parteienlandschaft (mit dem blossen Links-/Rechts-Schema) genügt nicht mehr zur Abbildung der politischen Wirklichkeit. Es mag zwar stimmen, dass eine lineare Einteilung von politischen Parteien und Personen schwieriger geworden ist – allerdings in einer Zeit der zunehmenden Links-/Rechts-Polarität (aktuelles Stichwort [aus der US-Politik]: Obama Care vs. Trump Tower) – trotzdem ist es nicht sicher, dass andere Schemen zu besseren Einschätzungen führen (praktisch alle dieser neuen Schemen, die ich bisher gesehen habe, beinhalten bei genauerer Hinterfragung ziemlich grosse Fragwürdigkeiten). Selbst bei einer grossen politischen Pluralität der Parteien und Personen ist zu erwarten, dass sie sich letztlich wieder mehr oder weniger in ein Oppositionsschema einordnen, aufgrund der letztlichen Unteilbarkeit der Regierung (selbst im Schweizer System, in welchem es ja sieben Bundesräte gibt, also: eine ungerade und damit entschiedene Zahl, denn entweder bestimmt dabei eine der beiden Seiten oder aber die Mitteposition bei einem Unentschieden der Seiten [es muss aber auf jeden Fall und immer eine Entscheidung geben, und in der puren Entscheidung wird das, was vorher komplex ausgesehen hat, letztlich auf eine ganz einfache Ebene heruntergezogen – die Güte einer Demokratie zeigt sich natürlich nicht in Nicht-Entscheidungen, sondern im Umgang mit Entscheidungen (und auch adäquaten Kompromissen)]).

* Die Hauptforderung meiner Philosophie ist ja letztlich, was ich auch so klar deklarieren kann – im Rahmen dieser philosophiegeschichtlichen Arbeit hier aber nur am Rande anführe – **der (unumwundene) Eintritt in ein soziologisches und ökologisches Paradigma** (zur Überwindung, oder vielmehr: zur sinnvollen Ergänzung, des heutigen ökonomischen und technologischen Paradigmas [das heisst natürlich nicht, dass wir in der kommenden Zeit keine Ökonomie und Technologie mehr benötigen würden oder hätten, aber das heisst: dass wir diese besser in den Rahmen einer höhergestellten Soziologie und Ökologie integrieren müssen, oder banal gesagt: sozialgerechte Wirtschaft bzw. Wirtschaft für die Gesellschaft – und nicht, weil sie halt einfach da ist [mit ihren eigenen Regeln] – und umweltverträgliche Technik (dito)]). Dies natürlich und selbstverständlich – darüber dürfen keine Zweifel bestehen – in einem freiheitlichen und demokratischen Umfeld (und eben nicht durch eine absolutistische Staatsmacht [das mag etwas idealistisch tönen, aber vielleicht haben wir keine andere Wahl bezüglich der Verbesserung der Welt, als etwas idealistisch zu sein (trotz aller Rückschläge, welche eine rückfällige Realität uns auferlegt)]). Die Philosophie, inkl. einer soziologischen und ökologischen Philosophie, aber auch selbst die Wissenschaften der Soziologie und der Ökologie und andere, können in einer Demokratie immer nur eine beratende Funktion haben – entscheidend ist letztlich die Politik selber. Die Wissenschaft steht in einem gewissen Sinn über der Politik und hat eben trotzdem nur eine beratende Funktion – das ist eine bedeutende Klärung von demokratischen Verhältnissen [und Hoffnungen].)

Protestbewegungen, Verschwörungstheorien, Gesellschaftszusammenhalt. Crossover-Phänomene sind in der Politik immer möglich. Eine gewisse Gefahr kann für eine (demokratische) Gesellschaft davon ausgehen, wenn sich rechte und linke Protestgruppen und -gründe gegen eine bestehende Gesellschaftsordnung vereinigen. Derzeit besteht eigentlich gar kein Grund für ein solches Phänomen – wenn man bedenkt, dass in der freien Meinungsäusserungsgesellschaft zwar immer mehr Einschränkungen festzustellen sind (inkl. zunehmenden Aktivitäten der Geheimdienste in den letzten Jahren und Jahrzehnten), trotzdem eigentlich noch grosse Freiräume bestehen. Es sind aber heute Ansätze eines solchen Phänomens festzustellen (man hat das in politischen Auseinandersetzungen der letzten Zeit, in welcher die Mitte arg ins Wanken geriet, deutlich gesehen, insbesondere bei der Brexit-Abstimmung in Grossbritannien 2016 und rund um die US-Präsidentschaftswahl 2016 [inkl. Vorwahlen]). Interessant und wichtig ist es für eine Gesellschaft natürlich immer, genau zu schauen, wie sich (extreme) linke und rechte Protestszenen zusammensetzen. Wir können dabei sehen, dass diese ziemlich heterogen sein können und mitunter aus verschiedenen Gruppen bestehen, die eigentlich überhaupt gar nichts zusammen zu tun haben. Dabei entstehen interessante und bedenkliche Phänomene, zu welchen ich heute den ganzen derzeitigen Aufruhr um Verschwörungstheorien zähle. Immer mehr Menschen scheinen heute an grossangelegte Weltverschwörungen zu glauben, in welchen dunkle Mächte nach der Weltherrschaft greifen (dazu gibt es zu verschiedensten Ereignissen heute immer neue, kleinere Verschwörungstheorien [offenbar ein typisches Phänomen der Informations- und Internetkultur]). In der Philosophie wurde dieses Thema bereits 1945 relevant, als Karl Popper es in seinem Buch "Die offene Gesellschaft und ihre Feinde" ansprach (Popper gehört etwa mit Isaiah Berlin zu den bedeutendsten philosophischen Vertretern einer offenen und freiheitlichen Gesellschaft im 20. Jahrhundert). Seitdem setzten sich v.a. Historiker (Hofstadter [R.], Groh), Politikwissenschaftler und Soziologen mit diesem Thema auseinander, neuerdings aber auch wieder die Philosophen (Keeley, Clarke [S.], Mandik, Coady, Hepfer). Ein bedeutendes Anwachsen von Protestbewegungen gegen eine bestehende Gesellschaftsordnung kann eigentlich nur zwei Gründe haben: entweder handelt es sich um eine ungerechte Ordnung, oder die Leute sind zu wenig gut und genau in die Gründe und Ziele der Gesellschaft eingeweiht und eingeschult. Vielleicht sollte man sich bei einem Anwachsen dieser Problematik – auch der Problematik eben von Verschwörungstheorien, Fake News und extremer politischer Propaganda – in beide Richtungen einige Gedanken machen. Wir müssen aber sicher davon ausgehen, dass dies heute in verschiedenerlei Hinsicht eine sehr interessante, aber auch sehr schwierige Zeit ist. Eine andere Frage ist, warum die Leute heute so empfänglich gegenüber solch seltsamen Phänomenen sind. Vermutlich besteht heute eine allgemeine Verunsicherung – religiöser wie philosophischer und auch politischer Art. Daher sind viele heute empfänglich für eine politische Reaktion (gleichgültig, woher sie genau kommt, und was sie genau bezweckt [wenn sie nur irgendwie interessant erscheint]). Soziologisch bedeutend erscheint auch, dass wir heute nicht nur eine Gesellschaft mit verschiedenen Standpunkten haben, sondern: eine Gesellschaft mit verschiedenen historischen Standpunkten. Die einen haben seit jeher einen religös-kirchlichen Standpunkt, die anderen einen wirtschaftlich-liberalen und wieder andere einen rot-grünen Standpunkt. Das gegenseitige Verständnis fehlt aus verschiedenen Gründen leider weitgehend, und die Einsicht ist selten, dass alle Standpunkte die heutige Gesellschaft ausmachen und daher begrüssenswert sind. Wenn wir aber nicht zu dieser Einsicht gelangen, dann droht ständig quasi der Zerfall dieser Gesellschaft (mit unabsehbaren Folgen).

Ist etwas sehr Wichtiges und Bedeutendes zu dieser Zeit vergessen worden? Wenn man den Bogen der Philosophiegeschichte bis in die heutige Zeit und bis in die aktuelle Gegenwart zieht, findet man kaum einen Abschluss, da die Themen zu jeder Zeit so vielfältig sind – heutzutage erst recht, mit den heutigen Medien, in welchen diese ganzen Themen der Zeit auch täglich aufgeworfen werden. Natürlich ist etwa der Bereich der Information und der Kommunikation heute ein sehr bedeutender Bereich – auch für die Philosophie.

Verkehr, Transport, Information, Kommunikation – und vom Kommen neuer Gesellschaften. Ich sehe zwei Hauptcharakteren dieser Zeit, welche auf besonders bedeutende technische Neuerungen im 20. Jahrhundert zurückgehen – sie betreffen die Entwicklungen in der Verkehrs- und Transport- sowie in der Informations- und Kommunikationstechnologie (das betrifft etwa so bedeutende heutige Themenfelder wie Globalisierung, Migration und Medien [u.v.a.]). Anfangs des 20. Jahrhunderts machten die ersten als Flugzeuge bezeichneten Gefährte ihre ersten Hüpfer, während sich am Ende des 20. Jahrhunderts die Linienflugzeuge schon nur allzu oft selber in die Quere kamen (weswegen ein kompliziertes Überwachungssystem nötig wurde – zu erwähnen ist in diesem Entwicklungssegment im 20. Jahrhundert natürlich besonders auch das Automobil, mit der ersten Fliessbandfertigung und Massenproduktion im Jahr 1913 [Ford Modell T]). Die gute alte Zeitung erhielt im 20. Jahrhundert grosse Konkurrenz im Medienbereich – zuerst vom Radio, dann vom Fernsehen, dann von Computer, Multimedia und Internet bzw. World Wide Web (zweifellos gehören die Entwicklung des Computers und des Webs zu den bedeutendsten technologischen Neuerungen aller Zeiten [und zweifellos sind diese sehr bedeutend für unsere heutige Vorstellung der Zukunft]). Der Begriff der Information ist sicher einer der zentralen Begriffe dieser Zeit, im späteren 20. und früheren 21. Jahrhundert. Die grosse Bedeutung dieses Begriffs für unser Zeitalter hat der US-Soziologe **Daniel Bell** (1919-2011) herausgestellt, in seinem Buch "The Coming of Post-Industrial Society – A Venture in Social Forecasting" (dt. Die nachindustrielle Gesellschaft, 1973). Er ging von der Dreiheit der ökonomischen (Produktions-) Sektoren (Landwirtschaft, Industrie, Dienstleistungen) aus, wie sie in den Wirtschaftswissenschaften verwendet wird, und bezeichnete das Dienstleistungszeitalter als angebrochen, in welchem der Begriff der Information die zentrale Rolle spiele (dies notabene acht Jahre vor dem Personal Computer [1981] und 18 Jahre vor dem World Wide Web [1991 – während weitere zehn Jahre später übrigens natürlich, zwei Jahre nach der grossen Millenniumsfeier beim Jahreswechsel 1999/2000 und ein Jahr nach dem New-Economy-Crash bzw. der sogenannten Dotcom-Blase 2000, die Welt daran erinnert wurde, dass dieses Dienstleistungs- und Informationszeitalter auch so seine Tücken hat, aber item]). **Der Faktor der Information ist auf jeden Fall zu einem der bedeutendsten Faktoren dieser Gesellschaft**

geworden (und die damit zusammenhängenden Chancen und Risiken sind in der heutigen Zeit erst daran, sich richtig herauszustellen). Trotzdem hat sich herausgestellt – wie Wirtschaftsvertreter hier sagen würden – dass die Industrialisierung damit keineswegs abgeschlossen ist, sondern: dass gerade neue Herausforderungen, wie jene der Informationskultur, auch neue Industrialisierungen mit sich bringen. So war etwa das Kernthema des World Economic Forums WEF 2016: Industrie 4.0. Die (sogenannt) Vierte Industrielle Revolution hängt zusammen mit dem Internet bzw. dem (sogennant aufkommenden) Internet der Dinge – als erste Industrielle Revolution gilt die Mechanisierung mit Wasser- und Dampfkraft, als zweite die Massenanfertigung mit Fliessbändern und elektrischer Energie, als dritte der Einsatz von Elektronik und Informationstechnologie (IT, Computer). Für Wirtschaftsvertreter ist die Industrielle Revolution ebenso eine ewige Revolution wie für die wahren Bürgerlichen die bürgerlich-soziale Revolution eine ewige Revolution sein müsste bzw. eine grosse vergangene Revolution mit einer ganzen Folgereihe von reformerischen Weiterführungen (wäre dies ebenso konsequent angegangen bzw. weiterverfolgt worden, hätten wir vielleicht gar keine sozialistische Bewegung benötigt – die Realität ist aber eine ganz andere). Gegenüber dem Fortschritt in Wissenschaft und Wirtschaft/Industrie ist der soziale Fortschritt zwar ebenfalls bemerkenswert, aber immer noch zu schwach (inkl. den derzeit leider nicht übersehbaren ideologischen und soziologischen Rückschritten, Ängsten und Gefahren – wie wollen/sollen wir gegenüber künftigen Generationen, oder auch schon nur in dieser heutigen Zeit, erklären, dass wir einen derart [ja: fast unvorstellbar] enormen technischen Fortschritt gemacht haben, aber keinen adäquaten sozialen Fortschritt?).

Noch immer zu den bedeutenderen Vergessenheiten gehört im Allgemeinen sicher auch die afrikanische Philosophie, obwohl sich diese erst in der zweiten Hälfte des 20. Jahrhunderts so richtig herausstellte und als eine Art kleine philosophische Sensation des 20. Jahrhunderts gelten kann.

Exkurs: Afrikanische Philosophie. Es scheint doch recht bedeutend zu sein, dass auch der afrikanische Kontinent – die Rede ist vom Afrika südlich der Sahara – in der Weltphilosophie angekommen ist (und sich der Philosophie nicht etwa verschlossen hat [der Schriftsteller Achebe oder der Philosoph Eze etwa haben gesagt, dass es für Afrikaner aus verschiedenen Gründen nicht leicht ist, sich mit europäischer Literatur und Philosophie zu beschäftigen – ebenso schwierig, wie früher kulturelle Vorurteile waren, dürfte heute die allgemeine Kulturkritik sein: in Ländern, die nach wie vor einen kulturellen Führungsanspruch in der Welt behaupten]). Bedeutend für die Begründung einer afrikanischen Philosophie war zuerst einmal die Erhebung einer belletristischen afrikanischen Literatur – mit Achebe (und dessen Weltbestseller "Things Fall Apart", 1959), Soyinka (mit dem ersten Nobelpreis für einen afrikanischen Schriftsteller [1986]) oder Wa Thiong'o. Diese Drei können als die ersten grossen afrikanischen Schriftsteller bezeichnet werden, während Wiredu, Hountondji und Oruka als erste grosse afrikanische Philosophen gelten. Entstanden ist die afrikanische Philosophie aus einer Befreiungsbewegung der Schwarzen allgemein – einerseits der Schwarzen in Amerika, andererseits der Afrikaner gegen die Kolonialisierung. Es ist vermutlich wenig erstaunlich, dass sich die afrikanische Philosophie in einer ersten Phase mit dem Gefühl der neuerlangten Eigenständigkeit stark (ethno-) kulturell interessierte (Akan-Philosophie, Bantu-Philosophie, Dogon-Philosophie, Yoruba-Philosophie und andere, vgl. Tempels, Kagame, Wiredu, Oluwole, Gyekye). **Paulin Jidenu Hountondji** (geb. 1942) und **Henry Odera Oruka** (1944-1995) gelten – nebst anderen – als bedeutendste Ethnophilosophiekritiker, auch etwa Appiah wendet sich gegen einen Afrozentrismus und fordert einen transkulturellen Dialog. Bodunrin sagte: "Intercultural philosophy is philosophy and and that's the way philosophy has to be."* Oruka, welcher in seinem Sage-Philosophy-Projekt Dorfweise in traditionellen afrikanischen Kulturen interviewte, meint, dass sich die Ethnophilosophie auch zu häufig auf zu simple Muster und Begriffe wie die Intuition oder die Kollektivität festlegt, was er als naive Flucht in die vorkoloniale Vergangenheit bezeichnet. Séverine Kodjo-Grandvaux sieht in ihrem Buch "Philosophies africaines" in der aktuellen afrikanischen Philosophie **vier verschiedene Hauptrichtungen: Ethnophilosophie, philosophische Weisheit, nationalistisch-ideologische Philosophie und professionelle Philosophie**. Sicher steht die afrikanische Philosophie immer noch erst in ihren Grundzügen, und was sie der Weltphilosophie schliesslich mitgeben wird, das können wir vielleicht erst erahnen. Als positives Zeichen für eine stärkere Berücksichtigung der Kultur der Schwarzen und der Afrikaner können nicht nur die vielen Sportler und Künstler (insbesondere Musiker) gelten, die es zu Weltruhm gebracht haben, sondern v.a. auch erste populäre politische Figuren der grossen Weltgeschichte (wie etwa UNO-Generalsekretär Annan [1997 bis 2006] oder US-Präsident Obama [2009-2017]), die zu Hoffnungsträgern diesbezüglich wurden (fast ein bisschen in einer – wenn auch sehr viel sachlicheren Nachfolge – von Haile Selassie, welcher einst von den Rastafaris als grosser Hoffnungsträger für den ganzen afrikanischen Kontinent betrachtet und verehrt wurde). Wichtig ist das nicht nur für den Blick der Afrikaner auf die Welt, sondern v.a. auch für den Blick der Welt auf Afrika. Keine Frage: Afrika ist – wie auch Asien – in der zweiten Hälfte des 20. Jahrhunderts und am Beginn des dritten Jahrtausends moderner geworden. Es kennt – inkl. Nordafrika – derzeit bereits über 50 Millionenstädte. Tendenz: weiter steigend. Vermutlich und hoffentlich wird es dereinst normal sein, dass wir von einer gemeinsamen Weltkultur sprechen können – womit ich nicht eine Einheitskultur meine, sondern eine gegenseitige Akzeptanz und Annäherung der Kulturen – noch ist es dies aber heute nicht wirklich, sondern die Welt steht noch immer und wahrscheinlich noch länger in diversen – auch weltpolitischen – Findungs- und Integrationsprozessen. Vielleicht sollten wir bezüglich einer Weltkultur nicht von 'One World' sprechen (ein berühmtes und gebräuchliches heutiges Schlagwort dafür), sondern – gerade auch in der Philosophie, und für die Philosophie – von 'A World' (nicht die Vereinheitlichung der Welt steht im Vordergrund, sondern die Behauptung von einer Welt überhaupt).

* Bei einer Philosophie mit kultureller Ausrichtung denken wir v.a. an die verschiedenen Panbewegungen – wie etwa Pangermanismus, Panslawismus, Panislamismus oder eben auch Panafrikanismus (als Gegenentwurf zur europäischen Kolonialherrschaft). Manche erinnern heute – angesichts der supranationalen Europäischen Union – an den früheren Paneuropismus (hier ist jedoch nicht eigentlich ein Rückzug auf die eigene Kultur gemeint, sondern ein Zusammenschluss verschiedener Kulturen).

Bedeutendste Philosophen, Religionsführer und Wissenschaftskoryphäen nach Kontinenten (bezüglich des Geburtsortes nach heutigen Nationen). Afrika (10): Augustinus (Algerien), Camus (Algerien), Derrida (Algerien), Euklid (Ägypten), Hountondji (Elfenbeinküste), Mose (Ägypten), Oruka (Kenia), Plotin (Ägypten), Ptahhotep (Ägypten), Wiredu (Ghana). – Amerika/Latein (5): Bunge (Argentinien), Maturana (Chile), Silva (Venezuela), Varela (Chile), Vasconcelos (Mexiko). – Amerika/ Nord (10): Chomsky (USA), Dewey (USA), Emerson (USA), Franklin (USA), James (USA), Peirce (USA), Quine (USA), Rawls (USA), Rorty (USA), Thoreau (USA). – Asien (10): Avicenna (Usbekistan), Buddha (Nepal), Gandhi (Indien), Jesus (Israel), Konfuzius (China), Laotse (China), Mohammed (Saudi-Arabien), Mozi (China), Vivekananda (Indien), Zarathustra (Iran). – Europa (15): Aquino (Italien), Aristoteles (Griechenland), Darwin (Grossbritannien), Descartes (Frankreich), Einstein (Deutschland), Freud (Tschechien), Hegel (Deutschland), Kant (Deutschland), Locke (Grossbritannien), Marx (Deutschland), Newton (Grossbritannien), Nietzsche (Deutschland), Platon (Griechenland), Rousseau (Frankreich), Sokrates (Griechenland). – Ozeanien (5): Alexander (Australien), Chalmers (Australien), Passmore (Australien), Singer (Australien), Smart (Australien).

Und was ist eigentlich mit **John Dewey** (1859-1952)? Gehört er auch zu den Vergessenen? Gehört er deswegen zu den Vergessenen, weil uns seine Philosophie – in diesem ganzen Philodschungel – heute so normal und unbewegend erscheint? (Fast hätte ich ihn hier auch vergessen*.) Dewey war einer der Hauptvertreter des US-amerikanischen Pragmatismus und kann als Verteidiger der Neuzeit und ihrer Moderne betrachtet werden. Er verteidigte die Naturwissenschaften gegen deren Kritiker, und er forderte eine demokratische Erziehung und eine Demokratisierung aller Lebensbereiche – und somit kann er auch als Verteidiger der Demokratie betrachtet werden. Die Wissenschaft und die Demokratie sind die bedeutendsten Errungenschaften der neuzeitlichen und modernen Philosophie. Er ist also so etwas wie der Hauptvertreter des heutigen Denkens. Sein Hauptwerk heisst: "Demokratie und Erziehung" (1916).

* Dasselbe gilt aus vielleicht gar nicht so unähnlichen Gründen für **Hans-Georg Gadamer** (1900-2002). Er ist einer der Hauptvertreter der Hermeneutik (also: der Theorie der Interpretation von Texten und des Verstehens). Für Gadamer hat die Hermeneutik eine universelle Bedeutung, seine Philosophie zielt auf ein universelles hermeneutisches

Bewusstsein. Anders als bei der Erkenntnistheorie geht es hierbei um die Bedeutung des Verstehens. Sein Hauptwerk heisst: "Wahrheit und Methode" (1960).

Weitere Einschätzungen zur aktuellen Philosophie: Diskurstheorie, Bewusstseinsphilosophie, Verantwortungsbegriff (sowie Flüchtige Moderne). Abschliessen möchte ich die allgemeine Betrachtung über die Philosophiegeschichte mit ein paar weiteren Einschätzungen zur aktuellen Philosophie. Von den drei vermutlich bedeutendsten Richtungen im 20. Jahrhundert – Kulturkritik (Kritische Theorie/Poststrukturalismus), Seinsphilosophie (Ontologie/Existentialismus) und Analytische Philosophie (Analytische Sprachphilosophie und Analytische Philosophie des Geistes) – die alle aus dem 19. Jahrhundert stammen, was eine gewisse Stagnation in der 'offiziellen Philosophie' (im 20. Jahrhundert) anzeigt, ist v.a. die mittlere etwas verschwunden, obwohl sie mir persönlich sogar nach wie vor als die wichtigste zu dieser Zeit überhaupt erscheint. Die Ontologie wird derzeit von der Analytischen Philosophie vereinnahmt und dort (in einer für mich unzulänglichen Art und Weise) formalisiert, der Existentialismus ist ebenfalls nahezu verschwunden, nicht zuletzt deswegen, weil sich die heutige Kunst verändert hat, die ja so zentral ist für den Begriff des Existentialismus, und dies obwohl das Lebensgefühl der Menschen heute eigentlich existentialistischer ist denn je. Der Existentialismus scheint in der Lebenswelt sehr präsent zu sein heute, in der Philosophie ist er es dagegen nicht mehr. Die Philosophie kennt ihre Zeiten und Themen, und ihre Zeitthemen und Themenzeiten (nirgends sieht man dies besser als in der Ökophilosophie, welche ebenfalls bereits der Vergangenheit anzugehören scheint, obwohl die Thematik in der realen Welt und deren Politik drängender ist denn je – seltsam eigentlich, aber so scheint das zu sein mit der Philosophie: wenn ein Thema vorbei ist, braucht es einen Extra-Aufwand, quasi, um es an der Oberfläche zu erhalten, aber item). Wenn ich die Philosophie der letzten Zeit überblicke scheinen mir – ausser einer grossen Diversifizierung (wie sie in den vorigen Abschnitten angetönt wurde) diese drei Gebiete im Vordergrund zu stehen: Diskurstheorie, Bewusstseinsphilosophie, Verantwortungsbegriff. Obwohl es um Habermas etwas ruhiger geworden ist, konnte er sich doch in einer sonst etwas in den Hintergrund getretenen deutschen Philosophie als grosse philosophische Eminenz behaupten. Daher kann man sicher sagen, dass die Diskurstheorie immer noch aktuell ist – auch hat er ein paar (wenige) Mitstreiter gefunden, welche die Diskussion um seine Theorie am Leben erhalten. Die Bewusstseinsphilosophie, welche sich aus der Philosophie des Geistes heraus entwickelt hat, ist vielleicht die bedeutendste philosophische Richtung dieser Zeit überhaupt, auch wenn man auch diesbezüglich gewisse Einschränkungen machen muss: der Fortschritt der Hirnforschung ist weniger gross, als man sich dies eigentlich erwünscht hätte, und so ist auch dieses Thema nicht mehr ganz so heiss, wie es zu werden schien. Trotzdem halte ich an der grossen Bedeutung gerade dieses Themas fest. Der Verantwortungsbegriff schliesslich scheint der bedeutendste ethische Begriff der letzten Zeit zu sein (v.a. in der deutschen Philosophie, in welcher die Ethik – durchaus in kantischer Tradition – noch immer grösser geschrieben wird als anderswo – natürlich spielt auch die Ökoproblematik eine grosse Rolle in der Bedeutung des Verantwortungsbegriffs heute). Ansonsten kann man eben von einer stets zunehmenden Diversivität in der Philosophie sprechen und von immer flüchtigeren Themen und Ideen. Zygmunt Bauman hat dazu den Begriff von einer Flüchtigen [Spät-] Moderne geprägt. Alles kann vor- und aufgebracht werden, nichts ist mehr fest gegeben. Aber: gerade und v.a. die Ökoproblematik bringt auch eine neue Ernsthaftigkeit und Gewissheit in diese Zeit hinein – dass es immer noch Themen gibt, welche sich durch sich selber, und unabhängig von der Philosophie oder der Politik, zu feststehenden und nichtflüchtigen Themen machen – selbst dann, wenn gewisse Teile der Politik das Thema zu verdrängen versuchen, während die Philosophie es derzeit scheinbar, aber kaum endgültig, ebenfalls ein bisschen übergeht; mehr noch als die Flüchtigkeit steht die Ambivalenz (selbst der Flüchtigkeit) im Vordergrund dieser Zeit. **Die Entwicklung von der Relativität im 20. Jahrhundert zur Ambivalenz im 21. Jahrhundert (beides im Rahmen des Existentialismus) entspricht für mich der Haupterklärung und des Hauptverständnisses dieser heutigen Zeit**. (Was ist der Unterschied dieser beiden Begriffe – die Relativität meint vielleicht ein Ideenverhältnis, die Ambivalenz ein Wertverhältnis [was trotz einer gewissen Verwandtschaft nicht ganz genau dasselbe ist].)

Einschätzungen zur aktuellen Philosophie – I. Diskursethik (und eine kleine Moraltheorie). Die Kulturkritik, welche etwa auf Voltaire, Nietzsche und/oder Marx zurückgeht, führte – im 20. Jahrhundert über die deutsche Kritische Theorie und den französischen Poststrukturalismus – einerseits zur Behauptung einer Philosophie der Negativität der Moderne (Hillenkamp), andererseits eben zur Diskursethik, welche **Jürgen Habermas** (geb. 1929) gemeinsam mit **Karl-Otto Apel** (1922-2017) begründete. **Die Diskursethik will – wie alle anderen ethischen Versuche – die moralische Negativität der Zeit überwinden und sie in eine moralische Positivität verwandeln.** Der Hintergrund der Diskursethik ist die Auseinandersetzung mit Kant, dem grössten Moralphilosophen der Neuzeit, sowie **John Rawls** (1921-2002), dem bedeutendsten Moralphilosophen der USA im 20. Jahrhundert (Hauptwerk: "A Theory of Justice", dt. Eine Theorie der Gerechtigkeit, 1971 [eigentlich bei ihm: eine Theorie der Fairness]). Kant hat mit seinem Kategorischen Imperativ eine allgemeine Pflichtethik begründet. Seine Gegner glauben, dies mit einem Vorwurf des Solipsismus verwerfen zu können (d.h. ungefähr: Eingeschlossenheit in die Ich-Perspektive [vgl. auch: Descartes (und so kann man sagen, dass Kants Satz vom Kategorischen Imperativ sich zwar an alle wende, aber bloss an alle Ichs, ohne ein weiterführendes oder verbindendes Du und Wir – das ist der Vorwurf der Diskursethik); offenbar hat man keine Kritik am kantischen Satz selber ansetzen können]). Kant zielte auf das Allgemeine, Rawls auf das Konkrete. In einem konkreten moralischen Problem, meinte Rawls, muss man sich – quasi in einem kleinen Gedankenexperiment – in die Rolle des oder der Anderen versetzen, um zu einem guten moralischen Urteil zu kommen; und dies sollte natürlich jedermann jederzeit tun (wenn es um moralische Fragen geht). Er sagt also: wir können die moralischen Probleme nicht im Allgemeinen angehen, sondern wir müssen sie im Konkreten angehen, und wir müssen für diese konkrete Herangehensweise neue ethisch-moralische Grundsätze finden. Dass dies nicht so einfach ist, wie Rawls vorgibt (und ferner vermutlich auch vielen Vor- und

Fehlurteilen unterliegen muss), liegt auf der Hand. Wir bewerten ja den Anderen dann eigentlich genau gleich, wie Kant das Allgemeine bewertet hat – solipsistisch. Und genau an diesem Punkt setzt die Diskursethik an, welche sagt, dass wir nicht alleine über die Vorstellung vom Anderen eine Ethik und Moral erzeugen können, sondern: dass wir mit ihm sprechen müssen. Die Diskursethik zielt auf die Kommunikation zur Lösung von ethisch-moralischen Problemen (hier kreuzt sich auch der Weg der Kulturkritik mit jenem der Analytischen Philosophie [diese begründete aus der Sprachphilosophie heraus selber zwei Wege: 1. Sprachphilosophie, Philosophie des Geistes, Philosophie des Bewusstseins, 2. Sprachphilosophie, Kommunikationstheorie, Diskursethik]). Das tönt im ersten Moment sehr schön und gut, bedeutet aber, dass (unter gegebenen Regeln der Theorie) immer alle miteinander sprechen müssen, wenn irgendein Moralproblem besteht, und solche umgeben uns ja eigentlich von morgens früh bis abends spät (da sich die Welt stetig verändert übrigens auch immer wieder neu). Es wird kaum von der Hand zu weisen sein, dass eine solche Forderung grösste praktische Probleme mit sich bringt. Wir stecken somit in einer unglaublich schwierigen Sackgasse: wir können nicht sagen, dass es moralisch nicht gut sei, moralische Probleme auszudiskutieren, andererseits können wir aber auch nicht sagen, dass dies im Alltag immer machbar sei. Rawls meinte, wir sollten nicht auf die Praxis schauen, sondern die Erwägung unabhängig von dieser machen. Das kann er gut sagen, aber das Problem besteht trotzdem, und es ist auch nicht wirklich wegzudiskutieren. Was ist nun gescheiter: eine allgemeine Formel, welche nicht hinreichend befolgt wird (nach Kant), oder ein konkreter Diskurs, welcher so nicht hinreichend abgehalten wird (nach Habermas)?* Oder die Behauptung Humes, welcher Kant widersprechen wollte, dass man nicht von einem Sein auf ein Sollen schliessen kann, oder schärfer: dass es im Grunde gar kein Sollen im Sein gibt? Ich würde dazu sagen, dass man die Ethik auf der Ebene der Politik betrachten, den Diskurs (so gut wie halt eben möglich) dort verankern und Wahlen und Abstimmungen einführen und ein Konsenssystem mit einer Konkordanzregierung, einem Kollegialitätsprinzip und einem Vernehmlassungsverfahren** aufstellen müsste. Der politische Diskurs steht doch seit der Bürgerrevolution im Allgemeinen über dem rein moralischen, und in dieser Hinsicht werden wir wohl kaum um institutionelle Lösungen herumkommen. Eigentlich sollte es seit Marx üblich sein, die Politik in die ethische Diskussion einzubeziehen. Es besteht bei der Verbindung zwischen der ethischen auf der politischen Ebene aber noch ein grosse Problem: dass es nämlich heute eine Wissenschaft der Politologie gibt, und dass sich viele Philosophen deshalb nicht mehr auf dieses Gebiet und diese Ebene wagen. Trotzdem: **vielleicht braucht es letztlich alle drei: das allgemeine Prinzip, den konkreten Diskurs und die praktische Politik.** Die Ethik besteht natürlich übrigens aus ethischen Prinzipien und deren moralischer Anwendung. Man kann Kant – wie ich meine – keinen Vorwurf diesbezüglich machen, dass er das beste allgemeine Prinzip der Ethik gefunden und aufgestellt hat. Wenn alle nach diesem Prinzip handeln würden, hätten wir eine perfekte Gesellschaft – dass dies nicht möglich ist, das ist ein anderes Thema (und betrifft die Konditionen des [menschlichen] Lebens). Habermas sagt, dass Kants Kategorischer Imperativ ausserhalb seines Systems nicht leicht zu verteidigen sein dürfte – er geht davon aus, dass Kant ein System für diesen Satz aufgebaut hat, aber eigentlich ist das Gegenteil richtig: Kant hat sein System um diesen Satz herum gebaut. Der Satz kann sehr gut – wie auch die Goldene Regel in der Religion – für sich alleine stehen. Der Kategorische Imperativ ist deshalb so bedeutend, weil er vielleicht der einzige Satz der westlichen Philosophie ist, welcher für sich alleine bestehen kann! Das System ist bei Kant kein Gerüst für diesen Satz, sondern es ist eine Mauer um den Satz herum. Und der Satz ist dermassen radikal im Ethischen, dass dies das einzige Prinzip ist, unter welchem – rein theoretisch betrachtet – eine Anarchie denkbar oder möglich wäre! Von der Goldenen Regel unterscheidet er sich übrigens darin, dass jene auf das Du zielt bzw. alle Dus, dieser aber (direkt) auf das Wir. Die bedeutendste ethische Frage, die bestehen bleibt, ist vielleicht diese: Warum ist im Sollen oft kein Wollen? Eines der grössten Probleme der kantischen Ethik war jedoch nicht unbedingt die Willensphilosophie, sondern die Philosophie und Psychologie des Unbewussten (von Eduard von Hartmann – denn eine Philosophie des Unbewussten macht eine Ethik doppelt so schwierig, als sie sowieso schon ist oder wäre [d.h. nahezu unmöglich – darum ist auch die ethische Position mit dem Wachstum der psychologischen geschwunden]).

* Die Frage letztlich doch auch oder wieder aus der Ich-Perspektive – was nützt dem Einzelnen mehr: ein allgemeines Prinzip, welches von den anderen nicht beachtet wird, oder ein Diskurs, an welchem die anderen so nicht teilnehmen? In beiden Fällen müssten wir ja eigentlich Maschinen haben: für die Umsetzung des perfekten Prinzips ebenso wie für den perfekten Diskurs: Menschen tun sich schwer mit solchen Dingen. Es ergibt sich beim perfekten, reglementierten Diskurs übrigens auch das gleiche Problem wie im Kommunismus: in kleinen Gruppen kann solches – zumindest eine Zeit lang – vielleicht einigermassen funktionieren (siehe: Kibbuz und andere alternative Gruppen/Siedlungen), in der grossen, weiten Welt aber eher nicht. Auch wenn das heute so ist, können wir trotzdem Zukunftshoffnungen hegen: dass ein besser geregelter Diskurs dereinst weltweit doch zumindest in der hohen Politik möglich sein könnte. Desgleichen aber kann man auch über den Kategorischen Imperativ sagen: vielleicht haben die Menschen einmal eine bessere Einsicht in das Prinzip von Kant (und dann würde es vielleicht gar keinen Diskurs brauchen [weil alle – geleitet vom richtigen Prinzip – aus sich selber heraus vernünftig wären; sicher eben: ein viel zu hohes Ideal]). Und schon wieder sind wir bei pari (ceteris paribus). Wir müssen in der Philosophie auch immer beides betrachten: die Idealitäten und die Realitäten – wir dürfen die Idealitäten nicht für die Realitäten preisgeben, aber wir dürfen die Realitäten auch nicht wegen den Idealitäten vergessen. Das ist immer wieder eine schwierige Gratwanderung.

** Dies sind natürlich Begriffe aus der realexistierenden Schweizer Politik. Der Begriff der Konsenspolitik zur Beschreibung des Schweizer Systems ist in der Politikwissenschaft aufgekommen (und teils sogar schon von Philosophen übernommen worden). Konkordanz (dt. Zusammenstimmung) bzw. Konkordanzregierung meint in diesem Zusammenhang, dass alle relevanten politischen Kräfte in die siebenköpfige Regierung, namens Bundesrat, eingebunden werden sollen (die Idee der mehrköpfigen Regierung bzw. der Verzicht eines eindeutigen, langjährigen Staatsoberhaupts stammt vom Direktorium in der Französischen Revolution, welches die letzte Regierung derselben war [mit einer fünfköpfigen Regierung 1795-1799]). Dies schafft die Möglichkeit eines breiten Konsenses bei geringer (aber immerhin noch vorhandener!) Opposition. Man könnte dieses Prinzip auch als einen Politischen Utilitarismus bezeichnen (die Regierungseingebundenheit der grossen Mehrheit). Kollegialität oder Kollegialitätsprinzip meint den kohärenten Zusammenhalt innerhalb dieser aus verschiedensten Kräften zusammengesetzten Regierung. Zumindest theoretisch ist man zuerst politischer Eidgenosse und Vertreter der Regierung und erst in zweiter Linie

Parteivertreter. (Ein-) Vernehmen bzw. Vernehmlassungsverfahren bedeutet, dass man im komplexen Gesetzgestaltungs- und -verabschiedungsprozess (zwischen Parlament, Bundesrat und Volk) alle relevanten Kräfte (über den politischen Bereich hinaus, was etwa grosse Verbände, Vereinigungen und Unternehmen betrifft [oder betreffen sollte]) einvernommen werden bzw. in diesen Prozess mit ihrer Meinungsäusserung eingebunden werden. Das Schweizer Modell gilt als Vorzeigedemokratie, kämpft jedoch heute auch mit Schwierigkeiten – so weist es etwa bei Parlamentswahlen seit den späteren 1970-er Jahren eine Wahlbeteiligung von stets unter 50% aus! (Zur Lösung dieses Problems habe ich eine Allgemeine Wahlpflicht vorgeschlagen.) Trotzdem wird man diese fast ein bisschen philosophisch anmutende Form der Direkten Demokratie international weiter beachten müssen.

Einschätzungen zur aktuellen Philosophie – II. Bewusstseinsphilosophie (und der neue Zugang zu allem). Die Seinsphilosophie war die zweite grosse philosophische Richtung im 20. Jahrhundert, und auch diese stammt eigentlich aus dem 19. Jahrhundert, zumindest in ihrer existentialistischen Ausprägung (die ontologische Richtung ist natürlich sehr viel älter). Auch in der Seinsphilosophie hat es einen deutschen (eher ontologischen) und einen französischen (eher existentialistischen) Zweig gegeben. Es scheint, als sei diese Richtung im 20. Jahrhundert abgebrochen (jedenfalls in der europäischen Philosophie). Die US-Philosophie tat sich relativ schwer damit. Es gibt ein paar neuere Werke zu diesem Thema (von meist eher unbekannteren Philosophen), wobei aber nicht selten eine Ontologie von diesem oder von jenem behauptet wird (z.B. die 'sprachanalytische Erste Philosophie' bei Tugendhat [u.ä.], inkl. Formale Ontologie). Das geht natürlich eigentlich nicht, da die Ontologie als Erste Philosophie (vor allem) keinen anderen Bezug haben kann als sich selber bzw. das Ganze bzw. alles, was ist, oder alles Seiende (das Problem der Spezialontologien beginnt indessen schon bei Heidegger, welcher die Ontologie mit der Phänomenologie, oder bei Hartmann, welcher die Ontologie mit der Anthropologie verknüpft hat – das ist streng genommen eigentlich alles unzulässig [im Sinn einer Fundamentalontologie (die als solche verknüpft werden kann mit anderem, aber nicht in sich selber verknüpft ist mit anderem)]). Der Existentialismus hat in den USA überhaupt gar keine Rolle gespielt. Gegenüber der zurücktretenden Bedeutung der Seinsphilosophie kam indessen innerhalb der Analytischen (US-) Philosophie die Bewusstseinsphilosophie hervor – in einer Entwicklung von der Philosophie der Sprache über die Philosophie des Geistes zur Philosophie des Bewusstseins. Die Bewusstseinsanalyse ist natürlich auch eine Reaktion auf die Philosophie des Unbewussten bzw. die Psychoanalyse und die Tiefenpsychologie. Es dürfte keine allzu grosse Frage sein, dass der Bewusstseinsbegriff und die Bewusstseinsanalyse zu den bedeutendsten Fragen und Themen dieser heutigen Zeit, nicht nur in der Philosophie, sondern: in der gesamten Wissenschaft gehört. Wir wundern uns über unser Bewusstsein mehr denn je, und wir möchten sehr gerne viel mehr darüber wissen. Deswegen wird dieses Gebiet derzeit besonders intensiv erforscht. Wir sind daran, neue Dinge über das Bewusstsein herauszufinden, und wir wissen noch nicht, wo uns dies schliesslich hinführen wird. Wir sprechen dabei von Kognitionswissenschaft, ein Gebiet, welches zusammenhängt mit der Neurologie bzw. Neurobiologie und -psychologie und der Hirnforschung sowie der Psychologie allgemein, ferner eben auch, und hoffentlich bedeutend, mit der Philosophie. Das Thema besteht eigentlich schon seit dem gesamten 20. Jahrhundert: die Philosophie musste jedoch zuerst quasi den Schock vom Unbewussten verdauen, welches in ihr aufstieg und dann in die Psychologie abwanderte, bis sie sich – einem rein Ideellen und Logischen bzw. Pseudologischen überlassen – erneut auf das Bewusstsein als solches einlassen konnte. Mittlerweilen hat sie dies aber getan – wenn auch vielleicht noch nicht ganz in ausreichendem Mass. Thomas Nagel, einer von vielen Vertretern der (sogenannten) Philosophie des Geistes, meint: "Consciousness is what makes the mind body problem really intractable." Damit sagt er eigentlich, dass es sich hierbei um ein anderes Phänomen handelt. Ich würde sagen, die wahre Erkenntnis des Bewusstseins macht das (sogenannte) Leib-Seele-Problem nicht unlösbar, sondern überflüssig. **Und daher sind auch viele Vertreter der Philosophie des Geistes letztlich beim Bewusstsein und bei der Bewusstseinsphilosophie gelandet**. Wir schauen im Bewusstsein nicht quasi von aussen auf Geist (Denken), Seele (Fühlen) und/oder Körper (Empfinden), sondern wir erleben diese Dinge im Bewusstsein – durch eine (da-) seinswesentliche Einheit hindurch – alle gleichzeitig aus einem inneren Zusammenhang heraus, welcher letztlich eben auch – was in einem grösseren und bedeutenderen Sinn relevant ist – in ein Kollektives Bewusstsein* hineinfliesst. Für die Philosophen ist die kognitive – oder vielmehr: konszientische – Wende recht schwierig. Auch wenn viele Philosophen sich heute grundsätzlich für das Bewusstsein interessieren, sind doch auch viele noch in alten Themen verhangen: so etwa Putnam in einer reinen Funktionalität, Chomsky in einer Sprachstrukturalität, Searle gar in einem Bionaturalismus, während wiederum andere sich rein an die Ergebnisse der Wissenschaft hängen und dabei vergessen, dass Bewusstsein auch etwas mit der Person bzw. mit einem Ich und einem Selbst und dem konkreten Leben zu tun hat. Bei den jüngeren Philosophen scheint dagegen die Erkenntnis über die Bedeutung des Bewusstseins als solches zu wachsen. Vielleicht rückt das Bewusstsein sogar wirklich nachhaltig ins Zentrum des philosophischen Interesses. **Vielleicht wird der Philosophie mehr und mehr bewusst, dass die aktuellen und kommenden Probleme nur über das Bewusstsein (und das Kollektivbewusstsein) zu lösen sind.** Vielleicht sollten wir weniger vom Geist und von der Seele sprechen, sondern vielmehr vom Bewusstsein (also: von der Einheit von geistig-seelisch-körperlichen Prozessen). Bewusstsein ist eigentlich nichts anderes als (Da-) Sein, welches bewusst ist. Es gibt eine direkte Verbindung zwischen Sein, Dasein und Bewusstsein. Es geht in der aktuellen Psychologie oft um die Begriffe des Lernens und damit zusammenhängend der Entwicklung, der Intelligenz und der Kreativität, aber die Fragen des Bewusstseins sind natürlich sehr viel tiefer und breiter. Mit der Bewusstseinsphilosophie wird man sicher nicht alle Probleme lösen können, aber vielleicht einen neuen Zugang zur Lösung von bedeutenden Problemen bekommen. Es kann auch sein, dass das Interesse an dieser Richtung wieder abflauen wird, weil grössere Erfolge vielleicht nicht so rasch erzielt werden können, wie man das eigentlich gerne hätte, ich bin mir aber ziemlich sicher, dass dieser Begriff und dieses Thema die Menschheit noch länger und weiter beschäftigen wird.

* Das Bewusstsein ist an praktisch allen wichtigen Fragen, die uns Menschen betreffen, beteiligt. Und die Soziologie spricht schon lange von einem Kollektivbewusstsein (v.a. bei Émile Durkheim und dessen Schülern), für welches dasselbe gilt (auch wenn es nicht konkret erfahr- und erfassbar ist, weist es abstrakt die selben Eigenschaften auf [das

Kollektivbewusstsein kann vielleicht auch als das gesellschaftliche Äquivalent zum Weltgeist beschrieben werden – der einzelne Geist ist urgründlich im Weltgeist aufgehoben bzw. aus diesem herstammend, aber da Geist, was im Grunde eine reine Kraft ist (der reine Geist ist in einem gewissen Sinn wie Kolumbus ['Segel setzen und los!'], das Bewusstsein oder der bewusste Geist wie Casas ['Was ist denn hier eigentlich los?']), da Geist also Bewusstsein schafft, schaffen die untereinander verbundenen Geister auch das Kollektivbewusstsein – ich weiss: manche mögen solche Hegeleien nicht besonders, ich finde sie aber interessant]). Das (abstrakte) Kollektivbewusstsein entscheidet z.B., ob wir als Masse wählen gehen oder nicht, also: ob wir unsere Demokratie unterstützen oder nicht [Frage: wollen wir überhaupt noch wissen, was hier los ist? – und auch selber mitbestimmen], und also: wie wir unsere Regeln festsetzen, u.v.a. Es sind zwar die Einzelnen, die agieren, aber die wichtigen Entscheidungen fallen in einer höher entwickelten Politik im Kollektiv, oder abstrakt gesprochen: im Kollektivbewusstsein (welches natürlich heute in einem bedeutenden, wenn auch nicht alleinigen Zusammenhang mit den [Massen-] Medien steht).

Summa summarum: das Bewusstsein und der Diskurs – das sind die grossen philosophischen (Haupt-) Themen der heutigen Zeit. Eine dritte bedeutende Richtung wären allenfalls die schon mehrfach erwähnten Public Philosophers – inklusive diesen, **könnten wir sagen, dass es der aktuellen Philosophie, anfangs des 21. Jahrhunderts, v.a. um Bewusstsein, Diskurs und Öffentlichkeit geht.** Ein sehr interessantes Paket, wie ich finde (zur Öffentlichkeitsdebatte ist das Werk vom US-Soziologen Sennett zu erwähnen, in welchem dieser einen 'Fall des öffentlichen Menschen' [englischer Titel] bzw. 'Verfall des öffentlichen Lebens' [deutscher Titel] bzw. 'Verfall der Öffentlichkeit' voraussagte [ich glaube, dass die Neuen Medien keinen Niedergang der Öffentlichkeit bringen werden, sondern – im Gegenteil – eine verstärkte Debatte über die Öffentlichkeit]). Natürlich sehe ich auch – und erst recht – die Seinsphilosophie weiterhin als grosses Thema dieser Zeit und keinesfalls als irgendwie abgeschlossen, weder in dieser Zeit noch überhaupt. Es wird auch wieder Diskussionen um das Weltbild bzw. die Weltbilder geben – bedeutend wird in dieser Diskussion vermutlich sein, dass die Wissenschaft ihr Weltbild konkretisieren muss, weil wir langsam aber sicher merken, dass es für wissenschaftliche Erwartungen zu unexakt ist, während philosophische Weltbilder es eher schwieriger haben werden (was natürlich nicht heisst, dass nicht trotzdem ein philosophisches Weltbild vorgeschlagen bzw. in die [wissenschaftliche] Diskussion eingebracht werden kann). Ferner wird die Verhinderung eines unseligen weiteren 'Kampfes der Kulturen' (siehe: Huntington) ein Dauerthema der zukünftigen Ideengeschichte sein – bezüglich der Gegenwart und näheren Zukunft (mit den heute gegebenen Kulturdifferenzen) wie auch einer ferneren Zukunft (mit heute noch unabsehbaren Kulturformen und -schwierigkeiten). Ebenso werden ganz allgemein soziologische und ökologische Themen bleiben, natürlich eben. Sowohl soziologische wie auch ökologische Fragen haben den Verantwortungsbegriff aufgeworfen.

Einschätzungen zur aktuellen Philosophie – III. Verantwortungsbegriff (Kurze Begriffsgeschichte). Der Begriff der Verantwortung erscheint im späteren 20. und früheren 21. Jahrhundert vermutlich als der bedeutendste Begriff der Ethik überhaupt (jedenfalls in einer reinen Begriffsethik [gegenüber der vorhin besprochenen Dialog- und Diskursethik]) – besonders in der deutschen Philosophie (aktuell etwa bei Heidbrink, Nida-Rümelin* oder Pogge [früher etwa bei Weischedel und Jonas]). **Verantwortung bedeutet in erster Linie eine gewisse menschliche Pflicht, auf wichtige Fragen überhaupt erst einmal zu antworten, nachdem diese gestellt wurden bzw. man diese wahrgenommen hat (natürlich keine Selbstverständlichkeit, weder in der Ethik/Moral noch in der Politik** – viele Missstände in der Welt kommen wohl davon, dass wichtige Fragen von einer tendenziösen Politik einfach übergangen werden). Das Fragen und das Antworten sind die wesentlichen kulturellen Kräfte in der Erforschung und Entwicklung der menschlichen Kultur (wo diese Verantwortung durchbrochen wird, entsteht Korruption und Antikultur). Eine kleine philosophische Begriffsgeschichte zum Begriff der Verantwortung in allen Sprachen (ausschliesslich anhand von Buchtiteln, ohne weitere Erklärungen) führt uns von der Zeit der Reformation bis in die heutige Zeit. Der früheste bedeutende Buchtitel mit diesem Begriff ist vermutlich "Christliche vnd ware Verantwortung an den Hochwirdigisten Fürsten vnd Herrn, den Ertzbischoffe vnd Churfürsten zu Cöln" (Melanchthon/Bucer, 1543 [der Begriff tauchte in Buchtiteln weiterer Reformatoren auf, z.B. bei Andreae, Bullinger oder Kirchner]). Erst im 19. Jahrhundert scheint der Begriff wieder bedeutend aufzutreten, in: "The Limitations of Human Responsibility" (Wayland, 1838 [US-Baptist und - Ökonom (und Vertreter der Anti-Sklaverei-Bewegung)]), in der späteren Moderne schliesslich bei Lévy-Bruhl ("L'idée de responsabilité", 1884) und Weischedel ("Versuch über das Wesen der Verantwortung", 1932). In den 1940-er bis 1970-er Jahren spielte er eine bedeutende Rolle in der US-Rechtsphilosophie (Hart, Morris, Roberts, Glover, Ross), ferner etwa bei Guardini, Von Weizsäcker, Wisser oder Picht. Bahnbrechend für die jüngere Bedeutung des Begriffs ist das Buch "Das Prinzip Verantwortung" (Jonas, 1979). Es folgten vereinzelte Titel berühmter Philosophen wie Popper, Apel, Ricoeur oder Vattimo und gleichzeitig sowie später v.a. bei deutschen Autoren (z.B., etwa 1988-2017: Birnbacher, Hösle, Etzioni, Merks, Heidbrink, Nida-Rümelin, Pothast, Schefczyk, Sombetzki, Beck, Dierksmeier sowie auch bei US-Philosophen [als bekanntester unter diesen vielleicht: Fischer]). Bedeutend in der Begriffsgeschichte diesbezüglich sind ferner etwa Weber, Jaspers oder Levinas (vielleicht auch grosse frühere Humanisten wie etwa Buber oder Schweitzer, auch wietere Existentialisten wie Kierkegaard oder Sartre werden speziell genannt). Ich stelle diesen Begriff hier besonders heraus, weil er eben der am Bedeutendsten verwendete Ethikbegriff des 20./21. Jahrhunderts zu sein scheint; gegenüber früheren Hauptbegriffen der Ethik, der Philosophie und der Kultur – Antike: (Ur-) Grund (Vorklassiker), Seele (Platon), Idee (Platon), Gerechtigkeit (Platon), Glück (Aristoteles) – Mittelalter: Gott (Jesus), Liebe (Jesus), Geist (Jesus), Vernunft (Canterbury), Sein (Aquino) – Neuzeit (inkl. Moderne und Spätmoderne): Wissen (Bacon), Verstand (Locke), Aufklärung (Rousseau), Kritik (Kant), Freiheit (Mill/Liberalismus), Gleichheit (Sozialismus), Existenz (Existentialismus – unter vielen anderen bedeutenden Begriffen in der gesamten Begriffsgeschichte, natürlich [ich habe hier nur ein paar besonders bedeutende Begriffe herausgehoben]). Jeder dieser Begriffe hat seine eigene, meist lange Geschichte, dazu auch seine Querverbindungen zu anderen – ähnlichen oder gegensätzlichen – Begriffen. Ich möchte hier nicht tiefer in die Begriffsgeschichte eintauchen, doch aber immerhin erwähnen, dass die Frage danach, welche Begriffe gerade aktuell und bedeutend sind, natürlich wichtig ist zum Verständnis einer bestimmten Zeit.

* Für **Julian Nida-Rümelin** (geb. 1954) ist die Verantwortung untrennbar mit der Freiheit verbunden. Freiheit kann nicht für sich alleine bestehen, sondern nur zusammen mit Verantwortung. Das ist eine solide (liberale) Position. Er verknüpft Lebenshilfephilosophie mit Verantwortungsethik, indem er über eine bereits bei Aristoteles vorkommende verantwortliche Strukturierung der Persönlichkeit spricht. Natürlich ist das Streben nach einer Person im Reinen, wie er es vertritt, auch recht nahe an der Forderung von der Reinheit der Person (mit allen Fragwürdigkeiten, welche eine solche Position beinhalten kann). Ich meine, dass Verantwortung nicht nur Strukturierung bedeutet, sondern gerade auch Offenheit gegenüber unerwarteten Fragen (und unerwarteten Antworten). Die Philosophie ist hier sicher im Zwiespalt: soll die Person verherrlicht werden, oder soll die Flexibilität offengehalten werden. Keine leichte Frage, die sich uns aber in den verschiedensten Bereichen immer wieder stellt. Natürlich hat das auch zu tun mit konservativen und progressiven Einstellungen und Haltungen. Das Progressive ist offener, das Konservative verschlossener. (Eine gewisse Offenheit ist wissenschaftlich schon deswegen gefordert, weil sich die Welt ständig verändert – nicht nur unsere Erlebenswelt, indem wir in immer neue Situationen mit immer anderen Menschen kommen, sondern die Welt an und für sich; sie verändert sich im Kleinen [rascher] und daher auch im Grossen [langsamer]: ein Traum der deterministischen Wissenschaft wird sich vermutlich nie erfüllen – dass es nämlich einmal eine abgeschlossene Wahrheit in einer feststehenden Welt geben wird, und schon gar nicht eine abgeschlossene Technikwahrheit in einer feststehenden Technikwelt. **Die menschliche Wissenschaft wird vermutlich immer den kleineren und grösseren Veränderungen der Welt und ihrer Wahrheit, welche sie mitunter selber initiiert hat, hinterherlaufen.** Das bedeutet nicht, dass es nichts Feststehendes geben kann, sondern nur: dass das Feststehende nicht das Ganze sein kann.)

Was der Begriff der Verantwortung eigentlich ist und meint, hat der deutsche Soziologe Hartmut Rosa sehr schön herausgestellt. Er schreibt am Ende seines Hauptwerks: «Eine bessere Welt ist möglich, und sie lässt sich daran erkennen, dass ihr zentraler Massstab nicht mehr das Beherrschen und Verfügen ist, sondern das Hören und das Antworten.» (Hartmut Rosa: "Resonanz – Eine Soziologie der Weltbeziehung", 2016). Der Begriff der Verantwortung kommt vom Begriff der Antwort bzw. des Antwortgebens. «Resonanz bleibt das Versprechen der Moderne» (und deren Aufklärung), meint er. Die Realität sieht er jedoch heute in einer Entfremdung. Rosa kommt von der (neomarxistischen) Kritischen Theorie her und will diese erweitern und erneuern. Wir können davon ausgehen, dass die Resonanz eine umso grössere Bedeutung hat, je mehr Räson eine Welt besitzt. Stellen wir eine Räson- und eine Dschungel-Welt gegenüber, so wird in der ersteren die Suche nach Resonanz sicher bedeutender sein, während in der zweiteren ein anderer Faktor vermutlich eine grössere Rolle spielt: jener der Existenz. Es tut sich hierbei also ein interessantes Spannungsfeld auf zwischen den Begriffen der Existenz und der Resonanz. Mich beeindruckte der Begriff der Resonanz am Anfang sehr – wie man von einem neuen Begriff in der Philosophie beeindruckt sein kann. Wenn man aber den Begriff ins Verhältnis setzt mit anderen Begriffen wird seine Wunderlichkeit auch wiederum ein bisschen entzaubert. Dies kann gleich als Grundregel gelten: wenn mit einzelnen Begriffen in der Philosophie eine neue Theorie behauptet wird, sollte man diese Begriffe immer ins richtige Verhältnis setzen mit verwandten bzw. adäquaten Begriffen. Wie auch immer: Rosas Ansatz ist interessant, und wir könnten vielleicht sagen, dass die Resonanz ein Versprechen der modernen und aufgeklärten Räson ist. Vermutlich können wir aber auch davon ausgehen, dass wir in allen möglichen Welten Existenz und Resonanz benötigen. Eine Kritik der reinen Resonanz erscheint hier notwendig. Der rein intellektuelle Unterschied zwischen einer rationalistischen und einer alternativen Welt – wie ihn Rosa erwägt – liegt nicht darin, dass wir in der rationalistischen Welt keine Resonanz suchen würden, sondern ganz im Gegenteil: dass wir sie in einer solchen geradezu strukturell erwarten (und sehr verblüfft sind, wenn sie anders ausfällt, als wir sie eigentlich erwartet haben – während wir in einem alternativen Modus offener an die Dinge herangehen, ohne allzu grosse Erwartungen an ganz bestimmte Resonanzen [im Alltag der spätmodernen Welt können wir natürlich – je nach Situation – beide Modi gebrauchen]). Die Resonanztheorie von Rosa ist in diesem Sinn eigentlich eine Ergänzung zur Existenzphilosophie (und daher hier von besonderem Interesse, weil ich ja das 20. wie das 21. Jahrhundert als Jahrhunderte des Existentialismus sehe) – interessant ist sie aber eben auch etwa in der Verantwortungsdiskussion.

Rosa schliesst eigentlich, ohne es speziell zu deklarieren, an die (bereits erwähnte [und auch gewürdigte]) Vulgär- und Populärphilosophie und -wissenschaft speziell der späteren 1960-er bis früheren 1980-er Jahre an (Meadows, Capra, Vester, Sheldrake, andere [auch etwa Fromm oder Marcuse]) und vermengt in seiner Resonanztheorie eine Vielzahl von älteren, alternativen und neueren, geisteswissenschaftlichen Ansätzen. An manchen Stellen geschieht dies durchaus interessant (etwa bei der Behauptung der Demokratie als kollektive Resonanzsphäre), an anderen dagegen eher etwas zu billig (etwa bei der animistischen Vorstellung von sprechenden Dingen – d.h. manche Ansätze wurden etwas zu leichtfertig übernommen und eingedeutet). Allgemein werden wir im Naturrückbezug ebenso wie in der Technikorientierung vermutlich noch vielem begegnen, in der Philosophie wie in den Wissenschaften. Wir sollten damit vorsichtig umgehen. Wenn mit Resonanz blosse Stimmigkeit (als Urgrund) gemeint ist, erinnert mich dies ein bisschen an die von Voltaire* so bissig kritisierte prästabilierte Harmonie von Leibniz (abgeleitet von Keplers Weltharmonik – offenbar zieht der Begriff der Resonanz jenen der Harmonie nach sich, was natürlich an sich ein guter Begriff ist, der aber gefährlich werden kann, wenn er überstrapaziert wird, zu einer Harmonie-Ideologie der (über-) perfekten, (über-) stimmigen Ordnung (dies obwohl Rosa – auf seinen schwierigen Gratwanderungen – sagt, dass seine Resonanztheorie gerade dies eben auch nicht sein soll, aber item)]). Rosa sagt selber sogar, dass übertriebene Resonanz eine faschistische Neigung annehmen kann (ebenso wie übertriebene Existenz, notabene – und ebenfalls kann beides auch eine Neigung zum Chaos annehmen; alle auf einen einzelnen Begriff hin gedeuteten Ideologien bergen diese Gefahren in sich). Die Resonanz ist indessen auch in der Ökumene zwischen den Kulturen gefragt. **Der 'Kampf der Kulturen' (vgl. Huntington) zielt letztlich nicht auf Vernichtung, sondern auf Einbringung** (also: Integration – ein anderer bedeutender Begriff, welcher mit jenem der Resonanz in [zeitgemässer] Verbindung steht). Die Frage lautet: was können die verschiedenen Kulturen einbringen in die Welt der Zukunft? Die Frage der Einbringung erweitert die unrealistische Linearität des vergangenen Imperialismus. Ich würde jedoch den westlichen Ansatz des wissenschaftlichen, technischen und kulturellen Fortschritts nicht so leichtfertig aufgeben, wie dies die Kulturkritik tut (und Rosa im Zuge derselben ebenfalls). Man sollte bei der philosophischen Kritik immer auch überlegen, woher die entsprechende Philosophie kommt. Die Rationalisierung geschah aus gutem Grund – dass sie heute in die Kritik gerät, wo sie übertrieben (bis sogar gefährlich) erscheint, ist auch logisch. **Die Kulturkritik mutet jedoch manchmal an wie eine Katze, die sich in den eigenen Schwanz beisst** (exemplarisch etwa bei Nietzsche wie bei Adorno oder bei Frisch [allesamt Kulturgurus in einer von ihnen angeprangerten Kultur, Brandstifter gleichermassen wie auch Biedermänner]), und wir sollten aufpassen, dass dabei das Kind nicht mitsamt dem Bad ausgeschüttet wird. Daher verweise ich immer wieder auf die Ambivalenz dieser Zeit. Dies ist keine Zeit, in welcher wir mit einem blossen, neuen Begriff neue Welten eröffnen könnten. Und wir würden der Welt keinen Gefallen tun, wenn wir auf die (sogenannt) westlichen Werte verzichten würden, wohl aber, wenn wir sie sinnvoll ergänzen (vielleicht sogar in der Vernunft, die sich selber begegnet, d.h. im Bewusstsein einer wahren Vernunft [im Gegensatz zu einer bloss begrifflich hochstilisierten und ideologisierten, instrumentalisierten und institutionalisierten Vernunft]).

* Es ist wohl an dieser Stelle zu bemängeln, dass die Universitäten immer noch (oder sogar auch vermehrt wieder) zu stark national bis teils schon fast regional ausgerichtet sind - nicht nur in Deutschland. Rosa wie Habermas etwa bleiben weitgehend in einem deutschen bzw. deutsch-amerikanischen Bezug stecken (und sie sind bei weitem nicht die einzigen). Eine offenere Philosophie ist seltener, eine die (wie meine) gar neutral alles einzubeziehen versucht, erscheint derzeit noch immer gar gänzlich unmöglich (eigentlich sollten ja die Schweizer Philosophen für mehr Neutralität in der Philosophie werben, doch sie tun es nicht und haben auch – im Gegensatz zur Schweizer Wirtschaft – in Europa und der Welt gar keine wirkliche Stimme). Meine Auffassung von Philosophie ist natürlich diese, dass sie, wo sie nicht von rein eigenen Erfahrungen ausgeht, die Philosophie der (ganzen) Welt nützen sollte. Dagegen ging etwa Rorty sehr nonchalant davon aus, dass der Philosoph bloss jenes in der Philosophie nützen kann, was seine eigene Theorie stützt, während er das Andere einfach weglassen darf – das ist meiner Meinung nach eine sehr klägliche (aber leider sehr weit verbreitete) Auffassung von Philosophie. Vielleicht ist auch diese Nonchalance der Grund dafür, dass wir heute immer mehr philosophische Publikationen haben, aber immer weniger solche, welche die Welt einbeziehen (oder schon nur Europa – wie es zu den grossen Zeiten des europäischen

Renaissance-Humanismus, der Begründung der Wissenschaft oder der politischen Aufklärung der Fall war [der Existentialismus und die Kulturkritik hatten im 20. Jahrhundert zwar durchaus auch eine europäische Komponente, es ist aber nicht zu leugnen, dass auch diese Philosophien sehr ausgeprägt national ausgerichtet waren (v.a. in Deutschland und Frankreich: zwischen Heidegger und Sartre bestehen Welten, ebenso zwischen Foucault und Adorno)]). Ich sehe die Universität auch weiterhin (und trotz dem Internet) als Bewahrerin des philosophischen und wissenschaftlichen Schatzes (es muss ja im Lauf der Zeit auch eine qualitative Bewahrung geben, nicht nur eine quantitative), und trotzdem gibt es auch einige Kritikpunkte am heutigen Universitätswesen. Sicher wäre einmal eine allgemeine Diskussion über die Stellung der Universität der Zukunft innerhalb der Gesellschaft angebracht.

Überraschend, vielleicht: wie alternativ und interessant auch Rosa und die Leute, auf die er sich bezieht, daherkommen, sie bleiben letztlich doch in einem alten Kartesianismus verhangen (wie der grösste Teil der übrigen Philosophie ja auch). Statt von Subjekt und Objekt ist hier nun von Selbst und Welt die Rede. Das macht die Sache interessanter, weil diese Vorstellung begrifflich neu ist, jedoch nicht viel besser. Es bleibt ein Kartesianismus, wenn auch ein defensiver, umgekehrter und/oder pervertierter Kartesianismus. Statt das Subjekt gegen das Objekt steht nun plötzlich die Welt gegen das Selbst (vgl. Roderick – Self Under Siege). Die Einschaltung des Körpers als Mittler (Selbst-Körper-Welt) nützt nicht viel, weil es keiner Überwindung des Dualismus entspricht, sondern einem Selbst-Körper in einer Körper-Welt bzw. einer reinen Körperbeziehung: das ist viel zu billig, um eine echte Lösung zu sein. Rosa spricht auch von einer Verdinglichung des Selbstverhältnisses. Was ist der Sinn davon, mit dem Selbst-Verhältnis – die Psychologen, Philosophen und mittlerweilen auch Soziologen (vgl. Giddens: "Modernity and Self-Identity", 1991) sprechen heute meist vom Selbst und nicht vom (zunehmend verpönten) Ich – umgekehrt dies zu veranstalten, was beim Weltverständnis von Descartes bemängelt wurde, nämlich die totale Objektivierung bzw. Verdinglichung (diesmal nicht der äusseren, sondern der inneren Natur? Rosa meint zum unaufgehobenen Problem: «Die Frage nach der jeweiligen Definition und dem genauen [Anm. von der Psychologie verwirrten] Verhältnis von Person (oder Selbst), Subjekt, Leib und Körper ist in der Soziologie so

237

umstrittten und unscharf wie in der Psychologie und der Philosophie und erst recht in der Debatte zwischen diesen Disziplinen; jeder Versuch hier endgültige begriffliche Klarheit zu schaffen, scheint nur neue konzeptuelle Probleme heraufzubeschwören.» Und so machen sie denn einen Zirkelschluss, in welchem nur bewiesen wird, was zuvor vorausgesetzt wurde (eine reine Körperbeziehung wider die Subjekt-Objekt-Beziehung im rein Geistigen). Das Problem wird dabei umgedreht, statt gelöst (die Lösung lautet: Körper-Seele-Geist, Subjekt-Projekt-Objekt). Sie wollen etwas bewegen und sprechen mitunter von Dialektik, schaffen aber den Sprung aus dem alten Widerstreit einfach nicht. Wir können ja auch nicht sagen, dass wir plötzlich eine ganz andere Welt machen als jene, in welcher der Mensch zum Holzspalten eine Axt nimmt und diesen Vorgang gestaltet. Wie wollen wir eine andere Welt machen? Wollen wir dem Holz sagen, es soll sich doch bitte selber spalten, weil wir nichts mehr mit diesem Vorgang zu tun haben möchten? Weil dieser Vorgang nicht mehr in unser psychologisches Denken passt. Das wäre allenfalls technisch bzw. maschinell denkbar, **aber der Mensch bleibt ja derjenige, welcher die Maschine programmiert und/oder bedient** (es besteht heute fast schon die Gefahr, dass wir dies im Zeitalter der Informatik und in der Erwartung des Internets der Dinge, in der Philosophie ein bisschen vergessen). **Der Mensch ist ganz gewiss kein unantastbares Subjekt in dieser Welt, aber er bleibt in vielen Situationen das als solches verantwortliche Subjekt** (im Kleinen wie im Grossen [Umweltproblematik]). Darum herum kommen wir letztlich nicht. Wir müssen nicht den Geist und die Vernunft verneinen, sondern diesen (Resonanz-, Projekt- und Moral-) Bewusstsein geben. Manchmal kommen mir die heutige Philosophie und auch Wissenschaft bzw. eine Philosophie, die sich immer enger an die Wissenschaft anlehnt, so vor, als kümmere sie sich gar nicht mehr um Problemlösungen, sondern als sei sie daran interessiert, Probleme zu zementieren, oder sogar welche zu schaffen. Das entspricht nicht dem ursprünglichen Sinn von Philosophie. Wenn wir den Begriff der Resonanz in einen grösseren Rahmen stellen möchten, könnten wir von einer Dreiheit sprechen von Existenz, Resonanz und Akzeptanz (ich kann dabei verweisen auf meine Beschreibung des Zusammenhangs von Toleranz, Akzeptanz und Assekuranz

– oder: Fremdwörter sind nicht immer nur Glückssache [die rein existenzielle Behauptung würde wiederum einem Dualismus folgen: von Existenz und Resistenz (dualistisch deshalb, weil die Resistenz zwar die Existenz verstärkt, indes aber ein Problem schafft mit anderer, fremder Existenz – ein Problem, welches im Existentialismus diskutiert ist, wo das Andere/Fremde zu einem bedeutenden Diskussionspunkt geworden ist)]).

Der grösste Schwachpunkt der Resonanztheorie liegt vielleicht darin, dass es im praktischen Leben auch und v.a. um Entscheidungen geht – und diese passen schon begrifflich nicht zu einer Resonanztheorie der Stimmigkeit. Diese Theorie wurde hier auch etwas breiter behandelt, um die Schwierigkeiten einer rein körperorientierten (oder auch rein psychosomatischen [bzw. seelisch-körperlichen]) Philosophie zu zeigen, wie sie heute zunehmend im Trend liegt (nicht zuletzt aufgrund einer zunehmenden Anbiederung der Geistes- an die Naturwissenschaften), selbst dann, oder gerade auch dann, wenn wie hier ein ausgesprochen positiver Ansatz (von Resonanz, Harmonie und Flow) gesucht wird. Die Verhältnisse der Welt sind nicht einfach, sondern sie sind mehrfach: zweifach, dreifach, vierfach, fünffach, usw. usf., etc. etc., und dann wird es rasch einmal eben ein bisschen komplizierter, als es uns eigentlich lieb und billig ist. Wir sollten die Verhältnisse weder zu stark verkomplizieren, noch zu stark versimpeln. Der Mensch ist ein Körper-Seele-Geist-Wesen, und wenn wir den Menschen analysieren, sollten wir einen besseren Ausgleich zwischen Körper, Seele und Geist suchen – weder eine Verflüchtigung im Geist, noch eine Verdinglichung im Körper (aber auch keine Übersteigerung des Seelischen ins Pathetische, Deklamatorische und dergleichen mehr). Wir brauchen mehr Körperbewusstsein heute, aber nicht durch die Korruption des Geistes und der Philosophie: wir brauchen mehr Körper-, Seelen- und Geistesbewusstsein. Bewusstsein und Verantwortung sind die grossen Worte dieser Zeit (und vielleicht aller Zeit überhaupt).

Auf einen anderen Punkt möchte ich an dieser Stelle noch aufmerksam machen (vielleicht bereits angetönt im Abschnitt zum Libertarian Crossover). **Bei vielen – oder: fast allen – neueren Theorien können wir eine seltsame Verbindung von konser-**

vativen und progressiven Anliegen feststellen (so etwa u.a.
auch bei dieser Resonanztheorie). Die klare Trennung dieser
Faktoren, wie wir sie von den Entwicklungen der (Natur-) Wissenschaft, der Aufklärung und des politsozialen Engagements
her kennen, funktioniert zunehmend nicht mehr. Das Paradebeispiel ist die Ökologie. Ist der Schutz von Umwelt und Natur ein
progressives oder ein konservatives Anliegen? Politisch sehen
wir es derzeit progressiv, aber was gibt es letztlich Konserva-
tiveres als den Schutz der Natur? Ein anderes gutes Beispiel sind
die neuen Finanzinstrumente der Banken. Dies sind eigentlich
progressive Mittel, die aber einem eher konservativen Zweck
dienen (und dasselbe kann man vielleicht sogar von der heutigen Video-Game-Industrie sagen). Ein grosser Teil in der heutigen politischen Verwirrung kommt hiervon: Konservativismus
kann plötzlich als progressiv erscheinen (wo es nicht reiner
politischer Reaktionismus ist), Progressivität als konservativ
(auch etwa die Verteidigung von sozialen Errungenschaften und
Institutionen ist heute bereits ein konservativer Akt!). Wir begegnen diesem Phänomen in der Politik wie auch etwa in der
Fantasy der Kultur – bedeutend und bezeichnend für die heutige Kultur-Fantasy ist die Geschichte von "Alice im Wunderland"
(Carroll, 1865 – vor der Belle Epoque und der Spätmoderne im
20. Jahrhundert): ist die Wunderwelt, in welche Alice hinabfällt
nun eine neue oder eine alte Welt – oder ganz einfach: eine andere Welt? Wir können es nicht genau sagen. Wir sollten uns
davon nicht beirren lassen und uns immer nur fragen, was gut
ist für die Zukunft. Die Entwicklung der Welt ist immer Fortschritt und Bewahrung (das wird uns heute immer bewusster).
Das 'Ende der Geschichte' (vgl. Fukuyama) einer Kultur, welche
auf den reinen Fortschritt fokussiert ist – in der Innovation von
Wissenschaft und Technik ebenso wie im wirtschaftlichen Profit
– beginnt eben vermutlich dort, wo die Natur gefährdet ist und
sich das Bewusstsein von deren Gefährdung breitmacht. **Es ist
kein wirkliches Ende, sondern nur die Neuorientierung im
Bewusstsein einer gewissen Ambivalenz zwischen Fortschritt
und Bewahrung, in welcher wir neue (alte) Sicherheiten und/
oder Möglichkeiten suchen.** In solchen Zeiten gilt vielleicht:
alles prüfen, das Gute behalten und das Glück suchen (das allgemeine wie das private: von Konfuzius bis Marx wurde das allgemeine durch das private gesucht, seit bzw. mit Marx das private

durch das allgemeine, aber vermutlich müssen wir es von beiden Seiten her angehen [wie das genau geschehen soll, ist aber immer noch fraglich (und v.a. eine Aufgabe der Soziologie – eigentlich müssten wir nicht weitere 2500 Jahre auf diese Erkenntnis warten, und trotzdem ist es möglich, dass die Lösung der gesellschaftlichen Probleme noch lange auf sich warten lässt)]).

Ja, was wird wohl noch alles verhandelt werden in der Philosophie der Zukunft, zu welchem die Philosophie der Gegenwart entweder einen aktuellen Punkt machen muss, oder allenfalls noch gar nicht erwägen kann, worum es da denn überhaupt gehen wird? Natürlich stellt sich diese Frage, für jemanden, der eine Philosophiegeschichte schreibt. Aber wir können – auch hier (leider) – nicht in die Zukunft blicken. Themen, die heute gross erscheinen, können schon morgen vergessen sein, während solche, von denen heute noch gar niemand spricht, morgen im Zentrum stehen können. Tatsächlich scheint die Philosophie auch ein bisschen flatterhaft zu sein, und Festlegungen darin sind eine relativ schwierige Sache. Während die Religion eigentlich von einem Traum lebt – einem Traum davon, dass die Menschen mit der Liebe Gottes umgehen können (vgl. Martin Luther King: "I Have A Dream") – und die Wissenschaft eigentlich von einem Glauben – von einem Glauben davon, dass das Wissen die Probleme der Menschheit lösen wird – hat die Philosophie nichts ähnlich Wirksames zur Hand. Vielleicht besteht sie aus einer reinen Hoffnung: dass ein kleiner Schritt in Richtung der Weisheit jeder Generation von Neuem gelingen möge (das entspricht jedenfalls meiner Motivation für die Philosophie – für andere kann ich nicht sprechen).

Und... die Frauenfrage in der Philosophie? (Eine kleine historische Aufarbeitung.) Die Frauenfrage verdient sicher – noch immer, oder überhaupt und immer wieder – eine besondere Beachtung. Wenn man sie überall sonst in der Gesellschaft heute stellt, warum ausgerechnet in der Philosophie nicht? In der Antike gab es einige wenige Philosophinnen, Wissenschaftlerinnen* und Dichterinnen (Sappho, Theano, Aspasia, Diotima, Arete, Hipparchia, Leontion, Sosipatra, Hypatia – auch Alchemistinnen wie Maria die Jüdin oder Kleopatra die Alchemistin), während im Christentum die Mystikerinnen sogar eine sehr grosse Bedeutung hatten (Hildegard von Bingen, Mechthild von Magdeburg, Brigitta von Schweden, Katharina von Siena, Teresa von Ávila [in der Bibel ist ja übrigens schon die Rede von Prophetinnen und auch Jüngerinnen – in der christlichen Mystik sind die Frauen den Männern fast schon gleichgestellt (aber eigentlich nur in der Mystik, nicht in der Theologie)]). Bedeutend sind in der früheren neuzeitlichen und modernen Philosophie v.a. die Salonnières (d.h. wohlhabende und gebildete Gastgeberinnen für literarische und/oder philosophische Zirkel – eine Tradition, welche in der Aufklärung eine grosse Rolle spielte [oder sogar an deren Begründung mitbeteiligt war]). Die Geschichte der literarischen Salons begann etwa mit Catherine de Vivonne bzw. **Marquise de Rambouillet** (1588-1665) – die grössten Dichter und Dichterinnen ihrer Zeit gingen (u.v.a.) in ihrem Salon ein und aus. Weitere bedeutende frühe Salonnières in Frankreich waren etwa Marquise de Lambert, Marquise de Tencin (die Mutter des philosophischen Enzyklopädisten D'Alembert), Madame Geoffrin (zu ihren Gästen zählten viele grosse Figuren der Aufklärung, darunter Montesquieu, Rousseau und Diderot) oder Madame d'Épinay. Zu den bekannteren Salonnières gehören ferner etwa Madame Helvétius (Ehefrau des Philosophen Helvétius), Caroline Schelling (Muse verschiedener Dichter und Denker der Romantik sowie Ehefrau Schellings), Madame de Staël, Rahel Varnhagen (mit Persönlichkeiten wie Arnim, Hegel, Heine, Humboldt [Wilhelm], Schlegel) oder Johanna Schopenhauer (Mutter Schopenhauers, mit Kontakten etwa zu Goethe). Einige der Grandes Dames der literarischen Gesellschaft schrieben auch eigene Werke. Es gab langezeit viele solche Salons in ganz Europa (daher ist es erstaunlich, dass sie in philosophiehistorischen Werken meist kaum erwähnt sind) – nach dem Ersten Weltkrieg kamen sie allerdings aus der Mode. **Wie sieht es aus bei den Philosophinnen (der Neuzeit)? Worüber denken eigentlich Frauen (heute) nach? Haben sie besondere/andere Themen?** Die frühen Philosophinnen waren oft oder meist auch Frauenrechtlerinnen: nicht alle Frauenrechtlerinnen stammen aus der Philosophie, aber der Zusammenhang zwischen der Philosophie – wenn auch noch in einem ausseruniversitären Kontext – und den frühen Kämpferinnen für die Frauenrechte ist doch bedeutend (Christine de Pizan, Marie de Gournay, Arcangela Tarabotti, Olympe de Gouges, Mary Wollstonecraft [aber auch andere/spätere]). De Gouges forderte in ihrem Hauptwerk die Frauen geradezu dazu auf, Philosophie zu studieren und die Ideen der Aufklärung zu vertreten. Zu den ersten grossen Schriftphilosophinnen gehören ansonsten etwa Margaret Cavendish und Anne Conway im 17. Jahrhundert sowie Émilie du Châtelet im 18. Jahrhundert. Frauen hatten es in früheren Zeiten sehr schwer in der Philosophie und an der Universität überhaupt**; dies erklärt, dass sie nicht selten zeitkritische Positionen eingenommen haben (wodurch einige auch in Verruf kamen und heftig kritisiert wurden [exemplarisch Cavendish, welche sich gegen die physikalischen Hauptauffassungen ihrer Zeit wandte]). Margaret Fuller (1810-1850) war eine bedeutende Persönlichkeit im US-amerikanischen Transzendentalismus, Jane Addams (1860-1935) gilt als Mutter der Sozialarbeit. Drei besondere Frauen und Philosophinnen sind Lou Andreas-Salomé (1861-1937), die Skandalfrau in der Geistesgeschichte des 19./20. Jahrhunderts, Mileva Maric (1875-1948) – bis heute ist umstritten, wie bedeutend ihr Beitrag zur Relativitätstheorie von Einstein tatsächlich war (er könnte relativ beträchtlich gewesen sein; sie war zwar Mathematikerin und Physikerin, aber die Relativitätstheorie ist natürlich auch bedeutend für die Philosophie [und Maric gehört zu jenen vermutlich zahlreichen Ehegattinnen, welche ihre grossen Männer bedeutend beeinflusst haben, ohne dass dies, zumindest zu jener Zeit, gross bekannt gewesen wäre]) – sowie Helena Petrovna Blavatsky (1831-1891), welche, ebenso wie auch Annie Besant (1847-1933) oder Alice Bailey (1880-1949), eine sehr grosse Bedeutung in der Theosophie und Esoterik hatte (legendär auch bis heute eigentlich – und interessant: im selben Jahr 1875, in welchem Blavatsky und Olcott die Theosophische Gesellschaft begründeten, publizierte Mary Baker Eddy [1821-1910] ihr Buch zur Christian Science). Man könnte fast sagen, dass es so grosse Frauenfiguren – inkl. etwa Marie Curie in der Wissenschaft oder Agatha Christie in der Literatur (vorher auch Shelley, Spyri oder die Brontë-Schwestern, u.a.) – seither in der Geistesgeschichte eigentlich fast nicht mehr gegeben hat! Diese frühen grossen Frauenfiguren waren noch so etwas wie eine Sensation. Es gibt zwar heute mehr Frauen in der Philosophie, Literatur und/oder

Wissenschaft, die einzelnen Persönlichkeiten konnten sich aber damals fast ein bisschen grösser herausheben. Ausnahmen bestätigen die Regel, wie etwa Ayn Rand (1905-1982). Bedeutend zu erwähnen sind besonders in der ontologischen Philosophie etwa Hedwig Conrad-Martius, Edith Stein und **Hannah Arendt** (1906-1975), welche mit ihren pointierten Auftritten vielleicht als bekannteste bisherige Philosophin im deutschsprachigen Raum gilt – in Frankreich ist etwa **Simone Weil** (1909-1943) zu nennen. Es gab auch ein bedeutendes Feminismus-Revival im 20. Jahrhundert (De Beauvoir, Schwarzer), mit grösseren politischen Erfolgen als zuvor – besonders interessant in der feministischen Philosophie des 20. Jahrhunderts ist vielleicht auch Élisabeth Badinter (geb. 1944), mit der Kritik von männlichen Idealen und dem Mythos der Mutterliebe. Weitere besonders erwähnenswerte Philosophinnen sind etwa M.A.C. Otto (1918-2005), Elizabeth Anscombe (1919-2001), Mary Midgley (geb. 1919), Ruth Barcan Marcus (1921-2012), Agnes Heller (geb. 1929), Nel Noddings (geb. 1929), Judith Jarvis Thomson (geb. 1929), Patricia Churchland (geb. 1943), Nancy Cartwright (geb. 1943) oder **Martha Nussbaum** (geb. 1947), die zusammen mit dem indischen Ökonomen Sen (und in Zusammenarbeit auch mit dem Entwicklungsprogramm der Vereinten Nationen) den Befähigungsansatz (engl. Capability Approach) in der Wohlfahrtsökonomie entwickelte. Ziel dieses Ansatzes ist die Erfassung und Verbesserung der Wohlfahrtsqualität. Arendt wie De Beauvoir oder Nussbaum waren/sind auch bedeutend geworden als weibliche Public Philosophers, d.h. als Repräsentantinnen weiblicher Philosophie in der Öffentlichkeit. **Was haben wir von den Frauen in der Philosophie der Zukunft zu erwarten? Vermutlich ein bisschen mehr als in der Vergangenheit (weil die Voraussetzungen dafür hoffentlich besser sein werden).** Sicher ist auf jeden Fall, dass der Wert des Bewahrens in Zukunft gegenüber jenem des Bebauens an Bedeutung gewinnen wird (ich weiss nicht, ob dies geschlechterspezifisch – zumal in der Philosophie – wirklich relevant ist, aber trotzdem; von den Frauen erwarte ich nicht eine vollkommene Revolution der Philosophie, sondern einen unvermeidbaren und notwendigen Ausgleich – und vielleicht eben auch einen Impuls zur Bewahrung der [Menschen-] Welt).

* Bezüglich der Wissenschaft ist indes im späteren Mittelalter v.a. die Medizinerin Trotula von Salerno im 11. Jahrhundert zu erwähnen. Sie ist die bekannteste frühe Wissenschaftlerin. Weitere bekannte Namen von frühen Wissenschaftlerinnen sind in der Neuzeit etwa: Agnesi, Conway, Kirch, Lépaute, Herschel, Mitchel, Germain, Somerville, Lovelace, Kowalewski, Pockels, Noether oder Curie. Der grösste Frauenname in der Wissenschaft ist zweifellos jener von Marie Curie (1867-1934). Sie schaffte als grosse Physikerin und Chemikerin – bekannt geworden durch ihre Forschungen zur Radioaktivität – quasi den endgültigen Durchbruch für die Frauen in der Wissenschaft; zuvor gelangten (ausserhalb der belletristischen Literatur) fast nur Frauen in der Philosophie und Esoterik/Mystik zu grösserer Berühmtheit.

** Die ersten bedeutenden Frauen in der Bildung sind nicht allzu gross bekannt: Juliana Morell (1594-1653 – erste Frau mit einem Doktortitel [ohne Universitätsstudium, 1608]), Anna Maria van Schurman (1607-1678 – erste Universitätsstudentin [1636]), Elena Cornaro Piscopia (1646-1684 – erste Frau mit einem verdienten Doktortitel [1678]), Laura Bassi (1711-1778 – erste Frau, die an einer Universität lehrte [1732]). Trotz diesen vereinzelten frühen Frauen in der universitären Bildung blieb der höhere Bildungsweg für die Frauen weiterhin schwierig, bis ins 19./20. Jahrhundert.

Ist es nicht erstaunlich, wie wenige Namen man von den bedeutendsten Frauen in der Philosophie-, Kultur- und Ideengeschichte kennt, wenn man sich nicht speziell mit diesem Thema auseinandersetzt? Natürlich gibt es viele weitere bedeutende Frauen, etwa auch in der Kunst. Meine Lieblingsphilosophin ist eigentlich die (zumindest als Philosophin) eher unbekannte **Agnes Martin** (1912-2004), eine spiritualistische minimalistische Malerin. Ganz unscheinbar hat sie ihrem relativ bekannten malerischen Werk auch einige philosophische Essays angefügt, die in einem kleinen Büchlein zusammengefasst sind (mit philosophischen Texten zu Themen wie Glück, Inspiration, Kreativität und Kunst) herausgegeben hat – eine Art minimalistische Philosophie ("Writings", dt. Schriften, 1992). Klein aber trotzdem beeindruckend und ergreifend – auch dies kann ein Weg sein (nicht nur für Philosophinnen, sondern für die Philosophie der Zukunft überhaupt). "Das Leben ist ein Abenteuer, und Abenteuer sind schwierig. Sie machen harte Arbeit, und man weiss nicht, wie sie weiter gehen oder wie sie enden werden. Dennoch haben wir einen grossen Appetit auf das Abenteuer des Lebens. Wir sind stets rastlos, wenn wir uns nicht gemäss unserer Begabung vorwärtsbewegen. Obwohl wir in der Finsternis leben, sind wir nicht ohne Orientierung. Unsere Orientierung heisst Eingebung (engl. inspiration)." Sie erinnert mich irgendwie an einen anderen spiritualistischen minimalistischen Künstler (oder umgekehrt): Harry Dean Stanton (1926-2017) – der grösste Nebendarsteller der Hollywoodkinowelt. Von ihm gibt es leider keine philosophischen Hinterlassenschaften. Ich würde sie als kleine Helden des Alltags (oder hier: der Kunst) bezeichnen, im Sinn von Verlierern, die keine sein können – und das macht sie doch auf ihre Art irgendwie sympathisch. Die Malerin, die (wie sie sagt) keine eigenen Ideen hat und geduldig auf ihrem Stuhl sitzt und wartet, bis ihr eine Eingebung kommt, und der Schauspieler, der nicht an die grossen Rollen herankam, aber seine Nebenfiguren gerade deswegen besser spielte als viele Hauptdarsteller deren Part. Sie sagen uns: es ist besser, das Kleine gut, als das Grosse schlecht zu machen.

Exkurs – Gibt es eigentlich eine Philosophie der Liebe? Die gibt es tatsächlich, sie ist aber weitgehend in Vergessenheit geraten (siehe: Derrida, ein ansonsten sehr gewiefter Rhetoriker, welcher in einem dokumentarischen Filmportrait ["Derrida", 2002] exemplarisch ziemlich gemein und peinlich dazu befragt wurde, zuerst – trotz dem Hinweis auf die historische Relevanz des Themas in der Philosophiegeschichte – rein gar nichts zum Thema der Liebe sagen konnte ["j'ai la tête vide sur l'amour en general"], und sich dann, ohne es zu deklarieren, eines Gedankens von Pascal erinnerte [Gegensatz von Liebe der ganzen Person als solcher einerseits und andererseits dem Begehren nach bestimmten einzelnen Eigenschaften], welchen er dann in gewohnter Manier heutiger, medienwirksamer philosophischer Rhetorik ausbreitete – typisch vielleicht für eine zunehmend geistverlorene und -überladene Philosophie). **Das Thema der Liebe wurde bedeutend von Empedokles in die Philosophie eingeführt.** Nach ihm gibt es zwei Grundkräfte, die Liebe und den Streit, wobei die Welt – im Gegensatz zur Auffassung von Hobbes (im 17. Jahrhundert), von einem Urzustand des Krieges aller gegen alle – zu einem Idealzustand der vollkommenen Liebe neigt, diesen Zustand aber nicht halten kann, so dass ein ständiges Wechselspiel zwischen Liebe und Streit entsteht. In

China entwickelte Mozi – vermutlich wenig später – eine Philosophie der universellen bzw. allgemeinen Liebe (jedoch nicht irgendwie alternativ, wie wir einen solchen Begriff heute auffassen würden, sondern sehr ordnungsorientiert, wie es dem Alten China entsprach [in diesem Punkt war Mozis Philosophie auch mit dem Konfuzianismus verwandt – er fasste also den Liebesbegriff auf eine quasi gutbürgerliche Art und Weise auf (ich würde dies als einen politsystemischen Begriff von Liebe bezeichnen)]). **Platon behandelte das Thema mit einer der originellsten seiner verschiedenen Mythenbildungen*, mit dem Mythos der zwei Hälften.** Er bezieht sich auf die Liebe zwischen zwei Personen, und Liebe ist für ihn demgemäss die Suche nach der passenden anderen Hälfte, welche den ursprünglichen Naturzustand der Verbundenheit wiederherstellt. Das Thema der Liebe ist keineswegs eine Erfindung von Jesus Christus, er hat nur die Kraft der (jüdischen) Religion hinter seine Interpretation dieses Begriffes gebracht. Im Mittelalter ist – nebst dem urchristlichen Satz der Nächstenliebe, natürlich: Liebe deinen Nächsten wie (auch) dich selbst – die Liebesdefinition nach Augustinus bedeutend, welche auf Aristoteles zurückgeht (und noch ursprünglicher auf Aristoteles): Liebe heisst: ich will, dass du bist (d.h. den Anderen in seinem Sein anzunehmen). Wenn auf Erden die Liebe herrschen würde, meinte Aristoteles, wären die Gesetze überflüssig. Von Thomas von Aquino, welcher die Philosophie von Aristoteles mit der christlichen Theologie verbunden hat, ist der Aphorismus bekannt: das Gute ist der einzige Grund der Liebe. Im Griechischen gibt es ferner, je nach Ansicht, drei (diese auch in der philosophischen Diskussion bei Platon und Aristoteles), vier oder fünf verschiedene Begriffe für die Liebe: Philia (freundschaftliche Liebe bzw. [tiefe] Freundschaft – dieses Wort kommt im Begriff der Philosophie vor), Eros (erotische, begehrende, leidenschaftliche Liebe – nach dem gleichnamigen altgriechischen Gott [welcher bei Platon oft erwähnt wird]), Agape (göttliche Liebe), Storge (familiäre Liebe bzw. Familienzusammenhalt) und Xenia (Gastfreundschaft). Sind wir zufrieden mit diesen Geschichten, Ansichten und Begriffen? Interessant eben: dass sich in der ja so arbeitsintensiven Neuzeit und deren Moderne, in welcher so viele verschiedenartige Energien umgesetzt werden, eher die Frauen mit diesem Thema beschäftigen (und es daher in der Philosophie zumindest längere Zeit eher kein Thema mehr war).

* Während die Urgrundphilosophen quasi den Mythos durch den Logos ersetzt haben, hat Platon teils das Gegenteil gemacht: den Logos zum Mythos geformt. Der Mythos spielte aber auch nach der Zeit Platons noch eine viel bedeutendere Rolle, als wir in unserer technisierten Zeit heute gemeinhin annehmen. **Wir wären vermutlich sehr erstaunt, wenn wir vor Augen geführt bekämen, mit wie vielen philosophischen Mythen unsere heutige Kultur, die wir als so technisch-rational sehen, durchzogen ist.** Das fängt natürlich an beim Bild, welches wir von Jesus Christus haben. Ich spreche nicht vom realen Jesus, sondern vom Bild des Christus. Es geht weiter mit dem Renaissance-Mythos des Menschen im Zentrum der Welt (beschrieben von Mirandola) – ein humanistischer Mythos, welcher vergleichbar ist mit jenem von Protagoras in der Antike, wonach der Mensch das Mass aller Dinge sei. Es geht weiter mit den Gesellschaftsutopien: der frühsozialistischen Utopie von Morus und v.a. der wissenschaftlich-technischen Utopie von Bacon, welche das Weltbild eines kommenden wissenschaftlich-technischen Zeitalters beschreibt. Und es geht weiter mit dem Bild von der unsichtbaren Hand bei Smith, welche die Märkte der Wirtschaft regeln würde (das hat schon fast eine magische Komponente [ähnlich wie der Wissenschaftsbegriff zur Zeit der Alchemie, notabene]). Und auch der wissenschaftliche Determinismus von Laplace, wonach die Wissenschaft alles weiss bzw. irgendwann einmal alles wissen wird, ist eigentlich so etwas wie ein Mythos. Das sind nur einige sehr bedeutende Beispiele, die zeigen, wie wichtig der Mythos auch in unserer heutigen Kulturgeschichte noch immer ist (obwohl das eigentlich nicht thematisiert wird [bzw. obwohl er nach dem neuzeitlichen und modernen Ratioverständnis eigentlich gar nicht mehr so bedeutend vorkommen dürfte]). Vielleicht können wir sogar sagen, dass die Neuzeit und die Moderne mit Mythen durchzogen ist, während die erste Zeit, die wirklich praktisch ohne Mythos, Urgrund und Logos auskommen will – oder mit solchen, die eigentlich schon im Ansatz gescheitert sind, z.B. das reine Überleben der Stärksten, die klassenlose Gesellschaft oder der Übermensch – und sich eigentlich alleine an der Realität orientieren möchte, die Spätmoderne ist (mit allen Vor- und Nachteilen, welche das hat – sprich: viele neue Möglichkeiten und Chancen, aber auch Relativität, Ambivalenz, Unsicherheit, Gefährlichkeit [nicht nur in einzelnen Unternehmungen, sondern in der Gesamtkonzeption – obwohl die Spätmoderne vielleicht Ansätze zu einer mythenlosen Zeit in sich trägt, ist aber eher nicht zu erwarten, dass der Mythos in der Zukunft keine Rolle mehr spielen wird: zu bedeutend scheint sein Gewicht in der menschlichen Kultur zu sein (so sehen wir auch etwa in den immer aktueller werdenden Verschwörungstheorien heute eine ganz neue Form der Mythenkultur aufkommen: die Mythifi-

zierung der Realität scheint in gewisser Weise einem Grundbedürfnis des Menschen zu entsprechen, vgl. Blumenberg)]).

Welche philosophischen Bücher/Klassiker empfehle ich zur Lektüre? Das ist immer eine schwierige Frage. Für den Profi lautet das Pflichtprogramm etwa: die Schriften von Platon und Aristoteles zur Metaphysik, Physik, Ethik und Politik (das sind fünf Schriften von Aristoteles und eine von Platon), die Bekenntnisse von Augustinus (nebst der Bibel, natürlich, die man allen empfehlen kann [schon nur als Grundlagenwerk der westlich-christlichen Kultur]) sowie die kritischen Schriften von Kant (drei Schriften) und die Phänomenologie des Geistes von Hegel. Das sind (nur) zehn Schriften (plus die Bibel, natürlich [im Minimum: das Neue Testament]). Das ist das Minimalprogramm für den Profi*– beliebig erweiterbar nach eigenen Interessen. Sind diese Schriften für den Laien ebenfalls empfehlenswert? Bei einem gegebenen (grossen) Interesse an der Philosophie vielleicht: ja, ansonsten vielleicht: eher nicht (was natürlich nicht heisst, dass ich diese Schriften schlecht finde, sondern: zu ausführlich, zu spezifisch und/oder zu kompliziert [für irgendeinen Laien in dieser heutigen Zeit – das leichte Kurzprogramm wäre dies: die Zehn Gebote Moses, das Matthäus-Evangelium, je aus der Bibel, sowie die (Nikomachische) Ethik und die Politik von Aristoteles]). Der (vollkommene) Laie – d.h. der überwiegend grosse Teil der heutigen Menschen (ob Akademiker oder nicht, notabene) – ist vermutlich viel besser bedient mit einem guten Buch über die Philosophiegeschichte. Natürlich sollte auch der Profi solche Bücher lesen. Interessante Bücher zur Philosophiegeschichte sind heute etwa: Otfried Höffes "Kleine Geschichte der Philosophie", Christoph Helferichs "Geschichte der Philosophie" und/oder Hans Joachim Störigs "Kleine Weltgeschichte der Philosophie"; immer nützlich ist auch der dtv-Atlas zur Philosophie: die kürzeste Form quasi, um sich breit über die Philosophiegeschichte zu informieren – ferner gibt es auch verschiedene Werke mit Philosophenporträts, z.B. "50 Klassiker Philosophen", und bei grösserem Interesse, auch das "Lexikon der philosophischen Werke" von Julian Nida-Rümelin (mit kurzen Artikeln zu über 1000 philosophischen Werken). Es gibt auch immer mehr unterhaltende Möglichkeiten zur philosophischen (Weiter-) Bildung. Ein Klassiker ist mittlerweilen der Roman "Sofies verden" (dt. Sofies Welt, 1993) vom norwegischen Schriftsteller Jostein Gaarder. Auf ebenso einfache wie unterhaltende Weise werden in diesem Buch geschichtliche Porträts und Zusammenhänge in der Philosophie dargestellt (das Werk ist natürlich ebenfalls als Hörbuch erhältlich). Auch empfehlenswert ist eine Darstellung der Philosophiegeschichte im Cartoonstil: "Philosophy For Beginners" (dt. Philosophie – Eine Bildergeschichte für Einsteiger, 1992) von Richard Osborne. Und schliesslich gibt es heute auch Videos bzw. DVDs zu diesem Thema, so etwa von der Fernsehsendung "Denker des Abendlandes" von Wilhelm Vossenkuhl und Harald Lesch. Ansonsten werden die philosophischen Interessen je nach eigenen Interessensgebieten verschieden sein, und im Allgemeinen gehören wohl v.a. die ethischen und moralischen Schriften sowie die Lebensweisheitsbücher zu den beliebtesten (meist auch zu den kürzeren) philosophischen Büchern, wie etwa die Nikomachische Ethik von Aristoteles, das Handbüchlein der Moral von Epiktet, die Selbstbetrachtungen von Mark Aurel, die Vita Beata von Seneca und die Beata Vita von Augustinus, der Trost der Philosophie von Boethius, die Schrift über die Würde des Menschen von Mirandola, die Essais von Montaigne, der Brief über die Toleranz von Locke, die Kritik der praktischen Vernunft und die Schrift zum Ewigen Frieden je von Kant, die Aphorismen zur Lebensweisheit von Schopenhauer, die Schrift über die Freiheit von Mill sowie das Prinzip Weltethos von Küng (dies sind alles Werke zur Ethik; ein überschaubares Büchlein zur Erkenntnistheorie, ohne dass man sich gleich in die ganz grossen Schunken stürzen müsste, liefert Hume mit seiner Untersuchung über den menschlichen Verstand [natürlich erst recht nur ein Zeitausschnitt (aber immerhin vielleicht für jedermann lesbar [während eben die Werke oder Schunken dazu von Locke, Kant, Hegel oder Schopenhauer, u.a., doch eher nur für Spezialisten zu empfehlen sind])]). Mein persönliches Interesse zielt v.a. auch auf die historisch grossen und wegweisenden Schriften und Schunken, aber die Interessen sind, wie gesagt, verschieden. Muss man philosophische Bücher lesen? Sicher nicht. Wer lieber belletristische Bücher mag, soll diese lesen, ebenso wer lieber Sachbücher, Biografien oder anderes mag, und wer gar keine Bücher mag, der soll die Lektüre ganz sein lassen und sich anderen Dingen widmen. (Dagegen würde ich darauf bestehen, dass ein kleines Minimalwissen über die Philosophiegeschichte zur Allgemeinbildung gehört – für all diejenigen, welchen diese noch irgendetwas bedeutet.)

* Ich kann ja nicht jedem – nicht einmal jedem Profi – anempfehlen, das gesamte Programm durchzuackern, wie ich es getan habe. Heute gibt es ja auch im World Wide Web ganz andere Möglichkeiten der Philosophieinformation, als sie zu meiner philosophischen Anfangszeit (in Europa, welches in der Computer- und Internetentwicklung den US-Amerikanern ein bisschen hintennach hinkte, in den früheren 1990-er Jahren) bestanden. Ich gehöre zu den letzten (reinen) Bücherphilosophen und zu den ersten Internetphilosophen. Eine sehr interessantes Ausgangslage – aber als ich angefangen habe, mich mit Philosophie zu beschäftigen, gab es nur die Bücher, einen riesigen Haufen von Büchern (vor welchem man resignieren, oder in welchen man sich, mehr oder weniger angefressen, hineinwühlen konnte – die blosse Menge des Stoffes, sei es in Büchern oder [heute auch] in Dateien, ist natürlich auch in der Zukunft ein gewisses bis grosses und letztlich ja immer zunehmendes Problem für Leute, die sich ernsthaft mit der Philosophie beschäftigen wollen). Der Überblick ist heute schon sehr schwierig, und er wird im Laufe der Jahre, Jahrzehnte, Jahrhunderte und Jahrtausende nicht leichter werden. Entsprechend schwieriger dürfte es für Generalisten denn auch – gegenüber den Spezialisten – immer werden, überhaupt noch ernstgenommen zu werden in dieser ganzen Fülle der Daten.

Was man sicher immer und besonders empfehlen kann zur allgemeinen Lektüre, sind Biografien – manche behaupten sogar, dass man von Biografien am Meisten lernen kann. In der Philosophie gibt es drei Formen von Biografien: Lebensbiografien, Werkbiografien und die Kombination von beidem. Welche Philosophen/Wissenschaftler kann man als biografisch am Interessantesten und Bedeutungsvollsten bezeichnen? Ein paar Vorschläge (u.v.a.): Konfuzius, Sokrates, Aristoteles, Platon, Cicero, Seneca, Augustinus, Thomas von Aquino, Boethius, Kopernikus, Montaigne, Bacon, Galilei, Hobbes, Descartes, Spinoza, Locke, Newton, Leibniz, Wolff, Berkeley, Montesquieu, Hume, Rousseau, Diderot, Kant, Bentham, Saint-Simon, Fichte, Hegel, Schelling, Schopenhauer, Comte, Emerson, Feuerbach, Mill, Darwin, Kierkegaard, Marx, Spencer, Nietzsche, Frege, Freud, Husserl, Bergson, Steiner, Whitehead, Russell, Einstein, Hartmann, Jaspers, Bloch, Wittgenstein, Heidegger, Popper, Adorno, Sartre,

Arendt, De Beauvoir, Quine, Camus, Barthes, Foucault, Chomsky, Baudrillard, Habermas, Derrida, Rorty, Singer, Zizek.

Kürzestzusammenfassung. Was gehört in der Philosophie zum Allgemeinwissen? Ich versuche hier eine Kürzestzusammenfassung der Philosophiegeschichte zusammenzustellen. Im 7./6. Jahrhundert vor Christus traten die sogenannten Urgrundphilosophen oder Vorklassiker im damaligen griechischen Kleinasien (bzw. in der heutigen Türkei) auf. Sie begannen, selbstständig – d.h. losgelöst vom polytheistischen Rahmen ihrer Zeit – über die Welt nachzudenken. Als erster dieser Philosophen gilt Thales von Milet; als bedeutendste Vorklassiker gelten Heraklit, Parmenides und Protagoras. Die Klassik der griechischen Philosophie wird in Athen durch Sokrates, Platon und Aristoteles gebildet. Sokrates philosophierte mit den Leuten und versuchte sie zum Nachdenken zu bewegen, Platon entwickelte die Ideenlehre von den Ideen hinter den Dingen und Aristoteles begründete die systematische Wissenschaft in der Naturphilosophie. Die Römer übernahmen von den Griechen die spätantike, nachklassische hellenistische Stoa, eine Philosophie, welche auf die Gemütsruhe zielt. Im Römischen Reich war jedoch das Römische Recht bedeutender als die (griechische) Philosophie, trotzdem haben etwa Cicero oder Seneca als Philosophen bis heute eine grosse Berühmtheit erhalten. Nach der Konvertierung der Römer zum Christentum übernahm die christliche Theologie im Mittelalter die Rolle der Philosophie. Diese wird in eine frühere Zeit der Patristik (Kirchenväter wie Augustinus) und in eine spätere Zeit der Scholastik (Kirchenlehrer wie Thomas von Aquino) eingeteilt. Im 15./16. Jahrhundert fand eine Renaissance statt, in welcher neuzeitliche und moderne Freiheitsgedanken aufkamen. Diese führten auch zur Begründung der (Natur-) Wissenschaft. Bedeutende philosophische Wissenschaftsbegründer waren in der Neuzeit v.a. Francis Bacon (Empirismus [experimentelle Methodik und objektive Erfahrung] – Spruch: "Wissen ist Macht", weitere Empiristen: Locke und Hume) sowie René Descartes (Rationalismus [ewiges Wissen und mathematischer Beweis] – Spruch: "Ich denke, also bin ich" [Subjekt-Objekt-Scheidung], weitere Rationalisten: Spinoza und Leibniz). Zu den ersten grossen Wissenschaftlern gehörten die Astronomen (Kopernikus, Kepler, Galilei) sowie Boyle (Chemie) und Newton (Physik). Im Zeitalter der Aufklärung kam zur wissenschaftlichen Erneuerung eine politische Erneuerung dazu. Französische Philosophen wie Montesquieu, Voltaire und Rousseau sind mitverantwortlich für die Französische Bürgerrevolution. Das Credo dieser Revolution der Bürger gegen die mittelalterliche Drei-Stände-Gesellschaft (mit Adel, Geistlichkeit und Drittem Stand) lautete: Freiheit (liberté), Gleichheit (égalité) und Brüderlichkeit (fraternité). Der grosse deutsche (Spät-) Aufklärer Immanuel Kant sorgte mit seinen kritischen Schriften – Kritik der reinen Vernunft, Kritik der praktischen Vernunft und Kritik der Urteilskraft – dafür, dass die deutsche Philosophie fortan eine führende Stellung in der Philosophie Europas einnahm (Spruch: "Sapere aude" [dt. Habe Mut, dich deines eigenen Verstandes zu bedienen]). Mit seinem Kategorischen Imperativ vertrat Kant eine Ethik einer aus der Freiheit heraus erwählten Pflicht. Ihm folgte der Deutsche Idealismus, dessen bedeutendster Vertreter Georg Wilhelm Friedrich Hegel war (sein bekanntestes Werk heisst: Phänomenologie des Geistes [Dialektikprinzip mit These, Antithese und Synthese als Weltprinzip]). Danach diversifizierte sich die Philosophie in viele verschiedene Richtungen. Die heutige Politik ist geprägt durch die Auseinandersetzung zwischen dem Liberalismus (18./19 Jh. – Aufklärung) und dem Sozialismus (19./20. Jh. – in dieser Ära sind ebenfalls die Individualisten und Pessimisten [Schopenhauer, Stirner, Nietzsche] bedeutend zu erwähnen). Im 20. Jahrhundert gab es nach meiner Auffassung drei herausragende Richtungen: die Kritizistische Philosophie (mit der Kritischen Theorie in Deutschland und dem Poststrukturalismus in Frankreich), den Existentialismus (Sartre, De Beauvoir, Camus in Frankreich und Existenzphilosophie in Deutschland [Jaspers, Heidegger]) sowie die Analytische Philosophie (v.a. im anglophilen Raum bzw. in Grossbritannien und in den USA – nach dem Zweiten Weltkrieg übernahm die USA mehr und mehr die führende Position in der westlichen Kultur allgemein, und so auch in der Philosophie). Zur Philosophie anderer Kulturen: in China gelten die alten drei Philosophen noch immer als die grössten Philosophen (Konfuzius, Laotse, Buddha [dieser aus Nepal/Indien] – alle rund 500 v. Chr.), in Arabien hatte die muslimische Philosophie eine Blütezeit während der christlichen Scholastik im Mittelalter (die europäische

Kultur übernahm von dieser etwa das indisch-arabische Zahlensystem und die Wiederbetrachtung der aristotelischen Philosophie im Zentrum der Philosophie des späteren Mittelalters [dies war wichtig für die Herausbildung der neuzeitlichen Wissenschaft (Aristoteles <-> Galilei)]). Zum Schluss noch einmal eine kürzeste und knappste Zeitbestimmung: Antike (Griechen, Römer), Mittelalter (Christentum [Patristik, Scholastik]), 15. u. 16. Jh. Renaissance, 17./18. Jh. Wissenschaft, 18./19. Jh. Aufklärung – Liberalismus, 19./20. Jh. Sozialismus, 20./21. Jh. Existentialismus. Für alle, die interessiert sind an philosophischen Themen gibt es interessante Bücher zur Philosophiegeschichte (was für Laien eher zu empfehlen ist, als die Lektüre von alten klassischen Einzelwerken). Aktuelle Public Philosophers (mit Vorsicht zu geniessen – wie alles [in der Welt (und in der Philosophie)]): Chomsky, Enthoven, Nussbaum, Precht, Sandel, Sloterdijk, Zizek (u.a.). Das genügt als Minimalgrundwissen (welches auch an jede Grund- und Volksschule gehört, notabene – man kann dazu den Schülern ein Blatt Papier abgeben, inkl. der Nennung von etwa drei Büchern zur Philosophiegeschichte [siehe oben], und dann wissen sie, was sie wissen müssen, um wenigstens eine kleine Ahnung davon zu haben* [und desgleichen kann man es mit den Wissenschaften machen, insbesondere mit der Mathematik, Physik, Chemie, Biologie, Medizin, Psychologie, Ökonomie, Soziologie, und auch mit der Theologie/Religion sowie Geografie, u.a. – so haben die Schüler in jedem Fach einen guten Überblick, auf welchen sie jederzeit zurückgreifen können (eine gute Grundordnung ist das A und das O in der Bildung, auf welcher alle Flexibilität der heutigen Methoden aufbauen kann)]).

* Ich frage mich, wie es sein kann, dass am Anfang des 21. Jahrhunderts und des dritten Jahrtausends (nach Christi Geburt) ein Philosoph, welcher sagt, dass er ein Philosoph sei, von den meisten Menschen dieser Zeit (nach 400 Jahren Wissenschaft) angeschaut wird, als hätte er eben gesagt, er sei ein Ausserirdischer. Das kommt von einem schwerwiegenden Fehler bzw. von einer schwerwiegenden Unterlassung im Bildungssystem. Oder: wie es sein kann, dass ein aufstrebender junger Autor im deutschsprachigen Raum meint, er hätte seine Philosophie aus Computerspielen gewonnen. Es ist zwar schon so, dass man die Philosophie in einem gewissen Sinn auch aus der Luft herausgreifen kann, und das kann jedermann tun, und in diesem Sinn ist auch jeder den-

kende Mensch ein Philosoph, ungeachtet dessen, hat die Philosophie heute aber auch eine lange Geschichte, welche ein Kulturschaffender nicht einfach missachten kann. Das ist in diesem Fall ganz einfach ein grobfahrlässiger Missbrauch des Begriffs der Philosophie von einem Kulturschaffenden.

Liste zur besseren Übersicht und Einordnung: Philosophen (und Vertreter der Ideengeschichte, inkl. Religionsstifter, Wissenschaftler, Public Intellectuals) nach Richtungen.

Kleine Tafel der Philosophen nach Richtungen. – Antike (inkl. Altertum) – Altertum vor dem eigentlichen Geschehen in der (Schul-) Philosophiegeschichte (u.a. mit ägyptischer Weisheitsdichtung [Ptah-Hotep], babylonischen Gesetzestexten [Hammurapi], jüdischer Religion [Mose, Jakob] sowie biblischen Weisheitsbüchern [Salomo, Hiob] und indischen [Yajnavalkya, Kapila] und chinesischen Weisheitslehren [Guanzi]), Mythendichtung I (Homer), Indische Logik I (Medhatithi Gotama [Anviksiki], Akshapada Gotama [Nyaya], Kanada [Vaisheshika], Panini), Sieben Weise (Pittakos, Solon [auch Thales]), Urgrundphilosophen (Thales v. Milet [Milesier I], Anaximander [Milesier II], Anaximenes [Milesier III], Pythagoras [Pythagoräer], Alkmaion, Xenophanes, Heraklit, Parmenides [Eleaten I], Anaxagoras, Empedokles, Leukipp [Atomisten I], Melissos v. Elea [Eleaten II], Zenon v. Elea [Eleaten III], Protagoras [Sophisten I], Gorgias v. Leontinoi [Sophisten II], Thrasymachos [Sophisten III], Prodikos v. Keos [Sophisten IV], Hippias v. Elis [Sophisten V], Kritias, Demokrit [Atomisten II]), Buddhismus I od. Hinayana bzw. Theravada (Buddha Gotama), China (Laozi [auch: Laotse – Taoismus I], Kongzi [lat. Confucius, dt. Konfuzius – Konfuzianismus I], Sunzi, Liezi, Mozi [auch: Mo Ti – Mohismus], Huizi, Mengzi [lat. Menzius – Konfuzianismus II], Zhuangzi [auch: Dschuang Dsi – Taoismus II], Gongsun Longzi [Chinesischer Sophismus], Xunzi, Hanfeizi [auch: Han Fei – Legalismus], Zhongshu), Indien [andere (exkl. Buddha)] (Mahavira [Jainismus I], Kesakambali), Tugendlehre (Aischylos), Mythendichtung II (Herodot), Attizismus bzw. Attische Redner (Antiphon v. Rhamnus, Isokrates, Lykurgos, Demosthenes), Griechische Klassiker (Sokrates, Platon [Platonismus I, Gesellschaftsutopie I], Aristoteles – evtl. auch Xenophon), Medizin I (Hippokrates), Megariker (Euklid v. Megara, Bryson v. Herakleia, Kleinomachos v. Thurioi, Eubulides, Dionysos v. Chalkedon, Alexinos, Panthoides, Diodoros Kronos, Philon v. Megara, Stilpon), Prosodie u. Binäres Zahlensystem (Pingala), Kyniker (Antisthenes, Diogenes v. Sinope [auch: Diogenes im Fass od. in der Tonne], Kyrenaiker (Aristippos v. Kyrene [Hedonismus], Arete v. Kyrene, Aristippos d. Jüngere, Hegesias, Annikeris, Theodoros v. Kyrene), Elisch-eretrische

Schule (Phaidon v. Elis [Elische Schule], Menedemos v. Eretria [Eretrische Schule]), Akademie I (Speusippos, Xenokrates, Arkesilaos, Karneades [Stoa-Kritik I]), Peripatos (Theophrastos v. Eresos [kurz: Theophrast], Demetrios v. Phaleron, Straton v. Lampsakos), Hellenismus (Pyrrhon v. Elis [Skeptizismus I – weitere: Timon v. Phleius], Epikur [Epikureismus I - weitere: Hermarchos], Zenon v. Kition [Stoizismus od. Stoa – weitere: Kleanthes, Chrysippos v. Soloi (kurz: Chrysipp), Zenon v. Tarsos, Diogenes v. Babylon, Antipatros v. Tarsos, Panaitios v. Rhodos, Poseidonios]), Stoa-Kritik II (Krantor v. Soloi), Alexandrinische Schule (Zenodotos v. Ephesos [kurz: Zenodot], Kallimachos v. Kyrene [Philologie], Apollonios v. Rhodos, Eratosthenes, Aristophanes v. Byzanz, Aristarchos v. Samothrake), Heliozentrik (Aristarchos v. Samos [kurz: Aristarch]), Mathematik (Euklid [v. Alexandria (Geometrie)], Diophantos [Arithmetik]), Yoga (Patanjali), Neupythagoreismus (Varro [Enzyklopädisten I]), Jüdische Philosophie I (Hillel, Schammai), Eklektizismus I (Cicero), Epikureismus II (Lukrez), Skeptizismus II (Ainesidemos, Agrippa), Mythendichtung III (Ovid), Enzyklopädisten II (Celsus [A.C.], Plinius d. Ältere]), Jüdische Philosophie II (Philon v. Alexandria). –
Mittelalter (inkl. Renaissance) – Christentum (Jesus Christus – Evangelisten: Markus, Matthäus, Lukas, Johannes), Römische Stoa (Seneca, Musonius, Epiktet, Aurel), Patristik (Petrus, Paulus, Justinus der Märtyrer, Irenäus v. Lyon, Tertullian, Clemens v. Alexandria, Origenes, Cyprian v. Karthago, Lactantius, Eusebius v. Caesarea, Athanasius der Grosse, Hilarius v. Poitiers, Gregor v. Nazianz, Basilius v. Caesarea, Gregor v. Nyssa, Hieronymus, Ambrosius v. Mailand, Chrysostomos, Augustinus v. Hippo [Christliche Trinität, Gesellschaftsutopie II], Pseudo-Dionysius Areopagita, Johannes v. Damaskus), Platonismus II (Plutarch [v. Chaironeia]), Römische Rechtsgelehrte (Sabinus, Celsus [P.I.], Gaius, Ulpian), Geozentrik I (Ptolemäus), Gnostizismus od. Gnosis (Basilides, Valentinus, Markion [Biblischer Kanonismus]), Skeptizismus III (Empiricus), Buddhismus II od. Mahayana (Nagarjuna [Indische Logik II]), Medizin II (Galen), Christentumkritik (Kelsos), Neuplatonismus I (Plotin, Porphyrios, Sakkas, Iamblichos), Manichäismus (Mani), Neotaoismus (Wang Bi, Guo Xiang), Philosophiegeschichte I (Laertios), Arianismus (Arius), Trinitätslehre (Victorinus), Pelagianismus (Pelagius), Akademie II (Plutarch v. Athen, Proklos), Chen-/Zen-Buddhismus I (Bodhidharma), Medizin III (Tao Hongjing), Sieben Freie Künste (Capella [Enzyklopädisten III]), Indische Logik III (Vasubandhu, Bhartrihari, Dignaga, Dharmakirti), Konzept der Zahl 0 (Aryabhata, Brahmagupta), Philosophie des Trostes (Boethius), Katholische Ordensgründer I (Benedikt v. Nursia), Enzyklopädisten IV (Cassiodor, Isidor v. Sevilla, Maurus), Impetustheorie I (Philoponos), Neuplatonismus II (Olympiodoros d. Jüngere, David v. Armenien), Islam (Mohammed), Alchemie (Geber), Hinduistische Philosophie (Shankara, Ramanuja), Muslimische Philosophie I (Al-Kindi [lat. Alkindus], Al-Buchari [Muslimische Theologie], Ar-

Razi [lat. Rhazes], An-Nadim, Al-Hazen [lat. Alhazen od. Avenetan], Al-Farabi [lat. Alpharabius od. Avenassar], Al-Tawhidi, Al-Biruni [lat. Alberuni], Ibn Sina [lat. Avicenna, Medizin IV], Al-Ghazali [lat. Algazel], Al-Gilani, Ibn Baddscha [lat. Avempace], Ibn Tufail [lat. Abubacer], Ibn Ruschd [lat. Averroës], At-Tusi], Sufismus I (Al-Dschunaid), Zwischenphase Patristik/Scholastik (Eriugena, Symeon der Neue Theologe, Cerularius [Grosses Schisma], Clairvaux), Indische Logik IV (Mishra, Uphadyaya), Schule von Chartres (Berengar v. Tours, Bernhard v. Chartres, Thierry v. Chartres, Wilhelm v. Conches, Gilbert v. Poitiers, John v. Salisbury, Alanus ab Insulis), Scholastik (Lanfrank v. Bec, Anselm v. Canterbury, Anselm v. Laon, Roscellinus [Nominalismus I], Wilhelm v. Champeaux, Grosseteste, Abaelardus, Lombardus, Gundissalinus, Wilhelm v. Auvergne, Alexander v. Hales, Bonaventura, Magnus, Thomas v. Aquino [Thomismus], Bacon [R. (Empirismus I)], Siger v. Brabant, Heinrich v. Gent, Duns Scotus, Marsilius v. Padua, Ockham [Nominalismus II], Buridan [Impetustheorie II], Nikolaus v. Oresme, Kues, Biel), Jainismus II (Hemachandra), Sufismus II (Suhrawardi [A.], Tabrizi, Suhrawardi [U.], Ibn Arabi, Rumi), Christliche Mystik I (Hildegard v. Bingen, Mechthild v. Magdeburg, Llull, Porete, Eckhart, Van Ruysbroek, Seuse, Tauler, Brigitta v. Schweden), Neokonfuzianismus I (Zhu Xi), Katholische Ordensgründer II (Joachim v. Fiore, Dominikus, Franz v. Assisi), Jüdische Philosophie III (Maimonides, Gersonides), Zen-Buddhismus II (Eisai), Illuminationismus (Suhrawardi [S.]), [Christliche] Häretiker (Valdes), Enzyklopädisten V (Vincent v. Beauvais, Angelius, Thomas v. Cantimpré, Jacob v. Maerlant), Geozentrik II (Sacrobosco), Intellektualismus (Dietrich v. Freiberg), Kabbalismus I (Gikatilla, de Leon), Renaissance (Alighieri, Petrarca, Ficino [Renaissance-Platonismus], Pomponazzi, Mirandola, Fracastoro, Bovillus, Telesio, Vasari [Manierismus* u. Renaissance-Begriff], Patrizi [Panpsychismus], Zabarella [Renaissance-Aristotelismus]), Oxford Calculators (Bradwardine, Dumbleton, Heytesbury, Swineshead – früher: Burley), Palamismus bzw. Hesychasmus (Palamas), Kommentatorenschule [des Gemeinen Rechts (Römisch-kanonisches Recht des Mittelalters)] (Bartolus, Baldus), Vorreformation (Wyclif, Hus, Colet), Muslimische Philosophie II (Ibn Chaldun), Christliche Mystik II (Katharina v. Siena), Neuplatonismus II (Plethon), Humanismus (Bruni, Manetti, Bessarion, Alberti, Valla, Reuchlin, Agricola, Erasmus, Morus [(Utopischer) Sozialismus I, Gesellschaftsutopie III], Vives, Castellio, Ramus, De La Boétie, Scaliger, Lipsius [J.]), Christliche Mystik III (Nikolaus v. Flüe), Anthropologie I (Hundt), Universalgelehrte I (Da Vinci), Staatstheorie I (Machiavelli), Sikhismus (Nanak), Enzyklopädisten VI (Reisch, Aventius, Sterck van Ringelbergh, Skalic), Neokonfuzianismus II (Shouren). – **Neuzeit** – [Neuzeitliche] Naturwissenschaft I (Kopernikus), Spänische Spätscholastik oder Zweite Scholastik I (De Vitoria, De Soto, Cano, De Molina, Suárez [Völkerrecht I]), Reformation (Luther, Tyndale, Zwingli, Bucer,

Melanchthon, Bullinger [H.], Calvin, Knox), Universalgelehrte II (Nettesheim, Cardano, Della Porta, Kircher), Katholische Ordensgründer III (Ignatius v. Loyola), Medizin V (Paracelsus, Vesalius [Anatomie]), Christliche Mystik IV (Teresa v. Ávila), Sozianismus (Sozzini), Staatstheorie II (Bodin, Althusius, Hobbes [Aufgeklärter Absolutismus I]), Impetustheorie III (Benedetti), Essayistik I (Montaigne), Kabbalismus II (Luria), [Neuzeitliche] Naturwissenschaft II u. Astronomie (Brahe, Bruno, Galilei, Kepler, Gassendi), Ontologie I (Goclenius, Lorhard, Micraelius, Calov, Clauberg), Völkerrecht II (Gentili, Grotius [Naturrecht I]), Sinologie I (Ricci), Christliche Mystik V (Arndt, Böhme [J.]), Gesellschaftsutopie IV (Bacon [F. (Empirismus II)], Campanella, Holberg, Andreae, Harrington), Anthropologie II (Casmann), Muslimische Philosophie IV u. Illuminationismus II (Damad, Sadra), Feminismus I (De Gournay), Deismus I (Cherbury), Märchen* I u. Volksmärchensammlung* I (Basile), Jansenismus (Jansen, Pascal [Essayistik II, Wahrscheinlichkeitstheorie/-rechnung – weitere: De Fermat], Arnauld [Logik von Port-Royal], Nicole [dito]), Enzyklopädisten VII (Alsted), Absolutismus (Filmer), Salonnières I (Rambouillet), Reformpädagogik I (Comenius), Rationalismus (Descartes, Spinoza, Leibniz), Afrikanische Philosophie I u. Äthiopische Philosophie (Yaqob, Heywat), Universalgelehrte III [u. Royal Society] (Hartlib, Digby, Wilkins, Hooke), Enzyklopädisten VIII (Browne), Muslimische Philosophie III u. Osmanische Philosophie (Celebi), Neokonfuzianismus III (Zongxi), Cambridger Platoniker (More [H.], Cudworth, Whichcote, Smith [J.], Worthington, Culverwell), Enzyklopädisten IX (Furetière), Chinesischer Materialismus (Fuzhi), Puritanismus u. Erweckungstheologie I (Watson [T.]), Klassische Nationalökonomie I (Petty, Boisguilbert), Okkasionalismus (Geulincx, Malebranche), Christliche Mystik VI (Silesius), Naturwissenschaft II (Boyle [Chemie], Huygens [Lichttheorie I (Wellentheorie)], Newton [Physik, Lichttheorie II (Korpuskulartheorie)]), Märchen* II u. Volksmärchensammlung* II (Perrault), Naturrecht II (Pufendorf [Vernunftrechtslehre I]), Empirismus III (Locke [Liberalismus I u. Politischer Liberalismus], Berkeley [Idealismus I u. Subjektiver Idealismus I], Hume), Pietismus (Spener, Francke, Bengel, Zinzendorf, Oetinger), Enzyklopädisten X (Moréri, Bayle, Harris, Chambers, Zedler, Diderot, D'Alembert, Krünitz), Salonnières II (Lambert, Tencin, Épinay), Vernunftlehre bzw. Vernunftrechtslehre II (Thomasius), Deismus II (Tindal, Collins [Freidenkertum – früher: Toland], Reimarus), Europäische Integration/Union I (Saint-Pierre), Atheismus (Meslier), Geschichtsphilosophie (Vico), Mandeville-Paradox (Mandeville), Ethischer Sensualismus (Shaftesbury), [Christliche] Philosophie der Freiheit (Clarke [S.]), Ontologie II (Wolff [Vernunftrechtslehre III]), Physiokratismus (Cantillon, Quesnay, Turgot), Theosophie I (Swedenborg). – **Moderne I** – [Französische] Aufklärung (Montesquieu, Voltaire, Mably [Egalitarismus I], Rousseau [Reformpädagogik II], Mirabeau, Condorcet [Sozialversicherung I], La Fayette, Saint-Just), Schottische Aufklärung (Hutcheson, Reid [Common-Sense-Philosophie – weitere: Beattie, Stewart, Brown [T.], Hamilton], Ferguson), Philosophiegeschichte II (Brucker), Kritizismus (Kames), Dogmatischer Rationalismus bzw. Leibniz-Wolffsches System (Gottsched, Baumeister, Baumgarten [Ästhetik], Meier, Sulzer, Nicolai – in der Logik: Ploucquet, Lambert [J.H.]), Muslimische Philosophie V (Al-Wahhab, Ad-Dihlawi), Erweckungstheologie II (Edwards [J.]), Methodismus u. Erweckungstheologie III (Wesley, Whitefield), US-Aufklärer I (Franklin), Taxonomie [Biologie] (Von Linné), Materialismus (De La Mettrie, Helvétius, D'Holbach), Psychiatrie I (Cullen), Russische Wissenschaft (Lomonossow), Gegenaufklärung (Nonnotte, Saint-Martin, Maistre, Bonald [Aufgeklärte Gegenaufklärung]), Italienische Aufklärer (Genovesi, Buonafede, Galiani, Beccaria [Kriminologie]), Klassische Nationalökonomie II (Denham-Steuart, Smith [A. (Liberalismus II u. Ökonomischer Liberalismus)], Malthus, Say, Ricardo), Aufgeklärter Absolutismus II (Friedrich der Grosse), Klassizismus* (Laugier [M.-A.], Winckelmann), Sprachphilosophie I (Monboddo), Sensualismus (Condillac), [Utopischer] Sozialismus II (Morelly), Epiphänomenalismus I (Bonnet), Russische Philosophie (Skoworoda), Reformpädagogik III (Basedow, Pestalozzi), Deutsche Aufklärer (Kant [Deontologie od. Pflichtethik], Mendelssohn, Tetens [J.N.], Garve, Lichtenberg, Lossius, Jacobi, Herder, Herz, Maimon, Reinhold), Schweizer Politik I (Hirzel, Iselin, Stokar), Gegenreformation (Pütter), Moderner Konservativismus I (Burke), Christliche Mystik VII (Hamann), Bürgergeld/Grundeinkommen I (Paine [Sozialversicherung II], Spence), Allgemeine Technologie bzw. Allgemeine Technikwissenschaft (Beckmann), Gesellschaftsutopie V (Mercier), Physiognomik (Lavater), Revolutionsführer [in der Französischen (Bürger-) Revolution] (Marat, Robespierre, Danton, Napoleon), Rationalismuskritischer Sensualismus (Jacobi), US-Aufklärer II (Jefferson), Russische Aufklärer (Nowikow, Radischtschew), Evolutionstheorie I (Lamarck), Feminismus II (De Gouges, Wollstonecraft), Illuminatenorden u. Perfektibilismus (Weishaupt, Knigge), Utilitarismus I (Bentham [Konsequentialismus], Bailey, Mill), [Wissenschaftlicher] Determinismus (Laplace), Romantik* (Goethe, Schiller [F.], Schlegel [A.W.], Schleiermacher [Moderne Hermeneutik], Schlegel [F.]), Rassentheorie I (Blumenbach, Carus), Philosophie der Ideologie (Tracy), Anarchismus I (Godwin), Symbolismus* I (Blake), Phrenologie (Gall). – **Moderne II** – Egalitarismus II (Babeuf, Buonarroti), [Utopischer] Sozialismus III (Saint-Simon, Owen [R.], Fourier, Cabet, Blanc), Deutsche Skeptiker ([Aenesidemus-] Schulze, Fries), Idealismus II u. Deutscher Idealismus (Fichte, Hegel, Hölderlin, Schelling – später: Gans, Rosenkranz), Philosophie der Gewohnheit (De Biran), Moderne Atomtheorie I (Dalton), Idealismus III u. [Deutscher] Idealismus in Skandinavien/Schweden I (Höijer, Boström), Liberalismus III bzw. Politischer Liberalismus II (Constant, Von Humboldt [W.]), Katastrophismus (Cuvier, Whewell), Geographie (Von Humboldt [A.], Ritter

[C.]), Philosophiegeschichte III (Degérando, Ritter [H.]), Transzendentaler Synthetismus (Krug), Kapitalismuskritik I (Sismondi, Thompson [W.]), Allgemeine Pädagogik (Herbart), Nichteuklidische Geometrie (Gauss), Dandyismus* (Brummell), Historische Rechtsschule (Savigny [C.v.], Stahl), [Nordamerikanischer] Transzendentalismus I (Channing), Biosophie u. Anthroposophie I u. Wahre Eidgenossenschaft (Troxler [Schweizer Politik II]), Krausismo (Krause), Nordische Nationalphilosophen I (Grundtvig, Snellman), Märchen* III u. Volksmärchensammlung* III (Grimm [J.], Grimm [W.], Bechstein, Nemcova, Afanassjew), Sinologie II (Abel-Rémusat), Idealismus IV u. Subjektiver Idealismus IV (Schopenhauer), Eklektizismus II (Cousin), Panslawismus (Kollar, Safarik), Heldenverehrung (Carlyle), Science-Fiction-Literatur* I u. [Gesellschafts-] Dystopie I* (Shelley), Soziologie u. Positivismus I (Comte), Neuoffenbarung (Lorber, Mayerhofer - im Islam: Baha'ullah [Bahaismus], Bab [Babismus], Mirza Ghulam Ahmad [Ahmadismus]), Dispensationalismus I [in der christlichen Apokalyptik] (Darby, Moody, Bullinger [E.W.], Scofield), Mikroökonomie I u. Grenznutzentheorie I (Cournot, Gossen), Hygiene (Chadwick, Semmelweis), Neoguelfismus (Gioberti), Märchen* IV u. Kunstmärchen* (Hauff, Andersen), Neugeist-Bewegung (Quimby), [Nordamerikanischer] Transzendentalismus II (Ripley, Emerson, Fuller, Parker, Thoreau), Symbolische Logik u./o. Quantitative Linguistik (Drobisch, De Morgan, Boole [Boolesche Algebra], Venn, Peano), Linkshegelianismus (Feuerbach, Bauer [Christusmythos I]), Politologie (Tocqueville), Staatssozialismus (Rodbertus), Psychophysik (Fechner), Unitarismus (Martineau), Individualismus I (Stirner [Egoismus]), Philosophie des Erhabenen (Vischer), [Utopischer] Sozialismus IV (Weitling), Moderne Technikphilosophie (Kapp), Leben-Jesu-Forschung bzw. Historisch-kritische Jesusforschung (Strauss [D.F.]), Anarchismus II (Proudhon [Syndikalismus], Bakunin, Kropotkin), Märchen* V u. Märchenforschung* I (Benfey), Evolutionstheorie II (Darwin, Wallace, Weismann [Neodarwinismus]), [Moderner] Okkultismus I (Lévi Zahed, Du Prel), Positivismus II u. Proletarischer Positivismus (Magnin, Congreve, Beesly), Narodniki-Bewegung (Herzen, Lawrow, Tschernyschewski), Existentialismus I (Kierkegaard), Idealismus V u. Britischer Idealismus I (Grote), Energieerhaltungssatz (Mayer, Helmholtz), Matriarchattheorie (Bachofen), Feminismus III (Stanton), Neokritizismus (Renouvier), Rassentheorie II (Gobineau), Psychiatrie II (Griesinger), Philosophie des Geistes I (Lewes [Emergenzbegriff], Bain), Idealismus VI u. Teleologischer Idealismus (Lotze), Kommunismus I (Marx, Engels), [Russischer] Nihilismus I (Turgenew, Leontjew [Tätigkeits- od. Aktivitätstheorie – andere: Wygotski, Lurija], Pissarew), Renaissancekultur (Burckhardt), Sozialdarwinismus (Spencer), Libertarismus I (Déjacque), Klassische Russische Literatur (Dostojewski, Tolstoi), Idealismus VII u. Praktischer Idealismus (Hebler), Christliche Wissenschaft (Baker Eddy), Vererbungslehre bzw. Genetik I (Mendel), Entropielehre (Clausius, Boltzmann), Eugenik (Galton), Sozialdemokratie (Lassalle, Bebel, Kautsky), Agnostizismus (Huxley [T.H. (Epiphänomenalismus II)]), Philosophiegeschichte IV (Ueberweg), Neukantianismus (Lange [Schweizer Politik III u. Direkte Demokratie I], Liebmann, Cohen [H.], Riehl, Windelband, Vaihinger, Natorp, Wwedenski, Rickert, Cornelius, Cassirer [Philosophie der symbolischen Formen I], Lask, Hönigswald, Bauch), Milieutheorie (Taine), Science-Ficton-Literatur* II u. [Gesellschafts-] Dystopie II* (Verne, Stevenson, Wells [H.G.]), Italienischer Positivismus (Ardigò), Widerspruchsphilosophie (Bahnsen), Kriminologie (Topinard, Lombroso, Tarde, Garofalo, Ferri), Lichttheorie III (Maxwell [Elektromagnetische Theorie]), Theosophie II (Blavatsky, Olcott, Sinnett, Besant [Maitreya-Rezeption I], Leadbeater [dito], Bailey), Philosophie der Erfahrung (Hodgson), Induktionismus (Lachelier), [Deutscher] Psychologismus (Wundt [Voluntarismus I], Lipps [Einfühlungstheorie], Erdmann), Schweizer Politik IV u. Direkte Demokratie II (Hilty), Lebensphilosophie (Dilthey, Bergson [Intuitionismus I], Klages [Pessimismus I]), [Deutscher] Positivismus u. Empiriokritizismus (Dühring, Mach, Avenarius), Mikroökonomie II u. Grenznutzentheorie II (Walras, Jevons, Menger, Marshall), Gesellschaftsutopie VI (Morris [W.], Bellamy), Ökologiebegriff u. Ökophilosophie I (Haeckel), Idealismus VIII u. Britischer Idealismus II (Hill Green [Sozialer Liberalismus I], Nettleship, Bradley [Kohärenztheorie I], Bosanquet, Toynbee, McTaggart, Joachim [Kohärenztheorie II]), [Moderner] Hinduismus u. [weitere] Moderne Indische Philosophie I (Ramakrishna, Sai Baba, Tagore, Vivekananda, Gandhi, Bhagwan Das, Sri Aurobindo [Integralismus I], Radhakrishnan, Ambedkar, Meher Baba, Krishnamurti [J.], Nisargadatta [Nondualismus bzw. Nicht-Dualismus]), Immanenzphilosophie (Schuppe), Jesus-in-Indien-Theorie (Jacolliot), Identitätsphilosophie (Spir), Utilitarismus II (Sidgwick), [Philosophischer] Evolutionismus (Fouillée, Guyau), Intentionalismus (Brentano), Pragmatismus (Peirce [Prädikatenlogik I, (Moderne) Semiotik], James [Pluralistische Metaphysik I], Jerusalem [Österreichischer Pragmatismus], Dewey [Demokratische Erziehung, Demokratisierung aller Lebensbereiche], Mead, Santayana, Schiller [F.C.S.] – [spätere unter verschiedenen Rubriken]), Pessimismus II (Mainländer), Massenpsychologie bzw. Philosophie der Masse I (Le Bon), Philosophie des Unbewussten (Hartmann [E.v., Transzendenter Realismus]), Religiöser Sozialismus (Blumhardt), Marxismus I (Labriola, Plechanow), Nihilismus II (Nietzsche, Klima), Weltformel I bzw. Zusammenhang zwischen Materie und Energie I (Preston, Poincaré [Relativitätsprinzip, Chaostheorie I, Relativismus I], Lorentz [Lorentz-Transformation, Relativismus II], De Pretto, Hasenöhrl), Mengenlehre (Cantor), Kontingentismus (Boutroux), Elitetheorie (Pareto, Mosca), Sprachphilosophie II u. Analytische [Sprach-] Philosophie I (Frege [Prädikatenlogik II], Russell [Atheistischer Humanismus I, Bürgergeld/Grundeinkommen II, Russell-Tribunal], Moore [Ethischer Nicht-Naturalismus, Meta-Ethik], Wittgenstein, Ogden), Genetik II (De Vries, Morgan [T.H.]), Christusmythos II u. Deutsche Monisten (Kalthoff, Drews), Sozialdemokratischer Revisionismus (Bernstein [E.]), Neuer-Mensch-Philosophie (Masaryk), Méthode réflexive (Lagneau), Alternativ-, Friedens- u. [Lebens-] Reformbewegung (Diefenbach, Gräser [K.], Gräser [G.]), Tierethik I (Salt), Philosophiegeschichte V (Séailles), Emergenztheorie (Morgan [C.L.], Alexander, Broad), Freie Theokratie (Solowjow), Gegenstandstheorie (Meinong), Idealismus IX u. Amerikanischer Idealismus (Royce), Voluntarismus II (Tönnies), Symbolismus* II (Moréas, D'Annunzio, George), Fabianismus (Podmore), Taylorismus (Taylor [F.W.]), Idealismus X u. [Deutscher] Idealismus in Skandinavien/Schweden II (Norström, Larsson), Psychiatrie III (Kraepelin, Bleuler, Baldwin), Psychoanalyse I u. Psychotherapie I u. Tiefenpsychologie (Freud, Adler [A.], Jung [Analytische Psychologie, Individuation I]), Moderne Atomtheorie II (Thomson [J.J.], Rutherford), Organizismus I (Ritter [W.E.]), Strukturalismus I (De Saussure), Philosophie der Verantwortung I (Lévy-Bruhl), Sozialer Liberalismus II (Hobson, Hobhouse), Quantentheorie I (Planck), Raumzeitlehre (Palágyi), Gestaltphilosophie u. -psychologie (Ehrenfels, Wertheimer, Koffka, Köhler [W.], Perls), Phänomenologie I (Husserl [Formale Ontologie I], Pfänder, Scheler [Philosophische Anthropologie I]), Union für die Wahrheit (Desjardins), Feminismus IV (Addams, Goldman [E.], Stöcker, Tumarkin), [Methodischer] Holismus (Haldane [J.S.], Smuts, Meyer-Abich), Essentialismus I (Duhem), Anthroposophie II od. Spirituelle Philosophie (Steiner [R. (Maitreya-Rezeption II)], Steffen, Barfield), Anarchismus III (Ryner, Armand), Prozessphilosophie (Whitehead), Aktionsphilosophie (Blondel), Denkpsychologie (Külpe, Bühler), Freiwirtschaftslehre (Gesell), [Analytische] Philosophie des Geistes II (Brunner), Beweistheorie I (Hilbert), Ideengeschichte (Meinecke, Lovejoy), Angewandte Psychologie (Münsterberg, Stern), Muslimische Philosophie VI (Az-Zahawi, Iqbal), Philosophie der Verantwortung II (Weber), Pazifismus I (Fried), Existentialismus II (Unamuno, Schestow, Berdjajew, Lavelle, Wahl), Radikaler Konstruktivismus (Von Uexküll [Umweltlehre]), Polnische Logiker I (Twardowski, Lesniewski, Lukasiewicz, Kotarbinski [Reismus]), Spiritualismus I u. Vierter Weg (Gurdjeff, Ouspensky), Idealismus XI u. Italienischer/Französischer Idealismus (Croce, Brunschvicg, Le Senne), Märchen* VI u. Märchenforschung* II (Aarne, Thompson [S.], Propp, Von Franz), Parapsychologie (Driesch, Dessoir), Psychosoziologie (Vierkandt), Intellektuellenkritik (Benda), Rechtsrealismus u. Schwedische Rechtsschule (Hägerström, Olivecrona), Machologie (Lasker), Panafrikanismus (Du Bois), Individualismus II (Alain [Essayistik III]), Idealismus XII u. Kosmischer Idealismus (Boodin), Westliche Körpertherapie (Alexander [F.M. (Alexander-Technik)], Feldenkrais [Feldenkrais-Methode]), Marxismus II u. Kommunismus II u. Realexistierender Kommunismus (Lenin, Trotzki [(Interne) Kritik am realexistierenden Kommunismus I], Bucharin, Mao), Moderne japanische Philosophie I [20. Jh.]

(Kitaro, Suzuki, Izutsu, Nishijima, Ohe°, Ueda), Reformpädagogik IV (Montessori, Nohl, Litt, Spranger [Dritter Humanismus]), Marxismus III (Luxemburg, Liebknecht, Mondolfo), Essayistik IV (Valéry), Ökophilosophie II (Tansley, Leopold), Faschismus-/Totalitarismuskritik I (Martinetti, Rosselli [Liberaler Sozialismus], Bobbio), Kulturtheorie des Spiels bzw. Homo ludens (Huizinga), Nordische Nationalphilosophen II (Pjeturss), Idealrealismus (Eisler), Sinologie III (Wilhelm), Einheit von Erkenntnis und Sein (Lipsius [F.R.]), Neuer Realismus I (Spaulding, Holt, Montague, Perry), Panidealismus (Holzapfel), Lebendige Ethik (Roerich), Sinnesphilosophie (Pradines), Faschismus (Gentile [G.], Spirito), Instrumentelle Konditionierung (Thorndike), Ehrfurcht vor dem Leben (Schweitzer), Futurismus* (Marinetti), Kollektives Gedächtnis (Halbwachs), Traditionalismus u. Anti-Modernismus u. Philosophia perennis (Coomaraswamy, Ziegler, Guénon, Evola, Hutchins, Eliade, Schuon, Heintel), Ontologische Einheit von Gott und Mensch (Frank [S.L.]), Neuthomismus (Maréchal, Przywara, Maritain, Gilson, Bontadini, Lotz [J.B.], Lonergan, Rahner, Veatch, Coreth – im Umkreis: Weissmahr, Kenny, andere: Guardini), [Moderne] Rechtsphilosophie u. Rechtspositivismus (Radbruch, Kelsen [Reine Rechtslehre], Schmitt [Rechtspositivismuskritik], Hart [H.L.A.]), Behaviorismus (Watson [J.B.], Skinner), Ontologie III (Häberlin, Jacoby [Ontologie der Wirklichkeit], Hartmann [N. (Neue Metaphysik)], Conrad-Martius [Realontologie bzw. Ontologische Phänomenologie], Noica, Albert [K.], Zimmermann [A.], Severino [Ewigkeit der Dinge], Grossmann), Jüdische Philosophie IV (Buber, Kaplan, Rosenzweig, Scholem), Neuropsychologie (Goldstein), Relativismus III (Einstein [Relativitätstheorie, Lichttheorie IV (Lichtquantenhypothese), Weltformel II bzw. Zusammenhang zwischen Materie und Energie II], Reichenbach), Surrealismus* (Apollinaire, Breton, Bataille, Alquié), Philosophie des Untergangs (Spengler), Phänomenologie II (Geiger [M.], Reinach, Lipps, Koyré, Ingarden, Reiner, Berger [G.], Schütz [Phänomenologische Soziologie], Kojève, Landgrebe, Spiegelberg, Fink, Patocka, Merleau-Ponty, Otto, Henry [Lebensphilosophie], Schérer, Rombach [Tiefenphänomenologie I]), Dialogische Philosophie (Grisebach), Kritischer Realismus I (Sellars [R.W.], Kraft [Hypothetischer Realismus]), Kubismus* (Gleizes), Operativismus (Dingler), Evolutionstheorie III (De Chardin), Neoliberalismus I (Von Mises, Von Hayek), Neosokratik (Nelson [L.], Strauss [L.], Vlastos – weitere Antike Philosophie [20. Jh.]: Cherniss, Ackrill, Owen [G.E.L.], Conche, Bollack, Patzig, Burnyeat, Frede, Barnes, Annas, Lennox, Fattal), Wiener Kreis [des Logischen Empirismus od. Logischen Positivismus] (Schlick, Carnap – weitere Vertreter unter anderen Richtungen), Rassentheorie III (Vasconcelos [Kosmische Rasse]), Operationalismus (Bridgman), Keynesianismus (Keynes), Schöpferische Zerstörung (Schumpeter), Russischer Konservativismus (Iljin), Philosophie der Masse II (Ortega y Gasset, Kracauer, Hoffer, Canetti). – **Moderne III** – Existentialismus III u. Existenzphi-

263

losophie (Jaspers [Existenzphilosophie], Marcel, Heidegger [Ontologie IV (Fundamentalontologie)], Stein, Bollnow, Sartre [Public (Media-) Intellectual/Philosopher I], Arendt, Bergmann [G. (Linguistische Wende)], Beaufret, De Beauvoir [Feminismus V], Dufrenne, Hersch [Philosophische Illusion], Paci, Camus, Barrett, Pareyson, Henrich, Urbancic, Bergmann [F. (New-Work-Bewegung)], Theunissen, Thompson [W.I.], Schmied-Kowarzik, Gerhardt), [Analytische] Philosophie des Geistes III (Lewis [C.I. – Qualiabegriff u. -philosophie]), Sozialanthropologie (Malinowski), Historische Epistemologie (Bachelard [Dynamismus u. Surrationalismus], Cavaillès, Canguilhem, Vuillemin), Autogenes Training (Schultz), Dialektische Theologie (Bultmann, Barth – Kritiker: Tillich), Wirbelphysik (Schauberger), Maitreya-Rezeption III (Abegg), Quantentheorie II (Bohr [Moderne Atomtheorie III], Schrödinger, De Broglie, Pauli, Heisenberg, Jordan, Dirac), Heidegger-Rezeption in Japan (Hajime, Tetsuro, Shin'ichi, Kiyoshi, Nishitani, Koichi, Shuzo), Marxismus IV u. Neomarxismus (Lukács, Banfi, Korsch, Gramsci, Abendroth, Schaefer, Goldmann, Schaff, Garaudy, Oiserman, Hobsbawm, Althusser, Gorz, Markovic, Iljenkow, Colletti, Stiehler, Kosik, Kolakowski, Holz [H.H.], Clouscard, Labica, Debord, Jameson, Negt, Vajda, Haug – [ferner: siehe auch Kritische Theorie und Operaismus]), Philosophie der Hoffnung (Bloch), Wissenschaftliches Erklärungsmodell bzw. Hempel-Oppenheim-Schema bzw. HO-Schema (Oppenheim, Hempel), Philosophiegeschichte VI u. Populäre Philosophiegeschichte I (Durant), Dadaismus* (Ball), Marktgesellschaft (Polanyi), Rastafarianismus II-I (Garvey [Panafrikanismus II], Howell, Edwards), Strukturalismus II (Bloomfield, Jakobson, Lévi-Strauss, Ricoeur), Analytische Philosophie in Skandinavien (Skolem, Reenpää, Saarnio, Marc-Wogau, Von Wright, Kanger, Hintikka, Martin-Löf, Knuuttila, Pylkkänen, Raatikainen), Theorie des objektiven Geistes (Freyer), Transhumanismus I (Huxley [J. (Moderne Synthese)]), Ontologiekritik I (Zocher, Kanthack, Haag), Soziales Kapital od. Soziale Marktwirtschaft (Duttweiler, Müller-Armack, Sik [Dritter Weg (in der Ökonomie)]), Philosophische Anthropologie II (Rothacker, Plessner, Gehlen, Hengstenberg, Kamlah, Landmann [Fundamentalanthropologie]), Philosophie der Geschichte (Collingwood), Medienphilosophie I (Lippmann), Feldtheorie I (Lewin, Gurwitsch [Morphische Felder I]), Magischer Realismus* (Roh), Informatik I (Bush), Katholische Soziallehre [20. Jh.] (Nell-Breuning), Ordoliberalismus (Eucken), Psychosoziologie II u. Schichtungssoziologie (Geiger [T.]), Christlicher Realismus (Niebuhr), Rastafarianismus I-II (Selassie), Soziologische Deutung (Hauser), Wissenssoziologie (Mannheim), Sexualforschung u. Sexuelle Revolution (Kinsey), Science-Fiction-Literatur* III u. [Gesellschafts-] Dystopie III* (Huxley [A.], Orwell, Heinlein, Clarke [A.C.], Asimov [Moralität von Maschinen I (Robotergesetze)], Dick), Kybernetik I (Wiener, McCulloch, Ashby), Urknalltheorie (Lemaître, Gamow), Sufismus III (Shah [I.A.]), Psychoanalyse II u. Psychotherapie II (Hartmann [H. (Ich-Psychologie)],

Reich, Rogers, Frankl [Logotherapie, Existenzanalyse], May [R. (Existentialistische Psychotherapie)], Kohut), Paneuropismus und Europäische Integration/Union II (Coudenhove-Kalergi, De Rougemont), Kritische Theorie I od. Frankfurter Schule (Horkheimer, Marcuse, Fromm, Löwenthal, Adorno – im Umkreis: Benjamin), Entwicklungspsychologie I u. Reformpädagogik V (Piaget), Zen-Buddhismus im Westen (Dürckheim, Enomiya-Lassalle [Christlich-buddhistischer Dialog]), Griechische Mythologie (Kerényi), Philosophie der Apokalyptik I (Löwith), Prozesssoziologie (Elias [Habitustheorie I]), Prozesstheologie I (Hartshorne), Negative Einkommenssteuer I (Rhys-Williams), Distanzierter Glauben (Mannoni), Herzensphilosophie I (De Saint-Exupéry), Sprachphilosophie III u. Analytische [Sprach-] Philosophie II (Ryle, Morris [C.W. (Behavioristische Zeichentheorie, Weltreligion I, Maitreya-Rezeption IV)], Ramsey, Church [Theoretische Informatik], Goodman, Quine [Ontological commitment], Black [Philosophie des Unsinns I], Ayer [Emotivismus I], Austin [Sprechakttheorie I], Grice, Geach, Davidson [Anomaler Monismus, Supervenienz], Strawson [P.], Alston), Qualitätsmanagement (Deming, Juran, Crosby), Hermeneutik [im 20. Jh.] (Gadamer), Systemtheorie (Bertalanffy), Poststrukturalismus I (Lacan [Symbolische Ordnung bzw. Ordnung des Symbolischen], Barthes), Polnische Logiker II (Tarski), Moderner Konservativismus II (Oakeshott), Kommunikationstheorie II (Lazarsfeld [Empirische Sozialforschung], Lasswell), Kulturökologie I (Steward), Soziologische Systemtheorie u. Strukturfunktionalismus (Parsons, Merton, Luhmann [Kybernetik II (Soziokybernetik)]), Moderne Synthese II (Simpson), Faschismus-/Totalitarismuskritik II (Hook, Aron, Gross), Transhumanismus II (Anders, Ettinger), Kritischer Rationalismus (Popper [Drei-Welten-Lehre, Evolutionäre Erkenntnistheorie II, Verschwörungstheorien I], Topitsch, Bunge, Albert [H.], Lakatos, Watkins, Gellner, Salmon [W.C.], Bartley [Pankritischer Rationalismus], Antiseri, Musgrave), Atheistischer Humanismus II (Lamont, Flew, Grayling), [Jüdische] Raconteurs (Adler [M.J.], Jankélévitch, Berlin, Bauman, Steiner [Ge.]), Informatik II (Neumann [Spieltheorie – gemeinsam mit Morgenstern], Turing, Shannon [Informationstheorie, Kommunikationstheorie I (Shannon-Weaver-Modell)]), Intuitionismus II (Lossky, Ross), [Konservativistische] Ritter-Schule I (Ritter [J.]), Evolutionäre Erkenntnistheorie I (Lorenz [Kon. (Tierpsychologie bzw. Ethologie I)], Campbell, Riedl, Vollmer), Philosophie der Verantwortung III (Jonas, Weischedel, Picht), [Analytische] Philosophie des Geistes IV (Eccles, Wisdom, Sellars [W. - Kritischer Realismus II], Hampshire, Chisholm, Bohm, Smart [Identitätstheorie], Wollheim, Place [dito]), Ökophilosophie III (Bateson [Kulturökologie II, Ökologie des Geistes], Carson, Naess [Tiefenökologie (Ökosophie I)], Odum, Passmore, Panikkar [Ökosophie II], Bookchin [Ökoanarchismus], Taylor [P.W.], Shepard, Goldsmith, Callenbach, Skolimowski, Linkola, Rolston, Roszak [Ökopsychologie, Gegenkultur], Schäfer [L.], Devall, Oelschlaeger, Attfield, Birnbacher, Broome, Zarka, Norton°, Carter, Bourg, Seel, Fox, Abram [Kulturökologie III], Ott [Theorie der Nachhaltigkeit], Hörl [Technoökologie od. Allgemeine Ökologie]), Organizismus II (Mayr [Evolutionstheorie IV u. synthetische Evolutionstheorie]), Personalismus (Mounier), Integralismus II (Gebser), Zwei-Kulturen-Theorie (Snow), Intuitionismus III (Loegstrup), Libertarismus II (Rand [Objektivismus I], Narveson, Nozick, Machan), Wittgensteinianismus I (Rhees, Phillips [D.Z.], Diamond [Resolute Lesart], Hacker, Bouveresse, Mulhall), Muslimische Philosophie VII (Mahmoud, Arkoun, Amin [Neokolonialismuskritik], Nasr, Said [Postkolonialismus], Al-Jabri, Abu Zaid, Soroush), Populär- und Vulgärphilosophie/-wissenschaft [20. Jh.] (Koestler [Bisoziationstheorie], Jungk [Futurologie I], Jacquard, Kluge, Sagan, Brown [L.], Capra [Wendezeit], Hofstadter [D.R.]), Beweistheorie II (Gödel [Prädikatenlogik III], Gentzen), Metahistorik (Müller), Philosophie der Verpflichtung (Levinas), Afrikanische Philosophie II (Senghor, Kagame – weitere [Übersee]: Césaire, Fanon, weitere [weisse]: Findlay, Tempels), Tierpsychologie bzw. Ethologie II (Tinbergen), Positive Psychologie (Maslow), Emotivismus II (Stevenson), Anarchismus IV (Weil, Kohr), Soziotechnische Systeme (Trist, Emery, Ropohl), Futurologie II (Flechtheim), [Technologische] Singularität I (Ulam), Moderne Chinesische Philosophie I [20. Jh.] (Zongsan, Hao Wang), Managementphilosophie I (Drucker), Philosophie des Raumes (Bense), Veganismus (Watson [D.]), Medienphilosophie II (McLuhan, Flusser, Sartori, Postman), Schweizer Politik V (Frisch, Tschäni, Künzli, Dürrenmatt, Saner, Kohler), Nihilismus III u. Pessimismus III (Cioran, Caraco), Ethischer Imperativ (Foerster), Rechtspositivismus II (Perelman, Raz, Finnis), Tierethik II (Ferrater Mora, Midgley), Philosophie der Apokalyptik II (Ellul, Boutang), Paradigmentheorie u. -philosophie I (Schulz, Kuhn), Ethischer Rationalismus (Gewirth), Philosophie des Glücks (Martin, Misrahi), Minimalismus* (Martin), Neoliberalismus II (Friedman [M. (Negative Einkommenssteuer II)]), Pazifismus II u. Friedensforschung (Von Weizsäcker, Grant, Galtung, Holl – viele weitere), Reaktionismus (Dávila), Jüdische Philosophie V (Ben-Chorin, Fackenheim [u.a. – viele jüdische Denker unter anderen Rubriken]), Systemtheorie in der Politologie u. Behavioralismus (Waldo, Easton – Kritiker: Crick [B.]), Temporale u. Hybride Logik (Prior), Afrofuturismus* (Sun Ra), Analytische Ethik u. Metaethik u. Ethiker [20. Jh.] (Nowell-Smith, Mackie, Baier, Tenkku, Hare [R.M. ([Universeller] Präskriptivismus)], Foot, Williams [B.], Gauthier, Wiggins, Gert, Scanlon, Bubner, Parfit, Bratman, Dancy, Ogien, Korsgaard, Velleman, Wolf [S.R.], Irrgang, Neiman, Smith [T.], Knoepffler [Bioethik], Shafer-Landau, Halbig), Dialogische Logik (Lorenzen [Methodischer Konstruktivismus], Lorenz [Kun.]), Philosophiegeschichte VII u. Populäre Philosophiegeschichte II (Störig, Edwards [P.], Wollgast), Verschwörungstheorien II (Hofstadter [R.]), Moderne Indische Philosophie II (Chinmayananda, Chattopadhyaya, Krishnamurti [U.G.], Maharishi [Transzendentale Meditation], Sarkar, Nandy, Spivak, Bhabha, Shiva, Mall), Genetik III bzw. Doppelhelixstruktur der DNA (Crick [F.], Watson [J.D.]), Reflexionsphilosophie (Wagner), Chaostheorie II (Prigogine, Lorenz [E.N.], Mandelbrot, Feigenbaum), Radikaler Konstruktivismus II (Glasersfeld), Globalgeschichte (McNeill), Holistischer Pragmatismus (White), Nacheinsteinsche Physik (Feynman [Quantentheorie III, Cargo-Kult-Wissenschaft], Gell-Mann [Quarktheorie I], Glashow [Quarktheorie II, Standardmodell I], Weinberg [Standardmodell II], Hawking, Veneziano [Stringtheorie], Witten), Logiker [20. Jh. (weitere)] (Hughes, Belnap, Benacerraf), Spiritueller Atheismus I (Szczesny, Apostel), Murphys Law (Murphy), Straussianer I (Jaffa, Rosen, Benardete, Bloom, Mansfield, Sontag [Science-Fiction-Philosophie I], Masters), Erweckungstheologie IV (Graham), Yale Critics (De Man), Philosophie der Unruhe I (Lavigne), Philosophie der Sexualität I (Murdoch), Konsequentialismus (Anscombe), Postindustrielle Gesellschaft (Bell), Gaia-Theorie u. Ökophiolosophie IV (Lovelock, Margulis), Metaphorologie (Blumenberg [Philosophie der Apokalyptik III, Löwith-Blumenberg-Debatte]), Hippie-Bewegung* (Leary [Drogenerfahrung I], Ginsberg), Weltformel III (Charon), Millenniumsliteratur (Wojtyla aka Papst Johannes Paul II., Dondrub aka Dalai Lama Tenzin Gyatso [Buddhismus (20. Jh.) I]), Neokonservativismus (Kristol), Anti-Psychiatrie (Szasz, Laing), Operaismus (Panzieri, Tronti, Negri), Neonietzschianismus (Kaufmann, Stegmaier, Köhler [J.], Ansell-Pearson, Leiter, Kopic, Sorgner), Pädagogik der Unterdrückten (Freire), Gerechtigkeitstheorie (Rawls), Metaphänomenologie (Nickel), Science-Fiction-Philosophie II (Lem), Philosophie des Unsinns II (Watzlawick, Frankfurt), Symbolismus III (Durand), Historizistische Wissenschaftstheorie (Hübner), Quantentheorie IV (D'Espagnat), Islam u. Christentum (Khoury [P.], Khoury [A.T.]), Philosophie der Komplexität (Morin), Fuzzylogik (Zadeh), Fehlschlüsse (Hamblin), Moderne griechische Philosophen (Castoriadis, Axelos, Yannaras, Poulantzas, Fotopoulos, Kondylis, Douzinas), Sufismus IV (Ali-Shah, Shah [I.]), Argumentationstheorie (Toulmin, Wohlrapp), Wissenschaftstheoretischer Strukturalismus (Suppes [Stanford-Schule (der Wissenschaftstheorie) – weitere: Hacking (Entitätsrealismus), Cartwright, Dupré (Pluralistische Metaphysik II)], Stegmüller, Sneed, Van Fraassen [Konstruktiver Empirismus]), Maitreya-Rezeption V (Creme), Diskursethik I (Apel [Transzendentalpragmatik], Habermas [Universalpragmatik]), Strenge Logik (Menne [Differentielle Syllogistik], Brüning°), Resonanztheorie I (Cramer), Informatikkritik (Weizenbaum, Dreyfus), Philosophie für Kinder (Lipman, Matthews), Wissenschaft & Religion (Barbour), Anthropologie III (Girard), Individuation II (Simondon), Guise Theorie od. Gestalttheorie (Castaneda [H.-N.]), Relativismus IV (Feyerabend, Margolis), Marxismus V u. Postmarxismus (Lefort, Machovec, Schmidt, Laclau, Badiou [Philosophie des Ereignisses II], Berman, Elster [Selbstbindung], Rancière, Cohen [G.A.], Echeverria, Losurdo, Balibar, Preve, Mouffe,

Bensaïd, Gauchet, Berardi, Raulet, Virno, Brie, Osborne), Kunsttheorie
[20. Jh.] (Danto, Dickie [u.v.a.]), Neorealismus od. Struktureller
Realismus I (Waltz), Philosophischer Materialismus [20. Jh.] (Bueno),
Poststrukturalismus II (Deleuze [Filmphilosophie I, Philosophie des
Ereignisses I], Foucault [Diskontinuität u. Diskursanalyse, Philosophie
der Sexualität II], Derrida [Dekonstruktion I], Lyotard, Baudrillard
[Hyperrealität], Guattari [Ökosophie III], Wellmer), Drogenerfahrung II
(Castaneda [C.], McKenna), Public [Media-] Intellectual/Philosopher II
(Revel, Chomsky [Sprachphilosophie IV u. Analytische (Sprach-) Philo-
sophie III], Rorty), Entkolonialisierung (Fanon), Glaubensschwachheit
(De Certeau), Vernetztes Denken (Vester), Sprachphilosophie V u. Ana-
lytische [Sprach-] Philosophie IV (Dummett, Cavell [Filmphilosophie II],
Tugendhat, Donnellan, Katz, Föllesdal, Von Kutschera, Kaplan, Devitt,
Cresswell, Stalnaker, Bach, Soames, Evans, Gupta, Brandom [Analy-
tischer Pragmatismus], Tomasello, Salmon [N.U.], Lepere°, Ludlow,
Neale, Rumfitt, Cappelen, Stanley), Soziales Lernen (Bandura [Selbst-
wirksamkeitstheorie bzw. -erwartung]), Prozesstheologie II (Cobb,
Griffin), Anarchokapitalismus I (Rothbard, Friedman [D.], Gordon [D.]),
Sozialwissenschaft (Winch), Philosophie der Konvivialität (Illich),
Radikaler Probabilismus (Jeffrey), Spiritualität II (Long [B. ('Lehrer des
Westens')]), Schädigungsprinzip (Feinberg), [Analytische] Philosophie
des Geistes V u. Philosophie des Bewusstseins I (Armstrong [Wahrma-
cherprinzip], Putnam, Edelman [Neural Group Selection Theory, Neural
Darwinism], Shoemaker, Dretske, Searle [Funktionalismuskritik I],
Honderich, Millikan, Kim, Fodor [Repräsentationale Theorie des Geistes,
Sprache des Geistes], Mittelstrass, Nagel [Qualiadebatte], Goldman [A.],
Harman [Gi.], Kane, Kripke, Sosa, Audi, Lewis [D.K. (Modaler Realis-
mus)], Block [Funktionalismuskritik II], Churchland [Pau.], Dennett,
McDowell, Prinz, Churchland [Pat.], Descombes, Humphrey, Jackson
[Epiphänomenalismus III], Perry [Strukturelle Prokrastination], Stich,
Bieri, Loewer°, Kirk°, Levine [Gap- u. Gap-Filling-Theorie I], Haugeland,
Beckermann, Lycan, Pettit, Baars, Burge [Externalismus, Anti-Indivi-
dualismus], Papineau, Tetens [H.], Flanagan, Johnson [M.L.], McGinn,
Peacocke, Thagard, Tye, Carruthers, Seager, Strawson [G.J.], Hurley,
Taylor [K.A.], Rosenthal°, Pauen, Boghossian [Pa.], Neander°, Metzin-
ger, Grundmann, Aizawa°, Crane, Thompson [E.], Chalmers [Hartes
Problem des Bewusstseins]), Problematizistische Transzendentalphiloso-
phie (Röd), Christusmythos III (Wells [G.A.]), Buddhismus [20. Jh.] II
(Hanh), [Konservativistische] Ritter-Schule II (Lübbe, Rohrmoser, Spae-
mann, Marquard, Schmidt-Biggemann), Analytische Religionsphilosophie (Mavrodes, Gettier [Gettier-Problem], Plantinga, Swinburne, Van
Inwagen, Craig, Kvanvig, Brüntrup), Entwicklungspsychologie II (Kohl-
berg), Irrationalismus in der Wissenschaft (Stove), Kulturkampf (Huntington), Zivilreligion (Bellah), [Technologische] Singularität II (Minsky,
Toffler [Informationsüberflutung]), Philosophie der Verantwortung IV

(Wisser, Pothast), Sozialkonstruktivismus (Luckmann, Berger [P.L.]), Feminismus VI (Daly, Irigaray, Ruddick, Harding, Cixous, Muraro, Kristeva, Fineman, Badinter, Haraway, Bordo, Cavarero, Fraser, Fraisse, Young, Benhabib, Hornsby, Ronell, Braidotti), Transzendentalbelletristik (Marquard), Beweistheorie III (Feferman), Demarchie (Burnheim), Philosophie der Verschiebung (Damisch), Humanethologie (Eibl-Eibesfeldt), Befreiungstheologie (Gutiérrez, Miranda, Dussel), Weltethos I u. Ökumene (Küng), Kognitionsbiologie (Maturana [Autopoiese], Varela), Kohärenztheorie III (Rescher [Theory of Everything ToE], Lehrer, BonJour), Phänomenologie III (Schmitz [Neue Phänomenologie]), Genetik IV u. Gentechnologie I (Ray Wu), Selbstorganisation (Jantsch), Endophysik (Finkelstein, Rössler), Kommunitarismus (Etzioni [Responsivität], MacIntyre, Walzer), Dispensationalismus II [in der christlichen Apokalyptik] (Lindsey), Caring Curriculum (Noddings), [Interne] Kritik am realexistierenden Kommunismus II (Heller, Mamardaschwili, Bahro), Transhumanismus III (FM-2030, Tipler), Habitustheorie II (Bourdieu), Afrikanische Philosophie III (Achebe, Towa, Wiredu, Soyinka, Bodunrin, Oluwole, Wa Thiong'o, Gyekye, Mudimbe, Hountondji [Ethnophilosophiekritik], Oruka [Weisheitsphilosophie bzw. Sage-Philosophie], Masolo°, Bilolo, Appiah, Anyanwu°, Diagne, Gutema, Mbembe, Gordon [L.], Eze), Philosophie des Zeichens (Simon), Neo-Transzendentalismus (Holz [H.] - [der Begriff ist auch gebräuchlich in der indischen Philosophie]), Kommunikationstheorie III (Serres), Sein des Bildes (Marin), Vernunftrechtslehre IV (Dworkin), Transpersonale Psychologie (Grof), Anerkennungsanalyse u. Anerkennungstheorie (Taylor [C. – Multikulturalismus I], Todorov, Honneth [Kritische Theorie II]), Idealismus XIII u. Britischer Idealismus II (Sprigge), Pragmatische Wende (Bernstein [R.J.]), Verschwörungstheorien III (Groh, Barkun, Pipes), Integralismus III (Laszlo), Dromologie (Virilio), Kritik der Analytischen Philosophie (Wilshire), Offene Transzendentalphilosophie (Lauener), Objektivismus II (Peikoff, Binswanger), Fähigkeitenansatz [in der Entwicklungspolitik] I (Sen), Dekonstruktion II (Kofman, Lacoue-Labarthe, Caputo), Flow-Theorie I (Csikszentmihalyi), Herzensphilosophie II (De Koninck), Materiale Hermeneutik (Ihde), Philosophie des Fremden (Waldenfels), Kapitalismuskritik II (Ziegler, Sennett, Tamas), Philosophie des Beweises (Achinstein), Sport- und Fussballphilosophie (Lenk, Brohm [Sportkritik], Gebauer, Andrieu [Emersiologie, Körperökologie], Gessmann, Kingwell, Eilenberger), Ontologie V (Puntel, Honnefelder [Mittelalterliche Metaphysik], Fine [Natural Ontological Attitude NOA], Tuomela [Soziale Ontologie], Mattéi, Steinvorth, Kobusch, Lowe, Strasser [Ontologischer Überschuss], Varzi), Prä-Astronautik (Von Däniken), Multikulturalismus II (Barry, Cohn-Bendit, Tully, Welsch [Transkulturelle Gesellschaft], Goldberg, Kymlicka, Day), Zweite Philosophie (Riedel), Science-Fiction-Philosophie III (Elders, Rucker, Gräfrath [Zukunftsphilosophie]), Moderne Transzendentalphilosophie

269

(Prauss), Neuer Atheismus (Schnädelbach, Dawkins, Hitchens, Philipse, Onfray, Boghossian [Pe.], Schmidt-Salomon), Schwaches Denken (Vattimo, Rovatti), Präsentismus (Adams, Noonan°, Smith [Q.P.], Markosian°, Sider°, Crisp°, Bourne°), Leibliche Existenz (Böhme [G.]), Public [Media-] Intellectual/Philosopher III u. Nouvelle Philosophie (Glucksmann, Bruckner, Lévy [B.H.], Finkielkraut), Nicht-Philosophie (Laruelle), Informatik III (Nelson [T.H. - Hypertext]), Spiegelneuronen u. Empathie (Rizzolatti), Strukturationstheorie (Giddens), Tierethik III (Regan, Rachels, Mosterin, Rollin, Clark [S.R.L.], Singer, Cavalieri, Wolf [U.], Wolf [J.C.], Steiner [Ga.], Hadley), Multiversalität (Bodei), Straussianer II (Butterworth, Galston, Fukuyama), Mitbestimmungsdemokratie (Barber), Philosophie der Liebe I (Fellmann, Rose, Nussbaum [Fähigkeitenansatz (in der Entwicklungspolitik) I]), Syntheismus (Kauffman), Philosophie der anständigen Gesellschaft (Margalit), Poststrukturalismus III (Rosset, Nancy, Agamben, Lipovetsky [Hypermodernität u. Hyperindividualismus], May [T.], Han [Hyperkulturalität], Hillenkamp [Negativität der Moderne], De Lagasnerie [Denken in schlechter Welt, Philosophie der Revolte]), Neologizismus (Boolos, Wright, Hale), Mediologie (Debray), Heideggerkritik/-polemik (Farias, Grondin, Trawny), Kreationismus u. Intelligent Design (Johnson [P.E.], Dembski), Evolutionstheorie V (Ruse [Kreationismus vs. Evolutionsbiologie]), Weltordnung [21. Jh.] (Senghaas, Köchler), Neokonfuzianismus IV (Wei-ming), Grenzen des Wachstums (Meadows [Do.], Meadows [De.]), Moderne Synthese III u. Punktualismus (Gould, Eldredge), Philosophie der symbolischen Formen II (Paetzold), Tiermensch (Azurmendi), Paläokonservativismus (Gottfried, Scruton), Philosophie des Risikos I (Laudan, Beck [Risikogesellschaft]), Sprachphilosophie VI (Milner, Ponzio, Meggle, Hottois, Borsche, Fynsk, Pinker, Salazar, Laugier [S.]), Philosophie der Praxis (Schwemmer), Philosophische Physik (Seitter), Antiapartheid (Turner), Praktische Wende (Savigny [E.v.], Schatzki), Methodischer Kulturalismus (Janich, Hartmann [D.]), Moralität von Maschinen II (Achterhuis), Diskursethik II (Böhler), Selbstbestimmungstheorie (Deci, Ryan°), Philosophie der Reflexion (Heinrichs), Genetik V u. Gentechnologie II (Jaenisch), Polytropie (Liiceanu), Feldtheorie II (Sheldrake [Morphische Felder II]), Polylog bzw. Interkulturelles Philosophieren (Wimmer), Polnische Logiker III (Perzanowski), Medienphilosophie III (Kittler, Capurro, Hrachovec, Zielinski [Medienarchäologie], Bolz), Teilhabegesellschaft (Ackerman), Neue Rechte (De Benoist, Faye), Phänomenologie IV (De Murillo [Tiefenphänomenologie II]), Postmodernismuskritik (Eagleton), Demokratische Transformation (Feenberg), New Historicism bzw. Neuer Historizismus* (Greenblatt), Posthumanismus I (Hayles, Marchesini), Philosophiegeschichte VIII u. Populäre Philosophiegeschichte III (Höffe, Vossenkuhl, Brague, Roderick, Helferich, Gaarder), Kritischer Realismus [im sozialtheoretischen Ansatz] (Bhaskar), Quasi-Realismus (Blackburn), Postdemokratie (Crouch),

Libertärer Existentialismus (Flores d'Arcais), Rassentheorie IV (Outlaw, Bernasconi), Ontophantik (Peña), Kritik der modernen Technologie (Schirmacher [u.v.a.]), Leitkultur (Tibi), [Technologische] Singularität III (Vinge, Kurzweil, Moravec [Transhumanismus IV, Künstliche Intelligenz – weitere: Mainzer, Copeland]), Soziale Intelligenz (Berthelot), Selbstbewusstsein (Frank [M.]), Akteur-Netzwerk-Theorie (Callon, Law, Latour), Ästhetik und Kunst (Di Giacomo [u.v.a.]), Fundhärentismus (Haack), Philosophie des Gefühls (Perone), New Age [im 20. Jh.] (Spangler, Lacroix [New-Age-Kritik], Satin), Anarchismus V (Wilson [Postanarchismus I], Sartwell), Big History (Christian, Grinin), Bürgerliche Technikphilosophie (Banse), Faschismus-/Totalitarismusforschung (Gentile [E.]), Systematizität (Hoyningen-Huene), Phänomenologie V (Marion [Religionsphilosophische Phänomenologie], Figal, Barbaras, Glendinning, Benoist [Analytische Phänomenologie]), [Moderner] Okkultismus II (Riffard), Faschismus-/Totalitarismuskritik III (Taguieff), Struktureller Realismus II (Worrall), Café philosophique (Sautet, Phillips [C. (Democracy Cafe)]), Allgemeine Zeichen- und Interpretationsphilosophie (Abel), Philosophische Praxis (Achenbach), Philosophie des Horrors (Carroll), Neue Renaissance bzw. Renaissance 2.0 (Dufour), Anti-Philosophie (Groys), Internetphilosophie (Rheingold, Suber [Open Access], Hayes [Formale Ontologie II (weitere: Patel-Schneider, Horrocks), Web Ontology Language OWL], Gelernter, Bard, Lanier [Virtuelle Realität, Internetkritik I], Floridi, Himanen), Philosophie der Sexualität III (Soble), Public [Media-] Intellectual/Philosopher IV (Unger, Safranski, Sloterdijk, Zizek [Filmphilosophie III, Philosophie der Apokalyptik V], Sandel, West, Scobel, Precht, Enthoven – [französische In-Bewegungen wie Nouvelle Philosophie oder Ars Industrialis]), Moderne japanische Philosophie II [20. Jh.] (Yamaguchi), Agnostischer Liberalismus (Gray), Neopragmatismus (Joas, Shusterman), Webpioniere (Kemerling, Möller, Zalta, Koch, Millican, Köhler [D.]), Antihumanismuskritik (Renaut, Ferry), Factfullness (Rosling), Spiritualismus III (Tolle), Neuaufklärung (Bronner), Alltagsphilosophie I (Droit), Gap- u. Gap-Filling-Theorie II (Hare [J.E.], Niles [Atheismuskritik I]), Globalisierung (Sassen), Sektenkritik (Stamm), Chaostheorie III (Stengers), Integralismus IV (Wilber), [Moderner] Okkultismus III (Culianu), Neuer Realismus II (Beuchot, Ferraris), Tiefenpantheismus (Corrington), Psychosoziologie III (Ehrenberg [Erschöpftes Selbst]), Biopolitik (Esposito), Gedankenexperimente (Sorensen°), Westliche Weltauffassung (Tarnas), Sinologie IV (Jullien), Integrativer Pluralismus (Mitchell), Bürgergeld/Grundeinkommen III (Van Parijs), Transzendentaler Materialismus (Zimmermann [R.E.]), Demokratiekritik I (Salem), Spiritueller Atheismus II (Comte-Sponville, Critchley, De Botton), Spekulativer Realismus (DeLanda, Brassier, Meillassoux [Philosophie der Kontinuität], Harman [Gr.]), Philosophie der Verantwortung V (Fischer [Freier Wille und Verantwortung – weitere: Dorschel (Freier Wille und intelligente

Wahl)], Pogge, Nida-Rümelin, Heidbrink), Philosophie der Unruhe II (Macho, Konersmann, Massumi [Emotionstheorie]), Religiöse Diversifizität (McKim), Ars industrialis (Stiegler, Crépon), Kausalität und Raumzeit (Bartels), Theorie der Unbildung (Liessmann), Atheismuskritik II (McGrath, Hart [D.B.], Zaborowski), Systemintelligenz (Saarinen), Lebenskunstphilosophie bzw. Lebenshilfephilosophie (Schmid, Kitzler, Klein [S.], Dobelli, Haring, Jollien), Philosophie der Person (Sturma, Asmuth, Quante), Biokommunikation (Witzany), Best Explanation bzw. Schluss auf die beste Erklärung (Lipton), Weltethos II (Canto-Sperber [Internationale Moral]), Analytischer Thomismus (Haldane [J.J.]), Formale Ontologie III (Smith [B. (Neue Synthese, Basic Formal Ontology BFO), Ökophilosophie IV (Weston, Mathews°, Von der Pfordten), Transhumanismus V (Freyermuth, Savulescu, More [M.]), Moderne Chinesische Philosophie II [20. Jh.] (Gu Su), Philosophie der Philosophie (Williamson), Sprechakttheorie II (Butler [Performativität, Feminismus VII]), Kollektive Intelligenz (Lévy [P.]), Meixner (Axiomatic Formal Ontology)]), Philosophie der Unendlichkeit (Moore [A.W.]), Maitreya-Rezeption VI (Zotz), Philosophie des Geistes VI u. Philosophie des Erweiterten Geistes bzw. Extended-Mind/Cognition-Theorie (Clark [A.], Rowlands, Noë [Externes Bewusstsein]), Postdisziplinarität u. Makrophilosophie (Mayos), Wittgensteinianismus II (Monk, Conant), Harter Inkompatibilismus (Pereboom), Ontologiekritik II (Clam, Maudlin), Philosophie der Befreiung (Baron), Kritische Theorie III (Menke, Forst), Wissenschaftsparadoxien (Klein [É.]), Selfdesign (Strenger), Muslimische Philosophie VIII (Benmakhlouf, Ramadan, Bidar), Aufgeklärtes Eigeninteresse (Gosepath), Internetkritik II u. Social-Media-Kritik (Lovink, Keen), Philosophie der Plastizität (Malabou), Epistokratie I (Estlund°), Technikfolgenabschätzung (Grunwald), Idealismus XIV u. Objektiver Idealismus (Hösle), Phänomenologie VI (Komel), Philosophie des Zufalls (Taleb), Zauberphilosophie und Philozauber (Andino), Philosophie der Erfahrung (Hampe, Lotter), Integralismus IV (Hosang), Philosophie der Liebe II (Krebs [Dialogische Philosophie der Liebe], Oord, Marzano, Cespedes), Schweizer Politik VI (Cheneval), Ontologie VI (Tertulian°, Merricks°, Hirt [Integralontologie, Feldtheorie III, Philosophie des Bewusstseins II, Weltreligion II, Maitreya-Rezeption VII, Alpha-Rezeption, Schweizer Politik VII], Wrathall, Esfeld [Ontologischer Holismus], Thomson [I.D.], Coriando), Akzelerationismus bzw. Akzelerismus I (Land), Interpassivität (Pfaller), Logischer Pluralismus (Restall°, Beall°), Philosophie der Sexualität IV (Salecl), Philosophiegeschichte IX u. Populäre Philosophiegeschichte IV (Warburton), Philosophie – Religion – Wissenschaft [21. Jh.] (Clavier, Falque [Phänomenologie VII]), Essentialismus II (Oderberg), Verschwörungstheorien IV (Pfahl-Traughber, Keeley°, Clarke [S.]°, Coady°, Anton°, Salzborn, Hepfer°), Philosophie des Risikos II (Dufourmantelle), Marxismus VI u. Postmarxismus II (Gandler, Lotz [C.], Piketty), Libertarismus III (Long [R.T.]), Pseudowissenschaftskritik u. Neostoizismus/-skeptizismus (Pigliucci, Boudry), Alltagsphilosophie II (Quarch), Philosophie des Ereignisses III (Zourabichvili), Ökophiolosophie V (Weston, Von der Pfordten), Philosophie des Gehens (Gros), Philosophie des Essens (Lemke), Resonanztheorie II (Rosa), Antinatalismus (Benatar), [Metaethischer] Fiktionalismus (Joyce), Philosophie der Apokalyptik IV (Szendy [Philosophie des Hörens], Foessel [Apokalyptische Vernunft]), Cybermystik (Di Blasi), TechGnosis (Davis), Flow-Theorie II (Kotler, Wheal), Interkulturalität (Yousefi), Mikrophilosophie (Baggini), Philosophie des Vertrauens (Hartmann [M.]), Prekarisierungsgesellschaft u. Neoismus (Marchart), Philosophie des Zufalls (Utz), Philosophie der Arbeit (Vasek), Existentialismus IV (Delecroix), Dysthanasie (Ferrari), Anarchokapitalismus II (Huemer), Experimentelle Philosophie od. X-Phi (Lütge [Experimentelle Ethik], Knobe), Philosophie des Geistes VII u. Philosophie des Bewusstseins III (Mandik° [Verschwörungstheorien V], Piccinini, Pritchard°, Brown [R.], Wass, Bourget°, Shepherd°), Managementphilosophie II (Deslandes), Philosophy Slam (Hofweber), Biotechnik (Karafyllis [Biofakt]), Philosophische Praxis II (Knapp [Anders denken]), Nächte der Philosophie (Korichi°), Philosophie der Integrität (Pollmann), Philosophie der Langeweile (Svendsen), Philosophie als Fiktion (Cassou-Noguès), Tierphilosophie (Wild), Philosophie der Revolution (Hindrichs), Philosophie des Ichs (Schäfer [R.]), Phänomenologie VIII (Schnell), Behauptungsphilosophie (Steinweg), Anarchismus VI u. Postanarchismus II (Newman), Sinn des Lebens (Metz°), Akzelerationismus od. Akzelerismus II (Avanessian, Srnicek [Bürgergeld/Grundeinkommen IV], Williams [A.]), Transhumanismus VI (Bostrom), Paradigmentheorie u. -philosophie II (Chabot), Verdeckte Autorität (Newmark°), Philosophie des Mutes (Fleury), Demokratiekritik II (Lopez-Guerra°, Brennan [Epistokratie II]), Sprachphilosophie VII (Hübl, Hjortland [Analytische Sprachphilosophie V]), Christologische Metaphysik (Schickler), Neues System (Caron), Philosophie der Empathie (Schmetkamp), Fanatizismus (Toscano), Posthumanismus II (Ferrando), Effektiver Altruismus (Ord, MacAskill), Ökophilosophie V (Basl°), Neuer Realismus III (Gabriel), Philosophie der Intensität (Garcia), Globale Bewegungsfreiheit (Cassee), Multi-Media-Freestyle-Flow-Bewusstseinserweiterungsphilosophie (Silva), Marxismus VII u. Postmarxismus III (Fusaro), Philosophie des Marktes (Herzog), Internetkritik III (Morozov), Tierethik IV (Caffo), usw. usf., etc. etc.

Anmerkungen (zur Liste). Der Einfachheit halber wurde grundsätzlich jeder Philosoph - und andere hier erwähnte Persönlichkeiten der Ideengeschichte - nur einer Richtung zugeteilt, obwohl es natürlich viele Überschneidungen gibt. Sowohl die Richtungen wie auch deren einzelne Vertreter wurden je nach dem Geburtsjahr eingeteilt (da ich dieses jedoch nicht ganz von allen Aufgelisteten zur Verfügung habe, sind ein

paar wenige – auf welche ich in dieser Liste nicht verzichten wollte –
nach Gutdünken eingeordnet worden (bzw. nach der Rechnung der
ersten gefundenen Publikation minus 30 Jahre, hauptsächlich nach den
Publikationslisten auf der Webplattform PhilPapers – ich habe diese mit
einem Pünktchen [°] gekennzeichnet). Für die neueren Richtungen habe
ich teils eigene Bezeichnungen gewählt, weil es meist noch gar keine
offiziellen Bezeichnungen dafür gibt. In der jüngeren Philosophie habe
ich mehr Richtungen angeführt, als in der älteren – einerseits gibt es
heute immer mehr Richtungen, andererseits kann man von den jüngeren
Richtungen noch weniger aussagekräftig sagen, welche wirklich auch
langfristig relevant sein und als zeittypisch eingestuft werden (das Bild
der heutigen Philosophie wird in ein paar hundert Jahren sicher ein
anderes sein, als es sich derzeit darstellt, aber das können wir heute natürlich noch nicht kennen).

In dieser Liste wurden bedeutende theoretische Vertreter der (modernen) Kunst mit einem Sternchen (*) bezeichnet. Meist haben diese ein
bedeutendes Manifest zur entsprechenden Richtung geschrieben (und/
oder die entsprechende Richtung begründet). Die Philosophen haben
solches zwar praktisch nie direkt aufgenommen, trotzdem ist auch die
Entwicklung der Kunst natürlich von einiger philosophischer Bedeutung. Auch wissenschaftliche Richtungen wurden hier vereinzelt neben
der eigentlichen oder reinen Philosophie aufgeführt (insofern ich sie
ebenfalls als sehr bedeutend für die Entwicklung der Ideengeschichte
bewertet habe).

Dies ist nach meinem Wissensstand die erste Liste dieser Art in dieser
Ausführlichkeit. Solche Listen könnten schon längstens auch von allen
Einzelwissenschaften bestehen – und darüber hinaus auch von anderen
Fachgebieten und Zusammenhängen. Und so sehe ich auch die Strukturierung des gesamten Wissens. Um so etwas zu machen, reicht es natürlich nicht, sich ein bisschen oberflächlich mit den Dingen zu beschäftigen, sondern da muss man sich schon sehr tief und fest mit den Dingen
auseinandersetzen. Die Grundlage dieser Liste der philosophischen
Richtungen ist meine Webseite der Philotimeline (mit der Auflistung aller Philosophen, welche mir während meiner langjährigen Auseinandersetzung mit der Philosophiegeschichte begegnet sind).

Es geht hier letztlich nur um eine kleine Bestandesaufnahme zu dieser
Zeit – eine Art philosophiegeschichtliches Inventar 2000+. Vollständig
ist eine solche Liste – aus verschiedenen Gründen – nie. Hinzuweisen ist
darauf, dass die einzelnen Bezeichnungen nichts über die Bedeutung der
Richtung aussagen: einzelne Bezeichnungen weisen auf grosse Welbild-
philosophien hin, andere bloss auf kleine Detailtheorien (eine Abgrenzung diesbezüglich ist in einer solchen Zusammenfassung äusserst

schwierig, weil auch hierbei die Übergänge fliessend sind – daher habe ich einfach einmal alles quasi in denselben Topf geworfen [wohlwissend, dass zur Entzifferung einer solchen Liste dann eigentlich einige philosophische Kenntnis bereits vorausgesetzt wird, aber den blossen Überblick kann hierzu jedermann zur Kenntnis nehmen]; es gibt ferner auch das Phänomen, dass Denker, die immer an derselben Detailtheorie herumdenken, ihr Detail schliesslich auch zu einem wesentlichen Faktor ihres Weltbildes machen, so dass eine Detailtheorie mitunter sogar zu einer Weltbildtheorie werden kann).

P.S. Wenn ich mir selber in dieser Liste mehr Richtungen als anderen Philosophen zugeschrieben habe, so entspricht dies bloss einer guten Gelegenheit, meine philosophischen Schwerpunkte im Ganzen ein bisschen einzuordnen.

7. Kapitel

Meine Philosophie
(auf den Punkt gebracht)

Urgrund, Schöpfung, System. Gehen wir mit unserem Bewusstsein bis zu einem letzten möglichen Urgrund zurück, so muss dort eine Leere sein. Die Leere ist nicht dasselbe wie das Nichts, was es (nach dem ersten Seinsphilosophen Parmenides) nicht gibt. In die Leere kann oder muss etwas hineinkommen – sonst ist es keine Leere, denn in der Leere fehlt etwas: das (Da-) Sein. Gott, der Geist des Universums – und hier beginnt das Wort Gottes – schöpfte das Sein, welches die Leere erfüllte, ins Dasein (das ist die Schöpfung [Gottes]). Alles materielle Dasein ist begründet in Raum und Zeit (d.h. in der Welt [bzw. in der Raum-Zeit-Welt*]) – die reinen Formationen des Daseins ebenso wie auch die Informationen des Lebens. Das Glauben oder Der Glauben im Leben entspricht dem immateriellen Dasein bzw. dem ersten Bewusstsein. Wir glauben, also sind wir, bevor wir (nach-) denken und also sind. Das (menschliche) Bewusstsein, welches an diesem Punkt bereits auftritt, steht in einer seinswesentlichen Einheit von Sein, Dasein und Bewusstsein (inkl. dem Bewusstsein vom Verbundensein [religio bedeutet: (Wieder-) Verbundenheit]). Das (Ur-) Bewusstsein besteht, zurückgehend bis auf frühe Lebensformen, aus Orientierung und Konzentration bzw. aus der Koordination dieser beiden (denn wir glauben, eine Orientierung zu haben, und wir denken, sie in der Konzentration festigen – oder korrigieren – zu können; heute geht es ferner auch um Fragen der Stimmung und Bestimmung – oder allgemeiner: um bewusste Koordination von allem, was uns betrifft und ausmacht). Schliesslich handeln wir, so dass wir also sind (denn, was sich innen zusammenfügt, hat einen äusseren Ausdruck, so wie das, was aussen ist, hineingekommen ist – zur Information und deren Wahrnehmung). Dem Glauben folgt ergo das (Nach-) Denken und dem (Nach-) Denken das Handeln (inkl. Gut-Handeln und Nicht-Handeln). Daher besteht mein philosophisches bzw. ontologisches System aus diesen fünf Dimensionen: (Da-) Sein, Leben, Glauben, (Nach-) Denken, Han-

276

deln (inkl. Gut-Handeln und Nicht-Handeln – siehe meine Bücher, insbesondere: "Postmoderne Ontologie" [2003] sowie "Vom Sein, vom Wahren und vom Guten" [2017]). Das Handeln wird hinterfragt durch die zehn W-Fragen (analog den Kategorien bei Aristoteles: Was? Wie? Wo? Wann? Wer? Wessen? Wem? Wen? Warum? Wozu?**). Das Sein ist der in die Leere hineingekommene, zum Dasein gewandelte Urgrund von allem, das Wahre ist die Religion und/oder die im gesamten Wahrgenommenen wie auch immer geartete Glaubenswahrheit, das Gute soll sein: die Bestimmung der Wissenschaften – meiner Meinung nach in einem soziologischen und ökologischen Paradigma. Dies entspricht dem Hauptzielpunkt meiner Philosophie: dass der Mensch, wenn er eine menschliche Zukunft will, sich soziologisch und ökologisch wird verbessern müssen (und dass er diese Verbesserung in den Wissenschaften, in den Geistes- und Naturwissenschaften, anstreben und verankern muss). Was sollte man in der heutigen Philosophie sonst postulieren und/oder propagieren? Natürlich ist die Forderung nach mehr Sozialgerechtigkeit und Umweltverträglichkeit letztlich international und global gemeint. Nach der Lösung des 1000-jährigen Ost-/West-Problems – die Lösung ist nach der Eskalation im Kalten Krieg gegen Ende des 20. Jahrhunderts (trotz aktueller Schwierigkeiten und Rückschritte) zumindest auf gutem Weg – steht heute das Süd-/Nord-Problem an (mit einer mindestens ebenso bedeutenden Problematik).

* Die Raum-Zeit-Welt hat für mich drei grundlegende Faktoren: 1. Ihre (einfache) Daseinsweise als Wesen vom Sein (im Dasein), 2. Ihre (doppelte) Kausalität in Ursache und Wirkung (regressiv und reflexiv) sowie Grund und Folge (progressiv und intentional), 3. Ihre (dreifache) Ausprägung in Gebundener Energie (in der Physik: 'Materie'), Energiefeld/Feldenergie ('Feld') und Freier Energie ('Energie') – einsehbar in den Wesenheiten der atomaren Ebene sowie (feldtheoretisch betrachtet) in allen übrigen Wesenheiten (die subatomare Ebene betrachte ich nicht, weil sie für mich nur ein mehr oder weniger chaotischer Zustand auf dem Weg zur Ordnung der atomaren Ebene darstellt, in welchem offenbar – wie die Quantentheorie sagt – die Energieformen sehr kurzfristig ineinander übergehen können). Dies – die Welt als Materie, Feld und Energie (mit dem Feld im Zentrum der Organisation) – entspricht meiner physikalischen Weltanschauung (bzw. meiner Anschauung der Welt in der ersten Dimension des Daseins [Existenz/Physik/Chemie – von der atomaren Ebene aus kann ferner ein dreifacher Zusammenhang im Aufbau zur

Körperwelt formuliert werden: von Atom-Molekül-Körper; in der Körperwelt wiederum sind die Zusammenhänge als Verhältnisse und die menschlichen Verhältnisse als Beziehungen bezeichnet – alle Körper oder Dinge stehen in einfacheren oder komplexeren Zusammenhängen, Verhältnissen und Beziehungen zueinander). Ich ordne diese Auffassung der Feldtheorie zu bzw. einer Physikalischen Feldtheorie (und sehe diese Auffassung als einen möglichen neuen [und sinnvolleren] Ansatz zu einer Grand Unified Theory in der Physik).

** Ich weiss (dies als Anmerkung für die Vertreter der linguistischen Wende), dass diese zehn W–Fragen sich v.a. auf den deutschen Sprachgebrauch beziehen – trotzdem scheinen sie mir geeignet dazu, die alten aristotelischen Kategorien (welche schon Kant – wenn auch nicht hinlänglich – uminterpretierte) adäquat zu vertreten.

Weltreligion, Maitreya und Alpha. Wenn ich in meinen Büchern (u.v.a.) auch im Rahmen von einer Weltreligion, in einer fernen und sehr fernen Zukunft, von Maitreya (Weltlehrer) und Alpha (Weltkönig) spreche, so mögen manche eine solche Esoterik* in der Religion – und erst recht in der Philosophie – für verfehlt betrachten. Meine Meinung dazu ist diese: dass weder die Religion noch die Philosophie noch auch die Wissenschaften gänzlich ohne Esoterik, Mystik und/oder Mythologie auskommen (ja selbst die Wissenschaften: weil [auch] sie die letzten Fragen [bis dato] nicht aus sich selber heraus lösen, beantworten und erklären können – wir können natürlich den Traum von einer alles erklärenden Wissenschaft weiterträumen, und das tun wir auch, aber davon, dass dies eine Realität wäre, sind wir noch immer sehr weit entfernt). Was ist meine religiöse Überzeugung? Ich bezeichne meine Konfession als christlich-ökumenisch – der reine Fundamentalismus hat kein sinnvolles Ziel, die reine Ökumene keinen festen Grund. Ich gehe vom Christus Jesus aus, und ich bin der Meinung, dass dieser für eine Person als religiöser Grund vollkommen genügen kann (im Sinn von Weg, Wahrheit und Leben**), nicht aber für die Ökumene in der Weltreligion. Demgegenüber bin ich (entgegen etwa Rudolf Steiner [oder auch Morris und Creme (bzw. der gesamten bisherigen Maitreya-Rezeption)]) der Meinung, dass keine religiöse Figur der Zukunft stärker und höher auftreten können wird als der Christus Jesus (der Messias ist im Menschlichen als solcher nicht zu übertreffen – wir können demnach nicht auf eine neue

278

übermächtige Religion hoffen, sondern höchstens auf eine bescheidene Erklärung der Religion). Weitere Gesandte der Religion können für mich nur einen Sinn und Zweck haben, und das ist die Ökumene zwischen den Religionen und Ideologien (und ich sehe sie in diesem Sinn bloss als Ergänzungen zur bestehenden Religion – ich möchte deren Bedeutung also keineswegs hochspielen, sondern im Gegenteil: sie relativieren [wir können das Heil der Zukunft, so glaube ich, nicht mehr anders erwarten, als durch menschliches Nachdenken und menschliche Arbeit***, aber trotzdem]). Die Ökumene ist (nach Hans Küng) eine Voraussetzung für den Weltfrieden. Neue Religionen und Kirchen benötigen wir nicht unbedingt (die Ökumene kann – auch wenn das oft nicht einfach ist – innerhalb der bestehenden Religionen, Konfessionen und Kirchen vertreten werden [würde die Ökumene eine eigene Kirche bilden, wäre dies ein Konkurrenzwesen zu den bestehenden Kirchen, und als solches der Ökumene wahrscheinlich sogar eher abträglich als zuträglich: dieser Gedanke führt dazu, dass die Ökumene zwischen den religiösen und anderen Ideologien auch oder sogar wesentlich auch in der Philosophie vertreten werden muss (mit einer Ökumene, welche über die rein religiöse hinausgeht)]). Was gibt es überhaupt heute für einen allgemeinen Grund zum Glauben für einen Philosophen? Der Grund ist die Ordnung der Gedanken und Ideen (und deren Ausrichtung). Wenn eine Philosophie, welche mit dem Glauben gar nichts mehr anfangen kann, in einer reinen Kulturkritik aufgeht, dann ist das intellektuell zwar interessant, kulturell aber nicht unproblematisch. Ich sehe mich einerseits als Verteidiger des (religiösen) Glaubens, andererseits muss ich doch einwenden, dass insbesondere der Sozialismus – im Verbund mit dem Liberalismus – einen besseren und geregelteren sozialen Ausgleich geschaffen hat, als alle früheren Religionen, Konfessionen und Kirchen dies jemals vermochten (die Stärken und die Schwächen sowohl des Liberalismus wie auch des Sozialismus sind heute ebenfalls hinlänglich bekannt).

* Der Begriff der Esoterik hat offenbar zu verschiedenen Zeiten verschiedene Bedeutungen (und dasselbe gilt auch für den Begriff des Spiritualismus [und andere Begriffe, notabene – teils sind die verschiedenen Auffassungen sogar auch noch politisch mitgeprägt (wobei die spezifischen Interpretationen oft gar nicht so einfach zuzuordnen sind)]). Während er zu jener Zeit, in welcher ich in die Philosophie eingestiegen bin

(in den früheren 1990-er Jahren) – und in den Jahren und Jahrzehnten davor – noch einen klar positiven Wert hatte, scheint ihm heute zunehmend ein negativer Wert beigemessen zu werden. Vielleicht müssten wir daher von einer hellen und einer dunklen Esoterik (und einem ebensolchen Spiritualismus) sprechen (ich möchte aber eigentlich solch allzu strikte Bewertungen eher unterlassen). Die Begriffe, wie ich sie verwende, sind im Zusammenhang mit meiner ganzen Philosophie zu sehen, einzuordnen und zu bewerten (das gilt für diese und natürlich auch für andere Begriffe). Für mich bedeutet Esoterik in erster Linie ein Phänomen der Religionsphilosophie (ähnlich der Auffassung von Steiner diesbezüglich).

** Ich möchte indes aufmerksam machen auf die schwierigen Perspektivenwechsel, die wir beim Lesen der Heiligen Schrift der Bibel beachten müssen – so heisst es z.B. über den Christus: zur (rechten) der himmlischen Kraft, aber (auf Erden) mitten unter uns. Die Bibel ist voller solcher Perspektivenwechsel (in einem Wechselspiel verschiedener Medien [wie etwa Himmel, Gott, Engel, Propheten, Christus, Apostel, Menschen]), die man verstehen muss, und die auch viele Missverständnisse im Zusammenhang mit diesem Buch erklären können.

*** Wir haben heute einen Überblick über die drei grössten Irrtümer der Menschen: 1. dass Gott das Gute schafft, ohne dass die Menschen etwas dazu tun müssten, 2. dass eine (philosophische) Ideologie das Gute schafft, ohne dass die Menschen etwas dazu tun müssten, 3. dass die Wissenschaft das Gute schafft, ohne dass die Menschen etwas dazu tun müssten. Es macht jedoch auch keinen Sinn, diese Dinge zu verleugnen. Was wir tun müssen, ist: den Wert des Menschen in allem erhöhen. Wir brauchen dafür keinen Übermenschen, sondern einen Superhumanismus (jedoch keinen unbewussten – welcher den Menschen ins Zentrum stellt gegen alles andere – sondern einen bewussten, welcher sich bewusst ist, dass das Wohl der Menschen auch von den anderen Faktoren abhängt). Ich denke, dass dieser Gedanke (oder diese Entwicklung, falls sich – trotz allem politischen Reaktionismus der Gegenwart – schon Ansätze dazu zeigen) aus den Krisen des 20. Jahrhunderts entstanden ist: mit (u.a.) zwei schlimmen Weltkriegen, einer vernichtenden philosophischen Kulturkritik und einer epochalen Ökoproblematik. Alles Dinge, die den Menschen gezeigt haben, dass es so nicht mehr lange weitergehen kann. Wir wissen das heute und müssen uns unsere Gedanken dazu machen. Sicher ist ein Superhumanismus nur ein Traum, aber die Träume sind das wichtigste Kapital der Menschen. (Ich sage das nicht von irgendwoher, sondern vom Rand aus von einem der reichsten, bestorganisiertesten, saubersten, engsten und kleinbürgerlichsten Länder der Welt [manche Leute denken, dies sei immer so gewesen, aber das stimmt natürlich nicht: früher waren die Schweizer in ganz Europa bekannt als Reisläufer und Stallknechte, und dies nicht ohne Grund, aber item].)

Politik und Bezeichnung. Ich sehe die Aufklärung als das ewige Wirken der Philosophie – allerdings nicht im alten Sinn (des 18. Jahrhunderts: alleine gegen alte Ordnungen), sondern im Sinn einer neuen Aufklärung nach allen Seiten hin. Weltpolitisch gehöre ich zu den Vertretern einer Weltregierung – die Stärken und Schwächen einer solchen sind jedoch genau zu analysieren und zu beobachten. Es wird eine richtige Zeit dafür geben, welche heute – vielleicht auch aufgrund von demokratischen Mängeln in der Weltpolitik – noch nicht da zu sein scheint (obwohl schon gewisse Ansätze und Notwendigkeiten heute einsehbar sind). Es scheint letzlich keinen Grund dafür zu geben, wieso ausgerechnet in der Welt im Gesamten keine Regierung bestehen soll, wenn doch alle Territorien der Welt eine Regierung haben. Es gibt globale Probleme, welche vermutlich nicht anders gelöst werden können, als mit einer Weltregierung. Diese Probleme – wie das ökologische Problem, die Welthungerfrage oder auch der Regierungsmissbrauch auf allen Ebenen der Regierungstätigkeit, u.a. – müssen nicht nur gelöst werden, sondern die entsprechenden Lösungen müssen auch gesichert werden. Wo sich Menschen zusammentun, entstehen Regierungen gegen Willkür, Chaos und Unrecht. In der Ökonomie, welche ein sehr bedeutender Faktor auch der Politik ist (wir sehen das auch in den grossen Ideologien, die im Zuge der Aufklärung entstanden sind), vertrete ich eine Mischform zwischen liberalistischen und sozialistischen Anliegen – die Stärken beider Einstellungen sollten genutzt, die Schwächen je verhindert werden. Daraus entsteht jene – durchaus aber noch verbesserungsfähige – Soziale Marktwirtschaft, die sich in der Politik des 20. Jahrhunderts herausgebildet hat. Es ist sowohl eine sozial abgemilderte freie Marktwirtschaft denkbar, wie auch eine freiheitlich ergänzte soziale Staatswirtschaft. Das Verhältnis zwischen dem Liberalismus und dem Sozialismus wird in einer Demokratie durch die Politik von den Bürgern festgelegt. Der soziale Ausgleich sollte durch eine starke Wissenschaft der Soziologie gesichert werden (Soziale Sicherung – diese kann durch eine fest abgesicherte, krisenresistente Sozialhilfe oder evtl. durch ein allgemeines Grundeinkommen gewährleistet werden). Ich hoffe, ich habe mit diesen kurzen und knappen Ausführungen meine Grundphilosophie so dargelegt, dass sie allgemein verständlich ist (kürzer und knapper geht es vermutlich nicht). Meine Philosophie nenne ich: Integralontologie (in einer begrifflichen Gegenüberstellung zur Fundamentalontologie von Heidegger).

Abschliessend/Weiteres. Als ausseruniversitärer Autodidakt stehe ich in keiner besonderen philosophischen Tradition (nicht einmal innerhalb der Ontologie), habe mich aber gerade auch deswegen besonders intensiv mit der gesamten Philosophiegeschichte auseinandergesetzt. In meiner Philosophie trete ich insbesondere der grossen Lüge vom Ende der Metaphysik entgegen (etwa bei Blumenberg, Foucault oder Rorty, früher bei Armstrong, Sartre oder Quine, abgeschwächt bei Heidegger, ansatzweise bei Kierkegaard, Nietzsche oder Wittgenstein [u.v.a.]), ebenso der grossen Lüge vom Ende der Systematik in der Philosophie. Die systematische Philosophie stand im 20. Jahrhundert zwar nicht im Vordergrund, sondern im Hintergrund, kann aber doch etwa mit Alexander, Hartmann oder Gebser einige bedeutende Vertreter vorweisen. Es wird in der Zukunft weder eine reine Religion noch eine reine Philosophie noch eine reine Wissenschaft geben, demgegenüber aber auch kein Ende derselben. Die Philosophie ist noch immer zuständig sogar für die Systematik in der Wissenschaft, da es keine Gesamtwissenschaft gibt, sondern nur Einzelwissenschaften bzw. sogar nur Teildisziplinen und Forschungsgebiete. (Leute, welche ein Ende der Metaphysik, der Philosophie und/oder der Systematik behauptet haben und weiter behaupten, bezichtige ich – seien sie auch noch so prominent innerhalb der Philosophiegeschichte – in diesem Punkt des blossen, unsinnigen und hohlen Geschwätzes. Nichts von allem geht verloren, schon gar nicht in der gegenwärtigen und kommenden digitalen und virtuellen Welt der gespeicherten Informationen, und die Ansätze von allem bleiben zur weiteren Entwicklung immer vorhanden. Die Datenmengen machen diese Weiterentwicklung zwar nicht einfacher oder leichter, aber doch – und dies gesehen auf eine ferne bis sehr ferne Zeit – eben: weiterhin immer möglich. Ich möchte dem drei Hauptsätze der ontologischen Philosophie anschliessen [und mit diesen diese Kurzdarstellung meiner Philosophie abschliessen]: 1. Alles Seiende ist, und es gibt kein Nichtseiendes [Parmenides], 2. Es gibt eine Wissenschaft vom Seienden als solchem [Aristoteles (bzw. eine Wissenschaft, die vom Seienden als solchem ausgeht)], 3. Nichts Seiendes, was gewesen ist, kann je wieder ungewesen sein [da alles Seiende und Gewesen-Seiende – und insbesondere auch jeder Mensch auf Erden, mögen sie im Grossen auch noch so klein erscheinen – seine Spuren in der Welt hinterlässt, die aufgrund der kausalen Weltbedingungen unendlich und unausgelöscht in die Zukunft fortexistieren; der Mensch kommt also nicht nur von einer unglaublich fernen Zeit her, sondern er wirkt auch auf eine unglaublich ferne Zeit hin: das können und sollen wir von Zeit zu Zeit bedenken bei all den heutigen Individualitäts– und Freiheitsidealen; wir leben jedoch in einer ambivalenten Zeit, in einer Zeit, deren Hauptbegriff die Ambivalenz ist: von Information und Propaganda/Desinformation, Freiheit und Ordnung/Überwachung, Mehr Freizeit und mehr Arbeitsdruck (auch mehr Freizeitdruck, notabene), Immer verrücktere Fantasy im Kino und immer striktere Normierung im Alltag, Neuem Atheismus und Neuer Religiosität, Zunehmender politischer Links-/Rechtspolarität, Technikverherrlichung und Technikangst, usw. usf., etc. etc. – manchmal denke ich sogar, dass es einen Kreislauf gibt von Magiern, Propheten, Philosophen und Wissenschaftlern, und dass wir in einer Zeit leben, in welcher wieder die Magier an der Reihe sind*, aber ich könnte, würde und möchte dies nicht mit Bestimmheit sagen, was wissen wir?, ich nenne diese Zeit Spätmoderne, und es könnte eine lange, schwierige und verwirrliche Zeit werden – desto wichtiger ist, gerade in solchen Zeiten, die Klarheit, notabene].)

* Dies bedeutet nicht, dass wir Technik verlieren würden. Die Schrift besteht in der Menschenkultur – durch verschiedene Paradigmen hindurch – seit 3000 v. Chr., der Schiffsbau seit 6000 v. Chr., das Rad seit 9000 v. Chr., der Ackerbau seit 10'000 v. Chr., das Feuer gar seit einer Million Jahren. Die Dinge gehen nicht verloren, und wie sich ein jeweiliges Paradigma genau äussern wird, das können wir im Voraus nicht sagen. Wir können nur feststellen, dass das Magische derzeit an Einfluss gewinnt, das Rationale dagegen an Einfluss verliert (einer der ersten, welcher in einer voraussagerischen, seherischen Art und Weise davon gesprochen hat, war übrigens der jamaikanische Musiker Robert

Nesta 'Bob' Marley ["Natural Mystic", 1977 – freilich ist das Phänomen von einem unabgeschlossenen und unerfüllten Paradigma der Wissenschaft in der Kultur schon früher bedeutend aufgetreten, etwa im Film des 20. Jahrhunderts und in der Literatur des 19. Jahrhunderts]). Ich denke, dass die Menschen auf solche zyklischen Paradigmen einen gewissen Einfluss nehmen, dass sie diese aber nicht gänzlich umkehren können. Es gibt übrigens verschiedene Paradigmen, auch etwa ein kulturelles oder ein astrologisches, und andere, die sich gemeinsam zu einem aktuellen Paradigma ergänzen. (Wir können also nicht meinen, dass wir alleine anhand von einem einzigen Faktor eine aktuelle oder kommende Zeit bestimmen könnten.)

Was sind die Neuigkeiten und die Wichtigkeiten in meiner Philosophie? Da gibt es einige. Wiederaufnahme der systematischen Philosophie (wider die reine Kulturkritik dieser Zeit). Neubegründung einer ontologischen Systematik (gegenüber Hartmann). Tiefen- und Integralontologische Erwägungen (gegenüber Heidegger). Neue Begründung eines philosophischen Urgrundes der Welt. Darstellung der Philosophie-, Kultur- und Ideengeschichte von der Urzeit bis zur Aktualität (mit ideengeschichtlicher Erweiterung der reinen Philosophie). Tafel der Philosophen nach Richtungen (sowie ausführlichste Liste der Philosophen aller Zeiten und Richtungen [auf meiner Website]). Grundlegende Anwendung der Feldtheorie in der Physik (als grundsätzlich neuer Ansatz zu einer physikalischen bzw. wissenschaftlichen Grand Unified Theory). Erklärung zum Ursprung der materiellen Welt (anhand des Periodensystems der Elemente). Neue Ausrichtung der Wissenschaften in einem soziologischen und ökologischen Sinn. Betrachtung der Weltreligion. Erwägung einer modernen Himmelsordnung in der Theologie/Esoterik. Maitreya- und Alpha-Rezeption. Christus-Behauptung gegen übertriebene Esoterik (sowie neureligiöse Phänomene der Spätmoderne, welche die Tradition der Religion nicht beachten). Betrachtung der Schweizer Politik als (kleines) Teilgebiet der politischen Philosophie*. Gedanken zur Gegenwart und Zukunft der Schweizer Politik. Und schliesslich: Pioniertätigkeit im Bereich der Webphilosophie. (Dies sind – u.a. – etwa die wesentlichsten Punkte aus meiner rund 25-jährigen philosophischen Tätigkeit.)

* Das ist sicher erklärungsbedürftig. Die Schweizer haben abseits der grossen philosophischen Diskussion – und sogar abseits der grossen Weltpolitik – eine Direkte Demokratie begründet (im Wesentlichen mit den demokratischen Erweiterungen 1874 [Fakultatives Gesetzesreferendum] und 1891 [Verfassungsinitiative]). Sie haben (nach der Begründung des Bundesstaates 1848) nicht allzu lange theoretisiert, sondern einfach gehandelt (frei nach Marx, quasi: es kömmt darauf an, die Welt zu verändern, eigentlich hätte er sagen sollen: sie zu verbessern [und – wenn es um die ganz grossen Dinge und deren Realisierung geht – nicht alleine im reinen Glauben und/oder im reinen Denken zu verharren]). So haben sie sich gesagt: lasst das Volk entscheiden über die neuen und die alten Dinge. Natürlich aber gehört die Direkte Demokratie auch in das Feld der politischen Philosophie – als weitestgehende Demokratie, welche es in der Welt bis dato gibt. Erstaunlicherweise sind sogar einige Philosophen an der Entstehung der Demokratie in der Schweiz und speziell auch der Direkten Demokratie beteiligt (auch dies rechtfertigt diesen Ansatz bzw. diese Auffassung [des Einbezugs der Schweizer Politik in die Philosophiegeschichte]). In der heutigen politischen Situation müssen wir vielleicht sogar sagen: das Überleben der Direkten Demokratie in der Schweiz wird davon abhängen, wie sie von aussen bzw. von den europäischen (und vielleicht sogar von den weltweiten) Mächten betrachtet wird. Dafür aber müssen wir sie stärker und besser thematisieren und positionieren. Für mich ist die Politik ein sehr wichtiges Thema der Philosophie – wenn nicht sogar das Haupt- und/oder Endthema. Hierin folge ich insbesondere Marx und Sartre (nicht in deren Philosophie, aber in deren Behauptung von der Bedeutung der Politik). Es ist für mich daher fast unvorstellbar, dass die Direkte Demokratie in der Philosophie heute keine Rolle spielt. Die Philosophie ist eigentlich die Sache des Denkens, aber ihre Infragestellung erfolgt dann, wenn sie eine falsche Politik betreibt oder gar keine (d.h. wenn sie falsche Grundlagen für eine falsche Politik setzt, oder wenn sie im reinen Denken verharrt, was vielleicht einer Person alleine nützen kann, nicht aber einer Gesellschaft oder einer Menschheit [die ersten politischen Philosophen waren – nicht ganz unbedeutend – Platon und Aristoteles, weitere etwa die Staatstheoretiker, die Aufklärer, Kant und eben Marx und Sartre: durch die Politik gestalten wir das Recht und die Zukunft der Menschen; eine Philosophie, die nicht politisch ist, soweit dies überhaupt möglich ist in der heutigen Zeit, ist legitim, aber sie kann nicht den Anspruch haben, die Zukunft aktiv mitzugestalten: Philosophie und Politik, das ist und bleibt ein sehr interessantes Thema]).

Die Weltformel der Wissenschaft ist schon längstens gefunden ($E=mc^2$), der weiseste Satz der Philosophie ist auch bereits gesprochen («Sapere aude») und selbst das motivierendste Wort der Religion («Fürchtet euch nicht!»). Offenbar gibt es aber dennoch immer wieder genügend Gründe für die Philosophie.

Bücher.

Postmoderne Ontologie (2003). In diesem Buch ist meine philosophische/ontologische Systematik vom (Da-) Sein dargelegt und erklärt. Dieses philosophische Schichtenmodell basiert auf den fünf Grundeinheiten (Dimensionen): (Da-) Sein, Leben, Glauben, (Nach-) Denken, Handeln. Im Grundbuch meines Denkens sind viele weitere Gedanken zu verschiedenen Themen angeführt (zu den Bereichen Philosophie [Verschiedenes], Wissenschaft [Natur- und Geisteswissenschaften (Physikalische Erklärungsversuche zur Entstehung der Welt, Postulat der Soziologie als Führerin der Sozialwissenschaften)], Religion [Christentum und Weltreligion (Himmelsordnung)], Esoterik). [612 Seiten.]

Politika 2000+ (2016). In diesem Buch gebe ich Anregungen für die (Schweizer) Politik, anhand eines 13-Punkte-Programms (welches ursprünglich als Parteiprogramm für eine neue Partei gedacht war, welche dann aber nicht gegründet wurde [stattdessen flossen die entsprechenden Ideen in dieses Buch ein]). Zentrale Punkte sind etwa: EU-Beitritt mit Sonderstatus (zum Schutz der Direkten Demokratie), Allgemeine Anerkennung der Sozialen Marktwirtschaft – evtl. mit einer Festlegung des Begriffs in der Bundesverfassung als offizielle Bezeichnung der Wirtschaftsordnung – oder Wahl- und Stimmpflicht für Schweizer sowie Wahl- und Stimmrecht für Ausländer. [124 Seiten.]

Vom Sein, vom Wahren und vom Guten (2017). In diesem Buch, welches als mein Hauptwerk deklariert ist, gebe ich einen Überblick über meine Gedanken zur Philosophie, Religion und Wissenschaft. Mit einer Verfeinerung meiner Systematik vom (Da-) Sein (sowie weiteren philosophischen Überlegungen zur Metaphysik, Systematik, Logik, Ethik und Politik), einer Maitreya- und Alpha-Rezeption in der Weltreligion sowie meinen Postulaten von der Soziologie als Führerin der Geistes-, Kultur- und Sozialwissenschaften sowie der Ökologie als Führerin der Natur-, Technik- und Ökowissenschaften. Meine Philosophie zielt damit letztlich auf eine soziologische und ökologische Ausrichtung in den Wissenschaften. [144 Seiten.]

Geschichte der Philosophie (2018). In diesem Buch liefere ich eine Darstellung der Philosophiegeschichte – von der Ur-Idee bis zum Welt-All. Dazwischen liegt ein weites Feld der Menschheits-, Kultur- und Ideengeschichte, oder eben: die Philosophiegeschichte (inkl. Religion und Wissenschaft), gegliedert in die Zeitepochen der Antike, des Mittelalters (Christentum), der Neuzeit (Wissenschaft, 17./ 18. Jh.) sowie deren Moderne: Moderne I (Aufklärung/Liberalismus, 18./19. Jh.), Moderne II (Sozialismus, 19./20. Jh.), Moderne III (oder: Spätmoderne, Existentialismus, 20./21. Jh.). Angeführt ist eine Tafel zu den Philosophen nach Richtungen sowie eine Zusammenfassung meiner eigenen Philosophie (auf den Punkt gebracht). [288 Seiten.]

Nachwort

In der End-Idee hat der Mensch den Geist aufgenommen und versucht, dem Welt-All zu dienen. Die Wissenschaft soll dies unterstützen, um die Bedingungen der Menschen und des Lebens in der Welt zu erhalten und zu verbessern. Die Weisheit in der Wissenschaft entspricht dem Guten im Ganzen (siehe: Aristoteles – dies entspricht meiner Auffassung von Wissenschaft, welche nicht deckungsgleich ist mit der heute praktizierten Wissenschaft, welche zwar den aristotelischen Drang zum Wissen aufgenommen hat, nicht aber den aristotelischen Wunsch zum Guten).

Anmerkung: Mit dem Begriff des Welt-Alls meine ich in diesem Sinn kein wertfreies All in einem klassisch pantheistischen Sinn, sondern: das Welt-All umfasst meiner Meinung nach das Ganze, das Leben, den Menschen und das Gute (man könnte dies vielleicht eine panphilosophische Auffassung nennen, welche zwar durchaus eine Bewertung macht, trotzdem aber auch auf die grosse Bedeutung des Verbindungswörtchens hinweist, und die Welt in diesem Sinn, als eine Dies- 'und' All-Welt deutet; es ist das Besondere und das All zu beachten, nicht nur das All und auch nicht nur das Besondere).